教育部人文社会科学重点研究基地成果
中国语言文学国家"双一流"建设学科成果

汉语方言语法研究丛书

顾问　邢福义　张振兴

主编　汪国胜

河洛方言语法研究

张恒君 ◎ 著

中国社会科学出版社

图书在版编目（CIP）数据

河洛方言语法研究／张恒君著 .—北京：中国社会科学出版社，2023.12
（汉语方言语法研究丛书）
ISBN 978－7－5227－2817－9

Ⅰ.①河…　Ⅱ.①张…　Ⅲ.①北方方言—方言研究—河南　Ⅳ.①H172.1

中国国家版本馆 CIP 数据核字（2023）第 226154 号

出版人	赵剑英
责任编辑	张　林
责任校对	闫　萃
责任印制	戴　宽

出　　版	中国社会科学出版社
社　　址	北京鼓楼西大街甲 158 号
邮　　编	100720
网　　址	http://www.csspw.cn
发 行 部	010－84083685
门 市 部	010－84029450
经　　销	新华书店及其他书店
印刷装订	北京君升印刷有限公司
版　　次	2023 年 12 月第 1 版
印　　次	2023 年 12 月第 1 次印刷
开　　本	710×1000　1/16
印　　张	25.25
字　　数	401 千字
定　　价	139.00 元

凡购买中国社会科学出版社图书，如有质量问题请与本社营销中心联系调换
电话：010－84083683
版权所有　侵权必究

总　　序

20世纪80年代以来，随着汉语方言研究的拓展和深化，方言语法的研究越来越受到学界的关注和重视。这一方面是因为方言语法客观上存在着不同程度的不容小视的差异；另一方面，共同语（普通话）语法和历史语法的深入研究需要方言语法研究的支持。

过去人们一般认为，跟方言语音和词汇比较而言，方言语法的差异很小。这是一种误解，让人忽略了对方言语法事实的细致观察。实际上，在南方方言，语法上的差异还是不小的，至少不像过去人们想象的那么小。当然，这些差异大多是表现在一些细节上，但就是这样一些细节，从一个侧面鲜明地映射出方言的特点和个性。比如湖北大冶方言的情意变调，[1] 青海西宁方言的左向否定，[2] 南方方言的是非型正反问句，[3] 等等，这些方言语法的特异表现，既显示出汉语方言语法的丰富性和复杂性，也可以提升我们对整体汉语语法的全面认识。

共同语语法和方言语法都是对历史语法的继承和发展，它们密切联系，又相互区别。作为整体汉语语法的一个方面，无论是共同语语法还是历史语法，有的问题光从本身来看，可能看不清楚，如果能将视线投向方言，则可从方言中获得启发，找到问题解决的线索和证据。朱德熙和邢福义等先生关于汉语方言语法的许多研究就是明证。[4] 可见方言语法对于共同语语法和历史语法研究的重要价值。

---

[1] 汪国胜：《大冶话的情意变调》，《中国语文》1996年第5期。
[2] 汪国胜：《从语法角度看〈现代汉语方言大词典〉》，《方言》2003年第4期。
[3] 汪国胜、李曌：《汉语方言的是非型正反问句》，《方言》2019年第1期。
[4] 朱德熙：《从历史和方言看状态形容词的名词化》，《方言》1993年第2期；邢福义：《"起去"的普方古检视》，《方言》2002年第2期。

本《丛书》由教育部人文社会科学重点研究基地华中师范大学"语言与语言教育研究中心"筹划实施并组织编纂，主要收录两方面的成果：一是单点方言语法的专题研究（甲类），如《武汉方言语法研究》；二是方言语法的专题比较研究（乙类），如《汉语方言疑问范畴比较研究》。其中有的是国家或教育部社科基金项目的结项成果，有的是作者多年潜心研究的学术结晶，有的是博士学位论文。就两类成果而言，应该说，当前更需要的是甲类成果。只有把单点方言语法研究的工作做扎实了，调查的方言点足够多了，考察足够深了，有了更多的甲类成果的积累，才能更好地开展广泛的方言语法的比较研究，才能逐步揭示汉语方言语法及整体汉语语法的基本面貌。

出版本《丛书》，一方面是想较为集中地反映汉语方言语法的研究成果，助推方言语法研究；另一方面，也是想为将来汉语方言语法的系统描写做点基础性的工作。《丛书》能够顺利面世，得力于中国社会科学出版社张林编辑的全心支持，在此表示衷心的感谢。《丛书》难免存在这样那样的问题，盼能得到读者朋友的批评指正。

汪国胜

2021 年 5 月 1 日

目 录

绪 论 ··· (1)
  0.1 河洛方言界定 ··· (1)
  0.2 研究现状 ·· (3)
    0.2.1 洛阳方言研究 ·· (3)
    0.2.2 洛嵩片其他单点方言研究 ································ (5)
    0.2.3 豫内其他中原官话语法研究 ······························ (7)
  0.3 研究意义 ·· (9)
  0.4 研究思路及方法 ··· (10)
  0.5 语料及调查人说明 ·· (11)
    0.5.1 语料简介 ··· (11)
    0.5.2 调查人基本信息 ·· (13)
  0.6 凡例 ·· (14)

第1章 构词 ·· (15)
  1.1 重叠构词 ·· (15)
    1.1.1 名词 ·· (16)
    1.1.2 状态词 ·· (18)
    1.1.3 副词 ·· (23)
    1.1.4 拟声词 ·· (25)
  1.2 词缀构词 ·· (28)
    1.2.1 源于分音词前一音节的词缀 ····························· (28)
    1.2.2 源于词汇词的词缀 ······································· (40)
  1.3 合音构词 ·· (55)

  1.3.1 合音构词类型 ……………………………………（55）
  1.3.2 合音构词规律 ……………………………………（60）
  1.3.3 合音构词的语用 …………………………………（62）
  1.3.4 合音词与河洛方言的简练性 ……………………（64）
 1.4 使感结构 ………………………………………………（64）
  1.4.1 构成类型 …………………………………………（65）
  1.4.2 语义统计 …………………………………………（67）
  1.4.3 语法特点 …………………………………………（68）
 1.5 逆序构词 ………………………………………………（69）
  1.5.1 词性类型 …………………………………………（69）
  1.5.2 结构类型 …………………………………………（75）
  1.5.3 语义语法对比 ……………………………………（76）
 1.6 离合词 …………………………………………………（76）
  1.6.1 内部构成 …………………………………………（77）
  1.6.2 语法特点 …………………………………………（77）
 1.7 三音词 …………………………………………………（78）
  1.7.1 分类 ………………………………………………（78）
  1.7.2 使用状貌 …………………………………………（82）

第2章 实词 ……………………………………………………（83）
 2.1 副词 ……………………………………………………（83）
  2.1.1 程度副词 …………………………………………（83）
  2.1.2 时间副词 …………………………………………（103）
  2.1.3 频率副词 …………………………………………（106）
  2.1.4 情状副词 …………………………………………（110）
  2.1.5 语气副词 …………………………………………（112）
  2.1.6 其他 ………………………………………………（131）
 2.2 代词 ……………………………………………………（134）
  2.2.1 人称代词 …………………………………………（134）
  2.2.2 疑问代词 …………………………………………（140）
  2.2.3 指示代词 …………………………………………（146）

2.3 助动词 (155)
2.3.1 肯 (155)
2.3.2 好 (160)
2.3.3 能以 (161)
2.3.4 不娄 (163)

2.4 数词与量词 (163)
2.4.1 数词 (163)
2.4.2 量词 (164)

2.5 方位词 (168)
2.5.1 以里 (168)
2.5.2 头前 (171)
2.5.3 头（儿）起 (172)
2.5.4 后起 (173)
2.5.5 外先 (174)

2.6 叹词 (174)
2.6.1 （老）天爷 (174)
2.6.2 乖乖 (175)
2.6.3 奶奶 (176)
2.6.4 咦 (178)

第3章 虚词 (183)
3.1 介词 (183)
3.1.1 给[1] (183)
3.1.2 搁 (191)
3.1.3 掌 (193)
3.1.4 自、自从 (194)
3.1.5 打、自打 (196)
3.1.6 照、照住 (197)
3.1.7 拿、拿住 (199)
3.1.8 趁、趁住 (201)
3.1.9 顺住 (202)

3.1.10 持 ………………………………………………… (202)
3.1.11 论 ………………………………………………… (202)
3.2 连词 ………………………………………………………… (203)
3.2.1 给² ………………………………………………… (203)
3.2.2 带 ………………………………………………… (204)
3.2.3 一壁厢 ……………………………………………… (212)
3.2.4 一来 ………………………………………………… (212)
3.2.5 再不 ………………………………………………… (213)
3.2.6 或是 ………………………………………………… (213)
3.2.7 再者 ………………………………………………… (214)
3.3 助词 ………………………………………………………… (215)
3.3.1 时地标记"起" ……………………………………… (215)
3.3.2 脆 …………………………………………………… (223)
3.3.3 派 …………………………………………………… (230)
3.3.4 住 …………………………………………………… (232)
3.3.5 时节 ………………………………………………… (232)
3.3.6 哩/嘞¹ ……………………………………………… (236)
3.3.7 咾 …………………………………………………… (239)
3.4 语气词 ……………………………………………………… (241)
3.4.1 哩/嘞² ……………………………………………… (241)
3.4.2 或 …………………………………………………… (245)
3.4.3 蒙 …………………………………………………… (246)

第4章 句法结构 ……………………………………………… (249)
4.1 "V+X+处所/时间"结构 ………………………………… (249)
4.1.1 到+在+处所/时间 ………………………………… (250)
4.1.2 到+到+处所/时间 ………………………………… (257)
4.1.3 来+在+处所/时间 ………………………………… (260)
4.1.4 在+至+处所/时间 ………………………………… (263)
4.1.5 去+到+处所/时间 ………………………………… (266)
4.1.6 余论 ………………………………………………… (269)

4.2 特色述补结构 …………………………………………… (270)
4.2.1 不用"得"的述能结构 …………………………… (270)
4.2.2 "V + C_1 + C_2"双补语结构 …………………… (274)
4.2.3 X（哩/嘞）慌 ………………………………………… (278)
4.2.4 V住 ………………………………………………………… (281)
4.2.5 特色补语 ………………………………………………… (285)
4.2.6 V+将 ………………………………………………………… (293)
4.3 特色动宾搭配 …………………………………………… (302)
4.3.1 杀瓜 ………………………………………………………… (302)
4.3.2 过日期 ……………………………………………………… (303)
4.3.3 寻婆（儿）家 ……………………………………………… (304)

第5章 句式 …………………………………………………………… (305)
5.1 处置式 ………………………………………………………… (305)
5.1.1 "给"字句 …………………………………………………… (306)
5.1.2 "将"字句 …………………………………………………… (311)
5.1.3 "叫"字句 …………………………………………………… (314)
5.1.4 洛嵩片分布使用情况 …………………………………… (315)
5.2 被动式 ………………………………………………………… (316)
5.2.1 "叫"字句 …………………………………………………… (317)
5.2.2 "让"字句 …………………………………………………… (319)
5.2.3 洛嵩片分布使用情况 …………………………………… (319)
5.3 比较句 ………………………………………………………… (320)
5.3.1 "胜"字句 …………………………………………………… (320)
5.3.2 "赶"字句 …………………………………………………… (322)
5.3.3 "给"字句 …………………………………………………… (323)
5.3.4 "着住"句 …………………………………………………… (326)
5.3.5 "似"字句 …………………………………………………… (327)
5.4 祈使句 ………………………………………………………… (328)
5.4.1 "不要/不应/白+VP/AP"祈使句 ……………………… (328)
5.4.2 "你么"祈使句 …………………………………………… (332)

5.4.3　"召+VP"祈使句 ……………………………………（337）

5.5　反事实虚拟句 ………………………………………………（338）

5.5.1　"忘了+S"句 ……………………………………（339）

5.5.2　其他的反事实虚拟句 ……………………………（347）

5.6　疑问句 ………………………………………………………（352）

5.6.1　VP – Neg? ………………………………………（352）

5.6.2　"哎"字问 ………………………………………（360）

5.6.3　X 不 X? ……………………………………………（364）

结　语 ……………………………………………………………（369）

参考文献 …………………………………………………………（371）

跋 …………………………………………………………………（382）

后　记 ……………………………………………………………（388）

绪　　论

0.1　河洛方言界定

河洛方言是指在河洛区域内交流使用的地方性语言。河洛区域有广义与狭义之分，广义的河洛区域是指"以洛阳为中心，西至潼关、华阴，东至荥阳、郑州，南至汝颍，北跨黄河而至晋南、济源一带地区"[①]。狭义的河洛区域是指"洛阳所在的洛阳平原（或称伊洛平原），即由洛河、伊河（洛河支流）下游冲积而成，主要包括今日洛阳市区、偃师市，也涉及孟津、巩义、宜阳、新安等县（市）一部分"[②]。因此，河洛方言也有广义与狭义之分。

本书所研究的河洛方言是狭义的河洛方言，即河洛核心区域的方言。这是因为本书的研究语料主要是河洛大鼓书词（详见0.51），大鼓艺人的母方言所在地集中在偃师、巩义、孟津、新安、宜阳5地。从行政区划上看，巩义是河南省直辖县，孟津、新安、宜阳、偃师4地隶属于洛阳市；据《中原官话分区（稿）》（2005）和《中国语言地图集》（2012），巩义、偃师、宜阳、孟津、新安5地的方言均属于中原官话洛嵩片[③]。从地理分布上看，这5地紧密地联系在一起，而且除了巩义之

[①]　朱绍侯：《河洛文化与河洛人、客家人》，《文史知识》1994年第3期。
[②]　徐金星：《河洛文化——黄河文明的核心文化》，载《黄河与河南论坛文集》，黄河水利出版社2008年版，第117页。
[③]　本书洛嵩片范围依据《中国语言地图集》（第2版），具体包括洛阳市、嵩县、巩义市、登封市、偃师市、孟州市、孟津县、伊川县、新安县、宜阳县、渑池县、洛宁县、义马市、栾川县、卢氏县15个县市；《中原官话分区（稿）》洛嵩片的范围，除上述15个县市，还包括三门峡市，共16个县市。

外，其他4地紧紧环绕在洛阳周围，如图0-1所示。

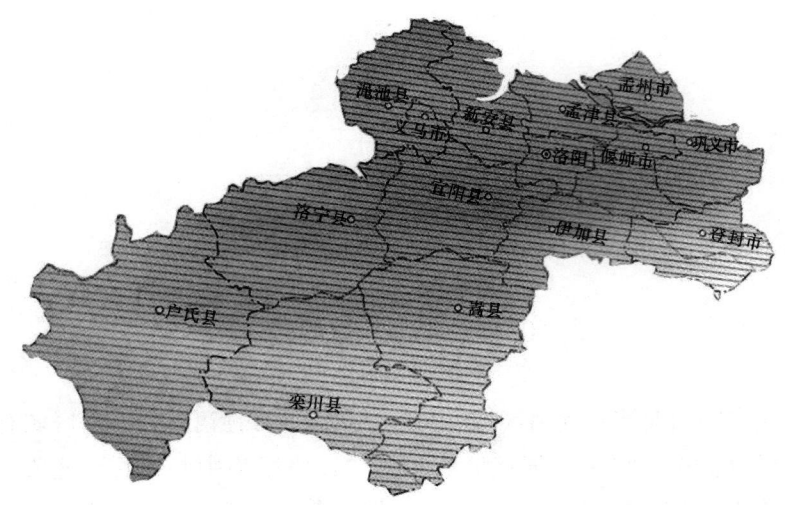

图0-1 《中国语言地图集》（第2版）洛嵩片15个县市的地理分布

洛阳及其周边县市的方言具有较强的一致性。从语音上看，洛阳与周边县市有些差异，但差异不大；① 从词汇语法上看，洛阳与周边县市表现出来更多的是共性，尤其是语法方面，整个洛嵩片具有相当高的区域一致性。洛阳方言是河洛方言的代表，因此本书的方言记音主要以贺巍（1996）对洛阳方言音系的描写为参照（见表0-1），若遇到与该音系不同的方言发音，则以艺人实际发音或艺人母方言所在地的发音为标准。

表0-1　　　　　　　　洛阳方言的声、韵、调系统

声母（23个）	p pʰ m f v t tʰ n l ts tsʰ s tʂ tʂʰ ʂ z tɕ tɕʰ ɕ k kʰ x ∅
韵母（36个）	ɿ ɯ a ə æ ei ɔ ue an ən aŋ əŋ i ia iə iɛ iɔ iuei ian in iaŋ iŋ u ua uə uæ uei uan un uaŋ uŋ y yɛ yan yn yŋ
单字调及轻声	阴平（33）、阳平（31）、上声（53）、去声（412）、轻声（3）

---

① 贺巍：《洛阳方言研究》，社会科学文献出版社1993年版，第4—6页。

0.2 研究现状

0.2.1 洛阳方言研究

作为河洛方言的代表,洛阳方言语音词汇研究成果较多,而语法研究相对薄弱。

清代龚嵩林编修的《洛阳县志》较早记载了洛阳方言,20 世纪三四十年代,王广庆《河洛方言诠诂》对 717 条词语进行了溯源释义,同时兼与其他方言比较,堪称"开我国现代方言研究先河的一部力作"[①]。1942 年,周祖谟《宋代汴洛语音考》指出,宋代汴洛方音与《广韵》大相径庭[②],可谓研究宋代洛阳语音的嚆矢。

20 世纪 50 至 70 年代,学界开展了对洛阳方言的调查研究,主要成果为《河南省洛阳方言区学习普通话手册》,语音稍详,词汇语法较略;还有赵月朋的三篇论文:《洛阳话浅说》(1958a)、《洛阳方言中的一些语法现象》(1958b)、《洛阳方言词汇》(1959),分别对洛阳方言的语音、语法、词汇做了初步描写。具体来说,赵月朋(1958a)从声母、韵母、音节、声调和语音变化等方面比较了洛阳话与普通话的异同,全文采用汉语拼音方案记音,但并未明确给出洛阳方言音系;赵月朋(1958b)对洛阳方言的词语重叠及虚词"冒""咋"进行了描写与分析,可谓洛阳方言语法研究的开山之作;赵月朋(1959)以 26 个英文字母为纲,对每个词语进行注音、释义并提供例句,初步勾勒了洛阳方言词汇的概貌。此外,陈天福《河南话与普通话词汇语法比较》(1959)也是这一时期洛阳方言研究的重要资料。

20 世纪八九十年代,是洛阳方言研究的重要阶段。贺巍《洛阳方言研究》(1993)、《洛阳方言词典》(1996)及论文《洛阳方言记略》(1984)等著述,将洛阳方言的语音词汇研究推向了一个新高度,同时列举了一些方言语法现象,比如程度副词"可/歇/怪"、丰富的形容词

[①] 王伯熙:《〈河洛方言诠诂〉序》,《河南师范大学学报》(哲学社会科学版)1990 年第 3 期。

[②] 周祖谟:《宋代汴洛语音考》,载《问学集》(下),中华书局 1966 年版,第 581 页。

后置成分、不同表音词头构成的名词和动词、可能补语等；曾光平、张启焕、许留森《洛阳方言志》（1987）对洛阳方言做了简略的描写，其中也关注了一些方言语法现象；龚熙文《洛阳方言的动词形容词考释》（1996）对洛阳方言的一些动词、形容词进行了考释。此外，河南省地方史志办公室编纂的《河南省志·方言志》（1995）等对洛阳方言音系做了系统的描述，但语法方面涉及较少。

进入21世纪，洛阳方言的词汇研究有了较大推进，语音语法研究较为滞后，具体如下。

其一，语音研究成果相对较少，新的进展主要表现在实验语音学方法的引入，如陈彧、李文瑞、许海鹏《河南洛阳老派方言的单字音声调格局》（2013），昌雅洁的硕士学位论文《洛阳方言音系实验研究》（2018）等。沿袭传统方法研究的主要有张源的硕士学位论文《洛阳方言变韵研究》（2021）、尤晓娟《洛阳方言同音字汇（上）（下）》（2014、2015）：前者从共时角度对洛阳方言中的儿化、动词、形容词及人名地名的变韵做了讨论；后者以洛阳老城区为调查点，归纳了洛阳方言的声韵调，并排列了洛阳方言同音字汇。此外，还有一些语言教学视角的探讨，如吕明《洛阳方言与RP音段音位对比分析》（2006）、张虹《洛阳方言韵母辨正教学中的几个问题》（2010）等。

其二，词汇研究相对丰富，且侧重于词汇考释。代表性著作有张生汉《〈歧路灯〉词语汇释》（2021）、高明乾《河洛方言通释》（2020）、张常耕《河洛方言古词研究》（2019）等，刘宏、赵祎缺《河南方言词语考释》（2012）也收录了部分洛阳方言词汇；代表性论文有赵江《洛阳方言中的若干古词语》（2002）、范崇峰《从洛阳方言角度释〈论衡〉词语三则》（2004）和《〈集韵〉与洛阳方言本字》（2006），李线宜《洛阳方言中"坷漏"、"坷廊"与"空"、"壳"等语词的同源关系及其认识分析》（2006）、程相伟、张常耕《河洛方言古词"廑"古今谈》（2014）、郜彦杰《唐宋洛阳方言古语词札记》（2014）等。此外，还有一些其他的零散研究，如任龙波《洛阳方言的方位和时间后缀》（2011）、徐梦晗《洛阳方言儿缀词修辞功能探析》（2018）等对洛阳方言词缀进行了研究，许巧枝《洛阳方言合音词研究》（2015）、潘晓晶《洛阳方言中合音词使用的社会语言学考察》（2017）等对洛阳方言合音词进行了讨论。

其三，语法研究较为零散，多是对某一词类或某个词的调查描写，构词、句式方面的讨论鲜见。程度副词的相关研究较多，代表性论文是郭笑、姜礼立、唐贤清《河南洛阳方言的程度副词"血"——兼论程度副词"血"在汉语方言中的地理分布》（2017），该文对程度副词"血"的句法、语义特征及语用功能做了较为详细的描写，并对其在汉语方言中的地理分布进行了考察。此外，论文还有马谊丹《洛阳方言程度副词研究》（2011）、杨帆《洛阳方言中的程度副词特点浅析》（2011）、尤晓娟《洛阳方言的程度副词"较起"探析》（2013）、许巧枝《洛阳方言特殊程度副词研究》（2015）、周晓彦《洛阳方言高量级程度副词的多方位考察》（2016）等。其他词类的讨论，单篇论文较多，如潘克锋《洛阳方言中的"A+BB"式形容词特点浅析》（2013）、周晓彦《洛阳方言中"嘞"的功能考察》（2016）、石丽丹《"小三角"视角下洛阳方言动词"$V_儿$VX"式研究》（2016）、李进立《洛阳方言虚词及读音》（2017）、李云《洛阳方言语气副词研究》（2020）和《洛阳方言中的时间副词》（2020）等；硕士学位论文仅有王晶《洛阳方言叹词研究》（2011）。

纵观百年来洛阳方言研究，从内容上看，语音词汇研究较多，语法研究较少；从方法材料上看，主要采取田野调查，所录语料有限；从视角上看，共时研究较多，着眼历时演变的研究较少。

0.2.2　洛嵩片其他单点方言研究

有关洛嵩片整体区域的方言研究成果极少，仅有昌雅洁《中原官话洛嵩片的"儿系字"音值差异研究》（2017）1篇论文，洛阳周边县市的研究成果相对较多，其他方言点的研究成果较少。

0.2.2.1　偃师、巩义等5地的方言研究

就偃师、巩义、孟津、新安、宜阳5地的方言研究来看，每个方言点均有少量单篇论文或硕士学位论文。偃师方言研究相对较多，有13篇论文；其他4地的研究相对较少，巩义方言4篇，宜阳方言3篇，孟津方言2篇，新安方言1篇。

单篇论文主要有郭笑《河南偃师方言处置兼被动标记"叫"——兼

论"叫"在汉语方言中的地理分布》（2021）、郭笑《洛阳偃师方言前缀"圪"研究》（2022）、昌雅洁《河南宜阳方言合音现象研究》（2017）等。

硕士学位论文主要有戚令真《偃师方言语气词研究》（2006）、石丽丹《河南偃师方言副词研究》（2018）、薛利丹《偃师（府店镇）方言语音研究》（2021）、赵胜姣《巩义（芝田）方言音系研究》（2018）、魏盼盼《巩义方言形容词重叠式研究》（2019）、范浩雷《基于HTK的孟津方言语音识别研究》（2017）、吕丽丽《新安方言差比句的描写研究》（2020）、韦国国《宜阳县方言语音研究》（2019）等。

总体来看，以上5地的方言研究较为薄弱，且主要以语音词汇为主，语法研究较少。

0.2.2.2　其他9地的方言研究

就洛嵩片其他9地的方言研究而言，登封市、孟州市、伊川县、渑池县4地的方言研究相对较多，嵩县、洛宁县、栾川县3地的方言研究较少，义马市、卢氏县2地的方言研究尚未见到；研究成果主要是单篇论文和硕士学位论文。

单篇论文主要有彭小琴《渑池方言古语词考释》（2009），史艳锋《汉语开口一等字中的j介音考察——以孟州方言为例》（2013），刘雅兰、孙德平《伊川方言处置句变异的社会制约因素》（2018），段亚广《河南登封方言的儿化闪音》（2018），张恒君《河南孟州方言的反事实虚拟句"忘了+S"》（2019）等。

硕士学位论文主要有张颖颖《河南登封方言语音研究》（2018）、方少鹏《登封话词汇研究》（2012）、邓亦佳《孟州方言程度范畴研究》（2022）、史艳锋《孟州（南庄镇）方言语音研究》（2009）、董冉《孟州话的方言地理学研究》（2005）、孟义国《伊川方言语音研究》（2012）、申盼路《伊川方言语气副词"高低"的多角度研究》（2016）、刘雅兰《伊川方言变异研究》（2018）、刘风乐《渑池方言骂詈语研究》（2019）、栗晓南《渑池方言指示代词研究》（2019）、赖仙仙《河南洛宁方言语音研究》（2009）、任倩倩《河南洛宁方言词汇对比研究》（2019）、吕倩倩《嵩县（车村镇）方言语音研究》（2021）、赵新霞《栾川地名的语言文化研究》（2013）等。

总体来看，以上9地的方言研究也较为薄弱，也是以语音词汇为主，语法研究较少。

0.2.3 豫内其他中原官话语法研究

河南境内的方言分为中原官话和晋语，豫北一带属于晋语区，豫东、豫中、豫西与豫南皆为中原官话区。较之洛嵩片方言语法研究，其他区域中原官话语法的研究成果较多。

贺巍、丁声树等老一辈语言学家对河南中原官话语法做了拓荒性研究，21世纪以来，豫内其他中原官话语法的研究无论是描写的细致度还是理论方法的新颖性乃至成果的质量，都值得肯定。成系统的研究主要有辛永芬《浚县方言语法研究》（2006）、叶祖贵《固始方言研究》（2009）、王东《河南罗山方言研究》（2010）、李学军《河南内黄方言研究》（2016）、张春杰《禹州方言研究》（2017）、穆亚伟《辉县方言语法研究》（2021）、胡伟《河南滑县方言研究》（2022）等，这些著作分别对浚县、固始、罗山、内黄、禹州、辉县、滑县等地的方言语法做了较为深入的探讨，其中，辛永芬较早对浚县方言语法进行探讨，重点描写了浚县方言的音变、重叠、附加、格式和语序等语法现象，勾画了浚县方言语法系统的全貌。

公开发表的学术论文近三百篇，还有一些硕博学位论文及会议论文，这些论文或从单点或从单点的不同侧面揭示中原官话某一方面的语法面貌，从研究对象上可以归纳为以下四个方面。

其一，词类研究成果最多，且以副词、虚词研究为主。副词的讨论较多，代表性论文有闫德亮《罗山方言副词性标记探析》（2007）、孙红举《河南鲁山方言的相对程度副词"通"》（2012）、孙嘉铭《河南舞阳方言副词"光"的多功能性》（2021）；硕士学位论文有李楠《周口扶沟方言副词研究》（2013）、贺晓雅《河南汝州方言程度副词"通"》（2019）、孙艳芳《河南漯河方言"通"类主观性程度副词研究》（2018）、芦晗《长葛方言副词研究》（2022）等。助词的讨论较为深入，代表性论文有郭熙《河南境内中原官话中的"哩"》（2005），刘春卉《河南确山方言中"给"的语法化机制考察》（2009），张邱林《陕县方言选择问句里的语气助词"曼"——兼论西北方言选择问句里的"曼"类助词》（2009）和《河南陕县方言源于性器官名称的情感助词》（2015），王东、罗明月《河南罗山方言的体助词"的"》（2010），王芳、刘丹青《河南光山方言来自"里"的多功能虚词"的"——共时描写与语义演变分析》（2011），陈安平《河南方言结构助词"哩"的来源及相关问题》（2013），张辉《豫西南方言中的"讫"》（2017），叶祖贵《河南息县方言的先行体标记词"再哩"》（2018）等；硕士学位论文有王萍《河南光山方言语气词研究》（2020）、杨霞《河南息县方言语气词研究》（2020）等。介词的讨论不多，单篇论文有刘春卉《河南确山方言两个处置标记"掌"与"叫"的语法化机制考察》（2008）、魏梦洋《河南新密方言中"给"的语法功能和语音形式探源》（2019）、程亚恒《河南上蔡方言的介词"掌"及其语法化》（2020）、翟占国《豫皖方言的介词"挨（捱）[ia/iɛ]"》（2022）等，硕士学位论文有鲁冰《中牟方言介词研究》（2010）等。除了上述词类的研究之外，其他词类研究则较为零散，单篇论文有张聪燕《河南陕县方言中的指示代词及其不对称性》（2008）、王素改《河南濮阳方言中的前置话题标记"都"》（2012）、辛永芬《河南方言表原因的后置成分"嘞/哩事儿"》（2018）、王战领《河南鹿邑方言的"可"》（2021）等，硕士学位论文有李倩《河南固始方言代词研究》（2014）、周阳《河南社旗方言代词研究》（2018）、方昆鹏《河南平顶山方言形容词研究》（2019）、李亚南《周口方言"管"的多角度研究》（2020）、郭怡鑫《河南浚县方言名量词研究》（2022）等。

其二，形态研究以变韵现象的讨论为主。代表性论文有辛永芬《河南浚县方言的动词变韵》（2006a）和《河南浚县方言的子变韵》（2006b），陈卫恒《洛阳和舞阳方言的 Z 变韵》（2010），夏俐萍《河南封丘赵岗方言的子变韵》（2012），李学军《河南内黄方言双音节动词的变韵》（2015），张慧丽、潘海华《动词变韵与事件结构的语法化》（2019）等。其中，辛永芬（2006a）是继贺巍（1989）对获嘉方言（晋语）变韵现象讨论之后较早深入讨论中原官话动词变韵的，在学界影响很大。此外，还有一些讨论重叠、儿化的成果，单篇论文有辛永芬《河南浚县方言形容词短语的小称儿化》（2008）、张邱林《陕县方言形容词 Aa 重叠式的语义语法功用》（2012）、王玲玲《河南沈丘方言的重叠式》（2014）等，硕士学位论文有刘佳佳《孟州方言重叠式研究》

(2008)、高梓琦《河南商水话补语套叠研究》(2020) 等。

其三，句法结构研究相对较少。代表性论文有王东《河南罗山方言的"给给"》(2008)，叶祖贵《河南固始方言表处置义的"V 头"及"头"的合音来源》(2009)，左玉瑢《河南鹤壁方言的现在和过去进行体》(2008)，张辉《河南唐河方言的"X 讫"》(2016)，辛永芬《河南尉氏方言表否定的"快 VP 嘞"》(2018)，陈鹏飞、张雪平《河南林州方言的相对时结构"X 动"》(2018) 等。此外，单篇论文还有赵祎缺《河南玄武方言比喻的固化结构"A/V＋嘞＋给啥栏"》(2011)，申延美《河南叶县方言里的"X 气"结构》(2017)，张燕《河南上蔡方言中的"想 VPVP"结构》(2017) 和《河南上蔡方言中的可能虚拟表达结构"光 VP"》(2022)，张燕、李胜伟《河南上蔡方言中的祈使义虚拟表达结构"去 VP 去去"》(2020) 等；硕士学位论文有刘杰林《潢川方言"V 不完哩 V"结构考察》(2016)、李秋《河南太康方言程度补语及述程式研究》(2019)、王玉娇《叶县方言完成体研究》(2020) 等。

其四，句子研究最为薄弱。代表性论文有张邱林《河南陕县方言表将然的语气助词"呀"构成的祈使句》(2007)，王东、罗明月《河南罗山方言"把＋O＋V＋它"式处置式》(2007)，汪化云、李倩《河南固始方言的"可"字句》(2013)，胡伟、甘于恩《河南滑县方言的五类处置式》(2015)，刘永华《河南上蔡方言的及比句》(2018)，刘浩楠《河南鹿邑方言中"可 VP"问句的性质探析》(2018) 等。此外，还有刘琳霞的硕士学位论文《扶沟方言"叫"字句研究》(2016)、鲁冰的博士学位论文《河南方言极性问的语言地理类型学研究》(2017) 等。

上述研究成果表明，河南境内中原官话语法具有较多的个性特征，但研究内容呈现出不平衡性。河洛方言是河南中原官话的代表，对其语法的挖掘描写及方言地理分布的考察，能够更好地揭示河南中原官话语法的特征及其内部差异。

0.3　研究意义

本书主要基于河洛大鼓书词（说唱语言）这种鲜活的长篇方言口

语语料，对其中的方言语法进行挖掘描写，同时辅以方言调查进行补充，较之此前的研究，其独特的研究意义有以下三个方面。

其一，有利于探察河洛方言语法的特点及发展演变。较之语音词汇，河洛方言语法研究相对薄弱，河洛大鼓由于口耳相传，其语言具有保守性和稳定性，能够反映清末以来洛阳一带方言的真实面貌，其中蕴藏着许多当代河洛方言已消亡或残存的方言现象，本书对书词中的方言语法现象进行共时描写和历时考察，有利于揭示河洛方言语法的区域特征及发展变化。

其二，有利于揭示河洛方言语法与近代汉语之间的演变关系。从先秦儒家推崇的雅言，到衣冠南渡之后士人们所坚守的"洛阳读书音"、宋元话本、元曲，再到晚清以来的河洛大鼓说唱语言，它们都与汉语言文化一脉相承。本书对一些方言语法现象的历史追溯，对于沟通近代汉语与现代河洛方言、探索汉语演变规律具有重要意义。

其三，可以保存方言文化资源。本书对河洛大鼓这种"口语化石"语料文本化和数字化的整理，发掘了大量濒危的河洛方言语法现象，对其语音、语义及语用进行细致的记录和描写，同时对其来源及发展变化进行历时考察。因此，本书的研究抢救并保存了正在退化的河洛方言，可以为洛阳方言词典编纂及词汇研究、汉语史、河洛文化研究提供素材。

0.4 研究思路及方法

以往河洛方言研究主要是单一的田野调查描写，本书主要基于洛阳地区独有的、大规模的大鼓书词这种全文本方言语料，将文本材料与田野调查相结合，对其中比较独特、与普通话相异的方言语法进行描写，尤其关注濒临消亡的方言语法，这些方言语法的身份甄别及相关内容的补充挖掘均辅以河洛方言的田野调查，旨在揭示河洛方言语法的区域特征及发展变化。

基于以上的研究思路，本书主要采取以下四种研究方法。

其一，多维比较。比较法贯穿于本书研究的始终，与普通话、周边方言比较，从共时层面揭示河洛方言语法在普方间、方方间的同异性；

与宋元话本、元曲、明清小说等近代汉语比较,与清中叶的《歧路灯》比较,从历时层面揭示一些特殊方言语法的来源及历史层次。

其二,统计分析。本书主要以书词所反映的方言语法为线索,在描写分析一些方言语法现象时,对不同时代、不同地方艺人书词中的使用情况进行统计,同时对《歧路灯》中的使用情况进行考察,探讨这些方言语法现象的共时使用状貌及其发展变化。

其三,田野调查。本书立足于书词来发掘描写河洛方言语法事实,同时辅以田野调查补充相关内容,特别是那些在书词中用例极少而方言学价值较高的语法现象,对其语义、句法、语用、方言地理分布等进行深度调查,尽可能准确地揭示这一方言语法的特点。

其四,描写解释。本书基于书词这种长篇方言语料进行断代史的方言语法研究,从词法和句法两个层面挖掘描写其中的方言语法事实及其变化,尤其关注正在濒临消亡的方言语法。在多维比较和充分描写的基础上,综合运用语法化、方言地理学等理论,对一些特殊方言语法进行解释。

0.5　语料及调查人说明

0.5.1　语料简介

本书以河洛大鼓书词为研究语料,对其中的河洛方言语法进行挖掘描写,在共时和历时的双重视角下揭示河洛方言的区域性特征及发展演变。下面简要介绍这一语料。

河洛大鼓是清末民初以来洛阳一带广泛流行的民间说唱艺术,历史已逾百年,系首批国家级非物质文化遗产项目。书词是河洛大鼓的说唱语言(说白和唱词),其特点类似敦煌变文,带有特定的时代烙印和地域特色,具有极强的原生态口语特征,是黄河流域丰厚且珍贵的语言文化资源。由于艺人相对封闭的生活环境和师徒间口耳相传的传承方式,书词具有保守性和稳定性,能够反映晚清以来洛阳一带方言的真实面貌,而洛阳作为十三朝古都,其方言长期作为汉民族共同语的基础方言,继承了大量近代汉语的语言成分,因此,书词具有重要的方言学和汉语史价值。田野调查显示,河洛大鼓曲目达120余种,但近半已经消亡，现存的多数曲目仅有音视频形式或仍处于师徒口耳相传的原始状态，整理本及手抄本较少，有些已是断篇残句。

本书选定23部具有代表性的经典作品，对其进行了系统的整理，标记其中的疑难语言问题，建立了一个便于检索的书词语料库，详见表0-2。

表0-2　　　8部已有文本的作品和15部音视频作品的概况

艺人/出生年份/籍贯	曲目	整理字数	艺人/出生年份/籍贯	曲目	整理字数
王周道/1928/巩义	《滨州会》	70939	杨现立/1955/巩义	《剑侠英雄传》	72034
	《损人报》	82501	魏要听/1955/宜阳	《包公奇案》	253230
	《刘公案》	233524		《小八义》	100278
	《双锁柜》	55754	牛会玲/1963/巩义	《金钱记》	20978
段界平/1939/偃师	《破镜记》	63494	吕武成/1965/新安	《彩楼记》	49019
	《包公访太康》	58892		《破镜记》	79469
尚继业/1943/巩义	《回杯记》	88388		《双锁柜》	53814
	《智断神杀案》	36376	李新芬/1965/巩义	《回龙传》	73696
李明智/1946/偃师	《包公审木槿》	212361	黄金焕/1966/巩义	《全家福》	89736
	《海公案》	201388	张建波/1969/孟津	《丝绒记》	82377
李占土/1950/偃师	《呼延庆鞭扫十八国》	58661	王春红/1972/巩义	《金钱记》	31177
王玉功/1950/宜阳	《花厅会》	50148			

注：艺人王周道、段界平已故，其曲目极为珍贵。

上表中的23部作品，涉及19个曲目、14位艺人（第3代到第6代）、5地（偃师、巩义、孟津、新安、宜阳），共213万字。其中，吕武成的3部作品是他本人的演出回忆本，无音频材料；其他20部作品均有音频材料。这20部有音频的作品中，王周道《双锁柜》、段界平《破镜记》、尚继业《回杯记》《智断神杀案》、张建波《丝绒记》这5部作品已有文本整理。

上述已有文本的8部作品为本书语料的整理奠定了基础，然舛误较多。我们以音频为依据，比对各种资料，主要校正以下问题：一是被漏记、错记或误记的方言成分,如时地标记"起"多漏记,人称代词"恁"多错记为"你",词缀"圪、骨"多误记;二是被忽略或误记的合音词,如"人家[ʐa³¹]""起来[tɕʰiæ⁴¹²]""弄啥[nua⁴¹²]"等,已有文本未给予反映,有的甚至误记,如"跟前[kan³³]"记作"刚儿";三是未准确记录的结构助词,如"的""那""嘞""哩"区分意识薄弱;四是随意省略的衬字,唱词中有大量衬字,旦无实义,但发挥衔接、补充或陪衬等作用,如"铺着地来还盖着天"中的"来";五是不规范的用字,多是对语音文字不匹配或有音无字等情况的记录,此外,叹词、拟声词未统一字形。

对已有文本的普遍性讹误、疏漏等进行归类,形成清晰且具有针对性和可操作性的整理路线,以指导无文本作品的转写。音频转写的过程中始终融入语言学研究,参考近代汉语、方言等成果,重点关注与普通话相异的语言成分的记录,如古音字、虚词、特色方言词等,以确保作品转写的质量。对于语音文字不匹配的情况进行分类处理:一是误读字,用正确的汉字记录并注释,如"撑[tʂaŋ⁵³]腰做主";二是无本字词,如"枯搐皱",原则上采用义近音同的汉字记录;三是有音无字词,如拟声词"叭[pia⁵³]",尽量用音近的汉字记录。

0.5.2 调查人基本信息

本书以书词所反映的河洛方言语法为线索,其方言语法身份的甄别及相关内容的补充挖掘均辅以方言的田野调查,力求实现文本材料与田野调查的互相启发与对接。本书的主要受调查者均长期生活和工作在河洛区域,具体信息如表0-3。

表0-3　　　　　　　　主要受调查者的基本情况

序号	姓名	性别	出生年份	母方言地	文化程度	职业
1	黄荣先	女	1949	登封	小学	工人
2	张复合	男	1953	孟州	初中	农民
3	杨秋琴	女	1960	偃师	高中	工人
4	吕武成	男	1965	新安	高中	农民
5	秦建军	男	1968	孟津	初中	农民

续表

序号	姓名	性别	出生年份	母方言地	文化程度	职业
6	闫红霞	女	1970	巩义（市区）	大专	公务员
7	张芝芍	女	1942	巩义（城东）	小学	农民
8	李朝霞	女	1976	巩义（城西）	初中	工人
9	张晓霞	女	1968	卢氏	初中	工人
10	刘鲜竹	女	1970	宜阳	初中	农民
11	黄金贤	男	1969	渑池	初中	农民
12	张素会	女	1973	伊川	初中	工人
13	杜粉平	女	1975	洛宁	小学	农民
14	郑芹	女	1955	义马	小学	农民
15	刘竹玲	女	1973	栾川	初中	农民
16	韩新娟	女	1969	嵩县（车村）	初中	农民
17	田换姣	女	1968	嵩县（九皋村）	小学	农民
18	董俊强	男	1973	洛阳	高中	厨师

0.6 凡例

① 本书一律用国际音标注音。

② 下划线"＿"用于标记合音，如"里头""这一个"。

③ 下标的文字表示释义内容，如："垺_{同阶段或同时期的人或物}"。

④ "/"表示相互替代的成分，如："哩/嘞"。

⑤ "｜"用于隔开例句。

⑥ （ ）表示其中的文字可有可无。

⑦ "＊"表示该例句不成立或不能说。

第 1 章　构词

以往学界对河洛方言的构词现象关注较少，但书词中有较为充分的反映。重叠构词形式多样，且涉及诸多词类；词缀构词较有特色，有的词缀源于分音词前一音节，如"圪""骨"，有的源于词汇词，如"气""精"等；合音构词、使感结构、逆序构词等构词，其形式丰富多样。本章主要围绕上述构词现象的形式与特点进行讨论，不仅深入挖掘书词中的构词事实，而且通过方言调查给予补充，同时对一些构词规律进行揭示。此外，还对书词中丰富的离合词、三音词进行梳理分析，为汉语词汇双音化研究提供例证。

1.1　重叠构词

中国的语言里，重叠/量词与复数标记呈互补分布态势，如果重叠/量词发达，那么复数标记就不发达[①]。重叠是汉语显赫的语法手段之一，学界根据重叠的作用将其分为两种类型：构形重叠与构词重叠。前者是指某一个词连续使用两次以表示某种语法意义的结构方式，是一种句法手段，重叠的结果是短语，如"看看""研究研究""高高""干干净净"，它们分别是动词"看""研究"和形容词"高""干净"的重叠式；后者是指接连反复某一个音节或词根以构成新词的一种构词方式，是一种词法手段，重叠的结果是词，如"蝈蝈""爸爸""星星"等。构形重叠与构词重叠两者最显著的差异在于前者只是添加了新的语

---

① Dan Xu, "Reduplication in Languages: A Case Study of Languages of China", In Dan Xu (ed.). *Plurality and Classifiers across Languages in China*, Berlin: Mouton De Gruyter, November 2012, pp. 43–63.

法意义，而后者则产生了新词。

河洛方言的构形重叠与普通话基本相同，动词、形容词主要采用 AA 式、ABAB 式、AABB 式构形；而构词重叠较有特色，如丰富的 ABB 式状态词。下面着重对构词重叠进行讨论。

1.1.1 名词

就名词重叠构词而言，除了与普通话类似的 AA 式之外，还有 AAB 式和 ABB 式。

1.1.1.1 AA 式

普通话采用 AA 式所构成的重叠名词，只限于部分亲属称谓和少数物名，如"妞妞""妹妹"和"猩猩""蛐蛐"等，书词中的 AA 式重叠名词不限于此。根据 A 是否是语素，AA 式名词又可以分为以下两类。

1) 重叠词，其中"A"为一个语素。如：

（1）喊叫一声不要紧，老和尚吓嘞打**战战**_{发抖的动作}。（《损人报》）

（2）从**小小儿**_{小时候}恁给我寻婆儿家，才把我许给金柱俺表弟。（王《双锁柜》）

（3）杨爱卿是一家清官哪，这两个**孙孙**_{孙子}到他家首先不受罪啦。（《回龙传》）

（4）要不是老爹爹管哩老紧，我的二哥呀，画**道儿道儿**_{线条}我画到那待客厅。（《回杯记》）

（5）丫鬟秋风接过来钥匙，到外边打开皮箱，取出了一个红缎子**小包儿包儿**_{袋子}。（段《破镜记》）

（6）现在嘴唇上也生出了几根**毛儿毛儿**_{刚长出的胡子}，嘿，长成大人啦。（吕《破镜记》）

（7）我给你说说啊，分前八寨、后八寨、左八寨、右八寨、中八寨，五八四十寨，听说那里有一个**大头儿头儿**_{领导}，准备改朝换帝，要江山嘞呀。（《呼延庆鞭扫十八国》）

例（1）由动词性语素"战"重叠构成，例（2）由形容词性语素"小"重叠构成，例（3）由名词性语素"孙"重叠构成，例（4）—例（7）分别由名词性语素"道""包""毛""头"儿化重叠构成。

河洛方言中，这类词还有"妗妗_{妗子}、姑姑儿_{尼姑}、秫秫_{红高粱}、黍黍_{玉米}、兜兜_{肚兜}、豁豁、袋袋儿_{口袋}、婆儿婆儿_{外婆}、乖乖_{对小孩的爱称}、撇撇儿_{一种笔法}"等。

2）叠音词，其中"A"不是一个语素。如：

（8）佳人前边拍拍手，这个小孩**能能**_{逗引幼儿做短暂站立的动作}就能打两仨。（《丝绒记》）

（9）天保佑找着俺嫂子，我许下正月十六去蒸**窝窝**_{窝头}。（《刘公案》）

例（8）、例（9）中，"能""窝"不单独表义，与其重叠表义没有关系。

河洛方言中，这类词还有"碌碌_{碌碡子}、丁丁_{蜻蜓}、蜜蜜_{奶头}、吹吹_{小型唢呐}、达达儿_{叔父}、妈妈儿_{乳房,奶}、鞍鞍儿_{蜗牛}"等。

1.1.1.2 AAB 式

书词中 AAB 式重叠名词，又可以分为以下三种构词情况。

1）AA 式重叠结构加上语素 B 构成，如：

（1）背着一个**叨叨鸡儿**，圪压几圪压。（《包公访太康》）

（2）哎，姑娘，啥叫"**爬爬揖**_{磕头带作揖}"？（吕《双锁柜》）

（3）老二啥？**踮踮脚**，哎，脚尖吃劲儿，一步一步踮嘞。（《刘公案》）

（4）舌尖湿破了这窗棂纸，**星星指**_{食指}我"扑出"戳了个小窟窿。（《回杯记》）

（5）你那红领袖袄，薄得给**顶顶丝儿**一样儿，哪能遮风，哪能避雨？（《滨州会》）

（6）都是猫盗子来狗盗子去，偷偷盗盗，净是这一号：**咪咪嘴儿**、舌头尖、开口蹦、驴一蹿、黄眼狼、拱地欢。（《损人报》）

（7）我摸住阵宽阵长，四四方方一个木盒，一据沉腾腾，我说这里头是金砖银条、玉石玛瑙、元宝**毛毛元**，据住斗_就回家。（《包公奇案》）

（8）没名没姓可编不到那书上，嗯，依次叫扫帚苗、**灰灰菜**、大茶壶、水烟袋、烂肚子蛤蟆、跑不快、一窝皮，还有下三滥，就是这八个家伙。（《剑侠英雄传》）

（9）你没看看，哎，**星星门儿**上长一个嘴，赶紧抱到咱村南边撦

那水坑里。(《滨州会》)

河洛方言中，这类词还有"低低话、咕咕经、濛濛雨、梆梆鸟、咕咕喵儿_{猫头鹰}、齉齉鼻儿、末末屎儿、灰灰明儿、梆梆虫儿_{啄木鸟}、捻捻转儿_{陀螺}、苍苍儿明儿、曚儿曚儿亮、厌儿厌儿菜"等。

2) 由双音节词 AB 重叠第一个 A 语素构成，如：

（10）往下看长了一个**豁豁嘴**，露出来满嘴黑牙坑。（《刘公案》）

（11）这小孩儿是**粘粘糕**、热粘皮儿，粘住还甩不离哩！（吕《破镜记》）

（12）人家蒋武举**花花轿**就要来迎亲，你这老东西，就给没事儿人一样！（吕《双锁柜》）

（13）还得一桌**花花供**_{供品}，**花花供**可不要衬底子。（王《双锁柜》）

河洛方言中，这类词还有"荠荠菜、包包菜_{洋白菜}、背背锅儿_{驼背}、扁扁儿嘴"等。

3) 由 AA 式词后加语素 B 构成，如：

（14）把黄金香头发剃掉，削发为尼，送到**姑姑庵**出家去！（《包公奇案》）

（15）就是给那冰糖大块儿砸成小块儿，小块儿都砸哩给那**黍黍豆儿**一样。（《回杯记》）

河洛方言中，这类词还有"兜兜裤、窝窝头儿、秧秧毛儿"等。

1.1.1.3 ABB 式

书词中 ABB 式重叠名词较少，仅有 3 个词例。如：

（1）好死不如熬过着，哪天不吃点儿**糠窝窝儿**。（《损人报》）

（2）催马扬鞭咱进京城啊，小包黑在马中，两眼都是**金珠珠儿**。（《包公奇案》）

（3）当时就觉得头晕眼花呀，眼前那**金星星儿**"嚓嚓嚓"直冒啊。（《剑侠英雄传》）

河洛方言中，这种构词还有"糠馍馍、面糊糊、红秧秧、屎屃屃、泥娃娃、亲姣姣_{亲闺女}、月奶奶_{月亮}、臭斑斑_{一种会散发臭味的昆虫}、碎沫沫儿、末屎儿屎儿、香金金_{一种金色的甲虫；受宠小孩儿的昵称}、小鸡儿鸡儿_{小儿阴}"等。

1.1.2 状态词

状态词是表示状态描写的谓词。河洛方言状态词的重叠形式多样，不仅有 ABB 式，还有 AAB 式以及 A 圪/骨/卜 BB 式。

1.1.2.1 ABB 式

ABB 式状态词非常丰富，其中 "A" 是单音节词根，BB 为重叠形式。常见的 BB 有 "盈盈、洒洒、丁丁、溜溜、腾腾、咚咚、当当、乎乎、漆漆、习习、花花、灵灵、漯漯、哄哄、拉拉、生生、悠悠、晃晃、睁睁、和和、登登、沉沉、宁宁、融融、堂堂、酥酥、板板、森森、浓浓、楞楞" 等。这些 BB 在构词中的主要功能是加深状态的程度量、增加生动形象感或增添感情色彩。

书词中 ABB 式状态词主要有以下构词特点。

1) A 可以是不同性质的词根，但形容词性词根占绝对优势，名词或动词性词根较少，也有少数不明词性的词根。

A. 形容词性 A + BB，如：

黑黧黧　虚腾腾　硬欻欻　灰出出　花登登　圆周周　亮洒洒
湿漯漯　乱蓬蓬　响睁睁　匀和和　直楞楞　红杠杠　稀拉拉

B. 动词性 A + BB，如：

闹嘈嘈　闹噪噪　闹嚷嚷　战抖抖　战习习　战嗦嗦　战洒洒
战塌塌　恨嘟嘟　翻腾腾　滚腾腾　憋腾腾　恼冲冲　哭叽叽
晃荡荡　气愤愤　迷沉沉　气腾腾　晃悠悠　怒习习　迷瞪瞪

C. 名词性 A + BB，如：

泪淋淋　泪习习　泪盈盈　泪沾沾　泪花花　泪巴巴　绒南南
水盈盈　刺挠挠　汗盈盈　汗涟涟　汗漯漯　银丁丁　板正正
油哄哄　毛哄哄　雾浓浓　路腾腾　雾霭霭　瓷瓜瓜　血哄哄

D. 不明词性 A + BB，如：

忽灵灵　忽甩甩　圪瘩瘩　扑噔噔　骨溜溜

2) 同一 BB 可以与不同的词根 A 组合，如：

溜溜儿：滴~　直~　出~　滋~　条~　稀~　薄~　酸~
登登：明~　圆~　直~　红~　鼓~　满~　黄~　饱~
腾腾：蒙~　黄~　白~　闷~　香~　乌~　满~　红~　鼓~　弯~

3) 同一词根 A 可以与不同的 BB 组合，如：

直：~宁宁　~丁丁　~板板　~崩崩　~勾勾　~呆呆　~挺挺

～唭儿唭儿

黑：～丁丁　～塌塌　～压压　～嘟嘟　～森森　～湮湮　～嚓嚓
～噜噜

白：～习习　～嚓嚓　～洒洒　～丛丛　～生生儿

4）有的 AB 还可以独立成词，如：

滴溜溜—滴溜　骨碌碌—骨碌　吡溜溜—吡溜　支楞楞—支楞
热闹闹—热闹　明朗朗—明朗　年轻轻—年轻　迷瞪瞪—迷瞪
富态态—富态　气愤愤—气愤　稳当当—稳当　光捻捻—光捻

书词中"形 + BB"式状态词最为丰富，且具有代表性。徐浩（1998）将 ABB 式构词①分为三大类：一是 BB 的意义虚泛，ABB 不能分割，是语音重叠；二是 BB 是语素重叠，但 AB 一般不能成词；三是 A 与 B 是对等关系，AB 可以独立构词，ABB 有一定的构形意味。书词中"形 + BB"式状态词也有上述三大类，详见表 1 – 1②。

表 1 – 1　　　书词中"形 + BB"式方言状态词的类型

类别	词例
BB 为叠音成分	嫩出出　鼓抟抟　粉浓浓　粉嘟嘟　晕乎乎　弯生生　俏生生 傻楞楞　明生生　展习习　红丁丁　阴森森　稠杠杠　直朔朔 乱崩崩　痛洒洒　红压压　乌压压　粘咚咚　乌咚咚　黄烂烂 乱咚咚　圆咚咚　响咚咚　热咚咚　弯睁睁　圆睁睁　明睁睁 香崩崩　脆崩崩　稀蔫蔫　酸糊糊　闷悠悠　黄澄澄　红澄澄 明漆漆　粘抓抓　紧尖尖　空塌塌　软哄哄　战嗦嗦　艮崩崩 满崩崩　活崩崩　酸乎乎　凉酥酥　白几几　白瓜瓜　润绰绰
BB 有一定意义，但 AB 不成词	红鲜鲜　乱杂杂　明光光　苦凄凄　清凌凌　黄瘦瘦　黑晶晶 湿漉漉　辣酥酥　闷沉沉　迷沉沉　碎零零　孤仃仃　直硬硬
AB 可以成词	绒和和　软和和　光滑滑　恭敬敬　利散散　圆展展　平展展 孤单单　明亮亮　暖和和　孤伶伶　硬扎扎　方正正　干净净 急忙忙　慌忙忙　黑暗暗　硬实实　蠢笨笨　安生生　热闹闹

---

① 徐文将这类 ABB 式构词认定为形容词，目前学界多将其认定为状态词，我们采用后一看法。

② 上文已列举过的"形 + BB"式状态词，表中不再赘举。

从上表来看，第一类 ABB 式构词中，BB 意义完全虚化，A 与 BB 一般不能分开，结合较为紧密，ABB 式的构词性质最为鲜明；第二类 ABB 式构词中，很多 BB 的意义较为实在，如"红鲜鲜""乱杂杂""明光光"中的"鲜""杂""光"本身意义较为实在，可以放在词根 A 前边构成"鲜红""杂乱""光明"这样的复合词，重叠构词之后的"鲜鲜""杂杂""光光"的意义有所虚化，但还保留一定的原义；第三类 ABB 式构词中，有些有对应的 AABB 式，如"热闹闹——热热闹闹""方正正——方方正正"，有些是由 AB 式后一词根重叠而形成，如"孤单单——孤单""干净净——干净"，重叠之后 BB 的词汇意义弱化了。

从句法功能上看，"形 + BB"式状态词不能受"很""不"修饰，不能带补语、宾语，主要作谓语和补语，还可以作定语、状语。如：

（1）你看你身上脏成啥啦，老天爷，我捞住你那胳膊，身上都**粘咚咚**嘞呀、**粘抓抓**嘞！（王《双锁柜》）

（2）他来到内间屋中，他往床上一摸，床上**热咚咚**的、**鼓腾腾**的。（《海公案》）

（3）咦，那天你包嘞饺子，给我捞了两碗，我吃哩**饱登登**嘞。（《滨州会》）

（4）俺两口子都是**白生生儿**的脸，忽灵灵的眼。（《包公奇案》）

（5）单说说王姑娘王二妹坐在绣楼以上，**痛洒洒**地可哭起来了。（《回杯记》）

例（1）、例（2）中，"粘咚咚""粘抓抓""热咚咚""鼓腾腾"作谓语；例（3）中，"饱登登"作补语；例（4）中，"白生生儿""忽灵灵"作定语；例（5）中，"痛洒洒"作状语。

河洛方言中，"形 + BB"式状态词还有"红丢丢、面丹丹、甜几几、凉瓦瓦、展瓜瓜、清亮亮、空拉拉、赤都儿都儿"等。

总的来看，河洛方言"形 + BB"式状态词较之普通话具有更强的开放性，主要表现在两个方面：一是常用形容词词根构成 ABB 式状态词的能力更强，如"白""黑""直"等可以构成一系列 ABB 式状态词；二是同一 BB 可以与不同的形容词词根 A 组合，有时甚至带有一定的随意性，如"登登"可以与"花""圆""满""红"等词根组合。

1.1.2.2　AAB 式

书词中 AAB 式状态词仅有 3 个词例,都作补语。如:

(1) 黄六把庙门拍得**咚咚响**:"开门,开门!"(吕《破镜记》)

(2) 郭槐浑身烧成大泡,只伤皮肉不伤筋骨,他疼哩**嗷嗷叫**,就是干急死不了。(《包公奇案》)

(3) 哎,到时候先给你盖上养马院,再给你搭下养马棚,再然后间把那秆草铡得**沫沫儿碎**,香料我再加可是两三升。(《剑侠英雄传》)

例(1)中,"咚咚响"表示"响声很大";例(2)中,"嗷嗷叫"表示"叫声极大";例(3)中,"沫沫儿碎"表示"特别特别碎"。

《洛阳方言词典》还收录了"呱呱叫",对该词释义为"形容极好:这东西~,是上海货"①,该词例作谓语。

1.1.2.3　A 圪/骨/卜 BB 式

A 圪/骨/卜 BB 式状态词,其中的"圪/骨/卜"没有实际意义,只是表音字。如:

(1) 摸啥嘞?摸这大肠嘞呀。这一摸,嗯,**硬圪丁丁**嘞。(《刘公案》)

(2) 进来一个老婆儿,**老圪塌塌**哩,要有那七十多哩,一脸枯搞皮。(《回杯记》)

(3) 东屋看看没有人,西屋瞧瞧**黑骨咚咚**。(《小八义》)

(4) 老爷呀,那时我才把北京进,谁知道北京也是**黑骨隆隆**。(《刘公案》)

(5) 上前"嘭"捕住啦,越摸越热,越摸越热,**热骨浓浓**哩。(《回杯记》)

(6) 咦,给这孩子打扮得**花卜登登**的。(《滨州会》)

(7) 奶奶,今黄昏得点长明灯哩,咋洞房屋里**黑卜腾腾**哩。(王《双锁柜》)

(8) 那男的看年纪也就有二十一,哎,只见他**黑卜溜溜**、胖卜囡囡儿。(《智断神杀案》)

(9) 哎呀,我的天啊,**黑卜塌塌**嘞,**闷卜欸欸**嘞,下边趴着一个

---

① 贺巍:《洛阳方言词典》,江苏教育出版社 1996 年版,第 78 页。

人。(《剑侠英雄传》)

（10）人家老年人都见过那鬼灯呀，说鬼灯就**蓝卜腾腾**哩、**灰卜出出**哩。(《包公审木槿》)

（11）他要把帽子一抹，是**光卜塌塌**。(《花厅会》)

（12）越长后边儿那个头越大，越长那个脑袋越怕人，也没鼻子也没眼，也没耳朵也没脸，连一根头发都没有，就是那**光卜扭扭**一个大肉包。(《小八义》)

（13）那被子叠嘞给豆腐块儿一样，铺那单子**展卜捻捻儿**嘞。(《刘公案》)

河洛方言中，这类构词还有"娇圪滴滴、蓝圪英英、咸圪南南、紧圪崩崩、冷圪洒洒、齐骨刷刷、粘骨抓抓、甜骨浓浓、平卜展展、酸卜几几、赤卜捻捻儿"等。

1.1.3 副词

就副词重叠构词而言，除了与普通话类似的 AA 式之外，还有 ABB 式。

1.1.3.1 AA 式

普通话中，AA 式重叠副词较为丰富，如"生生、单单、偏偏、常常、好好、刚刚、死死、活活、苦苦、白白、渐渐、往往、明明、时时、纷纷、悄悄、草草、迟迟、暗暗、刚刚、万万、徐徐"等。书词中，富有地域特色的 AA 式重叠副词较少，下面一一描写。

1）应应儿：正好，刚好

（1a）圪瘩瘩小鼻子，**应应儿**长到那脸当中。(《包公访太康》)

（1b）相国寺里边，他抽了三根上上签，出来**应应儿**碰见了算卦哩一位先生。(《回龙传》)

2）实实[①]：的确，确实

（2a）王进士是着实抢亲乱伦，害我的妹妹，我**实实**不能给他和。(《包公访太康》)

（2b）**实实**不能再走了，前边河水挡住了去路。(《包公审木槿》)

[①] 实实：一般用于否定词之前。

3）延延儿：正好，刚好，凑巧

（3a）该好了，遇巧了，**延延儿**地又跑到草垛上边。（《剑侠英雄传》）

（3b）**延延儿**哩，也不偏左也不偏右，咬到了贼子董魁他的脖项正当中。（《剑侠英雄传》）

4）连连①：接连不断

（4a）王进士**连连**点头说道："好！此计甚妙，就照此办。"（《包公访太康》）

（4b）王铁蛋儿还不见他妻出来，嘶，心中着急，嘶，**连连**喊道："哎哎哎！出来吧！哎，出来吧，时候不小啦咙。"（《智断神杀案》）

5）真真：确实，实在是

（5a）刘大人咬了一嘴，唉，**真真**这老婆儿炒这肉有味儿啊。（《刘公案》）

（5b）乡亲们，恁**真真**没有人情。（《滨州会》）

6）将将儿：表过去，刚

（6）哎，他多少有点钱儿，**将将儿**顾住吃哩，时间不长，这个老头儿就死啦。（《滨州会》）

7）直直：整整，足足

（7）鬼来啦，我**直直**审了一晚上。（《包公奇案》）

8）通通：全部，一律

（8）除了端饭嘞，除了拾馍嘞，剩下**通通**坐，再不坐第二垡儿啦，**通通**坐。（《滨州会》）

以上 AA 式重叠副词都没有对应的 A 式，其中的"通通"这一范围副词普通话也有，但该词在河洛方言中的使用频率远远高于普通话。

1.1.3.2　ABB 式

ABB 式是河洛方言重叠副词的特色，书词中有少量这样的构词，一般作状语。如：

---

① 《洛阳方言词典》（第 199 页）对"连连"释义为：赶快，你在哪拿的东西，~再送回去。洛嵩片方言调查显示，伊川方言中有该义项，不见于其他方言点。

（1）难道说，我**顶真真**地就能见死不救吗？（《包公审木槿》）

（2）单说李氏凤英啊，**一心心**要去外边拉她家丈夫。（《全家福》）

（3）小少爷跟着丫鬟跑得老快，**一奔奔**黄沙徐府前去调兵。（《丝绒记》）

（4）这一说，惊动大街上边那识字儿哩，识字儿嘞俩眼睁哩**一般般儿大**。（《回龙传》）

（5）俩眼瞪**一模模**大儿，嘴张着，鼻子也不敢出气儿吸气儿啦。（《包公审木槿》）

此外，洛嵩片方言中还有一些其他的 ABB 式重叠副词。如：

（6）他**将年儿年儿**_{刚刚}出去啦，你等会儿吧。（孟州方言）

（7）**多么么**_很：～大｜～长｜～粗｜～远。（《洛阳方言词典》第 90 页）

（8）**实拍拍**_{一定}：我看他今儿个～不来了，不信你就瞧着。（《洛阳方言词典》第 9 页）

1.1.4 拟声词

拟声词又称"象声词""状声词"或"摹声词"，是直接摹拟自然事物或人类活动的声音而创造的词汇，其词义就是摹拟的声音。从构词形式上看，拟声词有重叠形式与非重叠形式之分，这里主要讨论重叠形式的拟声词。

1.1.4.1 结构形式

书词中，重叠形式的方言拟声词运用广泛，主要有以下六种形式。

1）AA 式，如：

踏踏	哼哼	嗖嗖	咳咳	唰唰	喳喳	哼哼	呵呵	啪啪	叭叭
哈哈	哐哐	沙沙	腾腾	咣咣	咳咳	呼呼	嘤嘤	嘟嘟	咋咋
嘻嘻	嘿嘿	哗哗	噔噔	嗷嗷	咚咚	叽叽	呕呕	噌噌	嚅嚅

2）AAA 式，如：

轰轰轰	呼呼呼	唰唰唰	嘭嘭嘭	噔噔噔	哗哗哗	嗒嗒嗒
喳喳喳	呃呃呃	咚咚咚	锵锵锵	啪啪啪	嘣嘣嘣	呵呵呵
噌噌噌	嘀嘀嘀	呦呦呦	突突突	哽哽哽	哼哼哼	腾腾腾
嘿嘿嘿	通通通	嗖嗖嗖	喧喧喧	吼吼吼	邦邦邦	促促促

3）ABB 式，如：

噎嘟嘟　呛嘟嘟　当嘟嘟　咯嘟嘟　呜嘟嘟　咕嘟嘟　嘀嗒嗒
啪嗒嗒　嘶哗哗　嚓啦啦　叽啦啦　吱啦啦　呵啦啦　嘶啦啦
嗞啦啦　嗒啦啦　呲啦啦　哗啦啦　爪啦啦　呼啦啦　卜啦啦
喳啦啦　嘀咛咛　叽咛咛　呜噜噜　嘟噜噜　突噜噜　咕噜噜
呼噜噜　咔嚓嚓　啪嚓嚓　呵楞楞　呜楞楞　呼哈哈　扑哈哈
啪当当　咯吱吱　咯嘣嘣　咯叨叨　咯铃铃　咯嘀嘀　咯嗒嗒
咯噔噔　咕咚咚　卜噔噔　扑塌塌　扑嘞嘞　扑嗦嗦　叽喳喳

4）AAAA 式，如：

咚咚咚咚　唰唰唰唰　啪啪啪啪　呵呵呵呵　哽哽哽哽　嘿嘿嘿嘿
嚓嚓嚓嚓　咔咔咔咔　叽叽叽叽　喳喳喳喳　呼呼呼呼　咯咯咯咯
咣咣咣咣　嘀嘀嘀嘀　哒哒哒哒　噎噎噎噎　腾腾腾腾　咳咳咳咳

5）ABBB 式，如：

咯铃铃铃　咯踏踏踏　咯吱吱吱　咯嘟嘟嘟　咯噔噔噔　呛嘟嘟嘟
咕咚咚咚　呲溜溜溜　呵哈哈哈　呼哈哈哈　哗啦啦啦　叮当当当
呜嘟嘟嘟　扑腾腾腾　扑楞楞楞　嗞啦啦啦　咕噜噜噜　嚓啦啦啦

6）AAB 式，如：

嗒嗒滴　叮叮咣　叮叮当　叮叮咚　哟哟嗨　砰砰啪　咯咯噔
呀呀呸　扑扑通　当当叮

河洛方言中 AA 式、ABB 式拟声词非常丰富，尤其是后者。上述前三种重叠拟声词在普通话中也很常见，后面三种重叠拟声词在以往研究中较少论及。

需要注意的是，书词中还有一些 AABB 式拟声词，如"咔咔嚓嚓、叽叽喳喳、哼哼嗨嗨、滴滴嗒嗒、嘶嘶啦啦、叽叽哇哇、嗞嗞啦啦、呼呼噜噜、吱吱啦啦、啊啊吧吧、嘟嘟嚷嚷、叽叽咕咕、呲呲啦啦、噼噼啪啪、呜呜啦啦、嘿嘿哈哈、呼呼哈哈、嘟嘟哝哝"等，这些拟声词都有对应的 AB 式，如"呲呲啦啦——呲啦"，所以它们属于构形重叠，而不属于构词重叠。

1.1.4.2　词汇意义

书词中的重叠拟声词细腻、生动，非常具有表现力，同一个词形往往可以表达多种语义，同一种语义也可以用不同的词形来表达。根据拟声词的语义，可以分为以下四类。

1）摹拟大自然的声音，如：

沙沙 下雪声　唰唰唰 下雪声　唰唰 小雨声　呼呼呼 刮风声

2）摹拟动物所发的声音，如：

咴咴 马叫声　呼呼 马叫声　喳喳 喜鹊叫声　叽叽叽 老鼠叫声　哞儿哞儿 老虎叫声

3）摹拟人类活动的声音，如：

踏踏踏 跑步声　咯嘣嘣 咬牙声　嘤嘤 哭声　叭叭 打耳光声　扑簌簌 掉眼泪声

嗖嗖嗖 快走声　嗷嗷 人叫声

4）摹拟器物所发的声音，如：

叽咛咛 拉弦声/开门声　咯吱吱 担挑子声　咚咚 鼓声

上述"叽咛咛"既可以表"拉弦声"，也可以表"开门声"；表示"下雪声"，既可以用"沙沙"，也可以用"唰唰唰"。

1.1.4.3　句法功能

重叠拟声词主要作状语，如：

（1）文书手提竹笔，"唞唞唞"写成了一张告示，将告示贴到科场门口。（《海公案》）

（2）赶紧勒"嚓嚓嚓"出了庙门，弯腰来一看，"呦，像是个人哪。"（《包公审木椟》）

（3）玉郎说罢话，扭脸儿"噌噌噌"就走了，展昭直气得"腾腾腾"烈火上升。（《包公奇案》）

也可以作谓语、宾语、定语、补语和独立语，如：

（4）那马"咴咴咴"，这意思是啥？（《刘公案》）

（5）谁知道他这一抓银子，刚一转身，就听得"当啷啷啷"。（王《金钱记》）

（6）这个时候就听见外边"嚓嚓嚓嚓"脚步声响，外边跑进个小和尚。（《海公案》）

（7）王忠到那大堂上边，把那堂鼓打得"当当当"。（《包公访太康》）

（8）"踏踏踏踏"，他慌忙来到前院，"启禀二少爷、三少爷。"（《老包审木椟》）

1.2 词缀构词

河洛方言的词缀丰富多样，根据词缀的来源可以分为两大类：一类来源于分音词前一个音节，另一类来源于词汇词。下面分别对这两类词缀的构词情况进行讨论。

1.2.1 源于分音词前一音节的词缀

这类词缀主要有"圪［kɯ³³］、圳［kʰɯ³³］、骨［ku³³］、枯［kʰu³³］、卜［pu³³］、扑［pʰu³³］、忽［xu³³］、黑［xɯ³³］"等①。分音词是指一个单音词的读音用两个音节的读音来表示的词，河洛方言中，"圪当"是"秆"的分音，"圪料"是"翘"的分音，"圳漏"是"壳"的分音，"骨轮"是"滚"的分音，"骨甭"是"拱"的分音，"枯搐"是"枯"的分音，"卜来"是"摆"的分音，"扑楞"是"篷"或"澎"的分音，"忽挛"是"环"的分音，"黑捞"是"搅"的分音。

从书词中这类词缀的构词情况来看，② 大多数词缀还保留着分音词前一音节最初的状态，不表示任何意义，只起表音作用；少数词缀已经发展出了类化功能，如动词"骨X"常含有"团缩"之义，动词"圪X"常含有"动作幅度小"之义；这8个词缀的构词能力强弱不同，其中"圪""骨""扑""卜"构词能力较强，"忽""圳"构词能力居中，"枯""黑"构词能力较弱。

1.2.1.1 圪

词缀"圪"，主要表示"量小、量少"义，它在晋语中较为普遍，"在中原官话的汾河片、洛阳片也用"③。河洛方言中，中缀"圪"构词较少，如前文1.1.2.3所列举的"A圪BB"词例，还有"黑圪隆咚""蛤蟆圪肚儿蝌蚪"等；前缀"圪"的能产性较强，可以

---

① 贺巍（1993：17）认为，这8个词缀都是表音字词头，未作进一步讨论。

② 下文讨论这些词缀构词时，对最初的分音词与分音词前一音节词缀化后的构词不再做具体区分。

③ 乔全生：《晋方言语法研究》，商务印书馆2000年版，第5页。

构成名词、动词、形容词、状态词等,下面主要讨论前缀"圪"的构词情况。

1)名词"圪X"

这类构词一般是由"圪"附着在名词性词根"X"之前构成,如:

(1)墁哩多,风一刮,起了一脸屎**圪痂儿**。(《包公奇案》)

(2)家家户户都是抿**圪板嘞**,门儿一拆,挡到路当央。(《刘公案》)

(3)红薯饭一顿能吃八**圪篓**,黄昏地一晚放屁还扯呼噜!(《回杯记》)

(4)咦,摸着硬**圪羝**这是啥东西,慌忙忙抖开只一看,哟呵嗨,原是十两好银子。(王《双锁柜》)

(5)捞住我南瓜**圪蛋儿**把儿也给我齐啦,牛草也给我磨啦,料桶也给我掂啦。(《回龙传》)

书词中,有些"X"为记音字。如:

(6)那嘴一噘,能拴仨骡子俩犟驴,当中还能绑个结子**圪哩**。(《包公奇案》)

名词"圪X"还可以前加或后附其他的词根,构成一个三音节名词。如:

(7)他就把腿一拍,猿猴一般"嗖嗖嗖"上了**树圪权**。(《包公奇案》)

(8)这人光看他那手心里头一点儿,连他那指头梢儿跟前都看不到,他就是瞎眼**圪泡虫**。(《损人报》)

例(7)中,"树圪权"是"圪权"前加名词性词根"树"构成;例(8)中,"圪泡虫"是"圪泡"后附名词性词根"虫"构成。

除了上述用例中的名词"圪X",书词中还有"圪角儿、圪旯儿、圪针、圪蚤、圪痘儿、(牙)圪棱儿、圪台儿、圪老矶儿、圪垯儿小圪瘩"等,其中"圪角儿"还可以重叠成"圪圪角儿角儿"。

此外,河洛方言中这类构词还有"圪糁儿玉米糁、圪橘儿果类的把儿、圪丁儿、(锅)圪渣儿小碎块儿、圪扎垃圾、圪绫儿小条儿状的东西、(门)圪劳儿、圪老皮肤病、圪梁、圪节儿、圪坨、圪廪突出平面的物体、圪巴儿、圪炭儿"等。

2)动词"圪X"

这类构词一般由"圪"附着在动词性词根"X"前构成,"圪"有强调"X"动作幅度小的作用。如:

(9) 俺眼**圪挤**住，俺不看。(《全家福》)

(10) 纵有那十万八万千里，搁不住那舌头一**圪蹬**。(《小八义》)

(11) 咋着你，我给你摘到地上，我我我，**圪治**你哩鳖儿哩。(《全家福》)

(12) 这个和尚一走路三**圪晃**，解怀露胸膛，护胸毛羽儿一拃多长。(《包公奇案》)

(13) 有几个老头儿搁那儿坐着，塌矇着眼儿，**圪㧅**着脸儿啊，没有一点儿劲儿。(《刘公案》)

(14) 姑娘一听，大事不好，惊慌失措，吓得魂飞三千里，魄散九霄云，提心吊胆，浑身**圪战**。(《刘公案》)

(15) 你也不知在下边**圪嗒**小声说话了两句啥，咱小姐说啦，叫你去给人家作诗嘞，走吧！(《花厅会》)

(16) 一**圪扭**可出去走，我紧跟了几步跑出去没看见，你看是咱家谁出去啦？(《损人报》)

动词"圪X"，可以重叠成"圪X圪X"，体现"X"动作的快速、高频且反复进行。如：

(17) 赶他又回来了，我**圪蹭圪蹭**斗就窜啦。(《损人报》)

(18) 小官们是那小星星，**圪眨圪眨**一点儿不显。(《包公奇案》)

(19) 说着她就使眼色，她那眼**圪挤圪挤**几圪挤。(王《双锁柜》)

(20) 如若不然，我就等等他吧，掂灯笼**圪悠圪悠**了几下。(《剑侠英雄传》)

(21) 说啥嘞，我正搁那儿担水嘞，嘶，我看**圪扭圪扭**出去了一个人。(《损人报》)

(22) 他**圪趄圪趄**他也进去啦，大家都等着他再写字儿，他可进去走啦。(《刘公案》)

(23) 王华大吆喝买相应哩，走走走，咱出去给这事儿给他**圪磨圪磨**。(《回龙传》)

(24) 老严嵩只气得脖子青啦，白啦青啦，一脖子青筋**圪蹦圪蹦**乱动，大酒肚子气得**圪鼓圪鼓**。(《海公案》)

动词"圪X"，还可以重叠成"圪XX"式，动感性更强，形象色彩鲜明。如：

（25）那瘸子**圪蹦蹦圪蹦蹦**，声声光说路不平。（牛《金钱记》）

（26）贾秀英这个时候搁床上**圪揪揪**浑身害怕，嘴里还吆喝着"丫丫丫"。（《小八义》）

（27）谁知道我这句儿话刚落地，你搁那大门里头**圪扭扭**、**圪扭扭**，你可出来啦。（《回龙传》）

（28）没你站到那胡梯上**圪出出**、**圪出出**，给那老鳖出头儿一样，没你是出啥哩出，咹？（《回杯记》）

（29）那老婆儿们是任一堆儿俩一群儿，他大娘任三婶，**圪嗒嗒**黄嗒嗒，说茄子道黄瓜。（《包公奇案》）

动词"圪 X"，还可以后加近义词构成一个四音节词。如：

（30）来到美人茶馆，这一喝美人茶不大要紧，远远看见那边**圪扭摆荡**、**圪扭摆荡**过来了。（《剑侠英雄传》）

除了上述用例中的动词"圪 X"，书词中还有"圪喽制作、圪拧、圪压、圪架、圪夹①"等。

此外，河洛方言中这类构词还有"圪翻、圪扒、圪拱、圪思犹豫不决、圪挪、圪瘸、圪燎、圪搅、圪抠、圪捣摆弄、圪捞用棍状物在洞里或夹缝里搅动、圪星②下小雨、圪试、圪摽绑在一起、圪别、圪拐"等。

3）形容词"圪 X"

书词中，这类构词较少。如：

（31）俺哥哥知道他是老财迷，不愿意这门**圪囊**亲戚。（吕《双锁柜》）

（32）不准穿那破破烂烂嘞，身上腌里巴臢嘞，咋端饭，咋拾馍嘞，往客跟前一立，人家嫌**圪义**③。（《损人报》）

形容词"圪 X"，可以重叠为"圪圪 XX"，主要作谓语。如：

（33）我只说庄稼百姓过哩日子**圪圪囊囊**，这帝王将相家的日子也是阵古董。（《包公奇案》）

（34）我看这一回来这像周景隆，那一回来那说话"嗯嗯啊啊"，**圪圪夹夹**，不大方一点儿。（《小八义》）

---

① 圪夹：也可用作形容词，如例（34）。

② 河洛方言中，"圪星"还可以作量词，表示数量很少，如"一圪星儿米"。此外，"圪节儿"也是常用量词。

③ 圪义：形动兼类词，动词用法如"单股圪义你哩！"

形容词"圪X"，可以后附词根或词缀构成一个偏正式名词。如：

（35）小蒲姐闻听她越发气啦，俺妗子你是一个**圪义皮**。（王《双锁柜》）

（36）春红啊，姑娘我那床上有个**圪皱纹儿**，恁姑娘我斗_就睡不好。（《丝绒记》）

（37）谁家娶个贤良人，大小跟着蒙福分，谁家娶个**圪挠货**，一家老少不得过。（《包公奇案》）

此外，河洛方言中这类构词还有"圪巴、圪曾_{新鲜}、圪耐、圪料_{弯曲;脾气怪;气味难闻}"等。

4）状态词"圪X"

这类构词多为三音节形式，其中"X"多为重叠式。如：

（38）脸皮儿白又润，这个鼻子**圪瘩瘩**。（《包公访太康》）

（39）苏三说话尖声**圪拉气**哩，这一个人说话瓮声瓮气哩。（《回杯记》）

（40）不是你说，后门跟前看着，**圪嘤嘤**、**圪嘤嘤**，不知是谁出去啦。（《损人报》）

（41）刀出鞘来弓上弦，**圪叉叉**抬过来四口子铜铡照眼明。（《包公访太康》）

（42）只长得呀，是稳稳重重、大大方方、排排场场、漂漂亮亮、**圪整整**一个大闺女。（吕《双锁柜》）

从句法功能来看，例（38）、例（39）作谓语，例（40）、例（41）作状语，例（42）作定语。

状态词"圪X"，还可以是四音节形式。如：

（43）咋？不咋。猫吃浆糊卜里卜咂，狗吃萝卜**圪里圪嚓**。（段《破镜记》）

（44）想到了这里也不怠慢，那**圪里楞登**往前行。（《剑侠英雄传》）

（45）我自嚆晚来一会儿，**圪嚓苦欻**，的脑掉到门堑儿外，堵住堵不住啊，你杀人不偿命，恁家啥势力，咹？（《损人报》）

从句法功能来看，例（43）作谓语，例（44）、例（45）作状语。

1.2.1.2 圪

词缀"圪"可以构成名词、动词，书词中有4个词例。如：

（1）现在看着房**坷昃**是房**坷昃**，上边满天星星。(《损人报》)

（2）这药也不老黑呀，猫眼儿楝树根往里头一摘，那楝树根又黑又红，一空空了两**坷漏儿**。(《滨州会》)

（3）丫鬟说："大婶儿，要大桶还是小桶？"

"才**坷镂**_{制作}一副柏木桶，掂过来！"(《滨州会》)

（4）扁担给那寨主**坷楞**下马啦，不是人多势众，咱寨主斗_就没有命啦。(《呼延庆鞭扫十八国》)

例（1）、例（2）为名词，陈姗姗（2021）认为，"坷漏"是"壳"的分音词，还有"壳娄""壳篓""坷娄""克娄"等异形词，与"壳郎"为同源关系；例（3）、例（4）为动词，它们的词源很难考证，应该是分音词"坷 X"类推的结果。

河洛方言中，这类构词还有"坷台儿、坷垃_{土块}、坷叉儿_{脏乱的锅碗}、坷泡虫、坷烦_{令人讨厌}、坷瞧_{一只眼闭着斜视}"等。

1.2.1.3 骨

"骨"主要用作前缀，也可以用作中缀。

1）前缀"骨"

前缀"骨"主要构成动词，也可以构成名词、量词。

A. 动词"骨 X"，常含有"团成一团儿或蜷缩"的语义。如：

（1）是这，你**骨桩**_蹲墙圪角儿嘞，那不是，我拤嘞干柴火。(《刘公案》)

（2）"啥馍？"

"蒸馍，还得**骨堆**_堆起来，平整还不中。"(《刘公案》)

（3）妯娌两个在这楼上边一翻一**骨轮**_滚，打哩给锅滚哩一样。(《全家福》)

（4）我搁那太阳底下晒暖哩，哎呀，觉着身上给那虫爬哩一样，乱**骨甬**_{蠕动}。(《回杯记》)

（5）咦，娘那脚呀！你在地下**骨缩**_缩着，你说跪啦！(《回杯记》)

（6）娘，头不要露出来，安生生儿坐里头，老汉儿们给你**骨挛**_卷跑，我可不管。(《包公奇案》)

（7）你那定称嘞，他那**骨撸**_{单向滚动}锅嘞，一天都挣不上几个钱儿。(《包公审木檩》)

河洛方言中，上述例（2）中的"骨堆儿"还可以用在"墓"之后构成一个三音节名词。如：

（8）风搁那墓**骨堆儿**后头转嘞，坟前头一个民间女子搁那儿上坟啼哭。（《刘公案》）

此外，洛阳方言中，"骨堆儿"还可以后附词根"裤"构成"骨堆儿裤_{幼儿穿的连脚裤}"。

动词"骨 X"，可以重叠为"骨 X 骨 X"，动感性强，形象色彩突出。如：

（9）那肉**骨动**_动**骨动**_{斗 就}动开啦，动啦不大一会儿，长平啦，长好啦。（《海公案》）

（10）杨九龙哎，圪眨圪眨眼儿，**骨拢**_{轻微收拢}**骨拢**嘴，在袍子下边伸着一个指头。（《包公审木槿》）

有些动词"骨 X"，还可以重叠为"骨骨 XX"或"骨 XX"，带有生动的描摹色彩。如：

（11）她给我舀了**骨堆堆**一碗饭。

（12）你搁那地下**骨骨缩缩**弄啥哩？

除了上述的动词"骨 X"，河洛方言中还有"骨蜷、骨堆_蹲、骨撅、骨蹲_蹲、骨都_{噘;嘴}、骨出①_皱、骨抓_挠、骨弄_{动来动去;捣鼓}、骨趋_{慢慢朝一个方向移动}"等。

B. 名词"骨 X"，书词中仅有"骨洞儿_{胡同}" 1 个词例，在洛嵩片广泛使用。如：

（13）谁知道跑进去，这是一个死**骨洞儿**，没处出啦。（《回杯记》）

（14）对，赶快，顺**骨洞儿**回府，赶快！回府！（《包公审木槿》）

孟州方言中，还有"骨朵儿_{扫灰尘或刷锅的工具}"一词。如：

（15）你给**骨朵**儿拿来，叫我扫扫床。

C. 量词"骨 X"，书词中仅有 1 例。如：

（16）皇上正在思索，狄娘娘从被窝儿里"嚓"拉出来一**骨挛**破布，照住皇上那脸"啪"可就摔出去啦。（《包公奇案》）

该例中的"骨挛"，与上述例（6）中的"骨挛"，语义有关联，可

---

① 河洛方言中，"骨出"是兼类词，除了动词，还可以是形容词，表示"不平展、皱"，如"这衣服可～"。

以看作是兼类词。

河洛方言中还有如下词例，如：

（17）这一**骨抓**_{手抓的量}头发，可真粗呀。

（18）给恁爷拿一**骨堆儿**_头蒜，快去！

（19）买两**骨辘儿**红线吧，多钱儿？

2）中缀"骨"

中缀"骨"构成三音节或四音节的状态词，如（1.1.2.3 中"A 骨 BB"式不再举例）：

（20）闻着这气**甜骨浓**，哎呀，光想恶心痒头皮。（王《双锁柜》）

（21）只往床上一摸，床上鼓登登哩，里边**热骨浓**的。（《海公案》）

（22）孩子，我也看不清楚，那是啥，**黑骨咚**哩？（王《双锁柜》）

（23a）一开屋门，**黑骨隆咚**，往上一看满天星星。（《损人报》）

（23b）照住那**黑骨隆咚**的井里边，"呀，咣"，他给她扔到里边儿啦。（《小八义》）

例（20）—例（23a），作谓语；例（23b），作定语。

1.2.1.4　枯

词缀"枯"，以往也记作"窟"，书词中仅有形容词"枯揸_皱"1 个词例。如：

（1）这个人年纪不大，脸**枯揸**嘟赛过豆腐干子，嗯，在那桩橛上边锁捆。（《剑侠英雄传》）

（2）我一脸**枯揸**皮，你长了一脸白毛羽儿，见了面，你也认不出我，我也认不出你，万一认错了，怎么办啊？（吕《破镜记》）

例（1），"枯揸"作述补结构的述语；例（2），"枯揸"作定语。

孟州、巩义方言中，该词还可以用作动词，表示"昏倒"。如：

（3）他正干活哩，**枯揸**那儿啦。（孟州方言）

（4）他咋忽然**枯揸**那儿啦，一势儿都不动。（巩义方言）

1.2.1.5　卜

"卜"主要作前缀，也可以作中缀。

1）前缀"卜"

前缀"卜"构成动词、名词。

A. 动词"卜 X"，都是双音节形式，动作性非常强。如：

(1a) 吓得三娘浑身卜楞抖动，呵啦啦乱战。(《滨州会》)

(1b) 俺情人给我使眼色啊，把头那卜楞几卜楞摇动。(《刘公案》)

(2a) 那家人齐福光叫卜拉摸脖子嘞，这咋回事儿？(《呼延庆鞭扫十八国》)

(2b) 刘半片闻听这话，一卜拉拍屁股，一直正南，扬长而走。(《损人报》)

(2c) 你说你蹿出去啦，不管家里事儿，你家都给咱家卜拉卷走净了呀。(《损人报》)

(2d) 千军万马还不够他一卜拉打，只用掂住大棍，往前一抢，就倒下一群，往后一推，就倒下一堆，往前一磨，就躺下一垛。(《剑侠英雄传》)

(3) 老大是卜浪腿儿，走步路踩将住他那衣服，脚卜浪摇动几下儿，才能走，这是老大。(《刘公案》)

(4) 你看张廷秀一只手掂住黄瓷小罐儿，这一只手拿住打狗枣条，一摇二卜摆，三摇四卜甩，他可进去啦。(《回杯记》)

(5) 长工张嘴喝了一口，品品味儿把嘴卜咂啦几卜咂。(《刘公案》)

动词"卜X"，可以重叠为"卜X卜X"，动感色彩增强，主要作谓语。如：

(6) 扔到那猛虎笼，叫那猛虎卜咂卜咂给他嚼吃咾。(《回杯记》)

(7) 一栽楞，孩子，"嗯"，嘴卜咋卜咋咽啦，卜咋卜咋咽啦。(《滨州会》)

需要注意的是，"卜咂""卜咋"是拟声词用作动词，可重叠为"卜里卜咂""卜里卜咋"。如：

(8) 咋？不咋，猫吃浆糊卜里卜咂，狗吃萝卜圪里圪嚓。(段《破镜记》)

此外，河洛方言中还有"卜津渗透""卜捏反复捏摸"，分别如"这缸老往外~水""蚕叫他~半天啦"。

B. 名词"卜X"构词较少，书词中仅有2个词例。如：

(9) 下穿鸳鸯裤，卜穗儿战洒洒。(《丝绒记》)

(10) 他往那肉皮儿上划一道卜吝哪。(《刘公案》)

此外，河洛方言中，还有"卜箩筐"，如"给俺那针线~拿过来"。

2) 中缀"卜"

中缀"卜"构成三音节或四音节的状态词，如（1.1.2.3 中"A 卜 BB"式不再举例）：

(11a) 在过去德州多热闹，到现在大街上那都是**稀卜楞**。（《刘公案》）

(11b) 大路上"踏踏踏"来了一老翁，这老翁倒有六十岁，长得胡子**稀卜楞**。（《刘公案》）

(11c) 照这样啊，儿媳妇儿可是**稀卜楞**啊。（《刘公案》）

(12) 嘶，有几棵小树儿，都是**细溜卜楞**，眼看都要旱死啦。（《刘公案》）

(13) 一白天我不见这春红面儿，到晚上，从哪旦来了她娘家侄女**傻卜楞登**。（《丝绒记》）

(14) 我给你安一个猪水泡，我叫你应一辈子**虚卜楞拃**大的脑。（《回龙传》）

(15) 可二国舅长哩个子八尺，多粗腰，多大膘，**肉卜楞拃**一个大的脑。（《花厅会》）

(16) 那一家门楼下，只站着十七八十八七**花卜楞登**一个大闺女。（《花厅会》）

从句法功能上看，例（11）—例（13）作谓语，例（14）—例（16）作定语。

1.2.1.6　扑

"扑"用作前缀，主要构成动词，也可以构成量词。

1) 动词"扑 X"

这类构词都是双音节形式，动作性非常强。如：

(1a) 刘墉只气得浑身**扑楞**抖动，"呵啦啦"乱战。（《刘公案》）

(1b) 哈哈，开水煮轮船是饺子，越**扑楞**散开越粗的是麻烫。（吕《破镜记》）

(2) 那血"嘟噜噜"顺脸流，走到哪儿，**扑甩**到哪儿。（《回杯记》）

(3) 这老婆儿鞋也趿掉啦，裹脚趿得**扑来**着。（《损人报》）

(4) 面朝着天，两只眼**扑闪**着，看着那天，看着头顶上那树梢。

(《海公案》)

(5) 唉,在水里边儿,我是旱鸭子**扑扇**,水上的功夫我不行,这可咋办?(《包公奇案》)

(6) 这家伙最好吸大烟,歪戴帽,解着怀,**扑拉**着裤腿儿,趿拉着鞋。(《丝绒记》)

动词"扑X",可以重叠为"扑X扑X",也可以重叠为"扑扑XX"。如:

(7) 丫鬟,不好了,你看那火光**扑闪扑闪**。(《小八义》)

(8) 心里边主意拿不住,俩眼皮**扑扑闪闪**乱扇风。(《包公访太康》)

有的动词"扑X",还可以重叠为"扑XX"。如:

(9) 那姑娘一听,**扑闪闪**,两眼落泪。(《小八义》)

(10) 我就拿住这东西,**扑来来**,**扑来来**,狗咬不住我哩腿啊。(《回杯记》)

(11) 大爷,你看你打架嘞,还披着你那英雄大氅,**扑楞楞**哩,多不方便。(《回杯记》)

河洛方言中,还有"扑散",如"头发~开了"。

2) 量词"扑X"

书词中仅有1例:

(12) 上眼皮儿给下眼皮儿一碰,"卟噔"出来一**扑串儿**猫尿。(《包公奇案》)

1.2.1.7 忽

"忽"主要用作前缀,也可以用作中缀。

1) 前缀"忽"

前缀"忽"主要构成动词,也可以构成名词。

A. 动词"忽X",都是双音节形式,作谓语。如:

(1) 刘高一挡,这个老家伙在马上**忽闪**了几下,正东走啦。(《刘公案》)

(2) 我用仨砖头蛋儿一支,瓢柴火一**忽隆**,热热我喝饱啦,俺俩接着重说嗷。(《回杯记》)

动词"忽X",可以重叠为"忽X忽X",体现"X"动作的快速、反复进行,动感性强,形象色彩鲜明,作谓语。如:

(3) 躺到地上，**忽出忽出**，光会出气，不会回气。(《包公奇案》)

(4) 那个船家丢锚，"唰啦"一声铁锚落地，这只船**忽闪忽闪**，闪啦几下。(《刘公案》)

动词"忽 X"，还可以重叠为"忽忽 XX"或"忽 XX"，用于对其后动作情态的描摹，作状语。如：

(5) 高门来，低门去，骑马坐轿，**忽忽甩甩**多排场，跟这穷酸哪，享不到福上。(《损人报》)

(6) 包大人坐上八抬大轿，**忽忽闪闪**起轿，直奔太康县南察院审龙王而去。(《包公访太康》)

(7) 人群里看一眼，**忽闪闪**，**忽闪闪**，闪过来八抬轿一乘。(《包公审木樨》)

B. 名词"忽 X"，书词中有 1 个词例。如：

(8) 我把你一个毛贼，狗胆包天，吃了**忽雷**，长了天胆，你竟敢惊扰了你家姑娘。(《剑侠英雄传》)

2) 中缀"忽"

中缀"忽"，构成四音节的状态词，作谓语。如：

(9) 王小姐一看，果然看见老虎倥着，**血忽里拉**。(《呼延庆鞭扫十八国》)

(10) 咱要把他一杀，**血忽流拉**，拾掇得再干净，也难免要有点儿血腥气儿嘞呀。(《丝绒记》)

1.2.1.8 黑

"黑"用作前缀，"黑 X"构词较少，且都是及物动词。如：

(1) 俺二哥吧，说话儿鬼魅子**黑丧**哭丧脸嘞，叫我往哪儿去嘞，有啥话儿搁这儿可说起来。(《损人报》)

(2a) 你**黑煞**来回抖动啥哩，你不**黑煞**，斗就不知道你穿那鞋是齐掉鞋，咳？(《回杯记》)

(2b) 老天爷，实指望里头金子银子，咋打出来阵些这嘞，他正搁那儿**黑煞手**。(《刘公案》)

(3) 这一回我不能叫他歇，不但说我不叫左天责睡，我一家儿人家都给他**黑捞**起来。(《损人报》)

1.2.2 源于词汇词的词缀

这类词缀是由实词虚化而来,主要有"子""儿""货""精""气""家""间"等后缀,其中"子""儿"构词能力强于普通话,"货""精""气""家""间"方言特色鲜明。

1.2.2.1 子

后缀"子",主要构成名词,也可以构成量词。

1)名词"X子"

这类构词非常丰富,如:

(1)恁这**庄子**_{村庄}是啥庄,啥村名啊?(《海公案》)

(2)**婆子**_{婆婆}叫气死啦,公爹气疯啦。(《全家福》)

(3)从头那至尾望了一遍,连**鼻子**_{鼻涕}带泪擦不完。(《滨州会》)

(4)他给那烧饼嘞,搁到那烧饼那**挑子**上啦。(《智断神杀案》)

(5)回去我给你身上**挠子**挠挠,扫帚扫扫,扫那干净净儿嘞,到到集上多卖点儿钱儿啊!(《滨州会》)

(6)虽说是单间,里边搭个**隔子**,分出内间外间。(《包公审木槿》)

(7)俺娘家**稀子稠子**两大堆,老婆儿说今年收麦都不买肥料哇。(《刘公案》)

(8)啥叫**咣咣子**呀?同志们,就是个木实疙瘩儿,后边有一个把儿。(《刘公案》)

例(1)—例(3),"X"是名词性成分;例(4)—例(6),"X"是动词性成分;例(7),"X"是形容词性成分;例(8),"X"是拟声词性成分。

除上述词例之外,书词中还有许多方言色彩鲜明的名词"X子",详见表1-2。

表 1-2　　　　　　　书词中方言特色鲜明的"X 子"构词

类型		词例
"X"为名词性成分	A 组	瓜子　酱子　蚕子　火子　瓢子　矛子　镫子　鹞子　碗子　门子　重孙子　泪道子　耳光子　火镰子　衬底子　货廊子　疙瘩子　头盔子　面条子　汗珠子　鬼魅子　泥胚子　房顶子　门框子　脚步子　弹弓子　树林子　茶叶子　棋盘子　拳头子　脸皮子
	B 组	壳子　心眼子　糖角子　脚脖子　肉块子　猪娃子　鱼片子　唾沫星子　石头蛋子　豆腐干子
	C 组	厦子厢房　冷子冰雹　单子床单　孩子儿子　果子蜜食　举子举人　袄子棉袄　茅子厕所　狐子狐狸　蛮子年轻人　糊子浆糊　磨子磨盘　肋子肋骨　楻子窗户　院子男仆　舅子詈骂语　坊子作坊　嘴子只说不做的人　课子田租　媳妇子妇女　快家子麻利人　屁股头子　胡荏子　石条子石凳　耳巴子耳光
"X"为动词性成分		裂子　搭子　蒙子　披子　招子　擦子　烙子　拢子　呈子　扭子　削子　戳子　铡子　钻子　刮子
"X"为形容词性成分		笨子笨蛋　吃囊子（事）窝囊

上表 A 组中，"X 子"构词对应普通话的"X"，如"门子"普通话说成"门"；B 组中，"X 子"构词对应普通话的"X 儿"，如"心眼子"普通话说成"心眼儿"；C 组中，"X 子"构词在普通话中另有表达或无对应词，如"孩子"普通话说成"儿子"。

2）量词"X 子"

这类构词相对较少，如：

（9）他借咱这，趁住这因儿，咱捞他**一把子**呀。（《损人报》）

（10）若要贪赃受贿把人放掉，小心回来我把你下半**截子**打掉。（《包公访太康》）

此外，书词中量词"X 子"还有：（一）条子、（两）口子、（一）窝子、（一）群子、（一）些子、（一）阵子、（一）夜子、（一）圈子、（一）捆子、（一）顿子、（一）股子、（一）摊子、（一）嘟噜子、（一）半子、（一）家子、（一）波浪股子一股脑 等。

1.2.2.2 儿

河洛方言中，"儿"缀词都是"儿化"词，没有"儿"尾词。所谓"儿化"是指"儿"与其前韵母共同构成的卷舌韵母。贺巍（1993：5）

讨论了洛阳方言与市辖县 9 地方言的语音差异，就儿化韵的发音而言，其调查显示，洛阳、宜阳、伊川、嵩县、栾川、孟津、新安、洛宁、汝阳等 9 地以舌面后高不圆唇元音［ɯ］收尾，偃师以舌尖颤音［r］收尾。语料考察可知，孟津、新安、宜阳、偃师 4 地说书艺人的儿化韵发音与上述调查一致，巩义的儿化韵发音则与偃师一致。

书词中，"儿"缀词可以分为中缀儿缀词和后缀儿缀词。前者数量较少，如"弟儿们""喷儿香"，即"儿"缀附着在一个语素之后再后接一个语素所构成的词；后者较为丰富，从内部构词来看，这类方言特色鲜明的儿缀词可以分为四种类型，详见表 1-3。

表 1-3　　书词中方言特色鲜明的"X 儿"构词类型

种类		词例
A + 儿	名词	腰儿　弟儿　面儿　墩儿　底儿　信儿　话儿　词儿　声儿　扣儿　芽儿　汤儿　毛儿　印儿　头儿　音儿　把儿　根儿　套儿　里儿　搭儿　伴儿　跟儿　缝儿　事儿　茬儿　橛儿　丸儿　囟儿　棚儿
	量词	拃儿　帧儿　捆儿　身儿　摊儿　坨儿　场儿　片儿　根儿　把儿　扇儿　口儿　门儿　条儿　群儿　圈儿　丝儿　家儿　垯儿　缕儿
AB + 儿	名词	麦穗儿　菜子儿　麦芒儿　时候儿　鸡娃儿　背阴儿　凉荫儿　地场儿　毛羽儿　布衫儿　河沿儿　裤腰儿　鞋襻儿　肉丸儿　老末儿　双生儿　小燕儿燕子　门鼻儿　布袋儿口袋　过年儿明年　老师儿师傅　日头地儿　老婆儿女性老人　老汉儿男性老人　石子儿小石子　家伙儿工具　材料儿本事　条盘儿端菜盘　媳妇儿媳　臭蛋儿榛脑儿　小龙儿蛇
	动词	拔节儿　晒暖儿　丢点儿　坐胎儿花落后结果
	形容词	小抠儿吝啬　白脖儿外行
	副词	一齐儿　一厮儿①
A 儿 + A 儿		道儿道儿　串儿串儿
叠缀式		娃们儿　姐们儿　爷们儿　榆木头儿　娘儿们儿

上表中，"A + 儿"构词最为常见，以名词为主，还可以是量词、动词、形容词，其中"A"代表一个语素；"AB + 儿"构词多是名词，

---

① 一厮儿：动副兼类词，详见 2.1.6.1。

也可以是副词，其中"AB"代表两个语素；"A儿+A儿"构词较少，都是名词，其中"A"是一个词根；叠缀式是指一个词中还有其他词缀的儿缀词。

较之普通话，河洛方言的"儿"缀构词主要有以下特点。

1) 河洛方言采用"儿"缀，普通话对应词采用"子"缀，这类多为具体名词。

器物类：笛儿 梃儿 裙儿 辫儿 镜儿 袖儿 骰儿

身体器官：个儿 身儿 脖儿 肚儿

动物类：兔儿 虫儿 猴儿 爪儿 蹄儿

植物类：桃儿 豆儿 叶儿

称谓类：侄儿 妮儿

抽象名词：性儿 面儿 架儿

2) 河洛方言"儿"缀词的核心词根与普通话对应词一致。如（"——"左边为河洛方言，右边为普通话）：

气儿——气味 地儿——地方 生儿——生日 愿儿——愿望

位儿——位子 影儿——踪影 明儿——明天 名儿——名气/姓名

3) 河洛方言中"A+儿"构词，其中词根"A"在普通话中独立成词。如：

腿儿 盅儿 句儿 病儿 幡儿 灯儿 碗儿 酒儿 字儿 理儿
间儿 步儿 钱儿 坡儿 店儿 线儿 人儿 烟儿 赌儿 官儿

4) 完全属于河洛方言独有的"儿"缀词，普通话中没有相应的词根。如：

先儿_{医生/老师} 好儿_{良好吉日} 星儿_{少量} 傣儿_{同阶段或同时期的人或物} 式儿_{把戏} 小虫儿_{麻雀}

河洛方言中"儿"缀主要用作名词词缀，其功能较为复杂。与普通话相同的功能主要有：表示小，如"小风儿""罗面雨儿"；表示词性变化，如"好儿"（形容词名词化）、"生儿"（动词名词化）；表示具体事物抽象化，如"门儿""样儿"；区别不同的事物，如："花_{棉花}——花儿、媳妇_{已婚女人}——媳妇儿_{妻子}①、布袋_{用布做的袋子}——布袋儿_{口袋}、会场_{开会场所}——

---

① 孟州方言中，"媳妇"指"妻子"，"媳妇儿"指"儿媳妇儿"。

会场儿_{赶集场所。}

也有其独特的功能，主要表现在以下两个方面。

1）"儿"缀，在由疑问程度代词"多"构成的疑问句中发挥一定作用。如：

（1）"俩孩子**多大儿**啦？"

"没那大哩十二啦，小哩八岁了嘛。"（《回龙传》）

（2）**多长儿**？大概有一尺多长。（《刘公案》）

例（1）中"大儿啦？"和例（2）中"多长儿？"，其中的"大""长"都是较高量级的定量形容词，它们与"儿"组合隐含有"儿"所表示的"细小"之义。也就是说，这种"多＋定量形容词的儿化"疑问句表示主观偏小量疑问，询问者的预设程度是一个小量。

2）表示"相反关系"，这与"儿"最初表示"小"的语义直接相关。如：

（3）中间有个四尺半那么**高儿**哩，尖嘴猴腮，三角眼，吊梢眉，就是他。（《包公访太康》）

（4）回来咱二哥叫我搬亲，家里分文皆无呀，就那恁**些儿**银子，我敢花？（《损人报》）

例（3）中，"那么高儿"表示"很低"，与"那么高"相对立；例（4）中，"恁些儿"表示"很少"，与"恁些（很多）"相对立。

1.2.2.3 货

后缀"货"构成的表人名词"X货"，往往含有对人品、人格的鄙夷或贬低。按照"X"词性的不同，可分为三种类型。

1）N＋货，这类用例最为丰富。如：

（1）**鳖孙货**！谁给你拍打哩。（《丝绒记》）

（2）俺孩子是半吊子，**二百五货**呀。（《刘公案》）

（3）你笑我，他笑我，笑我是个**光棍儿货**。（《包公奇案》）

（4）**老龟孙货**，喊俺闺女她爹，俺孩子她爹嘞。（《滨州会》）

（5）都是俺老坟没埋对，光会弄点儿这**次品货**。（《包公奇案》）

（6）恁那女婿就是这种人啊，**死夹榆木头货**！（王《双锁柜》）

（7）哎呀，不用说，城隍爷也是个那**混蛋货**，官官相护害百姓哪。（《智断神杀案》）

（8）恁爹哎，你这个老**鳖子儿货**，你给我爬出去，我给闺女看病哩！（王《双锁柜》）

（9）长啦十来岁啦，活囟球，鼻子哈水顺嘴流，知道吃知道喝，不知道尿不知道屙，生来斗（就）是一个**傻瓜货**。（《包公奇案》）

2）A+货，如：

（10）这小子外人送号七成儿半，**差窍货**。（《包公奇案》）

（11）嘶，刘秀英咋相中了这个**孬货**啦，咹？（《智断神杀案》）

（12）刘青他不是<u>一个正当货</u>，他吃喝嫖赌他当营生嘞呀！（《刘公案》）

（13）爹，三辈子没老婆，也不要这**破烂货**，要钱不要人！（《包公奇案》）

（14）你说是男哩也不对，你说是女哩也不对，这个人呀，是个**二圪囊货**。（《小八义》）

（15）那个老家伙他嘞，专给那奸党们混到一起，常来常往，吃喝不论，合穿一条裤子，都是**坏货**。（《刘公案》）

3）V+货，如：

（16）谁来啦？你召，门儿外来了<u>一个**颠敦货**</u>。（《包公奇案》）

（17）可这又一想还不中啊，那当店不要这**张嘴儿货**呀，他得吃哩呀这！（《回龙传》）

上述例子中"X货"构词，从句法功能上看，要么是独词句，要么出现在宾语位置上；从构词形式上看，"X"可以是单音节、双音节或多音节。

书词中，"货"可以直接用作指人名词。如：

（18）这周武举这**货**，做事儿咋阵短嘞。（《损人报》）

（19）咦，都是一类子**货**，怕死！（《包公奇案》）

（20）咱俩就是那蛤蟆圪肚（蚪蚪）不咬鳖——一水子**货**，你知道不知道？（《花厅会》）

"货"本义指"货物"，由指物到指人，该词就有了对人侮辱或贬低的意味，后缀"货"就是由表贬义的指人名词"货"进一步发展而来，因此"X货"构词几乎都是詈语。贬义词缀"货"，清代已有较多构词。如：

(21) 若说他是个**邪货**，他却不带淫气；若是说他是人家遣出来的婢妾，他却又不带贱气。(《儒林外史》)

(22) 只因这位陶子尧的太太，著名一个**泼辣货**，平日在家里的时候，不是同人家拌嘴，就是同人家相骂，所有东邻家，西舍家，没有一个说他好的。(《官场现场记》)

河洛方言中"X货"构词更加丰富，除了上述所举的"X货"之外，还有"二货、晕货、蠢货、傻货、贱货、骚货、浪货、笨货、懒货、赖货、捣蛋货、捣包货、迷瞪货、凶球货、凶蛋货、二蛋货、杀才货、滑头货、死贵货_{惹人讨厌之人}、吃嘴货、气智货_{非常惹人生气之人}、赖皮货、犟筋货、傻屌货、瞎榷_骗货、没能耐货、不正经货、不要脸货、没成色货、没出息货、楞头青货"等。

1.2.2.4 精

后缀"精"主要附着在双音节动词或名词之后构成"X精"，指具有某一特征或品行的一类人，其中的"X"往往带有贬义色彩。

1) V+精，如：

(1) 张嘴来不把别人骂，骂一声奸贼**害人精**。(《包公奇案》)

(2) 一进店就看着你不顺眼儿，原来你是个**偷马精**。(《智断神杀案》)

(3) 众衙皂下来大堂眼掉泪，那镇官哪，你真是一个**榷人精**。(《回龙传》)

(4) 老王婆儿只吓得战兢兢啊，铁蛋儿这个我儿你是**惹祸精**啊。(《智断神杀案》)

(5) 高山上来了一哨**杀人精**，就只见一杆大旗空中摆。(《呼延庆鞭扫十八国》)

(6) 呼延平在前边他开了口，呸，开口叫一声马上的**养汉精**。(《呼延庆鞭扫十八国》)

(7) 这个说，这小子像是当初高山以上学过艺；那个说，这名人只叫**杀伐精**。(《海公案》)

(8) 那海参鲍鱼你才能用，那谁知道，这一个老头儿你是一个**吃嘴精**啊。(《回龙传》)

(9) 这匹马口里边只衔着人一个，那不用说，这匹马它是一个**吃**

人**精**嘞。(《剑侠英雄传》)

2) N+精，如：

(10) 这个**哑巴精**啊，他能听见啊。(《剑侠英雄传》)

(11) 齐小姐在马上开了口，喝住你下边你个**矬子精**。(《呼延庆鞭扫十八国》)

(12) 马上边骂声**娃娃精**，齐小姐上边一声叫，这出言叫声小娃娃。(《呼延庆鞭扫十八国》)

上述"X精"构词中，"精"的语义抽象化，指具有"X"语义特征的一类人，如例(4)"惹祸精"即"常惹祸之人"。此外，河洛方言中这类构词还有"骗人精、哄人精、烦人精、磨人精、缠人精、闹人精、恨人精、气人精、粘人精、事儿精、屁话精"等。

从感情色彩来看，"X精"构词一律表示贬义，这是因为类词缀"精"源于表示"妖精"义的词根"精"。类词缀"精"的能产性较强，衍生出来大量的网络新词，如"杠精、戏精、柠檬精、可爱精、睫毛精"等，而且"精"还发展出了喜爱的色彩。

1.2.2.5 气

后缀"气"，主要附着在形容性词根之后构成形容词"X气"，这种构词用于表示人的气质、性格等。如：

(1) 人家都有文化呀，说话斗_就不怹**土气**，咹？(《刘公案》)

(2) 岳元帅他要是**烦气**了，我到在何处把身安哪。(《滨州会》)

(3) 有哩人穿哩怪排场、怪**阔气**，那不是俺姑爹哩。(《回杯记》)

(4) 我一心**嘈气**，回来你还问兜住没有，我不揍你揍谁？(《回杯记》)

(5) 咦，这孩子真**怪气**呀，人家睡着塌矇着，你那睁着眼。(《刘公案》)

(6) 这个说，蒋灵姐说话儿太**能气**，那个说，说这话儿叫人难站立。(吕《双锁柜》)

(7) 这孩子长哩不赖呀，你看看，又白又**亮气**，给那银娃娃似的，咹？(《丝绒记》)

(8) 他老人家是个老拔贡，老人家非常**清气**。(王《金钱记》)

(9) 恁娘搁这顶上不**白气**，给我说吧，陪着谁搁这儿吃啦？(王

《双锁柜》)

(10) 咦,妹妹我老笨,我老**笨气**,呃,惹你生气啦,嫂子。(王《双锁柜》)

(11) 咱府下吃的鸡丝面、肉丝面、包子馄饨、大米饭、老狗新鸡儿、肉片儿、肉丝儿,一咬"扑喊"吃着可**美气**啊。(《回龙传》)

(12) 哥,<u>不要</u>**外气**啊,**外气**啦,你可忍饥。(《回龙传》)

从句法功能上看,"X气"形容词可以受程度副词的修饰,如例(3)、例(5)等,可以受"不"修饰,如例(9);主要作谓语,如例(4)、例(12)。从语义上看,形容词"X气"既可以表示褒义,如"美气""能气"等;也可以表示贬义,如"嘈气"等。

上述形容词"X气",有的可以重叠为"XX气气"。如:

(13) 这几个人**土土气气**哩。(《刘公案》)

后缀"气",也可以附着在名词性词根之后构成形容词,书词有1例:

(14) 从外边来一个进士叫冯温岭,这个人满脸**书气**通大理。(《刘公案》)

《歧路灯》中还有"面目带着村气_{土气、粗野}",其中的"村气"最早见于唐代小说《隋唐嘉话》"薛驸马村气"。

除上述所列举的形容词"X气"外,河洛方言中还有"薄气、求气、瘦气、侉气、素气、贫气、狂气、熊气、呆气、骚气、流气"等。

河洛方言中,后缀"气"也可以构成名词,但构词能力较弱,如"脸气_{脸面}"。

1.2.2.6 家

"家"本义为"人所居之所,家庭",后引申出"学派、人"之义;两汉时期发展出了词缀的用法(王云路、郭颖,2005);到了近代汉语,后缀"家"可以构成群体名词、人称代词、指人名词和附加在作状语的名词或谓词之后起加强语气作用①(褚福侠,2007);普通话中,后缀"家"构成名词,主要有四种用法:一是表示在某种学问的研究

---

① 褚文"附加在作状语的名词或谓词之后"的"家"(如"常年家"),本字疑为"间",详见1.2.2.7。

中或在某种活动中有成就的人，如画家、政治家；二是经营某种行业的，多见于早期白话，如船家、店家；三是专指春秋战国时期的学术流派，如儒家、法家；四是用在指人的名词后边，表示属于那一类人，如老人家、闺女家。①。

河洛方言中，后缀"家"的用法，体现了对近代汉语的继承和发展。

1）人称（疑问）代词+家

这类构词普通话中没有，"家"缀完全虚化，与其前的人称代词不构成领属关系。根据人称代词表义的不同，可以分为以下四种。

A. 自指代词+家，有"咱家""自家""俺家""我家"。如：

（1）妹妹，你好好伺候**咱家**爹爹，我一定把**咱家**母亲救回，啊。（《丝绒记》）

（2）回来了，你进来吧，相公呀，房里边也没有别人就我**自家**。（《剑侠英雄传》）

（3）**俺家**娘生下俺亲弟儿仨，我排行老三，你就叫我张老三。（《包公奇案》）

（4）**俺家**不是北京人氏，俺家是那山西洪洞县哩，离城十里白家营人氏。（《丝绒记》）

（5）要是一旦碰上他们了，认识**我家**丈夫的也好捎个信儿哪。（《剑侠英雄传》）

B. 对指代词+家，有"你家""恁家"。如：

（6）儿啊，**你家**岳父他是干啥哩呀？（《回龙传》）

（7）你二人回府对**你家**姑娘言讲，就说姑爷马上我就回府去了。（段《破镜记》）

（8）差**你家**太太来验一验你那妹妹，你看如何？（《包公访太康》）

（9）那**恁家**老王爷，他是个清官还是个赃官哪？（《丝绒记》）

（10）丫鬟，既然是恁姑爷，快给**恁家**姑爷看座。（《回杯记》）

需要注意的是，河洛方言中"你家"独立做主、宾语时，常以合音形式"[nia^{31}]"出现。

---

① 吕叔湘主编：《现代汉语八百词》（增订本），商务印书馆 1999 年版，第 294—295 页。

C. 他指代词＋家，有"他/她家""别人家"。如：

（11）原来是春红**她家**干娘，有人说，她干娘是谁啦？（《丝绒记》）

（12）李世龙身为当朝国舅，**他家**姐姐名叫李艳妃，是当初哩正宫娘娘。（《丝绒记》）

（13）刚好的赶巧的住的不是**别人家**的旅店，正住在没见过面的大嫂沈桂荣家的店房了。（《剑侠英雄传》）

D. 人称疑问代词＋家，有"谁家"。如：

（14）"恁舅是**谁家**呀？"

"于老一。"（王《双锁柜》）

（15）你说那小朝廷苏玉阵坏，他到底抢谁哩男啦、霸**谁家**哩女啦？（《回杯记》）

吕叔湘（1985）讨论了词尾"家"作为"代词词尾"的用法，指出"作非领格用，家字有点像赘疣""多数见于韵文""在明代以后的文献里和现代的北京话以及一般的北方话里都不见应用。也许在日常口语里自来就没有怎么通行过"①。河洛方言中，这种无意义的"家"缀还在使用，这使得吕先生的怀疑"不攻自破"。较之词尾"阿""子""儿""老""头"等词缀，后缀"家"是汉语中历史最悠久的词尾，它后附于人称代词的用法在汉代时已经有了（刘瑞明，1988），在河洛方言中还发展出了新的组合形式（如"别人家"）。

2）指人名词＋家

从汉语史来看，"指人名词＋家"构词是"人称代词＋家"构词的扩展。根据"家"的虚化程度，这类构词可以分为两种：

A. "X家"：表示具有指人名词特征义的一类人

这种构词是对近代汉语的继承，普通话也有，但构词较少。"家"附着在具有类指义的指人名词之后，具有归类作用。如：

（16）年龄小哇，**小闺女家**，她那瞌睡劲儿老大。（《全家福》）

（17）"寻人哩！"

"俺是个**寡妇家**，哪有人啊。"（《回杯记》）

---

① 吕叔湘：《近代汉语指代词》，学林出版社1985年版，第95页。

（18）俺姐搁家会看病，**老人家**一坐宫，闺女病就轻。（王《双锁柜》）

（19）**穷人家**那墓他不劫，越是谁家有钱，他劫谁家那墓。（《刘公案》）

（20）心暗想，虽然打得乒啪响，**小孩家**小手小掌不会疼。（段《破镜记》）

（21）你没想想咱家，你单根独苗，恁娘是<u>一个**老婆子家**</u>，会顶个啥事儿？（王《双锁柜》）

此外，书词中还有"姑娘家""女人家""大闺女家""女孩儿家"等。

B．"X家"：表示某一具体的人

这种构词是近代汉语的进一步发展，"家"附着在具体的指人名词之后，彻底虚化，若省略不影响语义表达。如：

（22）**老王家**，恁家告状不告？（《包公奇案》）

（23）"啊？一千，你给那头弄到哪儿啦？"

"我给那头抢到**瓜匠家**那院啦。"（《包公奇案》）

（24）**小姐家**哩娘就给我说啦，秋风啊，可别吃豆腐啊，吃豆腐嘴老松。（《回杯记》）

（25）这**老二家**两口前半夜定计后半夜害人，鸡叫天明刚睡稳，就被丫鬟叫醒啦。（《包公奇案》）

（26）我左邻居我右邻居都是哑巴，俺的**亲戚家**也是哑巴，我见哑巴见得多啦。（《剑侠英雄传》）

1.2.2.7　间

书词中，有较多的三音节"X间"构词，对应的普通话表达不带"间"。如：

（1）那一天，天不明，到那**半夜间**，听那街上"踏踏踏踏、呼踏呼踏呼踏"。（《刘公案》）

（2）老弟，**刚才间**我听见一个姑娘喊叫救命，你见那姑娘没有？（《小八义》）

例（1）、例（2）中，"间"都附着在表示时间意义的双音节成分之后，语义已经虚化，若去掉，不影响语义表达，此时"间"应为词缀。

词缀"间"是由方位词"间_{中间}"虚化而来，方位词"间"用在时间词之后，由于时间词本身具有抽象性，"间"受其影响逐渐虚化为词缀。

书词中，词缀"间"主要构成名词、副词，也可以构成连词、形容词，详见表1-4。

表1-4　　　　　　　书词中"X间"构词的词性类型

词性类型	词例
名词	方才间　刚才间　一时间　白日间　整日间　往日间　今日间　午时间 早年间　饭时间　整年间　半夜间　午夜间　夜晚间　黑夜间
副词	猛然间　忽然间　急忙间　早晚间　果然间　千万间
连词	然后间　既然间　虽然间
形容词	突然间

从上表来看，词缀"间"主要附着在时间成分之后，"X间"构词也多与时间义有关；"千万间""果然间"以及"既然间""虽然间"，不表时间意义，应该是类推作用的产物。

1）名词"X间"

这种"X间"构词有14个词例，但出现频次不一，其中"夜晚间"37次，"刚才间"26次，"方才间"21次，"往日间""白日间"各5次，"今日间"4次，"半夜间""黑夜间"各3次，"一时间""整年间""整日间""午时间""早年间""饭时间""午夜间"各1次。如：

（3）贺先儿，那一天要饭这个天色晚，**夜晚间**俺住在那个破庙。（《智断神杀案》）

（4）**刚才间**你的话里有话，说什么死你一人如同薅草，你的举家性命难保。（《剑侠英雄传》）

（5）**方才间**大声去说话，这一会儿恁俩可断了腔。（《滨州会》）

（6）这师父**往日间**，到那儿时间不长就回来，今天晚上再不回来

啦！(《损人报》)

（7）**白日间**担水三十担，夜晚推磨三更天。(《滨州会》)

（8）**今日间**也不管是故意，也不管是误伤，总而言之，姑娘命已断，我岂能容你？(《包公奇案》)

（9）光胡说哩，**半夜间**想喝酒，哪来的酒？(《丝绒记》)

（10）这是哪里的小畜生，**黑夜间**咋来俺家中？(《丝绒记》)

（11）到底给俺有啥牵连？**一时间**这叫我弄不清。(《剑侠英雄传》)

（12）自从俺嫁给你，**整年间**一根肠子半截儿空。(《包公访太康》)

（13）少吃没喝咱们咋过活，你**整日间**吃喝嫖赌发酒疯。(《包公访太康》)

（14）老天爷他不绝周门后，**午时间**一阵大风把我刮出京。(《小八义》)

（15）那本是一座城隍庙哇，那个**早年间**庙中神判常显灵。(《智断神杀案》)

（16）二哥呀，**饭时间**走到那黑洞洞。(《回杯记》)

（17）**午夜间**没有把你看，你在至监狱受熬煎。(《刘公案》)

2）副词"X间"

这种"X间"构词有6个词例，其中"猛然间"出现41次，"忽然间"出现30次，"急忙间""早晚间"各出现6次，"果然间"出现2次，"千万间"出现8次。如：

（18）三探花听到书童这么一说，**猛然间**想起来，适方才那家贫婆来到我轿前，她给我飘然一拜，往后我也就不知道了。(王《金钱记》)

（19）光有人看，没有人认，**忽然间**打这会场外跑过来了他这年轻小伙有几十名。(段《破镜记》)

（20）哎，徐五爷呀，**急忙间**起得了象牙床。(《剑侠英雄传》)

（21）**早晚间**咱这儿女成人长大了，你不要忘我是你哩夫妻情。(《小八义》)

（22）那个王朝抬头用眼看，**果然间**有人点着灯。(《包公奇案》)

（23）大叔你行行好，**千万间**饶过我一条活性命。(段《破镜记》)

3）连词"X间"

这种构词有"然后间""既然间""虽然间"3个词例，分别出现

34 次、17 次、1 次。如：

（24）它大头一摇，"哇哇"暴叫了两声，**然后间**打着秃噜。（《剑侠英雄传》）

（25）咱爹呀，**既然间**说东京汴梁有人争欠咱账，他偌大嘞年纪，他不会说瞎话呀。（《回龙传》）

（26）**虽然间**这棺椁衣服也不老好，老公爹暂时先抱点儿屈。（王《金钱记》）

4）形容词"X 间"

这种"X 间"构词仅有"突然间"1 个词例，出现 30 次。如：

（27）在客店里睡到半夜三更，**突然间**我耳热眼跳，心慌不安。（《海公案》）

（28）贼人嘞，正要上前抓着，"呼"，**突然间**嘞刮了一阵怪风。（《呼延庆鞭扫十八国》）

（29）就听得杨候**突然间**轿前报一声："启禀状元叔，大事不好。"（《包公审木椟》）

从汉语史上看，词缀"间"最早见于元代，文献中记作"价"或"家"①，"X 价/家"构词的用例很丰富，一直延续到民国才退出共同语。如：

（30）唬的我**半晌家**如痴挣，悠悠的去了魂灵，则听的乐台上呼唤俺乐名。（元杂剧《汉钟离度脱蓝采和》）

（31）那杨志为等孙立不来，又值雪天，旅涂贫困，缺少果足，未免将一口宝刀出市货卖。**终日价**无人商量。（元话本《大宋宣和遗事》）

（32）**整日价**箫韶队卫，弦管声中，歌喉宛转，舞态翩跹。（元杂剧杨梓《承明殿霍光鬼谏》）

（33）李海道："**明日家**去，怎么得他出来？"（明《三宝太监西洋记》）

（34）也没见这姓展的，太不知好歹，**成日价**骂不绝口。（清《七

---

① 文献中用在时间成分之后"价""家"有的是方位词，如："每日价烦烦恼恼，孤孤另另。（元戏剧《倩女离魂》）""每日家独上龙楼上，望荆州感叹阆州伤悲。（元杂剧《西蜀梦》）"，也有记作"介"的情况，如"每日介呼唤相呼推放牛，绕着他这庄背后，（禾俫云）俺可往那里耍去来。（元杂剧《刘千病打独角牛》）"。

侠五义》）

（35）又见她的哥哥**成日家**抱玉偎香，受尽人间艳福，不知不觉的芳心受了一种感触。（民国《汉代宫廷艳史》）

上述例子中，"X 价/家"构词的口语色彩较强，且都表时段义，与书词中"X 间"构词的语义类似，且"价、家"与"间"的语音相近，因此"间"应该是"价、家"的本字。

1.3　合音构词

合音，即两个或三个音节合并成一个音节。我国语文学时期对"合音"就有过较为深入的研究，并将"合音"定位在构词法范畴，认为"合二为一产生新词"，如"不可为叵""而已为耳""之乎为诸"等。

1.3.1　合音构词类型

河洛方言的合音构词复杂多样，不仅有官话方言中常见的数量短语、指示代词、方位短语等合音现象，还有动词、名词等合音现象。根据对书词语料的考察，河洛方言合音词大致可以归纳为以下八类。需要说明的是，这里的注音统一以贺巍（1996）建构的洛阳方言音系为参照。

1.3.1.1　数量短语

1）一个 [i^{33}kə^{412}] 合音为 [iə^{33}] 或 [yə^{33}] 或 [uə^{33}]

（1a）奶奶，这门上咋挂<u>一个</u>[iə^{33}] 这匾？（《损人报》）

（1b）闺女哎，给你寻<u>一个</u>[yə^{33}] 称心如意的女婿，我才高兴啊！（《滨州会》）

（1c）他想<u>一个</u>[uə^{33}] 这门儿出来，叫谁给他背走养活几年妥啦。（《回龙传》）

2）两个 [liaŋ^{53}kə^{412}] 合音为 [lia^{53}]①

（2）你想，搁路上咱爷<u>俩</u>碰住啦，我给你起名叫路遇，中不中？（《滨州会》）

---

① "两个"合音之后已有固定的记录字"俩"。

3）三个［san³³kə⁴¹²］合音为［sa³³］①

（3）他弟兄仨，他大哥他二哥，他是老三。(《刘公案》)

4）四个［sʅ⁴¹²kə⁴¹²］合音为［sə⁴¹²］或［suə⁴¹²］

（4a）这**四个**［sə⁴¹²］人一听跪到地啊，磕头鞠躬叫包兴。(《包公奇案》)

（4b）俺那**四个**［suə⁴¹²］孩子都做了，不管好赖啊。(《刘公案》)

5）五个［u⁵³kə⁴¹²］合音为［uə⁵³］

（5）俩猫逮了**五个**老鼠。(《花厅会》)

6）六个［lu³³kə⁴¹²］合音为［luə³³］

（6）喊，那不是**六个**指头挠痒——多那一道儿。(《滨州会》)

7）七个［tɕʰi³³kə⁴¹²］合音为［tɕʰiə³³］

（7）他回来啦，他说嘞七长八短，**七个**鼻子**八个**眼。(《刘公案》)

8）八个［pa³³kə⁴¹²］合音为［pa³³］

（8）当**一个**女人家，一辈子不嫁**十个****八个**男人，那算干家儿？(《滨州会》)

9）九个［tɕiəu⁵³kə⁴¹²］合音为［tɕyə⁵³］

（9）哎呀，你是烧三炷儿香，磕仨头，放了**九个**屁。(《损人报》)

10）十个［ʂʅ³¹kə⁴¹²］合音为［ʂə³¹］

（10）你们数数，最少也有二三**十个**。(《包公奇案》)

11）几个［tɕi⁵³kə⁴¹²］合音为［tɕiə⁵³］

（11）舌头尖儿开腔了："找**几个**女婿嘞？"(《损人报》)

12）一日儿［i³³ʐər³³］合音为［ir³³］

（12）今天来的朋友，给往**一日儿**那朋友不一样。(《回龙传》)

1.3.1.2　动词及动词短语

1）知道［tʂə³¹tɔ⁴¹²］合音为［tʂə³¹］或［tʂuə³¹］

（1a）那反正是疙里疙瘩哩，谁**知道**［tʂə³¹］那算啥哩。(《回杯记》)

（1b）老哥，我有件事儿，不**知道**［tʂuə³¹］敢对你说不敢？(《包公奇案》)

---

① "三个"合音之后已有固定的记录字"仨"。

2）出来 [tʂʰu³³læ³¹] 合音为 [tʂʰuæ³³]

（2）吓嘞当兵嘞，嘴也说不**出来**啦，伸了伸一个指头。（《滨州会》）

3）起来 [tɕʰi⁵³læ³¹] 合音为 [tɕʰiæ⁵³]

（3）谁知道那大风过后，俺爹背**起来**那箱子才说走嘞。（王《金钱记》）

4）叫我 [tɕiɔ⁴¹²uə⁵³] 合音为 [tɕiuə⁴¹²]

（4）老丫鬟，**叫我**看看你长哩啥样儿，嗯。（《全家福》）

5）做啥 [tsəu⁴¹²ʂa⁴¹²] 合音为 [tʂua⁴¹²]

（5）半夜三更光想那，光问那，**做啥**，叔？（《包公审木槿》）

6）弄啥 [nuŋ⁴¹²ʂa⁴¹²] 合音为 [nua⁴¹²]

（6）那穿上红衣**弄啥**嘞？（《刘公案》）

7）给我 [ku³³uə⁵³] 合音为 [kuə³³]

（7）我看了啦，你回来不是来**给我**过日期嘞。（《回龙传》）

8）给他 [ku³³ta⁵³] 合音为 [ka³³]

（8）那孩子挨打啦，回去**给他**爹娘说嘞？（《呼延庆鞭扫十八国》）

9）给俺 [ku³³an⁵³] 合音为 [kan³³]

（9）又**给俺**娘**给俺**爹成亲，才有了我呼延庆。（《呼延庆鞭扫十八国》）

10）不要 [pu³³iɔ⁴¹²] 合音为 [pɔ⁴¹²]

（10）这个长工一捞住这个王金柱说："**不要**走！"（王《双锁柜》）

11）不应 [pu³³iŋ⁴¹²] 合音为 [piŋ⁴¹²]

（11）王二说："**不应**管了啊，走吧。"（《损人报》）

1.3.1.3 处所词语

1）顶上 [tiŋ⁵³ʂaŋ⁴¹²] 合音为 [tiaŋ⁵³]

（1）你坐**顶上**弄啥哩，刘文晋？（《回龙传》）

2）底下 [ti⁵³ɕia⁴¹²] 合音为 [tia⁵³]

（2）哎，我拱那床**底下**，我看看，哎，谁知道，他俩说着笑着。（《刘公案》）

3）地下 [ti⁴¹²ɕia⁴¹²] 合音为 [tia⁴¹²]

（3）我跪这**地下**不停势儿给你磕住头，老人家，你上天吧。（《刘

公案》）

4) 里头 [li⁵³tʰəu³¹] 合音为 [liu⁵³]

(4) 姑爹，你那罐儿**里头**掂哩啥？（《回杯记》）

5) 跟前 [kən³³tɕʰian³¹] 合音为 [kan³³] 或 [kai³³]

(5a) 咋啦？到门**跟前** [kan³³] 啦，你不叫走啦，唵？（《回杯记》）

(5b) 到到床**跟前** [kai³³]，一摸摸住被子一捞，一摸住掂住。（《刘公案》）

6) 门外 [mən³¹uæ⁴¹²] 合音为 [mar³¹]

(6) 俺舅家给他是一个**门外**哩，一道街住哩。（王《双锁柜》）

1.3.1.4　人称代词

1) 人家 [ʐən³¹tɕia³³] 合音为 [ʐa³¹]

(1) **人家**捂住半个嘴都说住你啦，不能办那输理事儿。（《滨州会》）

2) 你家 [ni⁵³tɕia³³] 合音为 [nia³¹]

(2) 咦，**你家**有一个人问我怎啥亲戚，你来干啥嘞？（《滨州会》）

3) 你们 [ni⁵³mən³¹] 合音为 [nən⁵³]①

(3) 同志们，**恁**没想想，通天这孩子有多艰难。（《滨州会》）

4) 独孤儿 [tu³¹kur³³] 合音为 [tur³¹]

(4) 俺爹一死就剩我**独孤儿**啦！（《回杯记》）

1.3.1.5　名词

1) 媳妇 [si³¹fu³³] 合音为 [siu³¹]

(1) 你没想想，她干娘没有来，是个寡妇**媳妇**子。（《损人报》）

2) 时候 [ʂʅ³¹xəu⁴¹²] 合音为 [ʂəu³¹]

(2) 我才**时候**说你哩，怎急着谢辞嘞。（《刘公案》）

3) 时节 [ʂʅ³¹tɕiɛ³³] 合音为 [siɛ³³]

(3) 拉住他**时节**，他两口儿不是就见面啦，不是情团圆啦？（王《金钱记》）

---

① "你们"合音之后已有固定的记录字"恁"。

1.3.1.6 指示代词

1）这么［tʂə⁴¹²mə³¹］合音为［tʂən⁴¹²］①

（1）你管这做啥，俺家**阵**些客，都是女客，你那眼还老治事儿嘞，你是看啥哩看？（《损人报》）

2）那么［na⁴¹²mə³¹］合音为［nən⁴¹²］②

（2）阵来一扭，**恁**来一转，就转到塔林。（《滨州会》）

1.3.1.7 这/那/哪 + 一个

1）这一个［tʂə⁴¹²uə³³］合音为［tʂuə⁴¹²］

（1）老家童给他出**这一个**主意是合情合理呀。（《花厅会》）

2）那一个［na⁴¹²uə³³］合音为［nuə⁴¹²］

（2）你给**那一个**老头儿，恁俩是**一个**鼻窟窿儿出气儿。（《回龙传》）

3）哪一个［na⁵³uə³³］合音为［nuə⁵³］

（3）这几年没往俺舅家来，在**哪一个**门楼我还记哩。（王《双锁柜》）

1.3.1.8 其他

1）没有［mu³³iəu⁵³］合音为［məu³³］或［miəu³³］或［miɔ³³］

（1a）把这个事儿忘啦，也**没有**［məu³³］做社儿。（《滨州会》）

（1b）哎，你不是要饭你是啥，你看见**没有**［miəu³³］？（《花厅会》）

（1c）那门上贴块白纸你看见**没有**［miɔ³³］？（《损人报》）

2）只要［tʂʅ⁵³iɔ⁴¹²］合音为［tsiɔ⁵³］

（2）你**只要**能说下价啊，白管哪，我对你，我有心意，咱俩不外气啊。（《损人报》）

3）主要［tʂu⁵³iɔ⁴¹²］合音为［tʂuɔ⁵³］

（3）不是不看，**主要**还是心里老难受。（《回龙传》）

4）大要［ta⁴¹²iɔ⁴¹²］合音为［tɔ⁴¹²］

（4）这外边叫门不**大要**紧，该说叫门是谁？（《包公审木橿》）

---

① "这么"合音之后已有固定的记录字"阵"。
② "那么"合音之后已有固定的记录字"恁"。

5)一样［i³³iaŋ⁴¹²］合音为［iaŋ⁴¹²］

（5）老天爷，就这一个闺女，娇那给命疙瘩**一样**，可不敢给娘撇到这儿啊！（王《双锁柜》）

1.3.2 合音构词规律

上述 46 个合音构词反映出较为明显的构词规律：两个音节发生合音时，前一个音节贡献声母和声调，后一音节贡献韵母。少数特殊的合音构词，实际上也遵循着一定的规则。

表 1-5　　书词中的 46 个合音构词类型

序号	种类	词例
1	声母声调同前一音节，韵母同后一音节	一个［i³³kə⁴¹²］→［iə³³］　四个［sʅ⁴¹²kə⁴¹²］→［sə⁴¹²］ 五个［u⁵³kə⁴¹²］→［uə⁵³］　六个［lu³³kə⁴¹²］→［luə³³］ 七个［tɕʰi³³kə⁴¹²］→［tɕʰiə³³］　九个［tɕiəu⁵³kə⁴¹²］→［tɕyə⁵³］ 十个［ʂʅ³¹kə⁴¹²］→［ʂə³¹］　几个［tɕi⁵³kə⁴¹²］→［tɕiə⁵³］ 这一个［tʂə⁴¹²uə³³］→［tʂuə⁴¹²］　那一个［na⁴¹²uə³³］→［nuə⁴¹²］ 哪一个［na⁵³uə³³］→［nuə⁵³］　一日儿［i³³zər³³］→［ir³³］ 叫我［tɕiɔ⁴¹²uə⁵³］→［tɕiuə⁴¹²］　给俺［ku³³an⁵³］→［kan³³］ 给我［ku³³uə⁵³］→［kuə³³］　给他［ku³³ta⁵³］→［ka³³］ 做啥［tsəu⁴¹²ʂa⁴¹²］→［tʂua⁴¹²］　弄啥［nuŋ⁴¹²ʂa⁴¹²］→［nua⁴¹²］ 知道［tʂʅ³¹tɔ⁴¹²］→［tʂɔ³¹］　没有［mu³³iəu⁵³］→［məu³³］ 出来［tʂʰu³³læ³¹］→［tʂʰuæ³³］　起来［tɕʰi⁵³læ³¹］→［tɕʰiæ⁵³］ 底下［ti⁵³ɕia⁴¹²］→［tia⁵³］　顶上［tiŋ⁵³ʂaŋ⁴¹²］→［tiaŋ⁵³］ 里头［li⁵³tʰəu³¹］→［liu⁵³］　地下［ti⁴¹²ɕia⁴¹²］→［tia⁴¹²］ 跟前［kən³³tɕʰian³¹］→［kan³³］　媳妇［si³¹fu³³］→［siu³¹］ 只要［tsʅ⁵³iɔ⁴¹²］→［tsiɔ⁵³］　大要［ta⁴¹²iɔ⁴¹²］→［tɔ⁴¹²］ 人家［zən³³tɕia³³］→［za³¹］　你们［ni⁵³mən³¹］→［nən⁵³］ 独孤儿［tu³¹kur³³］→［tur³¹］
2	声调同前一音节，韵母同后一音节，声母独特	时候［ʂʅ³¹xəu⁴¹²］→［ʂəu³¹］

续表

序号	种类	词例
3	声母同前一音节，韵母同后一音节，声调独特	你家［ni⁵³ tɕia³³］→［nia³¹］
4	声母同前一音节，韵母声调同后一音节	不要［pu³³ iɔ⁴¹²］→［pɔ⁴¹²］　不应［pu³³ iŋ⁴¹²］→［piŋ⁴¹²］ 时节［sʅ³¹ tɕiɛ³³］→［siɛ³³］
5	声母声调同前一音节，韵母独特	两个［liaŋ⁵³ kə⁴¹²］→［lia⁵³］　这么［tʂə⁴¹² mə³¹］→［tʂən⁴¹²］ 那么［na⁴¹² mə³¹］→［nən⁴¹²］　三个［san²³ kə⁴¹²］→［sa³³］ 门外［mənr³¹ uæ⁴¹²］→［mar³¹］　主要［tʂu⁵³ iɔ⁴¹²］→［tʂuə⁵³］
6	声母、声调、韵母同前一音节	八个［pa³³ kə⁴¹²］→［pa³³］
7	声母、声调、韵母同后一音节	一样［i³³ iaŋ⁴¹²］→［iaŋ⁴¹²］

从上表来看，书词中的合音构词有 7 种情况，第 1 种情况有 33 例，占总体的 71.74%，体现了合音构词的基本规律；其余 6 种情况虽与基本规律不太吻合，但也有一定的理据性。先说第 2、第 3 种情况，它们实际上与第 1 种情况近似，"时候"合音后声母为翘舌音［ʂ］，与前一音节平舌音［s］看似不同，实则相同，因为河洛方言中平、翘舌音有时不分；"你家"合音后声调的调值虽与前一音节不同，但调型与前一音节一致，都是降调，这主要受后一音节"家"作为词尾的影响。第 4 种情况的合音构词都是后一音节贡献声调，"不要""不应"的语义重心都在其后的情态动词"要""应"上；"时节"合音发生的语境一般是它附着在短语或小句之后虚化为助词（详见 3.3.5），合音后声调与后一音节相同便于轻化。第 5 种情况的合音构词韵母独特，不同于前一音节，也不同于后一音节，但韵母往往是语流音变中脱落、异化或弱化后的产物。第 6 种情况、第 7 种情况均为孤例。

1.3.3 合音构词的语用

书词中，合音构词的语用可以分为两种情况：一种是始终以合音形式出现，其中有些合音因为频繁使用，还发展出了新的意义和用法；另一种是在一定语境下才会发生合音。

1.3.3.1 固化的合音构词

书词中，很多合音构词已经固化为一个音节，基本不再分开使用，主要有以下情况。

A. 数+量："一个、两个、三个、四个、五个、六个、七个、八个、九个、十个、几个"这些形式，无论是独立使用，还是用于超过"十"的数词之后，如"二十几个""五十五个"；"白一日儿""往一日儿""清一日儿""夜一日儿""那/哪一日儿""后一日儿""头一日儿"等时间词中的"一日儿"。

B. 指示代词："这么"固化为"阵"，"那么"固化为"恁"。

C. 人称代词："人家""你家""你们""独孤儿"。

D. 指数量短语："这一个""那一个"。

E. 动词短语："给我""做啥""弄啥"，由短语变为词，反映了句法到词法的演变。

F. 不+情态动词："不应""不要"。

G. 其他："媳妇子""不大要紧""跟前""门外"。

以上固化的合音构词中，"你家"本义是"你"，合音后发展出了"人家、别人"的语义。如：

（1）俺秋风是**你家**王府的秋风，叫恁随便叫哩？（《回杯记》）

（2）我钥匙给你，回去看住门儿，孩子给**你家**送去，我回来。（《滨州会》）

（3）老大，人家就是中啊！人家就是能干，**你家**写这字，写嘞真好。（《刘公案》）

"跟前"合音多出现在双音节处所词语之后，如"大门**跟前**""屋门**跟前**"，由于频繁使用，"跟"语义磨损，"跟前"还可以再出现在"跟"之后。如：

（4）刘半片赶紧跑到跟儿**跟前**，"你搁那当院立着干啥嘞？"（《损人报》）

1.3.3.2 韵律需求下的合音构词

在韵律构词学中,最小的、能够自由独立运用的韵律单位是音步,而汉语最基本的音步是两个音节。除了上述固化的合音构词之外,书词中其他合音构词的发生主要受制于韵律,往往是在语流中为了凑成一个音步临时而为,下面具体来说。

趋向动词"出来""起来"合音主要发生在单音动词之后,如:

找<u>出来</u> 伸<u>出来</u> 叫<u>出来</u> 惯<u>出来</u> 剜<u>出来</u> 流<u>出来</u> 拿<u>出来</u> 抬<u>出来</u> 捞<u>出来</u>

练<u>起来</u> 想<u>起来</u> 说<u>起来</u> 抬<u>起来</u> 哭<u>起来</u> 站<u>起来</u> 拉<u>起来</u> 念<u>起来</u> 写<u>起来</u>

贺巍(1993)考察发现,"顶上""底下"合音多用于单音名词或动词之后,"地下"合音一般用于单音动词之后,"里头"合音多用于单音名词之后。语料考察发现,上述合音的发生不限于单音名词、动词之后,还经常发生在以下语境中,具体如下:

1)用于指示代词"这""那"之后,如:

(1)哎呀,兄弟,没我就坐这<u>顶上</u>一会儿,叫我歇会儿。(《回龙传》)

(2)严家滩一片黄沙,就剩了三间抹角楼,严公子搁那<u>顶上</u>读书嘞。(《损人报》)

(3)哎呦,这<u>地下</u>就没有下雨。奶奶,就下那一片儿,阵奇怪,唉?(《损人报》)

(4)左不言往那<u>地下</u>一跪,"见过姑爹,我是左家湾儿嘞。"(《损人报》)

(5)这院子咋阵大嘞,朝廷就搁这<u>里头</u>嘞。(《刘公案》)

(6)对,那<u>里头</u>有人。(《海公案》)

2)用于介词"往"之后,如:

(7)火门儿往<u>底下</u>一摘,火纸也挨住它。(《刘公案》)

(8)踮着脚儿往<u>里头</u>看,前边人挡着看不清。(《全家福》)

(9)我说出发嘞,你那泪骨碌碌斗_就往<u>地下</u>掉,这是咋回事儿?(《包公奇案》)

此外,书词中"里头"合音的使用较为灵活,除上述语境之外,还常出现在单音动词之后。如：

搁～ 舀～ 放～ 钻～ 看～ 丢～ 背～ 装～ 倒～

较之"顶上""地下"，"里头""底下"合音的固化程度较高，常与双音节名词组合。

里头：客厅～ 水坑～ 地缝～ 手心～ 包袱～ 箱子～
　　　柜子～ 衣襟～
底下：脖子～ 马棚～ 灵棚～ 窗户～ 身子～ 饭棚～
　　　石板～ 门道～

1.3.4 合音词与河洛方言的简练性

从前文的讨论可知，书词中的河洛方言合音构词现象非常丰富，合音是语言简练性最直观的表现。侯宝林在相声《戏剧与方言》中讲述"哥儿俩，住在一个院里，一个在东房住，一个在西房住，夜间都睡觉啦，忽然那屋房门一响，这屋发觉啦，两个人一问，一答"，分别用北京话、山东话、上海话、河南话怎么表达，具体如下：

（北京话）"这是谁呀？""是我您哪。""你干吗去？""我撒泡尿。"
（山东话）"这是谁？""这是我。""上哪去？""上便所。"
（上海话）"啥人？""我呀。""啥（事）体？""撒尿。"
（河南话）"谁？""我。""咋？""尿！"

从音节上来看，上述方言构成了这样一个序列：北京话＞山东话＞上海话＞河南话（"＞"表示"多于"），其中河南话最简练，主要表现在单音词的高频使用上，其中"咋"就是合音构词。

河洛方言是河南话的代表，合音构词尤为丰富，这体现了河洛方言的简练性，但从另一方面来说，河洛方言中有丰富的合音词，这与汉语双音化趋势相背离，一定程度上显示出汉文化中心南移之后，河洛文化颓势的一面。

1.4 使感结构

河洛方言中有一类"X人"构词，其中的"X"一般是与人的感觉有关的动词或形容词，含有"使人感觉……"或"使人产生……感觉"

的语义，"人"是受动者，但又不同于真正意义上的受动者，"X"与"人"之间是一种特殊的受动关系，如"烦人"就是"使人烦"、"景人"就是"使人喜爱"。也就是说，"X人"表示人在接受外界刺激后产生的某种感觉。有人称"X人"为"自感动词结构"（胡双宝，1984）或"自感性述宾结构"（项梦冰，1997），有人称其为"使感结构"（孙立新，2004），我们采用"使感结构"这一说法。

1.4.1 构成类型

河洛方言中，"X人"使感结构是一个相对封闭的类，"人"的读音一般发生轻化。从内部构成来看，"X"可以是成词语素也可以是成词语素组；从性质上看，"X"可以是动词性成分 V，也可以是形容词性成分 A。

1.4.1.1 V+人

这种"V+人"使感结构，书词中有如下用例：

1) 笑人：使人发笑

(1) 你这个小孩儿说话真乃**笑人**！（段《破镜记》）

2) 恨人：使人产生恨意

(2) 白玉莲一听破口骂人呀，呸，骂一声强盗**恨人**心中。（《包公奇案》）

3) 吓人：使人害怕

(3) 俺就看着他会掐诀念咒老**吓人**。（《剑侠英雄传》）

4) 熬人：使人煎熬

(4) 师弟呀，我是难**熬人**啊，这个地方可不是好地方。（《刘公案》）

5) 丢人：使人觉得没有面子

(5) 妹子呀，老**丢人**哪。认一个干大是老道士，人家不笑话咱。（《刘公案》）

6) 怕人：使人怕

(6) 这下边是老**怕人**哪。（《海公案》）

7) 可怜人：使人产生怜意

(7) 哎呀，老丫鬟姐，你好**可怜人**哪。（《全家福》）

8）恶心人：使人厌恶或讨厌

（8）你不要搁那儿**恶心人**啦，你坐那儿吧！（《回杯记》）

9）喜欢人：使人喜欢

（9）小孩儿说话可聪明，可**喜欢人**哪。（段《破镜记》）

10）折腾人：使人感到受折腾

（10）恁真不让我活了恁？恁活**折腾人**哩？（《剑侠英雄传》）

11）待见人：使人喜欢

（11）他见这个顽童长得老精，说话鼻子眼儿都是乱动弹，老是**待见人**。（吕《破镜记》）

12）害怕人：使人害怕

（12）凡进去都出不来都上不来，都死到里头了呀，那里头可是老**害怕人**哪。（《海公案》）

除了上述用例，河洛方言中这类使感结构还有如下词例：

亏人：使人受损。如：～哩事儿咱可不干。

墩人：坐在车上但由于路不好走而产生的不适感。如：这路可～。

噎人：因食物干软吃得过急而难受。如：快喝点儿汤，光吃馍老～。

熏人：恶浊的气味使人感到不舒服。如：这味儿太～啦，快走。

扎人：使人感到扎。如：这衣服穿上可～，通不舒服哩。

呛人：因烟等气体刺激人的嗅觉而产生不舒服的感觉。如：油烟味儿通～哩。

咬人：因蚊虫叮咬使人发痒。如：秋天那蚊子可～。

冻人：使人感到冻。如：下雪天通冷哩，外边可～。

缠人：使人脱不开身。如：俺那小孩儿可～，啥也干不成。

烧人：因物体温度过高而使人产生不适感。如：这油锅可别摸，通～哩。

烫人：使人感到烫。如：这洗澡水可～。

瘆人：使人害怕。如：这地方黑洞洞哩，没有一个人，走着还怪～哩。

磨人：①使人感到磨。如：这鞋可～，不想穿啦。②使人感到受折磨。如：这孩子通～哩。

挽人［van⁵³zən］：同"缠人"。如：孩子太不听话，成天~。
可烦人：使人生厌。如：这人通~哩，不要理他。
难为人：使人作难。如：这事儿可~。
窝蜷人：使人觉得蜷曲很难受。如：坐电动车后边可~。
心疼人：使人心疼。如：好好哩东西放坏，~。
讨厌人：使人讨厌。如：你咋阵~嘞。

1.4.1.2　A+人

这种"A+人"的使感结构，书词中有如下用例：

1）景人：使人羡慕或喜欢

（1a）又往那边看一眼儿，杂货摊，摆哩东西怪**景人**儿。（《回杯记》）

（1b）俺家相公长得俊，相公长得是老**景人**。（《丝绒记》）

2）恼人：使人恼火

（2）如此无耻恶神判，做事实实可**恼人**。（《智断神杀案》）

3）急人：使人着急

（3）你说这话咋真**急人**哩，唉？（《回杯记》）

4）作难人：使人作难

（4）皇上，你这是**作难人**嘞。（《包公奇案》）

5）圪应人/圪义人：使人恶心或不悦

（5a）咦，老天爷，你可真**圪应人**哪。（《回杯记》）

（5b）除了万人之恨啊，这和尚再不能**圪义人**哪。（《损人报》）

除了上述用例，河洛方言中这类使感结构还有如下词例：

愁人：使人发愁。如：~啊，论文啥时候能写完？
累人：使人累。如：这活可~。
冰人：因物体温度过低而使人产生不适感。如：这被窝阵~。
难受人：使人感到不舒服。如：你穿那衣服怎~嘞。
窝囊人：事情办得不顺心或者尊严受到伤害而产生不舒服的感觉。如：这事儿办哩阵~！

1.4.2　语义统计

从人们所希望的感受来看，上文中出现的42个"X人"使感结构可以分为负向和正向两种，我们对其进行分类统计，具体如下：

1）负向（39 个）：

笑人　恨人　吓人　熬人　丢人　亏人　墩人　喧人　熏人　扎人

怕人　呛人　咬人　冻人　缠人　烧人　烫人　瘆人　磨人　挠人

急人　恼人　愁人　累人　冰人

可烦人　难为人　窝蜷人　心疼人　作难人　圪应人　圪义人

难受人　窝囊人　讨厌人　害怕人　可怜人　恶心人　折腾人

2）正向（3 个）：

景人　喜欢人　待见人

由此可见，"X 人"使感结构大多表示人某种不舒服的主观感受，这是因为"X"的语义大都表示消极义。有关"X 人"使感结构的色彩义，学界有两种看法：一种认为在其方言中只有表示消极、负面意义的"X 人"（胡双宝，1984；朱冠明，2005；罗昕如，2006 等）；另一种认为在其方言中有少量含积极意义的"X 人"（刘海章，1989；胡海，2002；吕建国，2008 等）。从书词及方言调查来看，河洛方言属于第二种情况，消极义"X 人"是主流，积极义"X 人"是少数。

1.4.3 语法特点

"X 人"使感结构表达"使人感觉/感到 X"，主要有以下语法特点：

1）从组合能力看，可以受程度副词的修饰，但不能带宾语。如：

（1）贫婆身上恁重哩伤，多**可怜人**哪。（《全家福》）

（2）才有病不能叫先生，一治治好啦，他情**圪义人**啦。（《滨州会》）

2）从句法功能看，主要作谓语。如：

（3）喊，**圪义人**！哪儿生不了孩儿？来这磨道里生孩儿嘞，哎？（《滨州会》）

（4）咦，我哩娘啊，我哩娘啊，你这死老婆儿，咹？你老**恶心人**哪。（《全家福》）

从语法性质来看，"X 人"构词更接近性质形容词。《洛阳方言词典》中还收录了一些与使感结构"X 人"同形异义的词条，如"埋人"

"央人""咒人""找人""扣人""抓人""逮人""捕人""瞧人""看人"等,这些是一般的动宾结构,不能受"老""通"等程度副词修饰。

1.5 逆序构词

"逆序构词"是汉语双音化的产物,这里是指构词语素与普通话相同而排列顺序与其相逆的构词现象。

1.5.1 词性类型

根据词性不同,书词中的逆序词可以分为六种类型("——"前是河洛方言,"——"后是普通话)。

1.5.1.1 逆序名词

1)木实——实木

(1)儿呀,这**木实**不钻不能透,话儿要是不说不能明。(《包公奇案》)

2)堂厅——厅堂

(2)姐,走走走,赶紧上**堂厅**,现在衙门口儿衙皂们一个也不见。(《刘公案》)

3)路道——道路

(3)好,乡亲们,既然这样,请大家闪开**路道**。(《全家福》)

4)证凭——凭证

(4)愿意啦?有何东西作为**证凭**嘞?(《丝绒记》)

5)仇冤——冤仇

(5)报**仇冤**,我要杀了周景隆啊。(《小八义》)

6)褥被——被褥

(6)上小姐那楼上,给那好衣裳都拿来,棺材里填填,盖严,做成**褥被**。(《损人报》)

7)训教——教训

(7)夫人,今天回得府来,不知道夫人对下官有何**训教**啊?(《全家福》)

8) 架货——货架

(8) 杂货铺掌柜说罢，来到**架货**上，取出来牛角儿砚台笔墨。(《花厅会》)

9) 影踪——踪影

(9) 到沟里头一看，不见那姑娘哩**影踪**，却抓住一个哑巴。(《小八义》)

10) 庄村——村庄

(10) 家家遭了水灾，一片**庄村**房屋完全淹塌，二老爹娘不幸被水冲走。(《损人报》)

11) 气力——力气

(11) 她骂叫她骂，只要她有**气力**，她搁住劲儿骂。(《刘公案》)

12) 屈冤——冤屈

(12) 大人，我一肚子**屈冤**，不叫我讲讲啊，小奴家都憋出毛病儿了。(《包公奇案》)

13) 膀臂——臂膀

(13) 他真如同寡人的左肩右臂呀，少了包爱卿如同砍掉寡人的一只**膀臂**呀。(《包公审木槿》)

14) 名姓——姓名

(14) 包兴已经把那偷钱儿的人**名姓**都报出来啦。(《包公奇案》)

15) 步地——地步

(15) 这话她不敢大声说啊，事情没有发展到那**步地**嘞。(《滨州会》)

16) 埃尘——尘埃

(16) 大轿坠落到**埃尘**，状元薛银登一声吩咐："人役，伺候状元爷。"（王《金钱记》)

17) 心内——内心

(17) 只要这门亲事你愿意，老父**心内**也高兴。(《滨州会》)

18) 珠泪——泪珠

(18) 余小姐听了这一句话，**珠泪**这滚滚湿前胸。(段《破镜记》)

19) 地场儿——场地

(19) 半天不搁家，王老爷给这伙房挪**地场儿**啦？(《包公奇案》)

20) 病疾——疾病

（20）剩下的钱回去买些米面，养活恁老婆子嘞**病疾**啊。(《刘公案》)

21）魂灵——灵魂

（21）他们一走不要紧，县太爷吓得他**魂灵**都窜了呀。(《刘公案》)

22）弟兄——兄弟

（22）咦，你不会哄我呀，咱**弟兄**两个是外人？(《损人报》)

23）顶头——头顶

（23）为妻的言共语你要牢记呀，你莫当成那耳旁风刮过**顶头**你啊。(《剑侠英雄传》)

24）业产——产业

（24）严相公，你看我这房子烜，那是我爹给我留哩**业产**。(《包公奇案》)

25）泪眼——眼泪

（25）慌忙沾了沾**泪眼**，抬头一看，见面前站着一个老汉。(《全家福》)

1.5.1.2 逆序动词

1）迟延——延迟

（1）杜文学，探监时间已超过，再要**迟延**要受刑。(段《破镜记》)

2）扶搀——搀扶

（2）狗贱人上前把我来搀起，她那**扶搀**住我回到我的房里前去安宁。(《包公审木槿》)

3）试比——比试

（3）爹爹，你在此稍等，叫我到校练场上与马狀元**试比试比**。(《包公审木槿》)

4）候等——等候

（4）小人已经把她带到衙门外边，现在就在外边**候等**。(《全家福》)

5）慢怠——怠慢

（5）可要早知道是太师爷的恩人到了，小人哪敢**慢怠**恩爷呀。(《海公案》)

6）议参——参议

（6）喝好以后，我还能给恁**议参**家庭大事，还能给恁看看门，比

一把锁**强**。(《滨州会》)

7) 告禀——禀告

(7) 你听小民我依实**告禀**啊，不要啼哭慢慢地讲来呀。(《刘公案》)

8) 哭啼——啼哭

(8) 听见这马府里边说话声音、**哭啼**声音。(《包公审木槿》)

9) 住居——居住

(9) 想起来俺哩原郡可不在那卧牛镇，俺祖祖辈辈**住居**在这沧州城。(《智断神杀案》)

10) 改更——更改

(10) 你放心吧，俺坚决要给周景隆白头到老，永不**改更**。(《小八义》)

11) 管保——保管①

(11) 你住他杨家店吧，**管保**你平安无事，哎，无是无非！(《包公审木槿》)

12) 闻听——听闻

(12) 张姑娘**闻听**忙叩头，说道大老爷也算是老天把眼睁。(《包公访太康》)

13) 答报——报答

(13) 单等俺这夫妻成了婚，小女儿**答报**你的大恩情。(《小八义》)

14) 造打——打造

(14) 俺爹用黄金换白金，白金换紫金，给我**造打**这一对儿紫金镯子。(《回龙传》)

15) 失丢——丢失

(15) 我身上装恐怕**失丢**喽，我这裤腿儿解开，我就绑到裤腿儿里。(《刘公案》)

16) 理料——料理

(16) 这几日呀，根本不在南衙凤府**理料**民事。(《包公审木槿》)

---

① 《现代汉语词典》(第7版，第45/482页) 分别收录了"保管"与"管保"，两者都有"完全有把握"之义，但前者还有"保藏和管理"的义项。河洛方言中"管保"只有"完全有把握"这一义项。

17）补缝——缝补

（17）她看了看给周景隆**补缝**哩裥衫颜色俊呀，大闺女一见喜到心中。(《小八义》)

18）合愈——愈合

（18）只要往这伤口上一上那镖药，这迟不上几天，伤口就**合愈**啦，就好啦！(《海公案》)

19）晓知——知晓

（19）丫鬟，你哪**晓知**，老爹爹昨天对俺讲，今天山贼下山。(《呼延庆鞭扫十八国》)

20）抱搂——搂抱

（20）俩人说着说着怀中**抱搂**，哭起来啦。(《包公奇案》)

1.5.1.3 逆序形容词

1）齐整——整齐

（1）明天出嫁走嘞，可能是嫁妆准备嘞不就绪，不**齐整**，不高兴。(《损人报》)

2）乏困——困乏

（2）我看他也怪**乏困**，他不想住别哩店，就安排安排住到咱家算啦。(《包公审木槿》)

3）良善——善良

（3）虽然说老奸贼张居正作恶多端，可是他的闺女心地**良善**，不能相提并论。(《丝绒记》)

4）细详——详细

（4）大嫂子是个**细详**人，睁眼一看，婆母娘满眼落泪，就知道婆母娘是哭老三孩子。(《包公奇案》)

5）康健——健康

（5）恁叔好，恁叔身体**康健**，一向不愿得病。(《剑侠英雄传》)

6）躁急——急躁

（6）小女婿打断筋，年轻人那脾气**躁急**起来，"卜抻抻"给你打一顿。(《损人报》)

7）急着——着急

（7）咦，我的大嫂嘞，你要俺大哥嘞，你要嘞还老**急着**嘞。(《剑

侠英雄传》）

8) 实诚——诚实

（8）因为这个人汉大心实呀，办事儿**实诚**，为人正直。（《剑侠英雄传》）

9) 直正——正直

（9）别看他傻，这人他心眼儿倒也**直正**。（《剑侠英雄传》）

10) 漫散——散漫

（10）老百姓，东嘞东，西嘞西，南嘞南，北嘞北，他们**漫散**而走。（《刘公案》）

11) 急紧——紧急

（11）乡约嘞，快点儿说，有**急紧**要事，你说老爷叫他嘞。（《刘公案》）

12) 派气——气派

（12）不高不低小汉子儿，人材长嘞老**派气**儿，可好一个人哪，姑娘。（《损人报》）

13) 盛兴——兴盛

（13）不要看作恶人一时**盛兴**，这才是机会没到，如若说时辰一到，机会一到，必然会报。（《海公案》）

1.5.1.4 逆序副词

1) 忙连——连忙

（1）丫鬟一听，不敢急慢，**忙连**起步，就搁贾秀英手中接过书信一封。（《小八义》）

2) 赖好——好赖

（2）人家家里边儿要是**赖好**能过，给这长嘞阵好这孩子会卖给你，老爷？（《回龙传》）

3) 共满——满共

（3）说书嘞，那床**共满**才四条腿儿，你就叫他撅断了五条腿儿？（《小八义》）

1.5.1.5 逆序方位词

1) 头前——前头

（1）三班衙皂**头前**走，六房书办后跟从。(《包公奇案》)

2) 头起——起头

（2）**头起**那我都能理解，后头这御札三道我就弄不明白。(《包公奇案》)

1.5.2 结构类型

我们将上述 63 个方言逆序词与普通话对应词进行对比，发现两者在结构关系上多是一致的。

1) 并列——并列，数量最多，有 54 例。如：

派气——气派　堂厅——厅堂　路道——道路　证凭——凭证
仇冤——冤仇　训教——教训　影踪——踪影　庄村——村庄
气力——力气　屈冤——冤屈　膀臂——臂膀　名姓——姓名
步地——地步　埃尘——尘埃　病疾——疾病　魂灵——灵魂
弟兄——兄弟　改更——更改　管保——保管　试比——比试
候等——等候　慢急——急慢　议参——参议　告禀——禀告
迟延——延迟　扶换——换扶　哭啼——啼哭　住居——居住
闻听——听闻　答报——报答　造打——打造　失丢——丢失
理料——料理　补缝——缝补　盛兴——兴盛　合愈——愈合
晓知——知晓　共满——满共　业产——产业　齐整——整齐
乏困——困乏　细详——详细　良善——善良　庱健——健康
躁急——急躁　实诚——诚实　直正——正直　漫散——散漫
赖好——好赖　急着——着急　抱搂——搂抱　急紧——紧急
褥被——被褥　地场儿——场地

2) 偏正——偏正，有 4 例。如：

顶头——头顶　架货——货架　珠泪——泪珠　泪眼——眼泪

3) 主谓——偏正，有 3 例。如：

木实——实木　心内——内心　忙连——连忙

4) 主谓——动宾，有 1 例。如：

头起——起头

5）偏正——派生，有 1 例。如：

头前——前头

1.5.3　语义语法对比

除了上述逆序词外，河洛方言中还有一些使用频率较高的逆序词，如"衣胞""收秋""腥荤""争竞"等。我们将这些方言逆序词与普通话对应词的语义语法进行对比，主要有三种情况。

1）方言逆序词与普通话对应词的词义、词性基本相同，这种情况占大多数。如：

合愈＝愈合（动词）　　路道＝道路（名词）　　忙连＝连忙（副词）

2）方言逆序词与普通话对应词的词性相同，但语义不同。如：

实诚（形容词，实在）≠诚实（形容词，言行一致）

细详（形容词，做事认真）≠详细（形容词，周密完备）

争竞（动词，计较）≠竞争（动词，争胜负）

迟延（动词，耽搁拖延）≠延迟（动词，推迟）

3）方言逆序词与普通话对应词在词性、语义上表现出明显不同。如：

木实（名词，木材）≠实木（区别词，用木材制成的）

头起（方位词，最前面）≠起头（名词，开始的时候或阶段；动词，开始、开头）

上述 1），书词中往往是两种词形并用，这反映了汉语词汇双音化的渐进过程；就 2）、3）来看，方言逆序词不只是词的语素顺序与普通话相逆，它的存在有其独特的词汇和语法价值。

1.6　离合词

离合词是介于词和短语之间的一种特殊组合，"合"时为词，"离"时为短语，它兼具词和短语的双重功能，是短语向词发展的中间状态。书词中的离合词基本上都是动宾结构，仅有"心焦"一词为主谓离合词。因此，下面主要针对动宾离合词进行讨论。

1.6.1 内部构成

根据宾语的性质，书词中动宾离合词可以分为动名式、动形式和动动式，其中"动名式"最多，具体如下：

1) 动名式（35 个），如：

搭腔　存气　费气　吹嘴　翻嘴　插嘴　噘嘴　壮光　臊气　发市
差窍　输理　办人　得地　沾弦　搬亲　忍饥　停势　置气　上货
看势　说媒　下神　吃劲儿　攒劲儿　搁劲儿　扎势儿　照头儿
照脸儿　生法儿　玩势儿　腾空儿　打幡儿　看好儿选吉日　送好儿

2) 动形式（4 个），如：

发迷　装迷　作难　得闲

3) 动动式（1 个），如：

打掺打交道

1.6.2 语法特点

上述 40 个动宾离合词，27 个是动词，13 个是动形兼类词，分别讨论其语法特点。

1) 动词性动宾离合词，中间可以插入"住（着）、了、过"等，可以受"不"修饰，主要作谓语，不能带宾语；可以重叠为 AAB 形式。如：

(1) 王小虎气哩瞪着眼，**噘着嘴**。(《丝绒记》)
(2) 她又**扎住势儿**啦，拜了天地，一挽挽到洞房里。(《滨州会》)
(3) 久后俺要**得了地**，恩父呀，你就是俺亲爹一般同。（《花厅会》)
(4) 咦，我这一辈子也没**办过人**，我老稀罕孩子，就是没有。(《滨州会》)
(5) 他**不得地**哩，他难进入朝阁做官。(《包公审木槿》)
(6) 姑娘一听**噘噘嘴**，骂声你这捣胎鬼。(《海公案》)

此外，书词中这类离合词还有"生法儿、搭腔、插嘴、发市、差窍、输理、搬亲、忍饥、停势、置气、上货、看势、说媒、下神、照头儿、照脸儿、玩势儿、腾空儿、打幡儿、看好儿、送好儿、得闲、打掺"等离合词。

2）形动兼类词，都能受程度副词"通""老"等修饰，可以作定语；中间可以插入"住（着）、了"等，主要作谓语，不能带宾语。如：

（7）她搁那儿瞅东望西，也老**存气**。（王《双锁柜》）

（8）我找俺妹子借点儿账，她就说她有**作难**哩事儿啦。（《小八义》）

（9）这回你**吃住劲儿**咉狠咉，嘴张大，有多大劲儿使多大劲儿。（《全家福》）

（10）好不该昨夜那晚上我去喝酒，谁知道酒醉我**发了迷**。（王《双锁柜》）

此外，书词中这类离合词还有"粘弦、装迷、费气、臊气、壮光、吹嘴、翻嘴、攒劲儿、搁劲儿"等。

1.7 三音词

这里的"三音词"是指河洛方言以三音节形式存在而普通话则以双音节形式存在的复合词，如"久以后""往常日""适刚才"等。

1.7.1 分类

书词中有大量的河洛方言三音词，它们与普通话的对应类型有四种，详见表1-6（"——"前为河洛方言，"——"后为普通话）。

表1-6 书词中的三音词与普通话双音词对应类型

类型	词例
ABC——AC	平素常—平常　嫁妆衣—嫁衣　无有奈—无奈　适方才—适才 喜庆事—喜事　今一天—今天　面布袋—面袋　久以后—久后 眼睛珠—眼珠　大家伙—大伙　今夜晚—今晚　昨夜晚—昨晚 心肝眼儿—心眼儿

续表

类型	词例
ABC——AB	往日里—往日　因此上—因此　今晚上—今晚　无奈何—无奈 母亲娘—母亲　往后去—往后　从此后—从此　不料想—不料 但愿得—但愿　当时节—当时　鬼魂灵—鬼魂　中途路—中途 面前头—面前　盘缠钱—盘缠　身旁边—身旁　面前边—面前 一旁边—一旁　随后边—随后
ABC——BC	适刚才—刚才　实指望—指望
其他	往常日—往常/往日　没奈何—无奈　实情话—实话/实情

1.7.1.1 ABC——AC

1）平素常——平常

(1) 西南边儿有一片儿荒地,有半亩恁大,**平素常**长的是荒草湖泊。(《滨州会》)

2）嫁妆衣——嫁衣

(2) 我不叫恁妗子看你的**嫁妆衣**,中不中？(王《双锁柜》)

3）无有奈——无奈

(3) 小春青**无有奈**,来到近前把身子往下边一蹲,小少爷往她肩膀上边儿一趴。(《丝绒记》)

4）适方才——适才

(4) **适方才**遇见胡朗明胡大伯,又问我家乡居住,我又给他讲了实话。(王《金钱记》)

5）喜庆事——喜事

(5) 这是你嘞大**喜庆事**。(《刘公案》)

6）今一天——今天

(6) 死了也罢,死了也可,哎,**今一天**你可遇着了呀。(《刘公案》)

7）面布袋——面袋

(7) **面布袋**也没有哇,俺家老穷,俺娘那裤子我拿来中不中？(王《双锁柜》)

8）久以后——久后

(8) 你别看这个王能,**久以后**,也全凭他在英雄会里边哪,办大

事情嘞。(《剑侠英雄传》)

  9）眼睛珠——眼珠

  (9) 想打**眼睛珠**，他"嗖"的一声过去，他不管打你的眼眨毛。(《剑侠英雄传》)

  10）心肝眼儿——心眼儿

  (10) 潘氏这个东西，你看她**心肝眼儿**多孬。(《滨州会》)

  11）大家伙——大伙

  (11) 嘿嘿，恁**大家伙**咋玩这势儿嘞呀啊？(《全家福》)

  12）今夜晚——今晚

  (12) 好，丫鬟，就照这样，**今夜晚**这事儿我就依靠你啦。(《损人报》)

  13）昨夜晚——昨晚

  (13) **昨夜晚**一夜没睡，发明这种刑具。(《包公奇案》)

1.7.1.2 ABC——AB

1）往日里——往日

(1) 姑娘啊，姑娘啊，**往日里**俺当丫鬟哩，俺都得听你说哩呀。(《回杯记》)

2）因此上——因此

(2) **因此上**，我不想被那猛虎吃掉，我才寻死上吊哩呀。(《丝绒记》)

3）今晚上——今晚

(3) 老天爷，**今晚上**董阵些东西，叫这可惜不可惜。(《损人报》)

4）无奈何——无奈

(4) **无奈何**流落大街上，才学会砸砖、叫街、呜嘟嘟嘟哩带吹嗡。(《回杯记》)

5）母亲娘——母亲

(5) 你的**母亲娘**在北京嘛，她，她可怎么样了啊？(吕《破镜记》)

6）往后去——往后

(6) 哎，**往后去**死心吧，改邪归正，再不敢胡弄。(《刘公案》)

7）从此后——从此

(7) 你**从此后**不许再在东京汴梁干事儿，去吧。(《回龙传》)

8）不料想——不料

（8）**不料想**磕这个响头，一磕正好碰着严嵩那脚趾头啦。（《海公案》）

9）但愿得——但愿

（9）**但愿得**你夫妻白头偕老，地久天长。（《包公奇案》）

10）当时节——当时

（10）喂马老汉给我讲实话，**当时节**不由我才恼心中。（《丝绒记》）

11）鬼魂灵——鬼魂

（11）年轻轻你就那丧了命，落在了他乡一个**鬼魂灵**。（《回杯记》）

12）中途路——中途

（12）如没有他们父女，我那丈夫**中途路**就要受大难了。（《呼延庆鞭扫十八国》）

13）面前头——面前

（13）谁知道正往前走，抬头一看，**面前头**有一个大门。（《回龙传》）

14）盘缠钱——盘缠

（14）现在还说**盘缠钱**不叫我作难，你一个女流之辈还能想来什么办法不成？（《彩楼记》）

15）身旁边——身旁

（15）只见那椅子上坐着一个高个子和尚，**身旁边**站着讨账那个胖和尚。（《包公奇案》）

16）面前边——面前

（16）**面前边**站着这个老汉，年纪倒有七旬开外。（牛《金钱记》）

17）一旁边——一旁

（17）谁知道**一旁边**再没有李氏凤英看得那样清楚、那样明白。（王《金钱记》）

18）随后边——随后

（18）刘安往外一走，**随后边**"腾腾腾"进来七八个人。（《刘公案》）

1.7.1.3 ABC——BC

1）适刚才——刚才

（1）将沙和尚**适刚才**给白喜同捅了一禅杖。（《海公案》）

2）实指望——指望

（2）咱叔得了官儿呀，**实指望**跟着咱叔享哩荣华富贵，到现在漏底儿啦。(《包公审木樨》)

1.7.1.4 其他

1）往常日——往常/往日

（1）咱这里边还有个偏门哩，**往常日**我买针买线哩，光走这个偏门儿。(《回杯记》)

2）实情话——实话/实情

（2）我给你说这是**实情话**，你还带着刀。(《滨州会》)

3）没奈何——无奈

（3）我**没奈何**啦，叫我给那孩子们整天拾柴火。(《呼延庆鞭扫十八国》)

1.7.2 使用状貌

以上所列的三音节词在河洛方言老派人口中仍在使用。就"ABC——AB"这类而言，其中表示时间的三音词在方言中具有很强的能产性，主要两种形式：一是"AB 里"式，如"往日里、昔日里、今日里"等；二是"A一B"式，如"今一天、昨一天、往一日、今一日、多一时"等。

第 2 章 实词

河洛方言中有许多地域特色鲜明的方言词，如程度副词"通/可/血/老/怪"、时间副词"撺/撺内"、代词"恁"、助动词"肯"、量词"垡儿"、方位词"头（儿）起"、叹词"咦"等。本章对书词中出现的河洛方言副词、代词、助动词、数词、量词、方位词、叹词等词类进行挖掘，重点对其中的特色方言词的语义、功能、来源及方言地理分布等进行探讨，同时辅以方言调查补充相关内容，并对一些语义相近的词语进行比较，揭示其语义、句法及语用上的差异。

2.1 副词

这里对副词的判定采取形式为主、语义为辅的标准。从句法功能上看，副词主要修饰谓词性成分作状语，少数可以作补语；从语义上看，较之一般的虚词，语义要实在一些。书词中的方言副词可以分为程度、时间、频率、情状、语气五种类型，下位小类划分主要以语义为标准。

2.1.1 程度副词

程度副词表示事物性质状态的程度或某些动作行为的程度。书词中，地域特色鲜明的程度副词主要有"通、可、血、老、老是、怪、稀"等，它们的使用频率参差不齐，具体见表 2-1。

表2-1　　　　　　　书词中方言程度副词的使用状貌

母方言地	艺人	年份	书词字数	通	可	怪	血	老/老是	稀
巩义	王周道	1928	442718	57	99	69	6	434/12	3
	尚继业	1943	124764	20	13	21	0	74/3	0
	杨现立	1955	72034	5	9	2	2	6/0	1
	牛会玲	1963	20978	0	1	1	0	15/2	0
	李新芬	1965	73696	2	10	4	0	127/0	0
	黄金焕	1966	89736	5	2	17	0	48/1	0
	王春红	1972	31177	1	0	5	0	15/1	0
偃师	段界平	1939	122386	1	5	7	0	2/3	2
	李明智	1946	413749	13	29	22	1	124/12	0
	李占土	1950	58661	2	2	4	0	22/0	0
宜阳	王玉功	1950	50148	1	15	8	0	4/2	0
	魏要听	1955	353508	8	13	11	1	146/5	6
新安	吕武成	1965	182302	5	19	34	0	39/9	3
孟津	张建波	1969	82377	18	10	1	0	42/1	0
	总计			138	227	206	10	1098/51	15

从语料的实际情况来看，"稀"的组合能力较弱，虽有15例，但几乎都是固定组合，其中"稀松"6例，"稀瘦"5例，"稀冷""稀酥""稀烂""稀年轻"各1例，方言调查显示，上述书词中的组合即为河洛方言中常见的组合，"稀"一般修饰具有负向消极义的单音性质形容词，在句中作谓语；"老""老是"的用法基本相同，后者的口语化程度更高，在书词中用例较少，且都可以用"老"替换。

因此，下面重点对程度副词"通""可""血""老""怪"的语义、句法及语用特点进行描写，并对比它们之间的差异。

2.1.1.1　通[1]

"通[tʰuŋ³³]"，以往也记作"统"，在书词中的使用频率较高。

1）语义分析

赵月朋（1959）较早关注了程度副词"通"，对其释义为"副词，非常，如'统好着哩'"；贺巍（1996）收录了"通好"这一词条，对其释义为"非常好"。河洛方言中,"通"在程度量级上要高于普通话"非常",更接近于超高级程度副词①,并且具有鲜明的主观性。如:

(1) 他官儿**通**大着嘞,比那黑脸官儿官还要大嘞。(《包公审木槿》)

(2) 这一个鳖妮子她那嘴**通**松着哩,走到哪儿说到哪儿。(《回杯记》)

(3) 你说句话,恁娘啊我听着**通**滋润着嘞,心里可出坦哪,闺女。(《滨州会》)

这三例中,"通"都表示主观程度之高,且带有夸张的色彩。

2) 组合能力

"通"主要用来修饰形容词,也可以有限制地修饰动词性成分。

A. 通 + AP + 哩/着哩②

"通"主要修饰性质形容词,不能修饰状态形容词,常构成"通 + AP + 哩/着哩"结构。其中的"AP"可以是单音节的也可以是多音节的,但以单音节的居多;可以是正向积极义的,也可以是负向消极义的。如:

(4) 俺姑娘楼上那好吃哩**通**多哩,走吧。(《丝绒记》)

(5) **通**远着哩呀,往太原去嘞呀,我还没去过,生路。(《滨州会》)

(6) 咦,刘大人搁俺山东啊,官儿**通**清嘞,老百姓都是巴他呀。(《刘公案》)

(7) 那脸恁黑,不用说洗也**通**黑着哩。(《包公审木槿》)

(8) 有时候俺们夹在中间也**通**作难哩。(吕《破镜记》)

(9) 恁孩子我旁啥没有本事,我搁这买卖人上**通**吃开哩!(《回龙传》)

(10) 学生们哪,都是**通**调皮捣蛋哩。(吕《破镜记》)

---

① 张桂宾(1997)在王力(1943)的基础上,根据有无比较对象和程度量级差别,将程度副词分为两大类四个量级,共八小类。其中绝对程度副词分为超高级(如分外、过于、太、万分)、极高级(如极、极为、极其、极度、顶)、次高级(如多、多么、非常、怪、好、很、老、颇、颇为、十分、相当、挺)、较低级(如有点儿、有些)。

② "哩"有时音变为"嘞"。

例（4）—例（7）中，"通"分别修饰单音节形容词"多""远""清""黑"，其中"多""清"表正向积极义，"远""黑"表负向消极义；例（8）、例（9）中，"通"分别修饰双音节形容词"作难""吃开"，前者表负向消极义，后者表正向积极义；例（10）中，"通"修饰的形容词短语"调皮捣蛋"，表负向消极义。

"通+AP+哩/着哩"结构可以受语气副词"可""还"修饰，其中AP常处于相反或相对的关系。如：

（11）老人家催着叫赶紧办事儿哩，公办了，回家还**通忙着嘞**啊。（王《双锁柜》）

（12）恁爹可**通整齐哩**，可不比我这样儿，是不是？（巩义方言）

例（11）中，"忙"的对立面是"闲"；例（12）中，"整齐"的对立面是"邋遢"。

B. 通+VP+哩

"通"可以修饰一些特定的动词短语，构成"通+VP+哩"结构，其中VP一般是助动词、心理动词构成的动词短语或表感官的动词短语。如：

（13）咦，你说这话儿我**通想听嘞**，二哥，我说这究竟真嘞还是假嘞？（《损人报》）

（14）丫鬟哪，丫鬟，我听说背挎笼那要饭吃哩，**通会唱那莲花落歌哩**。（《回杯记》）

（15）老姐，我做哩做不好，咱闺女做这菜**通有滋味儿哩**。（王《双锁柜》）

例（13），"通"修饰由心理动词构成的述宾短语"想听"；例（14），"通"修饰由助动词构成的述宾短语"会唱那莲花落歌"；例（15），"通"修饰表感官的动词短语"有滋味儿"。

3）句法功能

"通+AP+着哩/哩"结构主要作谓语、补语。如：

（16）哎呀，老总，你不知我这胆**通小哩**呀。（王《金钱记》）

（17）冯均衡那一只眼**通毒哩**，上去斗_就看到那一角儿啦。（《包公奇案》）

（18）呀，先生算哩**通准哩**，姑娘。（《剑侠英雄传》）

（19）姑娘，长哩**通丑哩**，又憨又傻，还是<u>一个</u>哑巴，不会说话。（《丝绒记》）

例（16）、例（17），作谓语；例（18）、例（19），作补语。

有时，"通+AP"结构修饰名词作定语。如：

（20）姑娘啊，你不知道，她还**通多**毛病哩呀。（《丝绒记》）

"通+VP+着哩/哩"结构，句法功能单一，一般作谓语。如：

（21）你给我说咋熬哩吧，我**通会熬哩**。（《回杯记》）

4）语用考察

"通+AP/VP+哩/着哩"结构都是肯定式，没有对应的否定式，用于表达言者的主观评价。如：

（22）俺姑娘楼上那好吃哩**通多哩**，走吧。（《丝绒记》）

（23）那就是圈人法儿，这法儿**通好着哩**。（《回杯记》）

河洛方言调查显示，"通+AP+哩"结构式中"AP"前可以插入否定副词"不"，构成"通+不+AP+哩"结构式。马真（1991）认为，能进入普通话"很+不+形容词"格式的形容词有两类：一类是表示积极意义的形容词，如"听话""顺利""容易""开心"等；另一类是往小里说的量度形容词，如"少""小"等。"通+不+AP+哩"结构式中，AP 也是这两类形容词。如：

（24）**通听话哩**——**通不听话哩**

（25）**通少哩**——**通不少哩**

（26）**通调皮捣蛋哩**——＊**通不调皮捣蛋哩**

（27）**通多哩**——＊**通不多哩**

"通+VP+哩"结构式有对应的否定式，如例（13）"通想听嘞"，其否定式是"通不想听嘞"。

此外，"通+AP/VP+哩/着哩"结构既可以表达正面积极的感情，又可以表达负面消极的感情。如：

（28）姑娘，<u>不要看是当丫鬟哩</u>，我那心窍**通灵哩**！（《回杯记》）

（29）她长哩**通丑哩**，有腥气，有狐臭，谁要闻见谁难受，**通熬糟着哩**呀。（《丝绒记》）

2.1.1.2 可[1]

书词中，程度副词"可 [kʰɤ⁵³]"的使用频率高于"通"。

1）语义分析

有关程度副词"可",贺巍(1993)认为,"可,用在形容词前,表示程度高,和'很'意义相当"①。书词中,"可"的程度义,要高于普通话"很",更接近于极高级程度副词,表示心理评价标准的极高点,主观性鲜明,带有强烈的感情色彩。如:

(1) 回去赶紧准备好,这一个人**可**是中,**可**支楞。(《损人报》)

(2) 梨**可**好哇,水儿**可**甜!(王《双锁柜》)

这两例中"可"用于陈述句,表现了言者对人或物一种高量级程度的主观评价。

2）组合能力

"可"主要修饰单个的形容词,也可以有限制地修饰动词短语。

A. 可 + AP

"可"修饰的 AP 可以是单音节的也可以是多音节的,且 AP 没有色彩意义上的限制。如:

(3) 俺那里边出家人**可多**呀。(《刘公案》)

(4) 我给俺道士叔说啦,说嘞**可清楚**。(《刘公案》)

(5) 我听着通滋润着嘞,心里**可出坦**哪,闺女。(《滨州会》)

(6) 听说老包手下那人**可厉害**啦,一句话不对,不动刀子便抬铜铡。(《包公访太康》)

(7) 你看人家做这饭做这多好,**可香**啊。(《损人报》)

例(3)中,"可"修饰表量度义的"多";例(4)中,"可"修饰表性质义的"清楚";例(5)中,"可"修饰表心理感觉的"出坦"②;例(6)中,"可"修饰表情状义的"厉害";例(7)中,"可"修饰表感知义的"香"。

河洛方言中,"可 + AP"结构中,AP 前一般不能插入"不"。若 AP 同时具有[+量度][+积极][+心理情绪]的语义特征,则可以构成"可 + 不 + AP"组合,如"可不高兴""可不快乐"等。否则,"可 + 不 + AP"结构中的"可"为语气副词,表强调,如"可不简单""人家

---

① 贺巍:《洛阳方言研究》,社会科学文献出版社1993年版,第23页。
② 这种形容词不能受否定副词"没有"修饰。

可不悲伤"。

B. 可 + VP

"可"修饰的 VP 一般是助动词、心理动词构成的动词短语或"有/没 NP"述宾短语。如：

（8）王二，我知道你是一个办事儿人，你**可会**办事儿。（《损人报》）

（9）大人说："咦，那可好，我**可想吃**。"（《刘公案》）

（10）人家有办法呀，**可有钱儿**。（王《双锁柜》）

例（8）中，"可"修饰助动词"会"构成的述宾短语"会办事儿"；例（9）中，"可"修饰由心理动词"想"构成的述宾短语"想吃"；例（10）中，"可"修饰述宾短语"有钱儿"。

河洛方言中，"可 + VP"结构中的 VP 前可以插入"不""没"，如"可不想吃""可没有出息"。需要注意的是，"可"不能修饰光杆助动词，否则，"可"就是语气副词，如"可会""可敢"等。

3）句法功能

"可"为唯状程度副词①，"可 + AP"结构作谓语、补语。如：

（11）听说他通聪明哩，长得人材**可排场**。（《回杯记》）

（12）哎呀，这事儿**可关紧**。（《损人报》）

（13）真见他进来啦，我看嘞**可清楚**，哥。（《海公案》）

（14）孩子长嘞**可支楞**，长嘞**可端正**，聪明伶俐。（《滨州会》）

（15）俩孩子看到薛银登啦，"大哥"，叫哩**可亲**，他可不知道乱了辈儿啦。（《全家福》）

例（11）、例（12），作谓语；例（13）—例（15），作补语。

贺巍（1993）列举了"可 + AP"结构可以作定语的例子，具体如下：

（16）一条**可长**的马路

（17）温了一锅**可热**的水

（18）街上有**可多**的人

（19）桌上搁一碗**可甜**的水

---

① 唯状程度副词是指只能作状语、不能作补语的程度副词。

河洛方言调查显示，"可+AP"结构作定语入句时有条件限制，它所构成的定中短语常出现在宾语位置上，且主要在存现句中作宾语，如例（18）、例（19）。此外，"可+AP"结构可以重叠成"可+AP+可+AP"，表示程度的加强或者量的加深，带有强调或者夸张意味，这种重叠式可以作定语、补语或谓语。如：

（20）**可大可大**的大蒸馍。

（21）他跑哩**可快可快**。

（22）西瓜**可甜可甜**。

"可+VP"结构，作谓语。如：

（23）人家没来到咱家嘞，**可想穿人家那护肩皮袄**，<u>不应给我说</u>。（《损人报》）

4）语用考察

徐烈炯、刘丹青（2007）认为，"焦点在本质上则是一个话语功能的概念，它是言者最想让听者注意的部分"[①]，并将"焦点"分为三类：自然焦点［+突出］［-对比］、对比焦点［+突出］［+对比］、话题焦点［-突出］［+对比］。程度副词"可"，一般重读，用以凸显自然焦点，常用于陈述句中，往往借助句末语气词或其前的强调成分来表现言者鲜明的主观性。如：

（24）咱爹娘都死得早，我就<u>这一个小妹子</u>，我**可娇**啊，啥事儿都由得她。（王《双锁柜》）

（25）他不定还吃啥嘞，他那饭量可是**可大**。（《刘公案》）

例（24）"可"凸显了"娇"的程度，句末有语气词"啊"共现；例（25）"可"凸显了"大"的程度，其前有强调成分"可是"共现。

有时，"可"带有夸张、不可思议的意味。如：

（26）那咱先说好，要到楼上，不打夯，光叫唱歌，那身价**可高**哇。（段《破镜记》）

（27）俺娘说我这眼是看家眼，人家说我是硬睁眼，我这俩眼瞪哩**可大**。（《剑侠英雄传》）

---

① 徐烈炯、刘丹青：《话题的结构与功能》（增订本），上海教育出版社2007年版，第81页。

（28）俺掌柜哩，打蒜汁一调，喝酒下肚，**可**美。(《剑侠英雄传》)
2.1.1.3　血
"血［ɕiɛ³³］"，以往也记作"歇"，在书词中的使用频率不高。

1）语义分析

从程度量级上看，"血"基本等同于"可"，是个极高级程度副词。与"可"不同的是，"血"还表达了独特的话语立场，即言者希望自己的观点被认同。如：

（1）人家穷家人家，睡啦半夜黄昏，肚子**血**饥，你不叫人家吃点儿会中，唉？(《损人报》)

（2）小伙子，你**血**年轻，得哩是什么病啊？(《包公奇案》)

结合语境来看，例（1）中，言者认为穷家人家半夜黄昏肚子饥，用"血饥"来让受话者认同自己的判断；例（2）中，言者认为年轻人不应该得什么病，使用"血年轻"让听者认同自己的观点，"得哩是什么病啊？"这句话的质疑进一步凸显了言者的意图。

2）组合能力和句法功能

"血"主要修饰性质形容词，构成"血＋AP"结构，作谓语、补语。如：

（3）嗯，吃着有味儿，馍烙嘞，半焦**血**脆，我这牙也怪对。(《刘公案》)

（4）那公子我只管看，长嘞**血**好，背一个包袱人家走啦。(《损人报》)

例（3）作谓语，上述例（1）、例（2）也作谓语；例（4）作补语，河洛方言中这种用法很常见。如：

（5）这一个孩子字儿写哩**血**美。

（6）你看，这衣服洗哩**血**干净不是？

"血"也可以修饰心理动词、述补结构等，构成"血＋VP"结构，作谓语。如：

（7）钱山虎，你猛听着**血**害怕呀，钱山虎，还有个侯山狼。(《刘公案》)

（8）白天干一天活，**血**累哩慌，没你不睡也不叫俺睡？(《包公审木槿》)

（9）老天爷啊，原来桩橛上这哑巴孩子看着不咋着，原来还**血咋着**哩他。(《剑侠英雄传》)

河洛方言中，"血"还常修饰助动词构成的述宾结构，作谓语。如：

（10）他**血能喝**，谁也喝不过他。

（11）他**血会来事儿**，<u>不应担心</u>。

3）语用分析

"血"含有"言者希望自己的观点被认同"的人际意义，换言之，言者认为受话者可能不认同他的观点或看法，因此，"血+AP/VP"结构作谓语时，一般不能独立成句，其后往往会有后续句进一步解释说明。如：

（12）平素常你不认识俺娘啊，这这这，今天初次才认识，这是俺娘**血好**，你往后出去也<u>不应</u>胡说八道，就是说。(《刘公案》)

（13）经常在皇城里祸害百姓，仗着他家的权势**血大**，他的爹爹太史王万龙身为太史当朝，仗着他家姐姐驾座到西宫下院，他在朝里是有恃无恐，在皇城里边祸害百姓。(《剑侠英雄传》)

例（12）、例（13）中，"血好""血大"之后，分别有"你往后出去也……""他的爹爹太史王万龙身为……"对其进行解释说明或补充强调。

再如贺巍（1993）列举的3个"歇"的例子[①]：

（14）这水**歇热**，没法喝。

（15）他**歇能说**，谁也说不过他。

（16）他**歇会吹**，说的给真的一样。

这三例都有后续句，用以补充证明前一小句的可信。

郭笑、姜礼立、唐贤清（2017）对程度副词"血"的语义、句法及语用进行了较为细致的描写，上文的讨论进一步揭示了"血"具有"言者希望自己的观点被认同"这一独特的语义特点，同时指出"血+AP/VP"结构式一般不能独立成句。

[①] 贺巍：《洛阳方言研究》，社会科学文献出版社1993年版，第24页。

2.1.1.4 老

较之普通话，河洛方言程度副词"老"的组合能力更强。

1）语义分析

《现代汉语词典》（第7版）中对程度副词"老"的释义为："很；极：～早｜～远｜太阳已经～高了"①，张桂宾（1997）认为，普通话"老"是个次高级绝对程度副词②。考察发现，河洛方言"老"在程度量级上也可以这样定位，但带有较强的主观性。如：

（1）还恐怕老爹爹看见说俺**老**疯。（《回杯记》）

（2）召恁老丈人心眼儿**老孬**，他再给她找婆儿家。（《损人报》）

（3）咱师父睡着，咱俩徛哪儿歇会儿？我也**老**瞌睡呀。（《刘公案》）

（4）忙天时候，犁地、拉车没有毛驴**老**作难。（吕《双锁柜》）

2）组合能力

书词中，程度副词"老"主要有以下组合形式。

A. 老 + AP

这一结构最为常见，其中 AP 是一些常见的性质形容词。如：

（5）从北京城里边今天出来个算卦先生，这算卦先生的卦算**老灵**。（《包公审木槿》）

（6）你老啦？眼色**老疲**，你不认识我，恁一家人都带着那昧亲事儿脸哩。（王《双锁柜》）

（7）老婆儿们嘴**老絮**，问她一句，哆嗦半天也说不清楚。（吕《破镜记》）

（8）你那尿**老主贵**，还不舍哩朝那沟里流？（《包公奇案》）

我们对书词中的"老 + AP"结构进行了穷尽性考察，从音节和色彩义两个方面对 AP 做了具体分类，详见表 2 – 2。

---

① 中国社会科学院语言研究所词典编辑室编：《现代汉语词典》（第7版），商务印书馆 2016 年版，第 782 页。

② 张桂宾：《相对程度副词与绝对程度副词》，《华东师范大学学报》1997 年第 2 期。

表 2-2　　书词中"老+AP"结构中 AP 的音节和语义类型

AP 类型		词例
单音节	正向积极意义	好 高 熟 甜 多 精 炯 香 嫩 深 远 长 清 美 能 对 足 早 快 亲 灵 真 净 鲜 俊 中 巧 顺 直 全 亮 明 大 厚
	中性意义	红 白 软 硬 黑 响 窄 尖 热 烘 沉 重 粗 稠 紧
	负向消极意义	近 难 穷 狠 苦 小 懒 低 松 韦 娇 生 忙 赖 恼 烂 疼 丑 少 夯 饿 冷 浅 凶 青 涩 累 轻 馋 饥 坏 憋 挫 惊 脏 迷 疲 肉 晚 笨 腥 湿 凉 絮 抠 贵 短 渴 花 蒙 猾 痛 拧 毒 悬 胖 恶 冤 屈 疯 猛 躁 急 习 绝
多音节	正向积极意义	灵动 顺利 暖和 方便 清闲 匀称 滋腻 精细 仔细 周正 锋利 高兴 及时 清气 存气 能干 舒服 出坦 谦虚 光彩 得劲 新鲜 如意 忠诚 漂亮 清正 景人 齐全 轻巧 年轻 朗利 厉害 殷勤 齐整 体面 排场 贞洁 调皮 称心 光荣 伟大 干净 利散 聪明 保险 清楚 威风 好吃 出展 支楞 值钱 主贵 孝顺 好听 中听 关紧 好看 省力 关键 对劲 正大 光明 派气儿 治事儿
	中性意义	稀罕 奇怪 便宜 紧张 凉快 绵软 面熟 显眼儿 搬辇儿
	负向消极意义	可惜 掏急 着急 下贱 生气 担惊 难听 丢人 复杂 粘缠 吃亏 任性 缺德 笨重 糊涂 奸低 绕口 粗鲁 撂板 烦躁 委屈 可怜 捣包 随便 丑陋 贫寒 难受 笨气 小气 吓人 杀才 笨才 难闻 冤枉 吃才 艰难 担心 羞惭 麻烦 费事 别劲 怯乎 费功 嘈气 急脚 家使厉害 左忌小抠 费劲儿

　　由上表可知，河洛方言"老"修饰的 AP，可以是单音节的也可以是双音节的，可以是表正向积极意义的也可以是表负向消极意义的，还可以是表中性的。现代汉语中，"'老'只能用来修饰往大的方面说的有限的几个表量度的单音节形容词（如'大、长、沉、重、肥'等）"①。比较而言，河洛方言"老"修饰形容词基本不受音节和色彩义

---

① 陆俭明、马真：《现代汉语虚词散论》，语文出版社 1999 年版，第 14 页。

的限制。

B. 老 + VP

书词中,"老"修饰动词性成分较为自由,可以是动作性不强的光杆动词,也可以是助动词、心理动词构成的动词短语,还可以是一些述宾短语、述补短语。如:

(9) 姐,往后我也跟你去敬神去吧,我看这**老发财**嘞。(王《双锁柜》)

(10) **老像**嘞呀,这老婆儿哭得真球好,真会哭呀啊。(《损人报》)

(11) 不害怕啊,就是心里**老怯乎**。(王《双锁柜》)

(12) 是鬼你自己老有本事,你**老会壤**养孩子?(《全家福》)

(13) 赚钱儿也不少,他也**老能倒**。(《滨州会》)

(14) 这是俺南街上的胡金柱儿,人送外号"胡揽宽",**老好管闲事儿**。(牛《金钱记》)

(15) 我**老恨那算卦**嘞,我恨嘞是他们,我恨嘞可不是你啊!(《海公案》)

(16) 他两个没有见过,**老想看看啥样儿**。(《包公审木槿》)

(17) 给你撇的十两银子就是那闺女给我哩,她**老愿跟我**呀,娘。(王《双锁柜》)

(18) 小王爷要饭要到十八岁,**老嫌丑**,回家啦。(《回龙传》)

(19) 我**老稀罕孩子**,就是没有。(《滨州会》)

(20) 我觉得我的肚子里头**老憋嘞慌**,我也得喷两句儿。(《回龙传》)

(21) 是不是吃你一顿饭**老心疼哩慌**?(吕《破镜记》)

例(9)—例(11)中,"老"修饰光杆动词"发财""像""怯乎";例(12)—例(14)中,"老"修饰由助动词"会""能""好"构成的动词短语;例(15)—例(17)中,"老"修饰心理动词"恨""想""愿"构成的动词短语;例(18)、例(19)中,"老"修饰"嫌丑""稀罕孩子"述宾短语;例(20)、例(21)中,"老"修饰"憋嘞慌""心疼哩慌"述补短语。

C. 还/可 + 老 + AP/VP

"老 + AP/VP"结构可以受语气副词"还""可"的修饰。如:

（22）今年多说才四十岁啊，人物头儿长得**可老烜**。（《损人报》）

（23）老爷呀，这十年不见，你**可老哩**多了呀，嗯？（《丝绒记》）

（24）俺姑爹真是那读书人，要饭吃罐儿，你家取名叫聚宝盆，**还老好听哩**。（《回杯记》）

（25）这小堂倌一听，这当兵哩**还老猾哩**呀！（王《金钱记》）

D. 老 + 不 + AP/VP

"老"可以修饰"AP/VP"的否定式，构成"老 + 不 + AP/VP"结构。如：

（26）老婆儿说："咦——，那**老不中听**，老下贱。"（《回龙传》）

（27）这孩子抱住**老不得劲**。（《滨州会》）

（28）女婿给你立那儿**老不配**，不太好看。（《滨州会》）

（29）俺人长得丑，俺也**老不会收拾**，看我这楼上董哩给那茅子窝儿一样。（《全家福》）

E. 不 + 老 + AP/VP

"老 + AP/VP"结构可以受否定副词"不"的修饰，构成"不 + 老 + AP/VP"结构。如：

（30）看着怪面熟，没见过面儿，**不老认识**。（《包公审木槿》）

（31）看起来你的婚事**不老顺**呀，今日里结婚你这运不通。（《小八义》）

（32）小王爷，睁睛一看，哎呀，天明啦，我**不老怯你**啦。（《回龙传》）

（33）吃吃，他叫我睡睡，那不睡也**不老瞌睡**呀，只该睡啦。（《刘公案》）

需要注意的是，"老 + 不 + AP/VP""不 + 老 + AP/VP"在语义表达上有差异，前者的语义较重，后者的语义较轻、较为委婉。

3）句法功能

"老 + AP"结构主要作谓语、补语，还可以作状语、定语，有时也可以作宾语。如：

（34）咦，哟嗨！你**老出坦**。（王《双锁柜》）

（35）王伙计你那门儿**老多**，想一个门儿。（《损人报》）

（36）徐延昭，你是那**老缺德**呀。（《丝绒记》）

（37）看着这孩子**老精**哪！（《滨州会》）

（38）小手小脚长嘞好，那个人长得**老利散**。（《损人报》）

（39）于得水就这一个闺女，陪嫁妆陪得**老足**。（王《双锁柜》）

（40）乳母钱氏挽着姑娘柳金蝉，冯均衡**老早**成臭泥一堆，"嗒嗒嗒"直战。（《包公奇案》）

（41）我跑到俺家啦，左一思，右一想，这口气儿我**老难**咽下。（《回龙传》）

（42）俺家相爷**老远**地风尘仆仆地前来看你，到门上啦，你还不问。（《彩楼记》）

（43）搁家孩子娘给你做嘞，这不是**老好**嘞菜。（《刘公案》）

（44）孩子那样儿，会娶一个**老漂亮**的媳妇儿？《刘公案》）

（45）现在你哥出门哩，身上也没有**老多**哩盘缠，给你那块金砖先借给哥使唤使唤？（《回杯记》）

（46）赵能说罢，他"通通通"又下了绣楼，掂住钢刀，心里**老嘈气**。（《回杯记》）

（47）你说**老饥**，两三天都没要来饭，肚子饿哩给那狗翻肠一样。（《丝绒记》）

例（34）—例（37），作谓语；例（38）、例（39），作补语；例（40）—例（42），作状语；例（43）—例（45），作定语；例（46）、例（47），作宾语。

"老+VP"结构，作谓语。如：

（48）想着说叫孩子看哩，谁知道这三探花小薛同，孩子**老有心计**呀。（王《金钱记》）

4）语用分析

从"老+AP/VP"结构式的使用来看，主要有以下特点。

A. 兼表两极情感义

马真（1991）指出，普通话程度副词"老"常常带有言者不喜爱的感情色彩。① 河洛方言中，程度副词"老"既可以表达喜爱、合意的感情，也可以表达不喜爱、不合意的感情。如：

---

① 马真：《普通话里的程度副词"很、挺、怪、老"》，《汉语学习》1991年第2期。

（49）我看见这小媳妇人材俊，人材长哩**老年轻**。(《包公奇案》)

（50）咦，这少帅怪年轻，说话**老朗利**。(《滨州会》)

（51）你这孩子说话**老撂板**，他投我干啥嘞？(《损人报》)

（52）去！**老稀罕**你们哩金子银子！(《回杯记》)

例（49）、例（50）中，"老年轻""老朗利"表达了言者的褒扬之情；例（51）、例（52）中，"老撂板""老稀罕你们哩金子银子"表达了言者的贬抑之情。

B. 夸张意味明显

"老 + VP/AP"结构式作状语时，带有明显的肯定语气，如例（41）；在"老 + VP/AP + 哩/啊"结构中，"老"表示的肯定语气更为强烈，语气词"哩/啊"有加强肯定语气的作用。如：

（53）我怕的是朝里那大臣们，那官员们他老精，他**老能**啊！(《海公案》)

（54）哎呀，我想着来到东京汴梁这账不好讨，谁知道这账还**老好**讨哩呀！(《回龙传》)

（55）中，中，中！你打算得还**老美**哩，可以。(王《双锁柜》)

C. "老 + VP/AP"结构式除用于陈述句、感叹句，还可以用于反问句。如：

（56）你那脸儿**老中看**？(《刘公案》)

（57）你叫春红？你叫春红，你**老家使**_{厉害}？(《丝绒记》)

（58）你再去报案，**老光荣**，**老伟大**？啊？(《包公奇案》)

D. "老是 + AP"结构式中的"老是"可以用"老"替换，语义相同。如：

（59）我听说，那个先生人家算卦算得**老是灵**。(《回杯记》)

（60）说个老婆儿**老是懒**，好吃懒做怕动弹。(《包公审木椹》)

2.1.1.5 怪

程度副词"怪"较有特点，但以往学界对其关注较少。

1）语义分析

从程度量级上看，"怪"要低于"通""可""血""老"，是个较低级程度副词。除了程度义外，"怪"还含有"本来没有想到，言谈时才发现"的情态意义。如：

（1）你看这小孩还**怪**灵通哩。(段《破镜记》)
（2）包知县年纪不大，这事儿还**怪**稠哩。(《包公奇案》)
（3）刘大人一看上房三间，地场儿也**怪**宽啊。(《刘公案》)
（4）哎，这还差不多，这句话还**怪**照板嘞，中，我也像恁老干大呀，孩子。(《滨州会》)
（5）我看着你，说哩**怪**可怜，我背着俺老爷，给你舀碗剩面条你喝喝爬走了，咹？(《回杯记》)
（6）严二**怪**厉害，在公堂上不中。(《海公案》)

例（1）—例（6）中，"怪灵通""怪稠""怪宽""怪照板""怪可怜""怪厉害"，均体现出言者的一种"意外"，可以说"怪"是河洛方言中意外范畴表达的一种词汇手段。

2）组合能力

"怪"主要修饰单个的形容词，也可以有限制地修饰动词短语。

A. 怪 + AP

这一结构中，"AP"可以是单音节的也可以是双音节的，其后常有语气词"哩/嘞"，用来加强语气。如：

（7）这闺女，看着你也**怪**精，你也**怪**能，你咋阵憨嘞？(《包公访太康》)
（8）瞥见神台上边搭这身儿衣裳**怪**新，式样也**怪**好。(吕《破镜记》)
（9）你别看那要饭吃穿哩**怪**破，那可是土地爷郑帽蒲扇儿，是个宝哩！(《回杯记》)
（10）才开始我这宝剑举得**怪**凶，这一会儿我觉得老松，我也真不舍得砍死他。(《剑侠英雄传》)
（11）老头儿一想，这事儿还**怪**麻缠哩呀。(段《破镜记》)
（12）刘大人一看，**这怪得劲儿**嘞，一头儿高一头儿低呀。(《刘公案》)

从语义上看，"AP"可以是表正向积极义的，如例（7）、例（8）、例（12），也可以是表负向消极义的，如例（9）—例（11）。

"怪 + AP"结构常受语气副词"可""还"的修饰，如：

（13）那是谁家的姑娘长得**可怪支楞**。(《回杯记》)

（14）呀，茶童，**还怪能**哩，坐下吧！（《花厅会》）

（15）你看你心里**还怪敞荡**，你**还怪快乐**哩。（《海公案》）

B. 怪 + VP

贺巍（1993）认为，"怪"不能修饰动词。书词中，"怪"修饰的 VP 一般是由助动词、心理动词构成的动词短语，以及一些动作性不强的 V 构成的述宾短语。如：

（16）哎，你也**怪会问**，你问他是杀你嘞，还是偷你的？（《海公案》）

（17）老爷还说叫歇歇，老爷**怪心疼咱**嘞，休息休息。（《刘公案》）

（18）我看见你，我感觉咱俩**怪对脾气**。（《刘公案》）

（19）这匹马**怪通人性**，往正北窜了呀。（《刘公案》）

（20）你刚才你说住，我听住**怪有劲儿**。（牛《金钱记》）

3）句法功能

"怪 + AP"结构，主要作谓语、补语，还可以作定语。如：

（21）俩孩子都**怪好**，闺女也**怪好**，孩子也**怪好**。（《滨州会》）

（22）咦，又<u>一个</u>，这家伙**怪听话**嘞，比孩子还听说。（《刘公案》）

（23）可怜白玉堂武艺**怪高**，这一把宝剑给展昭的宝刀一比，那真是分出了高低。（《包公奇案》）

（24）嘴张哩**怪大**，嗓子里边就是不发音。（《全家福》）

（25）哎，二掌柜，你这人不赖啊，家里也过哩**怪好**，大家想给你挂个匾嘞。（《损人报》）

（26）你看那平常没有说过瞎话，想哩**怪周到**，嘿，牵到正事儿上抹牛啦，吞吞吐吐说不出来啦。（《回龙传》）

（27）**怪好**哩两份儿家产成了三份儿啦，怎不叫为妻恨心中。（《包公奇案》）

例（21）—例（23），作谓语；例（24）—例（26），作补语；例（27），作定语。

"怪 + VP"结构，只能作谓语。如：

（28）啊，老杜，你还**怪会说**哩。（吕《破镜记》）

4）语用分析

从"怪 + AP/VP"结构式的使用来看，主要有两个特点。

A. 一般用于肯定式，而不用于否定式，表达言者的一种主观评议。如：

（29）哇，你他妈的，你这花郎还**怪能**嘞！（《花厅会》）

（30）这不错，你们挤成那样，我倒还**怪宽松**哩。（《彩楼记》）

B. 一般用于陈述句，有时可以用于反问句。如：

（31）可现在就咱闺女一个人在寒窑，你老狗黑地睡觉也**怪心静**！（《彩楼记》）

（32）我跟着你老排场，老光彩？叫我衬嘞**怪好**？（王《双锁柜》）

（33）考期已经结束了半个月啦，现在你才来啦，你还**怪有理**嘞？（《包公奇案》）

2.1.1.6　小结

根据张桂宾（1997）对程度副词的分类①，书词中"通""可""血""老""怪"都是绝对程度副词。从程度量级上来看，"通"应为超高级，"可""血"应为极高级，"老"应为次高级，"怪"为较低级。从主观性强弱来看，"通""可""老"表达程度义时相对较为客观，"怪""血"表达程度义时相对较为主观，同时兼有情态义。如图2-1所示：

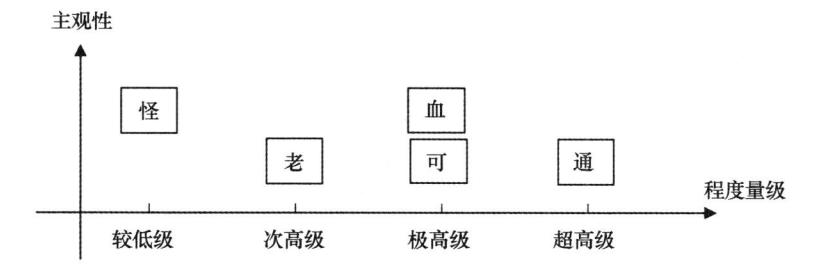

图 2-1　书词中常见的 5 个程度副词的量级与主观性状貌

---

①　王力（1943）将程度副词分为绝对程度副词和相对程度副词，前者指无所比较而泛言程度的副词，如"太、很、怪、十分、非常"等；后者指相比较而言的程度副词，如"还、更、最、特别"等。张桂宾在此基础上，根据有无比较对象和程度量级的差别，将相对程度副词细分为最高级、更高级、比较级和较低级，将绝对程度副词细分为超高级、极高级、次高级和较低级。

"怪""老""血""可""通"在量级上呈现递增趋势，即"通">"可""血">"老">"怪"（">"高于）。"怪""血"表示程度义的同时，往往有特殊的情态义，前者有"出乎意料，说话之前没有发现"之义，后者有"言者希望自己的观点被认同"之义。

"通""可""血""老""怪"都是唯状程度副词。从组合能力上看，"老"能力最强，既可以自由地修饰形容词，也可以修饰动词或动词短语；"通""可""血""怪"能力基本相当，都可以自由地修饰形容词，有限制地修饰动词短语，其中"血"还可以有限制地修饰动词。从句法功能上看，"老+AP"的句法功能最为灵活，可以作谓语、补语、定语、状语和宾语；"可+AP""通+AP""怪+AP"可以作谓语、补语和定语，"血+AP"主要作谓语。从成句的能力上看，"血+AP/VP"不能独立成句，"通/可/老/怪+AP/VP"可以独立成句。具体见表2-3。

表2-3　书词中"通""可""血""老""怪"程度副词的语法表现

程度副词	组合能力		句法功能					成句能力
			作谓语	作补语	作状语	作定语	作宾语	
通	AP	+	+	+	-	+	-	+
	VP	有限制	+	-	-	-	-	+
可	AP	+	+	+	-	+	-	+
	VP	有限制	+	-	-	-	-	+
血	AP	+	+	+	-	-	-	-
	VP	有限制	+	-	-	-	-	-
老	AP	+	+	+	+	+	+	+
	VP	+	+	-	-	-	-	+
怪	AP	+	+	+	-	+	-	+
	VP	有限制	+	+	-	-	-	+

从语用上看，"可+AP"结构较为特殊，还重叠构成"可+AP+可+AP"，表示程度的加强或者量的加深，其后往往有语气词，其他程度副词则无此用法。

2.1.2 时间副词

时间副词是指与动作或事件的时间性有关的副词。从语法功能上看，时间副词主要用在动词性成分之前作状语，不能受其他成分的修饰，也不能作定语。

2.1.2.1 将/才将/将将儿

"将、才将（么）、将将儿①"，表过去，相当于"刚、刚才"，表示动作行为或事件发生在说话前不久。书词中，"将"12例，"才将"3例，"将将儿"1例，均作句中状语。如：

（1）我抱回来，孩子**将**吃了奶，我也给他洗了啦。（《滨州会》）

（2）侯家父女回到店房啦，**将**一进店房门儿，店家掌柜呀出来啦。（《包公审木槿》）

（3）咦，还没有吃嘞，**将**端上，我不是不答应，端着饭盘儿嘞，我咋答应？（《刘公案》）

（4）你看看，**将**抱住孩儿，他打算应爷嘞，人打算得多道光。（《滨州会》）

（5）你**才将**吃了饭，跑阵股远到那儿，真是天黑他要是给你做饭咾，你再吃一点儿啊。（《损人报》）

（6）**才将**捞了一群老道士，每一个人都斗了几十板儿，他们都不是，是你不是你？说！（《刘公案》）

（7）哎，他多少有点儿钱儿，**将将儿**顾住吃哩，时间不长，这个老头儿就死啦。（《滨州会》）

河洛方言中，"才将"除了表"刚，刚才"义之外，还可以表"才"之义，前一义项可以用"才将么"替换，如例（5）、例（6），后一义项则不可以。如：

（8）哭了声我那爹爹你死嘞太早嘞呀爹爹，俺的娘不容易把我**才将**养成。（《刘公案》）

"刚然"是近代汉语词汇，与上述的时间副词语义相近，也可以理解为"刚才、刚"，但书面色彩较浓，现代河洛方言极少使用。李明智

---

① 将将儿：河洛方言中还可以表示"不多不少，恰好"，如：这锅饭~够吃。

艺人的书词中有46例，如：

（9）包相爷**刚然**出了堂楼门儿，不好，就听见头顶上边有响声。（《包公审木樨》）

（10）海瑞**刚然**合上眼睛，这时候就听见关帝庙大门外边有人敲门。（《海公案》）

2.1.2.2 撺/撺内

时间副词"撺/撺内"，表将来，相当于"赶紧、赶快"，用在动词性成分前作状语，一般用于祈使句。书词中，"撺"21例，"撺内"45例。如：

（1）大嫂儿，那你**撺内**给我找个地场儿歇歇吧。（《刘公案》）

（2）二掌柜，**撺内**起来。（《损人报》）

（3）恁妗子哎，**撺**起来，起来！（王《双锁柜》）

（4）**撺**起来吧爹，看你病成这样儿啦。（《滨州会》）

（5）你出去吧，**撺**出去吧！（《损人报》）

有时，"撺"还可以作句首状语，"撺内"则不可以。如：

（6）**撺**你去吧，成天都打算这事儿哩。坑坑这一个，骗骗那一个。（王《双锁柜》）

"撺""撺内"具有强烈的催促意味，即言者认为听者应该赶紧去执行某事。有时，也可以用于陈述句。如：

（7）去楼上说说，该叫她带咥带，不该叫她带<u>不应</u>带，说说叫她**撺内**休息吧。（《刘公案》）

2.1.2.3 快忙

"快忙"，相当于"赶快、赶紧"，作句中状语，一般用于祈使句。如：

（1）嫂嫂，**快忙**来吧！我分娩啦。（《滨州会》）

（2）有办法，徒弟们，啊。**快忙**起来套车。（《刘公案》）

（3）啊！好！**快忙**去带。衙皂，王家湾儿，给他带来！（王《双锁柜》）

（4）书童，**快忙**看座，年兄请坐。（《损人报》）

2.1.2.4 都

书词中，"都"有不同的意义和用法。如：

(1) 春红，这是恁娘家侄女哩，天**都**二更多天啦，女孩子家，你把她送到何处呀？（《丝绒记》）

(2) 来，咱**都**架架，看<u>哪一个</u>沉，<u>哪一个</u>轻。（王《双锁柜》）

(3) 掌柜的，嗐，可**都**是有啥饭呀？（《包公审木槿》）

(4) 咦，大婶子呀，<u>一个梦</u>比<u>一个梦</u>**都**炟哪，<u>一个梦</u>比<u>一个梦</u>**都**好！（《丝绒记》）

例（1）中，"都"是时间副词，表示"已、已经"；例（2）、例（3）中，"都"是范围副词，表示总括，所总括的成分一般放在"都"前，如例（2），如果是疑问句则要放在"都"之后，如例（3）；例（4）中，"都"是语气副词，表示"甚至"。

上述"都"的这些用法在普通话中也存在。不同的是，普通话"都"主要作范围副词，作时间副词的频率较低，而河洛方言"都"作时间副词的使用频率很高，这是因为河洛方言不用时间副词"已、已经"，"都"涵盖了普通话"已、已经"的用法，均用于已然句。

书词中，时间副词"都"主要用在谓词性成分之前作状语。如：

(5) 你**都**给他轰出去啦，他还回来干啥？（《回杯记》）

(6) 这吃吃、擦擦、刷刷、抹抹，回来恐怕**都**到后半夜啦。（段《破镜记》）

(7) 没有哭？看你那眼**都**哭成红哩啦，还说没有哭哩！（《丝绒记》）

(8) 他爹是啥官我刚才**都**说啦，东阁丞相。（《刘公案》）

(9) 大哥，不用吃饭，我**都**饱啦。（《包公访太康》）

(10) 夜**都**深啦，这时候县大老爷，这时候并没有睡。（《海公案》）

有时，"都"也可以用在名词性成分之前作状语。如：

(11) 俺丈夫临上京赶考的时候，**都**二十多岁啦。（王《金钱记》）

(12) 她在这荒山上落难**都**几天啦，没人来搭救她。（《包公审木槿》）

2.1.2.5 扭脸儿

"扭脸儿"，形容时间很短，用在动词性成分之前作状语。如：

(1) 他这**扭脸儿**迈步往外行。（《回龙传》）

(2) 砂糖包一听，不敢怠慢，**扭脸儿**斗_就跑。（《包公奇案》）

（3）你说去，咱就去，你说不去，俺**扭脸儿**就走。（段《破镜记》）

（4）我进去一看，屋里明灯彻火哩，就她给丫鬟俩，就**扭脸儿**出来走啦。（《回杯记》）

"扭脸儿"在共同语中始终是短语形式，它最早见于明代小说中，清代的使用数量很少，现代汉语中还是短语。如：

（5）见了他远远的走来，大人们得躲的躲过，撞见的，得**扭脸儿**处扭了脸，连揖也没人合他作一个。（《醒世姻缘传》）

（6）玉仙一**扭脸儿**，贴着脖颈边过去，那枝镖几乎打着。（《小五义》）

（7）他**扭脸儿**瞧一下靠墙静思的刘文彬。（冯志《敌后武工队》）

"扭脸儿"口语化色彩较强，在河洛方言中完成了词汇化。从语义上看，"扭脸儿"这一动作从发生到完成需要的时间极短，高频使用最终词汇化为时间副词。

2.1.2.6 对摸

"对摸"，相当于"刚"，用于谓语动词之前作状语，表示动作或事件刚刚发生。书词中仅有1例：

（1）**对摸**钻到被窝儿就听见床下边有人说话："张大伯，咱俩睡吧。"（《包公奇案》）

洛嵩片方言调查显示，洛阳市、嵩县、登封市、偃师市、渑池县、洛宁县、义马市、栾川县、卢氏县、宜阳县10地使用该词，巩义市、孟津县、孟州市、伊川县、新安县5地不使用。

2.1.3 频率副词

频率副词是指表示动作或事件发生频率的副词。

2.1.3.1 光掉/光叫

书词中，"光掉"是个多义形式。如：

（1）现在俺娘也死啦，俺爹也死啦，俺兄弟也被人家杀啦，死到关爷庙，**光掉**俺姊妹俩啦。（《刘公案》）

（2）刘大人稍微有点儿凉啊，嘶，坐这儿身上**光掉**黑煞_扑，嗯，又流清鼻子。（《刘公案》）

例（1）中，"光掉"还未词汇化，意思是"只剩下"；例（2）

中，"光掉"已经词汇化了，表示"黑煞"这一动作发生得快速、高频。

就频率副词而言，"光掉"表示动作行为高频发生，多用在动词性成分之前作状语。如：

（3）天不明嘞，立那当院内，咋呵呵，咋呵呵，**光掉**喊你啦，说你懒哪，不干活。(《滨州会》)

（4）喷三天三夜，给他说嘞叫他坐那儿，**光掉**咂嘴，**光掉**瞌睡啦。(《刘公案》)

（5）刘大人在这里搓手跺脚儿，咦，张丞刘安**光掉**挠他嘞脖子。(《刘公案》)

（6）"突突突"，把件作这回一斩，地方官儿吓嘞**光掉**撒啦呀，老爷呀。(《刘公案》)

（7）这老婆儿前门牙掉了俩，吹着**光掉**跑风，哎呀。(《刘公案》)

（8）成天**光掉**俺俩喷啦，俺俩情说话啦。(《刘公案》)

例（3）—例（7）中，"光掉"作句中状语；例（8）中，"光掉"作句首状语。

从句法上看，"光掉"修饰的谓语动词一般是中性或贬义的，不能是褒义的。如：

（9）你这孩子，今儿个咋**光掉**骂我嘞？(《损人报》)

（10）刘大人真累嘞不行了呀，哈哈，促那儿**光掉**呼歇**光掉**喘哪。(《刘公案》)

（11）刘大人坐底下心内害怕，**光掉**撒啊一撒，"呼啦"斗就掉地下啦。(《刘公案》)

（12）过去也演过那九门提督和世荣，给刘墉他俩**光掉**磨嘴啦。(《刘公案》)

（13）看我也不敢看，吓嘞**光掉**圪战。(《刘公案》)

书词中，"光叫"也有两种用法：

（14）其他人都不要进，**光叫**俺二掌柜进，啊。(《损人报》)

（15）肚子吃坏啦，夜儿黑地不得睡觉，**光叫**厕所里头跑。(《包公奇案》)

例（14）中，"光叫"是个状中短语，意思是"仅让"；例（15）

中,"光叫"是频率副词,表示"跑厕所"这一动作行为发生得频繁。

就频率副词而言,"光叫"表示动作行为高频发生,用在动词性成分之前作状语,往往传达言者的负面情绪。再如:

(16) 刘老爷气哩只掉跺脚啦,只气嘞"呲呲"两只眼**光叫**蹿火星儿哩。(《刘公案》)

(17) 那俺姑爹从小给俺复读书哩,**光叫**俺给他梳头,就这,我知道他脖子上一个肉瘊儿。(《回杯记》)

概言之,"光掉"和"光叫"作为频率副词,二者的用法和意义基本等同。河洛方言中,"光掉"一词使用频率较高,在洛阳、孟津、新安、巩义、偃师、宜阳6地广泛使用,而"光叫"在新安方言中尚未词汇化,其他5地的"光叫"可以与"光掉"一词自由替换。

2.1.3.2 昨/昨是

"昨[tsuo⁵³]/昨是",表示动作行为或事件发生的惯常性,相当于"经常、总是"。如:

(1) 老头儿可能是感冒哇,**昨是**冷,连头带脚裹得严严儿哩。(王《双锁柜》)

(2) 你不要走,三年前借你那点儿账,**昨**紧记着还你。(《包公奇案》)

(3) 我有一个舅在山东临清州做生意,写了几封信,叫我来一趟,**昨**腾不出机会。(段《破镜记》)

(4) 恁妗子来看看你哩,平素常说来吧,**昨是**没有东西。(王《双锁柜》)

(5) 啊,对对对,放惯咱那牛啦,我**昨是**说牵住。(《包公奇案》)

河洛方言中,"昨是"包含"昨",换言之,"昨"都可以用"昨是"替换,但"昨是"有的不能用"昨"替换。如例(1)中,"昨是"修饰形容词作状语,不能用"昨"替换;例(2)—例(5)中,"昨""昨是"修饰动词性成分作状语,二者可以自由替换。

方言调查发现,巩义方言新派也常说"铁[tiɛ³³]",与"昨是"的语义功能基本等同。

此外,"昨是"还有语气副词的用法。如:

(6) **昨是**去一趟,干脆给事儿办完。

（7）**昨是**没人管，你情去啦。

这两例中，"昨是"可以理解为"反正"，表示言者坚决且肯定的语气。

2.1.3.3　见天/成天

"见天"，表示动作行为或事件高频发生，相当于"每天"。如：

（1）十字大街开饭馆，**见天**能多挣你管家爷我嘞好些钱儿呀。（《海公案》）

（2）**见天**小姐抱着，"咯噔吃"，"咯噔吃"，一天奶母照管孩子。（《滨州会》）

（3）刘半片不正干，**见天**他可往外边串，吃喝嫖赌，偷偷盗盗，讹讹骗骗。（《损人报》）

例（1）中，"见天"作句中状语，例（2）、例（3）中，"见天"作句首状语。

"成天"，相当于"整天"，与"见天"的语义、句法功能较为相似。如：

（4）咦，金哥，你看看，俺**成天**端吃端喝伺候人哩。（《回杯记》）

（5）俺哥**成天**哪，不行正道，咦，作恶多端，欺负百姓。（王《双锁柜》）

（6）嗯，**成天**孩子不干正事儿，把老婆儿气哩愣怔，没办法儿。（《刘公案》）

例（4）、例（5）中，"成天"作句中状语；例（6）中，"成天"作句首状语。

河洛方言中，"见天"与"成天"虽然用法较为相似，但二者的语义侧重点不同：前者强调的是动作行为天天不间断，后者强调的是动作发生后持续不断的状态。此外，"成天"修饰的成分往往是负面的，即言者厌恶或不喜欢的动作行为或事件。如：

（7）遭年景，孩子给俺吃不饱，孩子**见天**没事儿搁外头成天赌博嘞。（《刘公案》）

（8）恁嫂子**成天**圪抈着她那脸儿，瞪着她那眼儿，给争她二斗核桃钱儿<u>一样</u>。（《滨州会》）

例（7）中，"见天"可以替换为"成天"，但"成天"不能替换为"见天";例（8）中，"成天"若改为"见天"，就不能表现嫂子"一整天"都是"圪捆着她那脸儿"，同时言者的不满情绪也不能鲜明地表现出来。

2.1.4 情状副词

情状副词是表示动作行为发生的情形或状况的副词，只能用于动词性成分之前作状语。

2.1.4.1 清

书词中，情状副词"清"有两种用法。

1）表示"清楚"，多出现于"清听见""清知道"这样的组合中。如：

（1）我在那里去作诗，咱的兄弟**清**听见。(《滨州会》)

（2）有一人上吊他**清**听见，正上吊眼睁睁就要死。(《滨州会》)

（3）**清**知道瓜园内有妖怪，他叫咱夫妻去把瓜看嘞呀。(《损人报》)

（4）**清**知道她脑子混乱，任何人不准进去，因此，洞房里边没人。(王《双锁柜》)

2）表示"完全"，仅有 1 例：

（5）选下官哪边使用，**清**听老人家吩咐。(《滨州会》)

河洛方言中，"清"第一种用法较为常见，但组合非常受限，除了上述搭配，还有"清看见"。

2.1.4.2 凶

"凶 [sian^{412}]"表示"随意、胡乱"，常用于单音动词之前作状语。如：

（1）老人家不敢**凶**打呀，这个老道士，给一般道士不一样啊。(《刘公案》)

（2）我这状子搁我衣襟儿里头嘞呀，我睡着，他给我衣裳**凶**翻。(《刘公案》)

"凶"这种用法，在巩义、偃师、登封方言中很常见。再如：

（3）他**凶**打**凶**骂我。

（4）还是等人家来，恁可不能**凶**弄！

(5) 他囟踢腾哪。

(6) 他喝完酒光囟嗷。

方言调查显示，洛阳市、孟津县、新安县、宜阳县等地常用"憨"，其语义用法与"囟"基本等同。

2.1.4.3 一猛

"一猛"，表示动作发生得突然，用在动词性成分之前作状语。如：

(1) 那要是到在晚上啊，**一猛**看见，真给那秃子也差不多。(《丝绒记》)

(2) 哎哟，你今天**一猛**要这东西，还真给你拿不出来哩。(吕《破镜记》)

调查显示，除孟州市（使用"猛下儿"）之外，洛嵩片其他14个方言点广泛使用"一猛"。

2.1.4.4 就势

河洛方言中，"就势"是个多义形式。如：

(1) 你看花子小能将贺逢春推到那炕里，自己挨着炕沿**就势**一歪，你看他胡乱捞一条被子一盖，倒头便睡。(《智断神杀案》)

(2) 姐，我不应再做啦，**就势**一吃，给这闺女看看病就妥啦。(王《双锁柜》)

(3) 咱先说好，你**就势**给桌子抹抹、地扫扫，我去外边儿迎接咱爹回来。(《回龙传》)

(4) 你去吧，**就势**掂着刀，见了他"咔嚓"一刀，砍死到楼上算啦！(《回杯记》)

(5) 取的纸墨笔砚递给王二，王二说叫我**就势**添点儿水。(《损人报》)

例(1)中，"就势"表示"顺着动作姿势上的便利（紧接着做另一个动作）"；例(2)中，"就势"表示"趁着便利形势随即去做某事"；例(3)—例(5)中，"就势"表示"趁势、顺势"。第一种语义普通话也有，后两种语义则是河洛方言所独有的。从虚化程度来看，"就势"这三种语义呈现出一个由弱到强的连续统，它对语境的依赖越来越弱。

2.1.5 语气副词

语气副词是指传达言者对事件或命题主观态度的副词。张谊生（2000）将语气副词分为评价类、推断类和强调类，书词中出现的方言程度副词大致也可以归为这三类，具体见表2-4。

表2-4　　　　　　书词中方言语气副词的语义类型

种类	词例
评价类	情　雁门儿　雁应儿　应应儿　应门儿　正门儿　应好　延延儿　看/看好　痛亏　只该　单股　斗那儿
推断类	(不/也) 兴　不羌（说）　自谞　半天/半年　弄不好
强调类	可²　通²　带　（管）保险　高低

2.1.5.1 情

"情"表示"尽管或尽情"，用于祈使句。该词在每个艺人的书词中都有反映，在洛嵩片15个方言点也均有使用，只是发音略有不同。以往学界较少关注该词，下面对其进行专门讨论。

1）句法分析

书词中，"情"只能用于 VP 之前作状语，VP 一般是自主动作动词。如：

（1）你往那大处**情封**啦，啊。（《丝绒记》）

（2）对！我弯住腰，你给那纸铺到我的脊梁板上边啊**情写**啦。（《全家福》）

（3）爷，你**情瞧**了爷，本事都大着哩。（《剑侠英雄传》）

（4）该给老头儿穿衣裳**情穿**啦，给老头儿穿穿衣裳，我不会白着恁。（王《金钱记》）

（5）你有多大劲儿，用多大劲儿，张住大嘴**情哭**啦。（《小八义》）

（6）爹，那你**情看势儿**啦，我也不当家儿，呃。（《滨州会》）

VP 还可以是由自主动词构成的动词性短语。如：

（7）贱人！大天白一日儿，吃饱饭没事儿干，坐楼上**情学驴叫唤**

嘞，哭啥嘞？(《小八义》)

（8）明天一早，恁几个人到这衙门里边找俺老爷，**情去要账**啦。(王《金钱记》)

（9）你要不想活，想往那鹰肚子里头投，那你**情去投**啦。(《花厅会》)

（10）该睁开眼**情睁开眼**啦，上了轿斗_就没事儿啦。(王《双锁柜》)

（11）恁见恁外爷啦，恁跪到地上恁**情喊爹**啦。(《回龙传》)

河洛方言中，"情"还可以用于 AP 前作状语，AP 一般是自主形容词。如：

（12）你**情美**啦，看你以后咋办。

（13）你**情能**啦，到时候看你咋交代。

（14）你**情懒**啦，以后有你好受哩。

（15）你**情狂**啦，看你能蹦跶几天。

（16）你**情迷瞪**啦，还没做完哩？

有时，"情"还可以修饰 AP 的否定形式，构成"情 + 不 + AP"结构。如：

（17）你**情不谦虚**啦，看你咋收场儿。

（18）你**情不听话**啦，看你妈回来咋揍你。

（19）你**情不要好**啦，啥事儿也干不成。

2）语义分析

河洛方言中，"情"表示"尽管或尽情"。《现代汉语词典》(第7版) 中对副词"尽管"的释义为"表示不必考虑别的，放心去做"；对副词"尽情"的释义为"尽量由着自己的感情，不加拘束"[1]。可见，"情"传达了言者对动作行为不加干涉约束的主观态度。书词中，"情"一律修饰"VP［-贬义］"，且用于祈使句，表现了言者对 VP 的支持或赞成。如：

（20）往后去，你**情安心在书房里读书**啦。(《回杯记》)

---

[1] 中国社会科学院语言研究所词典编辑室编：《现代汉语词典》(第7版)，商务印书馆2020年版，第678—679页。

（21）那你**情走**啦，我可是走啦，啊？（《丝绒记》）

（22）不要紧，咱家有哩是劈柴棒子，逮住劈柴棒子**情烧**啦，还能给你烧不滚？（《回杯记》）

（23）姐，那你**情看势儿**啦啊，那我嘚闺女给你嘚闺女<u>一样</u>，鞯。（王《双锁柜》）

上述例句中，"情+VP［-贬义］"结构都用于表劝勉或鼓励的祈使句中。河洛方言中，语气副词"情"一般修饰"VP［-贬义］"，表示言者支持或赞成VP。只有在反语的语境下，"情"才可以修饰"VP/AP［+贬义］"，此时"情+VP/AP"结构式不能独立成句。如：

（24）你**情顶嘴**啦，等恁爸回来收拾你。

（25）你**情作**啦，不作不会死。

（26）你**情疯**啦，看你能疯到啥时候。

（27）你**情骄傲**啦，下回斗_就退步啦。

例（24）—例（27）中，前一分句是反语，表示假意赞成VP/AP，后一分句却是听者不愿接受或面对的情形。通常情况下，后一分句往往是双重否定句、反问句等主观色彩浓厚的句子，反衬前一小句那种行为或做法是不可行、不可取的。

3）语用分析

从语用上看，"情+VP/AP"结构能够传达言者截然不同的两极态度。

A. 鼓励、支持的正面态度

"情+VP/AP［-贬义］"这一结构的语义一般不发生反转，句子往往具有鼓励或劝勉的功能，表达了言者对听者行为或做法的支持或赞成。如：

（28）到时候你**情去**啦，到那儿保险能逮住张廷秀！（《回杯记》）

（29）引柴一点点着，给那灯草**情往上头续**啦。（《回杯记》）

（30）伙计，明天你**情来**啦，拿<u>一个</u>布袋。（王《双锁柜》）

B. 不满、无奈的负面态度

"情+VP/AP［+贬义］"这一结构的语义一般发生反转，句子往往具有劝阻或劝止功能，表达了言者对听者行为或做法的不满或无奈。如：

（31）你**情说话**啦，等会儿班主任斗_就来啦。

（32）你**情耍小聪明**啦，将来有你好果子吃。

（33）你**情胡来**啦，看谁以后会理你。

上述例句中，语气副词"情"凸显了言者不满、无奈的态度。

值得注意的是，"情+VP［-贬义］"这种组合在一定语境下也会发生语义反转，意在表达言者不满、无奈的情绪。试对比：

（34a）你**情打**啦，小孩不打不成才。

（34b）你**情打**啦，给我打伤你给我看病儿。

（35a）别说外气话，**情走**啦。

（35b）你**情走**啦，我可不替你负责。

例（34a）、例（35a）中，言者支持或赞成 VP；例（34b）、例（35b）中，语义发生反转，言者反对或不满意 VP。

2.1.5.2 雁门儿、雁应儿等

书词中，表"正好、恰好"义的语气副词有一系列：雁门儿、雁应儿、应应儿、应门儿、正门儿、应好、延延儿、看/看好，这些语气副词在书词中的使用情况，具体见表2-5。

表2-5　书词中表"正好、恰好"义的语气副词的使用情况

母方言地	艺人	字数	雁门儿	雁应儿	应应儿	应门儿	正门儿	应好	延延儿	看/看好
巩义	王周道	442718	5	4	0	0	0	0	1	0/0
	尚继业	124764	0	0	0	0	0	0	0	1/4
	杨现立	72034	0	0	0	0	0	0	21	0/1
	牛会玲	20978	0	0	1	0	0	0	0	0/0
	李新芬	73696	0	0	3	0	0	0	0	0/6
	王春红	31177	0	0	0	0	0	0	0	1/0
偃师	段界平	122386	0	0	1	0	0	1	0	0/0
宜阳	魏要听	353508	0	0	0	4	1	0	0	0/1
新安	吕武成	182302	0	0	1	0	0	0	0	0/0
孟津	张建波	82377	0	0	7	0	0	0	0	0/2
总计			5	4	13	4	1	1	22	2/14

1）雁门儿、雁应儿

"雁门儿""雁应儿"主要用在动词性成分之前作状语。如：

（1）王二戳这一下戳到老和尚肚子上，**雁门儿**戳到心口上，一下戳死啦。(《损人报》)

（2）你白吭气，白吭气，那不是这闺女来啦，**雁门儿**到那井边儿也碰住她。(《损人报》)

（3）看一看周武举来了没有来，出门来**雁门儿**碰住了刘半片。(《损人报》)

（4）她爹去赌博把她输给人家盐客啦，眼看就要抓她一走，我**雁门儿**到到她家。(《损人报》)

（5）恁想着恁老厉害，**雁门儿**碰住恁刘爷我，叫恁倒血霉。(《刘公案》)

（6）刘高说："早不收晚不收，**雁应儿**我来了就不收。"(《滨州会》)

（7）**雁应儿**砍住斑鸠嘞头，斑鸠一见心害怕，扭着脖子"吐啦"一声可飞过头。(《刘公案》)

（8）他这个生辰之日，**雁应儿**到到正月初二，正是人闲，正是人多嘞时候。(《刘公案》)

（9）说好，我搁恁家住上十天八天我考验考验，看谁嘞心思好，我跟谁啊。**雁应儿**遇住我到街上去卖卦杆儿。(《刘公案》)

例（6）中，"雁应儿"作句首状语，"雁门儿"在河洛方言中也有此种用法。如：

（10）**雁门儿**我回来啦，他走啦！

"雁门儿""雁应儿"核心语义相同，都表"恰好、正好"，但二者也有细微的语义差异，后者包含有"动作行为的发生超出言者的心理预期"，而前者则没有这一语义。

2）应应儿、延延儿

"应应儿""延延儿"，二者属于重叠构词，主要用在动词性成分前作状语。如：

（11）老爹爹彩棚前去告状，**应应儿**才遇住当朝兵部张居正。(《丝绒记》)

（12）相国寺里边，他抽了三根上上签，出来**应应儿**碰见了算卦哩一位先生。（《回龙传》）

（13）左玉兰**延延儿**她掉下伤心泪了呀，哭了声地来叫一声天。（《损人报》）

（14）想到楼下边前去方便解手，**延延儿**走到那阳台上边。（《剑侠英雄传》）

（15）徐延忠就把水往唇边一放，张嘴就说要喝，**延延儿**把茶杯倒到唇上。（《剑侠英雄传》）

（16）书中暗表，**延延儿**徐延忠惹祸的时间就到八月啦，徐延忠这一回到云南搬兵调将。（《剑侠英雄传》）

例（16）中，"延延儿"作句首状语，而"应应儿"无此用法。

3）应门儿、正门儿、应好

"应门儿""正门儿""应好"，都用在动词性成分之前作状语。如：

（17）你咋不再等三年，挨着下一届考试，你**应门儿**赶上。（《包公奇案》）

（18）刀背朝上刃朝下，**应门儿**割了一个脖子平。（《包公奇案》）

（19）难道说这是巧合，**应门儿**磕头又鞠躬。（《包公奇案》）

（20）冯均衡来得老猛，窜得老急，"啪"砸到丫鬟那肚子上，刀也**应门儿**摁到脖子上。（《包公奇案》）

（21）怎能，那树窟窿**正门儿**给草上飞那头平啦。（《包公奇案》）

（22）圪瘩瘩小鼻子，**应好**长到脸当中。（段《破镜记》）

4）看/看好

"看"是"看好"的省略形式，它们用在动词性成分之前作状语。如：

（23）中中中中，四个堂倌**看**够。（王《金钱记》）

（24）咋恁巧，咋恁能啊，**看好**又找哩<u>一个先生</u>。（《包公奇案》）

（25）我这热睡沫吐到你这脸上**看好**也不凉，正好给你脸上的灰擦掉。（《回杯记》）

（26）**看好**能盖儿给王华老对劲，出来大门应应儿碰见小王爷。（《回龙传》）

（27）小少爷下了台阶，溜到后门以外，闪目一看，后门**看好**开着

哩。(《丝绒记》)

(28) 姑爹啊，五六年你都没有回来，今儿个回来看是时候，你**看好**跟上。(《回杯记》)

(29) 我**看好**转身回来走到那当院，打那天空中我听见那"咘楞楞楞楞楞、扑楞"一家伙，下来啦，姑娘。(《剑侠英雄传》)

我们对上述词语在洛嵩片的使用情况进行了方言调查，结果见表2-6（"+"表示使用，"-"表示不使用）。

表2-6　洛嵩片15个方言点表"恰好、正好"义的语气副词的使用情况

对象 方言点	表"恰好、正好"义的语气副词							其他表达
	雁门儿	雁应儿	应应儿	应门儿	正门儿	应好	延延儿	看/看好	
洛阳市	+	-	-	+	-	-	-	+	看门儿
嵩县	+	+	-	+	-	-	-	-	肯门儿
巩义市	+	+	-	+	-	+	-	+	看门儿
登封市	+	-	-	+	+	-	-	+	看门儿
偃师市	+	-	-	+	-	-	-	-	无
孟州市	-	-	-	-	-	-	+	+	看门儿
孟津县	+	-	+	-	-	-	-	+	看门儿
伊川县	-	-	-	-	-	+	-	-	无
新安县	-	-	-	-	-	-	-	+	看门儿
宜阳县	+	-	-	-	-	-	-	+	看门儿
渑池县	+	-	-	-	-	-	-	+	看门儿
洛宁县	+	-	-	-	+	-	-	-	看门儿/ 可可儿
义马市	-	-	+	+	-	+	-	-	看门儿
栾川县	+	-	-	-	-	-	-	-	看门儿
卢氏县	+	-	-	-	-	-	-	-	可可儿

调查中还发现，"看门儿"一词使用较为广泛，除了嵩县（肯门儿）、偃师市、伊川县、卢氏县（可可儿）之外，其他方言点都有使用。

2.1.5.3 痛亏

"痛亏"义同"幸亏",引出某种有利的条件。如:

(1) 老百姓可能是来告状来啦,赶紧给他收拾住吧,不敢叫他再告啦,**痛亏**碰见咱,要是碰见那清官可不得了啊。(《刘公案》)

(2) 哎呀,**痛亏**我来嘞早哇,晚了一时斗_就碰头啦。(《刘公案》)

(3) 那**痛亏**咱家太太一胎生了两个,咱家太太一胎要生十个八个,那都得给人家定亲,你知道不知道?(《花厅会》)

(4) **痛亏**二哥去嘞早,晚去一时,哪有我嘞命在?(《损人报》)

例(1)中,"痛亏"在动词性成分之前作状语;例(2)—例(4)中,"痛亏"作句首状语。

"痛亏"用于句首时,常与"是"连在一起使用,口语化程度更高。如:

(5) 今儿个你说这话儿呀,**痛亏是**俺两个听见啦,要叫咱家大爷听见,你敢说咱老爷是恁儿哩?(王《金钱记》)

(6) 那**痛亏是**你那丈夫给你撇下俩名,你生一对儿,他要给你撇十个八个名字,你就敢生他十个八个?(《全家福》)

2.1.5.4 只该

"只该",相当于"只好、只得",表示一种让步语气,用在动词性成分前作状语。如:

(1) 我**只该**跟着去问问,看这大人姓啥叫啥。(《刘公案》)

(2) 我看你真不中啦,我**只该**去拾一个啦。(段《破镜记》)

(3) 李宏信万般无奈,忍气吞声,**只该**外边叫先生啦。(《滨州会》)

(4) 小王爷听见有人喊啦,想走走不成啦,**只该**拉着孩子呀,走到跟前啦。(《回龙传》)

(5) 那时我回来万般无奈,**只该**投亲到在咱府,岳父大人你老人家关照一二。(《损人报》)

2.1.5.5 单股

"单股",用在动词性成分前作状语,既可以表示"专门、特意",也可以表"故意"。如:

(1) 外甥女,恁妗子**单股**给你捎了四个梨。(王《双锁柜》)

（2）这是他闺女跑了呀，那我真知道啊，我**单股**戳着叫她跑，我会不知道？（《损人报》）

例（1）中，"单股"表"专门"；例（2）中，"单股"表示"故意"。

"单股"这两种语义，巩义、偃师、新安、孟津、宜阳等地的老派人还在使用。如：

（3）你真是**单股**气我嘞！

（4）我**单股**给你做哩饭，快吃吧。

（5）他不是不小心，他就是**单股**撞我嘞！

调查显示，河洛地区年轻一代常用"单门""当门"，嵩县、伊川县、栾川县等地常用"当股"。

2.1.5.6 斗那儿

书词中，"斗［təu⁵³］① 那儿"是个多义形式。如：

（1）没有门儿啦，**斗那儿**伸着手，弯着腰，张着嘴，撅着屁股，跐着腿，这叫拜寿嘞？（《包公奇案》）

（2）大家伙恁**斗那儿**帮帮我，咱一起去捉拿那马白龙。（《剑侠英雄传》）

例（1）中，"斗那儿"是个短语，表示"就那样"；例（2）中，"斗那儿"为语气副词，表示对执行动作行为的让步语气。语气副词"斗那儿"是"就那儿"这一短语的词汇化和语法化，"那儿"指称较远的事物，一般表示泛指，容易被虚化。

"斗那儿"表让步语气的用法在洛嵩片方言中较为常见，但《洛阳方言词典》未收录该词。由于笔者的母方言是孟州话，为了便于讨论，以下举例以孟州方言为代表。

孟州方言中，该词常表示"算了，不计较"。如：

（3）**斗那儿**给他吧，反正咱也不亏。

（4）不小心给饭烧拨糊啦，**斗那儿**将就吃吧！

"斗那儿"的句法位置较为灵活，可以用在动词性成分之前作状语，也可以作句首状语。根据表达的需要，可以自由地出现在陈述句和

---

① "斗"是记音字，应为"就"的音变形式。

祈使句中。如：

（5）俺妈不叫我乱跑，我**斗那儿**在家耍吧。

（6）<u>不应</u>麻烦啦，我**斗那儿**自己买<u>一个</u>算啦。

（7）他说啥也不去，**斗那儿**我去吧。

（8）你**斗那儿**给她吧，她比你小，你还不让让小妹妹。

（9）你**斗那儿**先回家吧，有啥事儿我给你打电话。

（10）你**斗那儿**去北京吧，不用再想啦！

语气副词"斗那儿"还可以独立运用，一般用在应答话轮之首，主要有以下三种功能。

1）用于委婉拒绝别人提出的建议，重复使用时，委婉意味更浓。如：

（11）甲：你看，要不你去？

乙：**斗那儿**，我才不想去，恁都不去叫我去，我也不去。

（12）甲：你再便宜点儿，我**斗**就拿走啦。

乙：**斗那儿**吧，你说那价儿还没卖过，你去别那儿看看吧。

（13）甲：你去不去？要不咱俩一齐儿？

乙：**斗那儿斗那儿**，我不去啦，反正也没啥意思。

（14）（送别）甲：给这苹果都拿走吧，让孩子们解解馋。

乙：**斗那儿**，**斗那儿**，你们留着吧。

2）表制止，用于打断言者的谈话。如：

（15）甲：我今儿个不想学习，就想玩玩游戏、看看电视、出去逛逛……

乙：**斗那儿斗那儿**，老老实实学吧。

（16）甲：老张那闺女都快四十啦还没结婚哩，也不着急……

乙：**斗那儿斗那儿**，<u>不要</u>说<u>人家</u>啦，还不<u>知道</u>咱那闺女啥样儿哩。

3）用于感谢别人，可单用或叠用，是一种客套说法。如：

（17）甲：给，我给你买那按摩器，对颈椎可好。

乙：**斗那儿**吧，你看你真是有心。

（18）甲：这是我给你买哩礼物。

乙：**斗那儿斗那儿**，你咋阵客气嘞。

2.1.5.7 （不/也）兴

"兴"，表示推测或估计，相当于"或许、可能"，用在动词性成分之前作状语。如：

（1）**兴**不是朝廷，我喊喊试试，看他给我申冤不申冤。（《刘公案》）

（2）刘大人转眼，"哎，不错。那**兴**是喜棺。"（《刘公案》）

（3）又一想**兴**是俺表弟定嘞计，今天他是想哄老刘墉。（《刘公案》）

（4）王纪一听，**兴**不是鬼！你看王纪把门一开："咦，姑爹，你咋混成这样啦？"（《回杯记》）

（5）老天爷，**兴**刚才我没有在这楼上，俺婆子给那一葫芦醋都给俺那二嫂倒了了或？（《全家福》）

有时，"兴"前还可以受"老"的修饰。如：

（6）走吧，**老兴**咱不认识人家，那人家认识咱。（《包公奇案》）

书词中，也有少量"不兴""也兴"，它们与"兴"的意义用法等同。如：

（7）**不兴**这回老员外是打葱地过来，突然学大道啦？（吕《双锁柜》）

（8）**也兴**不是喊我哩，叫我再听听。（《丝绒记》）

（9）老婆儿一想，俺儿又不是三岁孩子，他说钻一个人，**也兴**就钻一个人。（《包公奇案》）

2.1.5.8 不羌（说）

"不羌"，疑为"不像"的转音，其核心语义是言者对事态的一种主观推测，根据虚化程度不同，可以分为两种语义。

1）表"可能没"或"不一定"

"不羌"这种语义较为实在，一般用于动词性成分之前作状语。如：

（1）十三精，咱这村儿都**不羌**会有这种人，都出到沙土岗啊。（《滨州会》）

（2）这往冬天去嘞呀，这一过了秋天八天，一天冷一天，叫我给你增件衣裳，那楼上**不羌**有铺盖喽。（《损人报》）

（3）那不是恁闺女是谁，哎？咱胁火嘞恁关紧，衣裳都**不羌**穿，阵些人，叫孩子没有穿衣裳，给她抖开，不能抖。(《损人报》)

2）表示"可能"

"不羌"这种语义较为虚化，否定意义消失，表示"可能"，它常与"说"组合构成"不羌说"，主观性进一步增强。如：

（4）那老爷**不羌**想啥门儿嘞，人家是专干这事儿嘞。(《刘公案》)

（5）不用说又是左不言这鳖孙，**不羌**给穷人吵嘞，叫我出去看看。(《损人报》)

（6）叔，要是不管，你没想想那枯井下边那两个大东西，**不羌**哪一天咱后院门没关好，不羌哪一天店房的客人来到咱后院里游来啦，闲转来啦。(《包公审木樻》)

（7）哎呀，你到在京城去，**不羌说**见不到你的相公，恐怕你到在京城去，眼下即有杀身之祸，灭顶之灾呀。(《包公审木樻》)

（8）嗯，我要被他们拿下啦，把我交给老包，**不羌说**我立不了功，反而我会又死到老包手里呀。(《包公审木樻》)

（9）老严嵩官大势强，家将甚多呀，**不羌说**恁两个人为恁举家报不了仇，反而是飞蛾扑灯——自投火焚哪。(《海公案》)

（10）**不羌说**你一刀砍下去，砍坏了我这珍珠玛瑙，砍坏了妹妹我的绫罗绸缎好衣服不说，砍坏了咱这爹爹给妹妹我买的这樟木箱，这可是咱爹爹的遗物呀。(《包公审木樻》)

例（4）、例（5）中，"不羌"用于谓语动词之前作句中状语；例（6）—例（10）中，"不羌（说）"用于小句之前，作句首状语。

《洛阳方言词典》对"不羌"一词释义为"不一定：你说他知道，我看他～知道"[①]。通过上文的分析可知，词典遗漏了"不羌"表示"可能"这一义项。

2.1.5.9 自嘈

"自嘈"，主要有以下两种语义。

1）表示言者对事态的猜测，用于动词性成分前作状语。如：

（1）你<u>不要说</u>问他喊爹啦，你**自嘈**问他喊老老爷，那还旋说哩或，

---

① 贺巍：《洛阳方言词典》，江苏教育出版社1996年版，第32—33页。

啊！（《回龙传》）

（2）咦，**自嘀**老省力，嗯，又不擦屎又不刮尿，到那儿就应娘，看那多好。（《损人报》）

（3）你**自嘀**是当官儿嘞吧，说话顿顿迟迟嘞。（《刘公案》）

（4）榆树，长嘞有多大，有一把多粗，高低**自嘀**有一丈。（《刘公案》）

2）表示估计，其后一般是数量成分。如：

（5）我咋觉着你身上那衣服**自嘀**几年都没有洗过了吧？（《全家福》）

（6）这个老和尚啥样儿呀？年纪**自嘀**六七十岁，有那六七尺高。（《刘公案》）

该词在巩义、登封两地较为常见，洛嵩片其他方言点不见使用。

2.1.5.10　半年/半天

"半年"，既可以用在动词性成分之前作状语，也可以作句首状语，一般出现于言者突然明白某事的语境中，相当于"原来"。如：

（1）啊，我当是何人居住，我当是佛教，**半天**是道教。（《刘公案》）

（2）呦，我当谁，**半年**是三弟。（《包公奇案》）

（3）**半年**我杀啦丫鬟，娘啊，这不是天大的笑话？（《包公奇案》）

（4）猴子阮英一听，**半年**啦，我表哥就搁这个监狱<u>里头</u>押着。（《小八义》）

"半年"还常与动词"闹""弄"连用构成"闹/弄半年"，表示言者经过一番努力后才明白，更加口语化。如：

（5）呼呼哈哈，**弄半年**，恁是两口子。（《包公奇案》）

（6）我只说我表哥信上写的什么，**闹半年**，你竟敢如此说假！（《小八义》）

"半天"，与"半年"的用法基本相似，但不如"半年"常用。如：

（7）你哄着叫我做饭哩，说给我寻女婿嘞，**半天**哪，又皮葫芦啥也没说成。（《损人报》）

（8）过去割鼻子，**半天**人家是<u>一个</u>回民啊，割鼻子。（《滨州会》）

（9）**弄半天**啦，他是数落我嘞呀。（巩义方言）

（10）**闹半天**我总算明白啦，你是急着要媳妇哩。（吕《双锁柜》）

有时，"闹/弄"与"半天"之间还可以插入"了"。如：

（11）心下暗想，我只当面前他是哪一个？**闹了半天**，这就是徐五徐延忠。（《剑侠英雄传》）

2.1.5.11　弄不好

"弄不好"，表示"说不定、有可能"，既可以用于句中，也可以用于句首。

1）弄不好 + VP，如：

（1）若不然你摸到文彪家，**弄不好**会找着王长兄啊。（《小八义》）

（2）虽然说带人真不少，这一回**弄不好**就进枉死城啦呀。（《刘公案》）

（3）看起来今天可得紧小心，**弄不好**就要吃大亏啊。（《彩楼记》）

（4）你这人阵不会办事儿，事儿都叫你戳哩啦，**弄不好**还得叫恁媳妇子上轿嘞！（《损人报》）

2）弄不好 + S，如：

（5）**弄不好**我是不懂哩，这东西值得多，我得再往上蹭蹭哩。（《回杯记》）

（6）老天爷，**弄不好**这个老丫鬟自潘是俺孩子的亲娘来了或？（《全家福》）

（7）**弄不好**俺亲婆子还敢挑唆着她孩子要把我休啦，还不要我嘞？（《全家福》）

（8）**弄不好**那天窗没有锁，里边也没有插，咱挂推试试，看能推开不能。（《回杯记》）

（9）俺姑娘是那读书人，心眼儿老多，**弄不好**她是诈我哩。（《回杯记》）

有时，"弄不好"之后有语气词，可以有停顿。如：

（10）这个贫婆老家也是河南归德的，**弄不好**呀，她还真是俺的亲娘到了。（《全家福》）

（11）姑娘，<u>不要哭</u>，想着呀，他也不会走多远儿。**弄不好**啦，他搁花园转着看花儿哩。（《回杯记》）

2.1.5.12　可²

书词中，语气副词"可"有两种语义。

1）表示出乎意料，用于疑问句。如：

（1）哦，是恁家丈夫，我看你年轻少壮，恁丈夫他可，他**可**死了？（《刘公案》）

书词中仅有1例，但这种用法在河洛方言中并不鲜见。如：

（2）恁闺女**可**十八啦？我想着还小着嘞。

（3）她**可**结婚啦？还以为她还没毕业哩。

2）表示强调，用例非常丰富。如：

（4）那小丫鬟把口开，叫声姑娘你**可**听清干。（《滨州会》）

（5）春红说："我**可**没有见那东西！"（《丝绒记》）

（6）家郎一聚聚齐，"呼啦"声给那楼门儿一蹬，都**可**进去啦。（《回杯记》）

（7）花多花少，姑爹我一人包啦，恁**可**千万给我看好啊。（段《破镜记》）

（8）今天见俺家大老爷，**可**比不得刚才那一回啊。（王《金钱记》）

以下着重讨论第二种语义的"可"。河洛方言中，语气副词"可"与程度副词"可"在组合搭配上呈现互补分布状态：前者主要修饰VP，后者主要修饰AP，有条件地修饰一些VP。考察发现，语气副词"可"也可以有条件地用于程度副词"可"所能修饰的AP或VP之前，主要有以下六种情况。

1）用于"反语"语境，表达言者的负面情绪。如：

（9）再说出门人三分小，凡事都得让三分啊，你**可好**，得理不饶人。（吕《破镜记》）

2）"VP"包含程度义，如：

（10）老头儿听见**可高兴坏**啦，说道："呃，快快快，跪下，都跪下，磕头，磕头！"（段《破镜记》）

3）可 + VP + 着哩，如：

（11）你不用"嗯"，要不是你对我阵好，我说话**可难听着哩**。（段《破镜记》）

4）可 + 通/老/怪 + AP，如：

（12）上边放着草拍子，这个老婆儿也**可怪利散**。（《刘公案》）

（13）丫鬟，这**可老费事儿**啊。（《回杯记》）

（14）小孩儿，给你说吧，干活**可通重**哩，可不是让你和尿泥摔瓦捂哩！（吕《破镜记》）

5）可＋不＋AP，如：

（15）你可知道黄九龄那人，**可不简单**哪啊，多加小心。（《刘公案》）

（16）又照那桌子上一看，那肉哩菜哩下去**可不少**，不用说这是俺那死婆子吃哩。（《全家福》）

6）可＋助动词＋VP，如：

（17）老婆儿说着，把龙头拐杖举起来**可要打**徐延昭了呀。（《丝绒记》）

（18）哎，我说这位大人，这算命**可不能说**瞎话啊。（《回杯记》）

（19）你起不起？你再敢不起，我**可敢揍**你！（段《破镜记》）

例（9）—例（19）中，"可"都是用于谓词性成分之前作状语。"可"也可以置于陈述句句末，表示强调的同时兼表确认语气。如：

（20）刘高一声说道："弟兄们，恁们听我吩咐**可**。"（《滨州会》）

（21）儿啊，把这封书信转上来，待老父一看的**可**。（《滨州会》）

（22）咋，我就要说嘞，我见刘高我也敢说，我就专门找他嘞**可**。（《滨州会》）

（23）"哎呀，周武举今天来吊孝嘞呀。"
"咦，那你还得支应客嘞**可**。"（《损人报》）

（24）这周围这老百姓都围老近哪，有些人听见了呀，他挤嘞才厉害嘞**可**。（《刘公案》）

（25）老百姓都往后退，那件作掂着刀子，这一回进去就要开肠破肚嘞**可**。（《刘公案》）

（26）哎呀，俺孩子那本事通好嘞**可**，生铁棒耍嘞好着嘞。（《刘公案》）

（27）都是伸着头，弯着腰儿，瞪着眼，都是往里头看嘞，后边嘞人还挤嘞**可**，一翁一挤。（《刘公案》）

例（20）—例（27）均见于王周道的书词，这种用法在巩义、登封、渑池等地很常见。

语气副词"可"还可以用于祈使句、疑问句中。如：

（28）你说今天走，说不定明天要给他闺女找家儿，你回去**可**要用心哪。（《损人报》）

（29）今天哪，你可是用着我啦，你叫我给你圈俺姑爹哩，你**可**得听话呀。（《回杯记》）

（30）丫鬟，你**可**不敢胡说呀。我是白痴，我**可**不是那白金庚啦。（《丝绒记》）

（31）大哥，我给你说，你**可**千万**可**不敢出去走漏风声了。（《包公访太康》）

（32）那要是有人说他是你爹，你**可**咋办呀？（段《破镜记》）

（33）你蒲家湾儿有一个黄桂英，那你**可**认识她吗？（《刘公案》）

（34）老头儿说："嗯，啥样儿？这一回**可**对上了吧？"（段《破镜记》）

例（28）—例（31）中，"可"用于祈使句，其后有"要、得、敢、千万"等，句末多有语气词；例（32）—例（34）中，"可"都出现在疑问句中。

此外，有时为了加强语气，"可"还用于双重否定句中。如：

（35）咱扔到后院那枯井下边啦，咱**可**不能不管啊。（《包公审木槿》）

书词中，语气副词"可是"与"可"的语义、用法较为相似，但"可是"的使用频率较低，一般不用于疑问句中，而且都可以用"可"来替换。如：

（36）丫鬟呀，丫鬟，恁姑娘过这日期**可**是老不称心啊！（《回杯记》）

2.1.5.13　通^2

语气副词"通"，表示强调，用在动词性成分之前作状语，句末常有语气词"哩/嘞"。如：

（1）王二说："中中中，我**通**搁这儿哩啊。"（《损人报》）

（2）你说叫他来他就来，你说不叫他来，他**通**来不了哩。（《全家福》）

（3）要不是这好药时节，通疼嘞，**通**有你胁火嘞。（《刘公案》）

（4）我那楼上董哩给那母猪窝一样，**通**不能看哩，二嫂。（《全家福》）

（5）哎，我娶一个你，我真后悔透啦，**通**有那好哩我没得定，咋定住你啦？（王《双锁柜》）

（6）我知道你**通**好着嘞，你可好，我**通**好说实话嘞，我没有状子。（《刘公案》）

考察发现，语气副词"通"主要见于巩义艺人的书词，但该词在洛阳、偃师、登封、孟州等地也较为常用。

2.1.5.14　带

"带"，表示强调，主要用在"描述心理感受比较糟糕"的 AP 或 VP 之前作状语。

1）带 + AP，如：

（1）我带慌了一夜，**带慌死**了呀。（《损人报》)

（2）大人，**带圪囊死**啦，员外娶了俩太太。（《包公奇案》）

（3）识不俩字那人**带圣死**啦，搁那儿拌面疙瘩嘞。（《包公奇案》）

例（1）—例（3）中，"带"修饰的 AP 都是由形容词带上程度补语"死"构成的述补结构，其中"慌、圪囊、圣"都是负向心理感觉形容词，"带"凸显了它们的程度义。

2）带 + VP

"带"修饰 VP 时，"VP"前常有"给我""给俺"等介宾短语，即构成"带 + 给我/俺 + VP"结构。如：

（4）咦，老爷！哎呀，你可醒过来啦老爷！你**带给俺吓死**啦！（王《金钱记》）

（5）天黑喝罢晚饭，我斗_就来担水，一担担到现在，**带给我使死**啦！（《损人报》）

（6）绑这石榴树上，又给我打了一顿，**带给我打死**了啊。（《损人报》）

（7）哎呀，**带给我气死**啦，就是这事儿，大叔。（《刘公案》）

（8）丫鬟，你咋不念嘞？你**带给我憋死**啦。（《回杯记》）

（9）咦，姐丈啊，赶快下来吧啊，你**带给我压死**啦！（《丝绒记》）

（10）撑内回来吧，撑内回来吧，**带给我绑死**啦。（《损人报》）

例（4）—例（10）中，VP 都是言者不好的感官体验，"带"强调了这种不好的体验。

有时,"带+VP"结构也可以用于"把"字句,位于"把+宾"之后。如:

(11) 你可**把我带吓死**了呀,大哥,你咋弄嘞,你咋进来弄了一身儿这穿上了呀?(《包公访太康》)

2.1.5.15 (管)保险

"保险",表示"一定、肯定",用于动词性成分之前作状语,表示言者非常肯定动作行为会发生。如:

(1) 到时候你情去啦,到那儿**保险**能逮住张廷秀!(《回杯记》)

(2) 你要是不信再去看看,宝贝**保险**已经被人偷走了。(《包公奇案》)

(3) 管家爷,你放心吧,**保险**为管家爷办得称心如意啊,俺走啦。(《海公案》)

"管保险",表示"保准、肯定",它既可用在谓语动词之前作状语,也可作句首状语。如:

(4) 包老爷金銮宝殿把本动,我**管保险**叫你弟儿五个都去保朝廷。(《包公奇案》)

(5) 正宫院中就娘娘独一人哪,**管保险**没一点儿事儿,走漏不了什么风声。(《海公案》)

(6) 恁这一说,**管保险**那文彪手拿钢刀,下得书房,要杀周景隆。(《小八义》)

河洛方言中,老派人常用"管保险",年轻一代更倾向于使用"保险"。

2.1.5.16 高低

"高低",表示"无论如何",相当于"贵贱",用在动词性成分之前作状语。如:

(1) **高低**再攉不折啦,从那根儿跟前一攉攉折。(《损人报》)

(2) 闺女哎,哎呀,那人家**高低**不叫我回来。(《损人报》)

(3) 小康庄有两个秃妮儿啦,**高低**寻不下婆子。(王《双锁柜》)

(4) 这时候站到那床上,隔着那窟窿啊**高低**看不见,听话儿也听不着。(《包公审木椟》)

2.1.6 其他

2.1.6.1 一厮儿

书词中,"一厮儿"的用法较为复杂,主要有以下三种用法。

1)动词,表示"立场一致"。如:

(1) 给刘墉**一厮儿**这人,忠良们都咋说啦?(《刘公案》)

例(1)中,"一厮儿"作谓语,这种用法在书词中仅有这 1 例,但在河洛方言中并不鲜见。如:

(2) 在村儿里头只要恁兄弟俩**一厮儿**,谁敢惹恁?

(3) 前晌儿恁俩还打架哩,后晌儿可**一厮儿**啦。

(4) 这一个男哩昨是给他娘一厮儿,不给他媳妇儿**一厮儿**。

2)范围副词,表示"一块、一起"

"一厮儿",用在谓语动词之前作状语,语义指向表复数的主语。如:

(5) 姓海的,打吧,管家爷架子扎好啦,想打哪儿就打哪儿,想打脸就打脸,想打屁股打屁股,连脸带屁股**一厮儿**打也中。(《海公案》)

(6) 咱三个经常**一厮儿**客厅吃酒,要是吃酒吃到那半夜,他那阴魂不散,往那门后边一站,"吽——",吽吽乱叫。(《丝绒记》)

3)时间副词,表示"一同、同时"。如:

(7) 不要吃哩呀,咱等等俺爸吧,等俺爸回来啦,咱**一厮儿**吃。(《包公审木槿》)

河洛方言中,这种用法很常见。如:

(8) 你回来给菜**一厮儿**买啦,我斗_就不用跑啦。

(9) 你下班时节,给孩子**一厮儿**接回来。

2.1.6.2 共满

"共满",相当于"一共只有",一般用在表低量的数量短语之前。如:

(1) 俺一村儿**共满**十二户人家,叫谁干地保谁不干地保。(《包公奇案》)

(2) 一个村**共满**十二户,范宗华他从西喊到街门中。(《包公奇案》)

（3）说书嘞，那床**共满**才四条腿儿，你就叫它撅断了五条腿儿？（《小八义》）

例（1）、例（2）中，"十二户"对"一个村儿"来说是个低数量；例（3）中，副词"才"表示"数量小"，凸显言者认为"四条腿"是少的。

书词中，"共满"与"满共"并存，语义和功能完全等同。如：

（4）这地道不宽呀，**满共**说也不过是那二尺来宽呀。（《海公案》）

（5）我**满共**才一个月没搁这街上走，这一个大门儿咋修哩阵好哩这？（《回龙传》）

2.1.6.3 斗

书词中，斗［təu⁵³］的意义及用法较为复杂，它与普通话"就"有着非常整齐的对应关系，可以用作时间副词、范围副词和语气副词。

1）时间副词"斗"

这种"斗"常读轻声，修饰VP时有以下几种意义。

A. 表示在很短的时间以内，如：

（1）妈，明清早我**斗**该死啦，咱娘儿俩有啥话儿，你就对我讲讲啊。（《包公奇案》）

（2）在那庙院内烧上香我只顾把头叩，谁知道老天爷突然之间**斗**刮怪风。（《全家福》）

（3）你先等等，我给你弄一套衣裳一换，马上**斗**给王朝气死啦。（《包公奇案》）

B. 表示事情发生得早或结束得早，"斗"前有时间词语或其他副词共现。如：

（4）实话说，从小俺爹娘**斗**给我寻婆儿家，俺侄女随姑有牵连。（王《双锁柜》）

（5）往日里，天一黑，恁姑娘楼上哩灯**斗**灭啦，现在夜至三更，还明灯彻火。（《回杯记》）

（6）我来的时候我爹**斗**掰和₍教₎我，儿，那泸州合肥是山清水秀，藏龙卧虎，风光宝地，有一个宝贝名叫照妖镜。（《包公奇案》）

C. 表示前后事情紧接着，如：

（7）毒药水要是一发作呀，我**斗**活不成。（《剑侠英雄传》）

(8) 两人给那棋盘子一拾，斗去屋里边啦。(《包公奇案》)

(9) 这社会就是这，男人不敢有钱，一有钱斗胡弄。(《包公奇案》)

(10) 那黑娃子弄一个镜子叫你一摸，斗不会吭气啦，你还磕头作揖接他哩。(《包公奇案》)

D. 表示在某种条件或情况下自然怎么样，前面常有"要是、只要"等词。如：

(11) 对，捣哩欢，吃哩炻，老实疙瘩该你酸，尓会捣，那斗过不好。(《包公奇案》)

(12) 要是这，斗不用去告。再不然，俺山上七八百人马都给你一路着，下得高山进到京城，给你一路着去看看朝廷。(《包公奇案》)

(13) 徒儿们，到现在我只要说一声，恁斗拿着兵刃上前去。(《海公案》)

2）范围副词"斗"

"斗"用作范围副词，表示"仅仅，只"，用来限制事物、动作行为或事件的范围。如：

(14) 丞相府出来三百多口，斗我行运气。(《包公奇案》)

(15) 丫鬟说："我斗煎了四个鸡蛋，油长嘞通大嘞。"(《损人报》)

(16) 大老爷，你查吧，斗那两回。(《包公奇案》)

(17) 我姑给我姑父结婚了一辈子，没有生小子，斗生一个闺女。(《包公奇案》)

(18) 严相公，没爹没妈没老婆儿，家里头斗我独孤儿。(《包公奇案》)

3）语气副词"斗"

A. 表示加强肯定，主要用在动词性成分之前。如：

(19) 奶奶呀，三年不见斗成百万啦。(《包公奇案》)

(20) 一个人能睡下，俩人斗得撂起来。(《包公奇案》)

(21) 土地爷说啦，钱儿斗在香炉里头埋着嘞，兵扒扒。(《包公奇案》)

(22) 咦，小看人！俺斗没见过那金子银子？俺老稀罕你那钱儿！

(《回杯记》)

(23) 人家县官那眼亮着嘞，隔着裤裆<u>斗</u>能看见银子。(《包公奇案》)

(24) 咦，你<u>斗</u>恁信她？姑娘哩柜子恁大，<u>不要说一个人，俩人</u>也能藏！(《回杯记》)

"斗"也可以用于"表程度的指示代词+形容词"之前，如：

(25) 包黑是啥星星？那官星<u>斗</u>恁大？(《包公奇案》)

B. 放在两个相同的成分之间，表示容忍。如：

(26) 滚<u>斗</u>滚，跟着这二蛋官儿，早晚不保险，趁早窜。(《包公奇案》)

(27) 该简就简，该短<u>斗</u>短，拉里拉杂，老是麻烦。(《包公奇案》)

(28) 王八蛋，你偷柴火<u>斗</u>偷柴火，恁大一堆，能没有你抱哩柴火？(《包公奇案》)

2.2 代词

代词，又叫指代词，其功能是称代或指示。它可以代替名词、动词、形容词、数量词、副词等各类实词，还可以代替短语、句子甚至语段。学界通常将代词分为人称代词、指示代词和疑问代词，书词中也有这三类方言代词。

2.2.1 人称代词

书词中出现的常用人称代词见表2-7。

表2-7　　　　　　书词中出现的常用人称代词

人称代词	单数	复数
第一人称代词	俺、我	俺/俺们、我们、咱/咱们
第二人称代词	你、恁、<u>你家</u>[nia^{53}]	恁/恁们、你们
第三人称代词	他/她/它、<u>人家</u>[ʐa^{31}]	<u>人家</u>们、他们、她们
其他	自家、独孤儿、自个儿	

下面着重对方言人称代词"俺/俺们、恁/恁们、<u>你家</u>[nia^{53}]、自

家"等进行讨论。

2.2.1.1 俺、俺们

"俺""俺们"都是第一人称代词，前者既表单数也表复数，后者只能表复数。

1) "俺"表单数

"俺"表单数时，主要用法如下。

A. 作主语，也可以作宾语。如：

（1）差人老兄，**俺**乃乡下之人，上哪儿会见过状元爷队伍有多排场。（王《金钱记》）

（2）**俺**一共有两个姑爹啊，一个张门姑爹，一个赵门姑爹。（《回杯记》）

（3）还恐怕嘞，那官兵二次要来搜庙，搜住你连累**俺**啊。（《包公审木槿》）

B. 作定语，如：

（4）**俺**那老二娃子长得白白净净，没一点儿毛病。（《包公奇案》）

（5）大哥，话不是这样说嘞，**俺**大娘一口儿，你一口儿，家里母子两个。（《损人报》）

（6）啊，我给谁睡？老伴儿死啦，我给**俺**小孙子儿睡。（《刘公案》）

（7）**俺**村儿有一个穷读书嘞，姓王叫王金柱儿。（王《双锁柜》）

C. 充当同位短语前一成分，如：

（8）**俺**这出家人给你连施三礼，你一言不发，一言不答。（《海公案》）

（9）且别说他不是来杀**俺**包公，就是来杀我包文正，我给他昔日无仇，素日无冤，为什么平白无故就来杀我这性命？（《包公奇案》）

书词中，"我"使用频率远超过"俺"，这体现了河洛方言向普通话靠拢的趋势。但是，当"俺"用在乡土气息浓厚的称谓词、处所词前表领属关系时，如"俺婆子""俺媳妇儿""俺干大""俺孩儿他爹""俺村<u>里头</u>"等，一般不能替换为"我"。

2) "俺/俺们"表复数

"俺/俺们"表复数时，与"咱/咱们"不同，仅指言者一方，不包括听者，其主要用法如下。

A."俺/俺们"与数量(名)、群体名词等复数成分构成同位短语,如:

(10)我给恁爹送上一信,**俺**两个赶紧去告状。(《刘公案》)

(11)春红,现在**俺**姐妹心乱如麻,有什么办法可想啊?(《花厅会》)

(12)说说叫他进来,叫**俺**爷儿俩坐着喷一会儿,呃,叫我看看这人啥样儿?(《损人报》)

(13)叔,叫**俺**弟儿俩也跟着叔哎享点儿清福吧。(《包公审木槿》)

(14)就剩下**俺们**两个,在这里看着衙门。(《海公案》)

(15)我今日回到楼上,你正好不在楼上,真该**俺们**父子相会了呀!(段《破镜记》)

书词中,"俺"的这种用法相对较多,还有"俺俩人、俺六个人、俺两口儿、俺两家儿、俺姊妹、俺姐弟、俺兄妹、俺母子、俺弟兄们、俺弟儿们、俺娘儿俩"等。

B."俺/俺们"作主语,如:

(16)众家姐妹一声说道:"小姐,那**俺**就去准备了。"(《花厅会》)

(17)那好,你不愿意说就算啦,**俺们**走啦。(段《破镜记》)

C."俺们"作定语,如:

(18)操你奶奶,你竟敢欺负到**俺们**头上。(《包公访太康》)

(19)还说要把你请去拉倒,若请不去,把**俺们**下半截子打掉。(段《破镜记》)

2.2.1.2 恁、恁们

"恁[nən⁵³]""恁们"都是第二人称代词,前者既表单数也表复数,后者只能表复数。

1)"恁"表单数

"恁"表单数时,主要用法有三种。

A.作主语,有时也作宾语。如:

(1)**恁**搁那儿住个几天,我就候着你嘞信儿吧,嗯?(《损人报》)

(2)贫婆,**恁**捎书不捎书嘞?(《滨州会》)

(3)**恁**不要掐死我,包袱恁拿走吧,我不要啦。(段《破镜记》)

（4）恁没心吃，我会叫恁吃？搯钱儿吃，不搯钱儿恁吃屁！(《回杯记》)

（5）穷人家哪有见银不要之理啊，收下吧，张掌柜，我是好心周济恁。(《海公案》)

B. 作定语，如：

（6）他给恁干大可好。(《刘公案》)

（7）闺女哎，指恁嫂子可是我难享福呀啊！(《滨州会》)

（8）大哥，你走了之后，找不到大哥你，恁兄弟万般无奈只该进京交文。(《回龙传》)

（9）哎，我问你，恁这个城是啥城啊？(《包公审木槿》)

（10）恁家老穷，俺家也不富，我家要是家豪大富，也不会给人家看长工。(王《双锁柜》)

C. 充当同位短语的前一成分，用例较少。如：

（11）恁这种人哪，人家不说恁自己臭，不办好事儿。(《损人报》)

（12）今天我专碰恁这个楞子，恁听我点名儿。(《刘公案》)

2)"恁/恁们"表复数

"恁""恁们"表复数时，前者带有亲切色彩或尊敬意味。二者主要用法如下。

A. "恁/恁们"，主要作主语，有时也作宾语、定吾。如：

（13）"我找二掌柜。"

"哦，左天贵。恁沾亲？"(《损人报》)

（14）诸位好汉、君子大爷们、父老乡亲们，恁都快来买呀！(《全家福》)

（15）大伯大叔、婶子大娘，我多谢恁啦，恁可别走，恁等我回来再走啊。(段《破镜记》)

（16）"哎，恁是什么人哪？"

"俺们是官兵啊。"(《包公审木槿》)

（17）哎，恁们真乃胆大呀，敢给他讲情。(《刘公案》)

（18）今天劳动恁们渡我过河，忘不了恁嘞好处。(《刘公案》)

B. "恁/恁们"，与数量（名）、群体名词等复数成分构成同位短语。如：

(19) 嘿嘿，**恁**大家伙咋玩这势儿嘞呀啊？（《全家福》）

(20) **恁**两口搁路上吵嘴啦？（《智毁神杀案》）

(21) 王忠王平，**恁们**两个紧跟着我，范梦中随后紧跟，不可远离。（《刘公案》）

(22) 不要说啦，**恁们**夫妻和好，日期过嘞也不赖，前天你说的怎么呀？（《刘公案》）

(23) **恁**这些人恁都不回恁家去，恁在这庙门口儿围着是看啥热闹嘞？（《海公案》）

(24) **恁**这两个奴才，恁总是想着卖这一个能享福，留这一个跟着爹是受罪，是不是啊？（《回龙传》）

书词中，"恁"这种用法较为常见，除了上述用例，还有"恁俩、恁两个、恁父子、恁二老、恁几个、恁两家儿、恁这两个人、恁这四个孬孙"等。

2.2.1.3　你家

"你家 [nia^{53}]"是合音词，本是第二人称代词，现已有了第三人称代词的用法。

1）"你家"表第二人称

"你家"，相当于"你/你们"，主要见于宜阳艺人的书词。如：

(1) 不准**你家**说不叫教啦，这叫只准辞学不准退学。（《包公奇案》）

(2) 王朝马汉一群二蛋，**你家**跪**你家**跪，我是不跪。（《包公奇案》）

(3) 老包这会儿有难啦，**你家**都憋着气不吭啦，都不会替老爷想想门儿！（《包公奇案》）

(4) 小姐，你看今天晚上**你家**仨人光说这外国话，我真听不懂。（《花厅会》）

(5) 小田，小魏，我叫**你家**两个在鹰嘴峰两侧速速下山打探，立即回来禀报。（《小八义》）

例（1）中，"你家"表示单数，相当于"你"，表泛指；例（2）—例（5）中，"你家"表复数，相当于"你们"。从句法功能上看，例（1）—例（3）中，"你家"作主语；例（4）、例（5）中，

"你家"与其后表复数的数量（名）词语构成同位短语。语料考察发现，第二人称代词"你家"主要表复数。

洛嵩片方言调查显示，洛阳市、嵩县、栾川县、洛宁县、孟津县、宜阳县、伊川县、新安县 8 地有这种用法①。

2)"你家"表第三人称

"你家"，相当于"人家、别人"，主要见于巩义艺人的书词中。如：

（6）咦，**你家**穿那鞋都是齐掉鞋，通好着哩。（《回杯记》）

（7）**你家**背走啦，到家一志称不得够，掺嘞不少嘞。（《损人报》）

（8）不管**你家**谁家哩孩子，背回去得问他叫爹哩呀！（《回杯记》）

（9）他往人家门口跟前一立，肩膀往**你家**那门帮上一靠，"大爷呀，大奶呀，大伯呀，大娘啊，大婶子，大叔啊，我老饥呀，寻给我点儿东西吃吃吧。（《回龙传》）

（10）老爷给我做主呀，好好教育他呀，他拐**你家**两个女子呀。（王《双锁柜》）

从句法功能上看，例（6）、例（7）中，"你家"作主语；例（8）—例（10）中，"你家"作定语。

洛嵩片方言调查显示，孟州市、巩义市、登封市、义马市、卢氏县、渑池县、偃师市 7 地有这种用法。

2.2.1.4 自家、独孤儿、自个儿

书词中有三个反身代词（reflexive pronoun）："自家""独孤儿""自个儿"，相当于普通话的"自己"。

"自家"可以用在人称代词之后共现使用，也可以独立使用。如：

（1）回来啦，你进来吧，相公呀，房里边也没有别人就我**自家**。（《包公奇案》）

（2）二哥呀，进来吧，进来吧！这里边没有丫鬟就俺**自家**。（《回杯记》）

（3）徐文彪刚刚来到**自家**门口，敲了三声门响，门里头"踏踏踏"

---

① 偃师方言没有"你家［nia⁵³］"这一合音形式，"恁/恁们"表示第二人称，"人家［ʐ̩a³¹］/人家们"表示第三人称。

有人出来开门。(《小八义》)

(4) 你这老狗,**自家**的闺女从小在咱跟前长这么大,啥脾气禀性你还不了解?(《彩楼记》)

例(1)、例(2)中,"自家"分别与人称代词"我""俺"共现使用,作宾语;例(3)、例(4)中,"自家"独立使用,作定语。

"独孤儿",以往也记作"独个儿",一般用在单数人称代词"我、你或他"之后共现使用,其后常有合音词"<u>一个</u>"。如:

(5) 你只要打架嘞,我到那儿搂住他哩腿,我死不丢儿,咱俩人打他**独孤儿**。(《回杯记》)

(6) 俺爹一死就剩我**独孤儿**啦,我咋过嘞?(《回杯记》)

(7) 你死咾,我**独孤儿**<u>一个</u>没法儿过。(《包公奇案》)

需要注意的是,河洛方言中"独孤儿"常以合音形式出现,如"你<u>独孤儿</u>去吧!"。

"自个儿",书词中有2例,都是独立使用。如:

(8) 小阮英他才把这个贱人打,贾秀英回**自个儿**屋病卧床。(《小八义》)

(9) 他一手拉着驴缰,**自个儿**坐在庙门口等候啊,等了一会儿还不见出来。(《智断神杀案》)

例(8)、例(9)中,"自个儿"分别作定语、主语。河洛方言中,该词还可以用于人称代词之后共现使用。如:

(10) 我**自个儿**做,不用帮忙。

(11) 你叫他**自个儿**去学校吧!

(12) 你**自个儿**搁家中不中?

2.2.2 疑问代词

根据询问功能,疑问代词可分为问人、问物、问处所、问时间、问数量或程度、问原因、问方式、问状况等八类。书词中出现的疑问代词具体见表2-8。

表 2-8　　　　　　　　　书词中出现的常用疑问代词

种类	词例
问人	谁、啥
问物	啥
问处所	哪儿
问时间	啥时候、多噌（晚）儿、几儿
问数量或程度	多
问原因	咋、为啥
问方式	咋
问状况	咋、咋着、啥样儿、咋样儿

上表中，"谁"问某人；"哪儿"单用只能问处所；"几儿"只用于询问阴历的日期；"多"用于询问数量或程度；"啥时候""多噌（晚）儿"用于询问时间，相当于"什么时候"，二者可以互换；"为啥"相当于"为什么"，用于询问原因；"咋样儿"相当于"怎么样"，用于询问状况。上述这些疑问代词的用法较为简单，下面重点对"啥""啥样儿""咋""咋着"这 4 个疑问代词的用法进行讨论。

2.2.2.1　啥

"啥 [ʂa⁴¹²]"，相当于"什么"。有关"啥"的来源，学界有两种不同的说法：一种是"啥"是"什么"的合音（吕叔湘，1942）；另一种是"啥"是由疑问代词"孰"演变而来（徐媛媛，2006）。我们更倾向于第一种看法。书词中，"啥"可以分为一般用法与非疑问用法两类。

1）一般用法

"啥"主要用于询问未知的人、物及其相关情况。如：

(1) 咦，你这死妮子啊，不要金子银子，你想要**啥**哩，啊？（《回杯记》）

(2) "嘶，那他这个人姓**啥**叫**啥**？"

"也是姓左。"

"叫**啥**名字？"

"叫左不言。"(《损人报》)

(3) 嫂子，来咱家丢**啥**东西啦？你给我说说，让我听听。(王《双锁柜》)

(4) 哎呀，王爷，一会儿刮东，一会儿刮西，说男不男，说女不女，半男不女，你说不是二刈子鬼，那是**啥**鬼？(《丝绒记》)

"啥"经常构成"干/弄啥"，用来询问情况。如：

(5) 领那**弄啥**哩？当怎爹哩？(《回龙传》)

(6) "恁娘在家**干啥**？"

"俺娘搁家纺花嘞。"(《刘公案》)

2）非疑问用法

A. 任指功能

"啥"表示周遍义时，主要用在谓语动词之前，其后常有"都"或"也"搭配使用。如：

(7) **啥**都不怕，恐怕上秤志_称粮食。(《滨州会》)

(8) 老王爷吃两顿，小王爷敲两顿，这一天三餐三天九宴，上下不老足<u>一个</u>月，可把小王家董干、董净了呀，**啥**也没啦。(《回龙传》)

B. 虚指功能

"啥"表示虚指，主要用在谓语动词之后，用来替代不能指明或不愿意指明的人或者物。如：

(9) 刘先儿，你只要能说好，吃**啥**喝**啥**都是我嘞。(《损人报》)

(10) 你起来，你出来，恁大嫂我没有别**啥啥**的意思，我交代你几句话。(《损人报》)

(11) 可是我这走了之后，剩你一个人，带着这枷锁，想解个手哇，干个**啥**的，很不方便。(段《破镜记》)

C. 否定功能

"啥"表示一种否定态度，往往带有不满意或不以为然的色彩。如：

(12) 哦，他有**啥**势力，他有多大嘞势力？(《刘公案》)

(13) 胡说八道！那牌坊它会有**啥**冤枉？(《丝绒记》)

(14) 我就是骂你个鳖孙，你整月二十不回家，少吃<u>没有</u>穿你也不管，要你还有**啥**用，你回来干啥？你还有家？(《包公访太康》)

D. 列举功能

"啥"用在谓词性成分之后,表示同类的人或事物的省略。如:

(15) 她在这儿还能给你端个茶、送个水**啥**的,多方便啊。(《彩楼记》)

E. 惊叹功能

"啥"独立用于句首,表示言者惊讶感叹的情感色彩。如:

(16) **啥**?不会说话儿?刚才在楼上,你不是说给她说了几句儿话儿吗?(《丝绒记》)

(17) "在哪里拾到的?"

"哎,在洛阳。"

"**啥**?洛阳?"

"哎,对,洛阳……"(《包公审木槿》)

2.2.2.2 啥样儿

书词中,"啥样儿"是个多义形式。如:

(1) 小王爷往那衙门外边儿一立,**啥样儿**?拤着腰,叉着腿,看着姿势不老美,他可立好啦。(《回龙传》)

(2) 李宏信娶了一个老婆子。**啥样儿**?个儿也不老高,走路弯着腰,左膀高,右膀低,看样子好像一只活烧鸡,下雨都淋不着鼻子,咋啦?(《滨州会》)

(3) 老四孩儿**啥样儿**?摆地骨堆——使唤着显肿,小擀杖儿吹火——一气儿不通,二不傻戴相公帽儿——耍二功夫,他是窝囊着嘞,早晚那鼻子搁嘴唇儿滴溜着,说话先呲溜鼻子,抱一下裤子。(《刘公案》)

(4) "**啥样儿**?"

"你说这是当真?"

"你看这,谁还能哄你?当真!"(段《破镜记》)

例(1)、例(2)中,"啥样儿"是短语,表示"什么样子",用于询问人的具体样貌。例(3)中,"啥样儿"是疑问代词,用于询问人的状况(如人品性格)。例(4)中,疑问代词"啥样儿",相当于"怎么样、如何",用于询问事物或行为的状况,可以用"咋着"替换,这种语义的用例在书词中较多,除了独立成句之外,还可以用于句中谓语。如:

(5)"哥,兄弟我待你**啥样儿**呀?"

"嘿嘿,兄弟,你待我太好啦。"(《回龙传》)

(6)哎,那是这样,我要是带着你去,这个多有不便,我想把你留到这孟良塔底下等着我,回来咱们再走,这**啥样儿**?(段《破镜记》)

2.2.2.3 咋

"咋[tsa^{31}]",大致相当于"怎么、怎么样",主要有以下两种用法。

1)疑问功能

A. 询问方式,如:

(1)"他不张嘴,你叫他**咋**喝嘞?"

"灌!"(《滨州会》)

(2)"二哥,我**咋**写嘞?"

"当地文书情写啦,榷_骗鳖孙。"(《损人报》)

(3)不沾亲不带故,我给你写啥嘞?人家说谁给你写嘞,你**咋**说?(《刘公案》)

B. 询问原因,如:

(4)耶,你这小伙子,我看着都不认识你,你**咋**给我喊舅哩你?(《全家福》)

(5)**咋**叫胡揽宽?老好管闲事儿,街上有啥事儿,他都得问问,他都得看看。(牛《金钱记》)

(6)不多一时,来啦,这老汉拿来了一身儿破烂衣服,**咋**啦?这老汉太穷啦。(《花厅会》)

C. 询问状况,如:

(7)老爷,恁是**咋**啦?吐恁大一堆?(《小八义》)

(8)可是她要不是俺家亲娘,我就承受不起她这一拜,这是**咋回事儿**?(《全家福》)

(9)哥,**咋**啦?哥,你吃猫肉啦,慌啥哩,你知道卖啥哩,我还不知道卖啥哩。(《回龙传》)

2)非疑问功能

A. 反诘

"咋"用于反诘,对其后行为或事件进行否定。如:

（10）咦，你**咋**不说掉到河<u>里头</u>给你淹死，掉到船舱正当中？（《回杯记》）

（11）他一天都没吃饭了呀，**咋**会不饥嘞？（《回杯记》）

（12）你娘那脚趾头，**咋**不给你淹死哩，淹死咾我给你做龟孙嘞哎？（《损人报》）

B. 任指

"咋"用于谓语动词之前，其前一般有"脆_{表任指}"（详见 3.3.2）。如：

（13）俺两个人脆**咋**赶她，她斗_就不走，老爷。（《全家福》）

（14）他弟兄，亲弟兄两个，搬亲啦没有？哎呀，脆**咋**定不下。（王《双锁柜》）

（15）脸皮子老厚，哈哈哈，通厚嘞，脆**咋**数落我都中。（巩义方言）

C. 虚指，如：

（16）你就说**咋**干净**咋**干净，你就是说我这手头儿**咋**巧**咋**好，做那饭**咋**好吃**咋**中吃。啥好话儿说个千千万万，坏话儿<u>不要</u>说一点儿啊。（《包公审木槿》）

D. 感叹

"咋"，表示不满、惊讶等感情。如：

（17）咦，你**咋**定阵好这计嘞。（《损人报》）

（18）咦，看着你这闺女儿怪好，你说话**咋**阵抠哩，唵？（《回杯记》）

2.2.2.4 咋着

"咋着"，大致相当于"怎么着"，可以单独使用，也可以用于句末，主要有以下四种功能。

1）疑问功能

A. 询问情状，这种功能较为常见。如：

（1）"恁孩子他爹**咋着**？"

"叫人家给他抓走啦。"（《刘公案》）

（2）老爷哎，我就不敢听见长虫，我都害怕死啦。那**咋着**啦？**咋着**啦？（《滨州会》）

（3）乖乖，今儿个出啥事儿啦，这轿子跑哩给飞一样啊，老天爷，这是**咋着**？（《全家福》）

B. 询问原因，如：

（4）"孩子，**咋着**哩？发这么大的脾气？"

"娘啊——"（吕《双锁柜》）

2）非疑问功能

A. 反诘，如：

（5）**咋着**啦，你没还够，**咋着**啦？（《损人报》）

（6）**咋着**？不是你偷嘞？不是你偷嘞，你一个卖绒线哩，这印搁哪儿来哩？（《丝绒记》）

（7）我都五六十啦，我没吃粮食我**咋着**活这五六十嘞？（《包公审木槿》）

B. 任指，如：

（8）我**咋着**也不会走漏风声，我要是走漏风声，叫全家绝后。（《刘公案》）

（9）包老爷拿住这四个字正念念，倒念念，**咋着**念也念不成句儿。（《包公奇案》）

（10）他就弹琴劝驴，脆**咋着**呀要叫它拉磨干活。（巩义方言）

C. 虚指，如：

（11）现在刘墉说啥他听啥，刘墉说**咋着**就**咋着**。（《刘公案》）

（12）我跟到后花园门口，不敢单独进去，也不知道是**咋着**哩。（《回杯记》）

2.2.3 指示代词

河洛方言中，指示代词与普通话大致相同，都是二分，由表近指的"这"和表远指的"那"为基本语素构成。书词中常见的指示代词具体见表2-9。

表 2-9　　　　　　　书词中出现的常用指示代词

语义类型	近指	远指
人、物	这	那
时间	这会儿	那会儿
处所	这儿、这儿个儿、这厢 [ɕiaŋ³³]	那儿、那儿个儿、那厢
方式性状	阵、阵么	恁、恁么
人、物	旁	

下文着重对"恁""阵""这儿/那儿""旁"这几个地域特色鲜明且使用频率较高的指示代词进行讨论。

2.2.3.1　恁

"恁 [nən⁴¹²]",是"那么"的合音,其用法主要有以下几种。

1)恁+谓词

"恁"主要修饰性质形容词,也可以修饰一些特殊动词。如：

(1) 我知道,丫鬟,不捆**恁**紧,不捆**恁**紧。(《损人报》)

(2) 相公啊,回来担一个空鱼挑子,看把你累的吧,嗯,那你跑**恁**快干啥哩?(《回龙传》)

(3) 咱那一匹大马,五尺八九**恁**大。(《滨州会》)

(4) 这梁忠可真能干,那五十多啦,还精力**恁**旺盛。(《小八义》)

(5) 住口,不准提今晚上偷柴火这半个字,那一回咋啦**恁**倒霉?(《包公奇案》)

(6) 咦,你看着**恁**攒劲儿,你相女婿嘞你?(《滨州会》)

(7) "丫鬟,你可不敢胡说呀。我是白痴,我可不是那白金庚啦。"

"那我咋看着**恁**像嘞?"(《丝绒记》)

例(1)—例(3)中,"恁"修饰单音性质形容词,例(4)、例(5)中,"恁"修饰双音性质形容词,例(6)中,"恁"修饰离合动词"攒劲儿",例(7)中,"恁"修饰动词"像"。

2)恁+谓词性短语

"恁"主要修饰"不+性质形容词"短语、助动词短语以及"像/有+NP"短语等。如：

(8) 妈，没有名儿不叫，那我咋叫那名儿，恁不好听。（《包公奇案》）

(9) 哎呀，虎哥，你看看你！男子大丈夫，咋恁不阔利嘞？（《丝绒记》）

(10) 姑娘啊姑娘，你咋恁会说嘞？你把钥匙交给我啦？（《包公审木槿》）

(11) 那一个人领了俩孩子，他咋恁像俺姑爹王华嘞？（《回龙传》）

例（8）、例（9）中，"恁"修饰"不好听""不阔利"短语；例（10）中，"恁"修饰助动词短语"会说"；例（11）中，"恁"修饰"像……"述宾短语。

3）恁+些

"恁"修饰表不定量的数量词"些"，表示"量大"。"恁些"既可以修饰名词，也可以独立使用。如：

(12) 左天贵家中再有，他也没有恁些床啊。（《损人报》）

(13) 娘，北京恁些官儿谁清官儿，孩子我老小，我不知道谁是清官儿。（《刘公案》）

(14) 来吧，来吧，说啥嘞？赶紧说，不应说恁些。（《滨州会》）

需要注意的是，若"些"儿化，"恁些儿"则表示"量小"。如：

(15) 家里分文皆无呀，就那恁些儿银子，我敢花？（《损人报》）

结合语境可知，例（15）中，"恁些儿银子"表示"钱少"。洛嵩片方言中，"恁"后若跟"些"的儿化或者性质形容词的儿化，表示反意——程度小。试对比：

恁些＝那么多　　恁远＝那么远

恁些儿＝那么少　　恁远儿＝那么近

4）恁+么

"恁"后可以加"么"，还是"那么"的意思，用来修饰形容词。如：

(16) 姑娘啊，这个喜可大啦，就给那筐箩一样恁么大，"砰啪"掉到咱家，地缝里头都钻成喜啦。（《滨州会》）

(17) 咱叔侄三个人就到天明之前，咱就是再忙，那枯井恁么深，咱把那枯井填不满。（《包公审木槿》）

5）恁+嚓儿（晚儿）

"嚓"是时间词"早晚"的合音，"恁嚓儿"已经词汇化为一个时间词，表示"刚才或那个时候"，既可以表示过去的时间，也可以表示将来的时间。如：

（18）**恁嚓儿**点着灯，那是没睡嘞，准备嫁妆嘞，还往箱子<u>里头</u>搁嘞。（《损人报》）

（19）起来，二掌柜，我看恁那楼上**恁嚓儿**点着灯，阵嚓儿咋黑骨咚嘞。（《损人报》）

（20）到**恁嚓儿**你见恁闺女啦，是不是，你还哭，你哭也得哭，不哭也得哭。（《损人报》）

例（18）、例（19）中，"恁嚓儿"分别作主语、状语，可以理解为"刚才"，表示过去的时间；例（20）中，"恁嚓儿"作介词"到"的宾语，可以理解为"那个时候"，表示将来的时间。

"恁嚓儿晚儿"，表示将来的时间，相当于"那个时候"。如：

（21）谁没有说，他来陪数嘞，到**恁嚓儿晚儿**，啥也没他。（《损人报》）

河洛方言中，"恁嚓儿晚儿"，还可以表示时间很长。如：

（22）俺到那包家寨搁那儿吆喝了**恁嚓儿晚儿**，喊叫着谁买豆腐，<u>一个人都没有</u>。

2.2.3.2 阵

"阵[tʂən^{412}]"与"恁"相对应，是"这么"的合音，书词中"阵"使用频率不及"恁"，但其用法比"恁"要复杂。

先说"阵"与"恁"相同的用法，具体如下：

1）阵+谓词

"阵"主要修饰性质形容词，也可以修饰一些特殊动词。如：

（1）我受**阵**大嘞冤，我含**阵**大嘞屈，谁能给我申冤，给我报仇嘞？（牛《金钱记》）

（2）我来到门前，心暗想，这谁家三年不见房子盖**阵**烜。（《包公奇案》）

（3）啥东西，你说说叫我听听，啥东西**阵**主贵，嗯？（王《双锁柜》）

(4) 你这孩子咋**阵**杀才嘞，哭着顶啥用，你咋不去告状嘞？（《刘公案》）

(5) 好木好花人人见爱，**阵**排场<u>一个</u>美男人，我可是不舍得杀了他。（《剑侠英雄传》）

(6) 老爷，我咋**阵**害怕嘞呀。（《刘公案》）

例（1）、例（2）中，"阵"修饰单音性质形容词；例（3）—例（5）中，"阵"修饰双音性质形容词；例（6）中，"阵"修饰心理动词"害怕"。

2）阵 + 谓词性短语

"阵"修饰谓词性短语范围要广，除了修饰"不 + 性质形容词"短语、助动词短语、"像/有 + NP"短语等，还可以修饰一些述补短语或其他述宾短语。如：

(7) 人役，去，看这东廊房下边咋**阵**不洁净哩。（王《金钱记》）

(8) 哎呀呀，孩子，你咋**阵**会说嘞你。（《刘公案》）

(9) 这李凤英是看着这大轿里边这个小官儿，我咋看着咋**阵**像俺丈夫嘞？（王《金钱记》）

(10) 你说说我<u>这一个</u>老婆儿咋**阵**有福哩，唉？（《全家福》）

(11) 哎呀呀，带给我使死啦，我不知道打人也**阵**使嘞慌。（《滨州会》）

(12) 候，头，今晚上咱仨办这事儿，我咋觉得**阵**犯毛病嘞？（《包公审木槿》）

例（7）中，"阵"修饰"不洁净"；例（8）中，"阵"修饰助动词短语"会说"；例（9）中，"阵"修饰"像……"述宾短语；例（10）中，"阵"修饰"有福"述宾短语；例（11）中，"阵"修饰"使嘞慌"述补短语；例（12）中，"阵"修饰"犯毛病"述宾短语。

3）阵 + 些

"阵"可以修饰不定量数量词"些"，表示"量大"。"阵些"可以修饰名词，也可以独立使用。如：

(13) 这厨房嘞东西谁看嘞，哎，**阵些**肉法儿，**阵些**扣碗儿，这都叫谁看嘞？（《损人报》）

(14) 呃，老人家哎，你就<u>不要讹我</u>**阵些**银子。（《刘公案》）

(15) 军爷，他家争ㄨ店账没有**阵些**呀，只有二十两银子，没有**阵些**。(《丝绒记》)

需要注意的是，若"些"儿化，"阵些儿"表示"量小"。如：

(16) 光给谁派派活儿，旁啥事儿不干。喂喂牲口，就**阵些儿**事儿。(《滨州会》)

河洛方言中，与"恁"一样，"阵"后若跟"些"的儿化或者性质形容词的儿化，表示反意——程度小。试对比：

阵些＝这么多　　阵大＝这么大

阵些儿＝这么少　阵大儿＝这么小

4) 阵+么

"阵"后加"么"，还是"这么"的意思，用来修饰形容词。如：

(17) 烟台管儿**阵么**大，下面滴溜一个烟布袋儿，他这一袋烟，装一两半哪。(《滨州会》)

(18) **阵么**远的路程，你一个妇女家，你咋来到这儿啦，唉？(《全家福》)

5) 阵+嚅儿（晚儿）

"嚅"是时间词"早晚"的合音，"阵嚅儿"已经词汇化为一个时间词，相当于"现在、这个时候"，表示现在的时间。如：

(19) 过去那老王先儿中，**阵嚅儿**那老王先儿都老啦，脑子都浑啦。(王《双锁柜》)

(20) 哎，常言说，人在人情在，人不在，**阵嚅儿**这人情啊比纸还薄。(《损人报》)

(21) 干大，我七八岁到**阵嚅儿**都不敢脱衣裳，一脱衣裳就感冒，我头有点儿疼。(《刘公案》)

例(19)、例(20)中，"阵嚅儿"作句首状语；例(21)中，"阵嚅儿"作介词"到"的宾语。

书词中，"阵嚅儿晚儿"是个多义形式，主要有以下三个义项。

A. 表示现在或这个时候，如：

(22) 没那再一想，俺爹就是活到**阵嚅晚儿**，我该不过哩。(《回龙传》)

(23) 不叫人家知道也不中了呀，到**阵嚅晚儿**啦。(《损人报》)

B. 表示时间长，如：

(24) 喊他干大喊了**阵噌晚儿**啦，我得对孩子关心点儿。(《刘公案》)

(25) 爹，你喷**阵噌晚儿**啦，兴我说两句儿不兴啊，爹？(《回龙传》)

(26) 搁住劲儿蹭，蹭了**阵噌晚儿**才蹭住松一点儿。(《损人报》)

C. 表示时间晚，如：

(27) 咋不饿，窜到**阵噌晚儿**啦。(《损人报》)

(28) **阵噌晚儿**啦，她出去做啥嘞？(《损人报》)

从句法功能上看，例(22)、例(23)、例(27)中，"阵噌儿晚儿"作"到"的宾语；例(24)—例(26)中，"阵噌儿晚儿"作补语；例(28)中，"阵噌儿晚儿"作谓语。

再说"阵"独特的用法，即"恁"所没有的用法，具体如下。

1) 阵+股+远

"阵股远"较之"阵远"更远，主观性较强。如：

(29) 啊，四八三十二里呀，**阵股远**，一分钱也没有，后来恁都成一家人家啦，你连一个钱儿都不舍嘞？(《损人报》)

(30) 哦，我知道，那一片儿最低啦，非淹不中，剩一片黄沙叫他鳖孙去种，**阵股远**啊，四八离咱那儿三十二里，光他来回窜着他去不去？(《损人报》)

河洛方言中，若"远"儿化，"阵股远儿"就是"很近"之义。如：

(31) **阵股远儿**，你走着情去啦。

2) 阵+几/几十

"阵几/几十"，表示主观大量。如：

(32) 咦，说嘞叫老婆儿都无言对答呀，都是**阵几十**，看说那是啥。(《刘公案》)

(33) 哎，今天我们**阵几**个人，大家都想吃点儿啥？(《刘公案》)

(34) 嗯，老相爷陈州放粮回来了**阵几**天啦，没有上过这后堂楼啊。(《包公审木槿》)

(35) 我跟你过了**阵几**年，谁知道你是两条腿。(《海公案》)

3）阵+样

"阵样",相当于"这样"。如:

(36) 爹爹,说好便好,就照**阵样**啊。(《刘公案》)

(37) 谁家的女人,**阵样**腌臜啊。(《回龙传》)

(38) 想我走嘞**阵样**慢,山东省啊山东省百姓们还身受穷啊。(《刘公案》)

2.2.3.3 这儿、那儿

1）指代处所

"这儿"指代较近的地方,"那儿"指代较远的地方。如:

(1) 老道公,往**这儿**来来,给俺算算卦。(《刘公案》)

(2) 哟,茶童,你说说你这孩子,哎,你站在**这儿**干啥哩?(《花厅会》)

(3) 丫鬟,我坐**那儿**没事儿,我黑煞着也怪得劲儿哩,唉?(《回杯记》)

(4) 中狗屁啊,跟不上啦,趴**那儿**挨吧。(《全家福》)

"这儿""那儿"还可以用于介词"搁"之后,也是指代处所。如:

(5) 你搁**这儿**等着,叫我出去给你寻寻啊。(《回杯记》)

(6) 桌子上放着算盘,放着灯,放着账簿,搁**那儿**算算今儿来了多少客人,挣了多少钱。(《包公审木槿》)

普通话"这儿""那儿"之前加介词"从",可以指代时间,如"从那儿起,我再也没有回过北京",河洛方言中没有这种用法。

此外,洛阳方言指示代词可以四分,即"更近、近、远、更远",分别对应"这儿个儿、这儿、那儿、那儿个儿"①。方言调查显示,巩义市、偃师市、孟津县、宜阳县、新安县这5地的指示代词也可以"四分",但记录的词语稍有差别,比如孟津方言为"这儿个儿个、这儿、那儿、那儿个儿个",其中的"这儿个儿个""那儿个儿个"分别表示"更近、更远"。

2）表示进行体

"这儿、那儿"用于介词"搁"之后,并不实指处所,而是"搁+

---

① 贺巍:《洛阳方言研究》,社会科学文献出版社1993年版,第2 页。

这儿/那儿"整体表示动作行为或事件正在进行的状态。如：

（7）正**搁这儿**着急哩时候，外边忽听丫鬟高声喊叫："救人哪，太太跳井了呀。"（《小八义》）

（8）我正**搁这儿**哭嘞热闹嘞，来一个老汉啊，叫李有德，脑着粪车，拾粪嘞。（《呼延庆鞭扫十八国》）

（9）小孩子往前一走，看见哪，两个老汉**搁那儿**下棋哩。（《刘公案》）

（10）叔哎，叔呀，这客人身上啥东西**搁那儿**发光哩，叔？（《包公审木槿》）

（11）哎，我咋听着，俺姑娘搁那绣楼上**搁那儿**哭哩，唔？（《回杯记》）

（12）可雷公子今天没事儿，搁那客厅**搁那儿**坐着看书嘞！（《花厅会》）

（13）哎哎哎，你们几个在我门口儿**搁那儿**咕哝啥哩？（《包公访太康》）

例（7）、例（8）中，"搁这儿"与"正"共同表示动作的进行态，去掉"搁这儿"，不影响语义表达；例（10）—例（13）中，"搁那儿"之前都有处所词语"客人身上""那绣楼上""那客厅""我门口儿"，"搁那儿"的作用是标记动作行为的进行状态。

需要注意的是，"搁那儿"虚化的程度要高于"搁这儿"，这主要表现在"搁那儿"没有其他词语辅助可以独立表示进行态，如例（9），该用法在书词中用例丰富；"搁这儿"表进行态时一般要有时间副词"正"辅助表达，若没有"正"共现，往往表示介引处所。这是因为"那儿"表远指，"这儿"表"近指"，"远指"较之"近指"意义较为抽象，更容易虚化。

2.2.3.4　旁

"旁"表示"其他，另外"，主要用法如下。

1）构成"旁人"一词，相当于"别人"。如：

（1）到阴间别把那**旁人**告，你告俺掌柜人一名。（《剑侠英雄传》）

（2）心中不把这**旁人**恨，我连把镇官怨几声。（《回龙传》）

2）"旁+嘞/哩+NP"，如：

（3）咱是化缘，**旁嘞**事儿也没有。（《刘公案》）

3）"旁+哩/嘞"，用来指称人或物。如：

（4）天贵说："那不中，太长了，那可不中，你叫**旁嘞**说。"（《损人报》）

（5）二掌柜呀，我仔细看着那不像**旁哩**呀。（《损人报》）

（6）今天就得吃他，平素常**旁嘞**馍疙瘩儿也不能尝他点儿。（《损人报》）

（7）只要俺表姐愿意我愿意，**旁哩**不愿意白搭！（王《双锁柜》）

（8）两个元宝，一个五十两啊，两个一百两，一串钱，那**旁哩**没有啦，一对鞋，一个护肩皮袄。（《损人报》）

（9）唏，老爷，这监狱我真不想看哪，不想看吧，我一回家**旁哩**没有事儿。（《刘公案》）

（10）老爷，**旁嘞**没说啥，今天来带了五十两银子攥给我啦。（《刘公案》）

例（4）—例（7）中，"旁哩/嘞"指称人；例（8）—例（10）中，"旁哩/嘞"指称物。从句法功能上看，例（4）充当兼语，例（5）作宾语，例（6）—例（10）作主语。

2.3　助动词

助动词，也叫情态助动词，主要用来表达情态意义，通常用在动词、形容词性成分之前构成"助动词+VP/AP"这样的述宾结构。河洛方言中，特色的助动词主要有"肯""好""能以""不娄"等，下面逐一对其展开讨论。

2.3.1　肯

书词中，助动词"肯 [kʰən⁵³]"是一个多义形式。如：

（1）这个家伙，他知道像徐延忠这样的英雄，头一杯水是不**肯**用下的。（《剑侠英雄传》）

（2）这下雨天人**肯**瞌睡呀，再一个老累。（《刘公奚》）

例（1）中，"肯"表示一种意愿，相当于"愿意"；例（2）中，

"肯"表示一种惯常，相当于"经常"。这两例中，"肯"都用在动词性成分之前，可以变换为"肯不肯V"形式。如：

(1′) 头一杯水**肯不肯**用下？

(2′) 下雨天**肯不肯**瞌睡呀？

为了方便讨论，表意愿的"肯"记作"肯¹"，表惯常的"肯"记作"肯²"。

2.3.1.1　肯¹的用法

《现代汉语词典》（第7版）对助动词"肯"释义为"表示主观上乐意；表示接受要求：～虚心接受意见｜我请他来，他怎么也不～来"①。这说明，普通话"肯"是一个表意愿的助动词。书词中，"肯¹"的用法与普通话基本相同，既可以用于否定式，也可以用于肯定式。如：

(1) 杨头**不肯**招真供，**不肯**说实话。(《包公审木槿》)

(2) 这一千为人不老实，他阴险狡诈，**不肯**招供。(《包公奇案》)

(3) 吕先儿，我还有一件心事儿，想给你商量商量，不知道你**肯不肯**给面子啊。(《彩楼记》)

(4) 可今天我要把他认下，二位国舅，太师他岂**肯**容我？(《花厅会》)

(5) 范兄，你为人**肯**下功夫，文章锦绣，满腹经纶，学富五车，令人佩服。(《包公奇案》)

(6) 我钻到二太太那床底下，我等等，她不睡，等等，她不睡，我只说二太太恁**肯**做活，半年是给你有约会。(《包公奇案》)

2.3.1.2　肯²的用法

"肯²"表示高频惯常义，常用于表述高频发生的事态句中。如：

(1) 妗子呀，你咋阵圪乂，人家说你嘞手不净，串亲戚你**肯**偷东西。(王《双锁柜》)

(2) 老赵，人老三没才，黑咯**肯**起来，热天还好受，冷天老才坏。(《包公奇案》)

---

① 中国社会科学院语言研究所词典编辑室编：《现代汉语词典》（第7版），商务印书馆2016年版，第743页。

这两例中，"肯"表示"经常"义，其后的"偷东西""起来"为高频发生的行为习惯。从时态来看，这两个行为发生在过去或现在的某一时间，而不能是将来的时间。因此，"肯²"可以看作是一个已然的惯常标记。

河洛方言中，"肯²"表高频惯常义，句法上非常自由，可以用于肯定式、否定式，可以用于疑问句、反问句，并且可以用肯定否定的重叠提问，还可以单独回答问题，这些句法表现仍是助动词的语法特征。如：

(3) 俺闺女小时节_{时候}**肯**发烧，阵嚓儿晚儿_{现在}通壮实哩。

(4) 他**肯**出去吃，老嫌做饭费事儿。

(5) 她男人**肯**乱窜_跑，她**不肯**出门儿。

(6) A：这一段儿咋**不肯**见你嘞？

　　B：哦，我出去打工啦。

(7) A：恁妈**肯**逛街**不肯**？

　　B：（可）**肯/不肯**。

"肯²"用于特指疑问句时，一般使用否定式而不用肯定式，如例(6)，若说成"这一段儿咋阵肯见你哩？"就表示反问而非询问了。"肯²"用于肯定式，不如用于否定式自由，常有背景句提示"肯"之后的动作行为通常是人们不愿意让其发生的或者当事人主观意愿上不想让其发生的，如例(1)—例(5)；或者常用于对举性话语中，如例(7)。

如果"肯²"单独成句，其前常有程度副词"可/老"或时间副词"老是"等修饰，从语义上强调所述事态的高频发生。如：

(8) 他**可肯**吃我哩东西。

(9) 俺妈**老肯**忘事儿。

(10) 俺侄女**老是肯**玩儿手机。

"肯²"，还常用于高频发生的规律性事态句中。如：

(11) 那人是铁，饭是钢，不吃饭干活心**肯**慌。（段《破镜记》）

(12) 呃，卖粮食，粮行嘞呀，他们**肯**用这大秤。（《海公案》）

再如河洛方言：

(13) 北方冬天**肯**下雪。

（14）日本**肯**地震，<u>不要去那儿旅游啦</u>。

例（11）、例（12）是社会规律，例（13）、例（14）是自然规律。《洛阳方言词典》对"肯[kʰən⁵³]"释义为"表示时常或易于：夏天～下雨"①。从词典的释义来看，"肯"不仅表高频惯常义，还可以表示惯常倾向义。因此，"夏天肯下雨"就是一个歧义句。河洛方言中，"肯"用于表示事物现象自然特点或生长发展规律的惯常句中，此时应理解为"惯常倾向义"。如：

（15）吃蒜**肯**烧心。

（16）榆树**肯**生虫。

（17）小孩儿学走路**肯**跰倒。

这三例中，"肯"具有惯常标记功能，可以理解为"容易"，不能删除。这些具有倾向义或具有规律性的惯常句，往往是人们日常生活经验的总结，具有不可类推性。

2.3.1.3 "肯¹"与"肯²"的使用差异

河洛方言中，"肯²"表示经常义，用于描述高频易发生的事态或规律性事件，它与表意愿义的"肯¹"在具体使用上有差异，主要表现在以下两个方面。

1）单独成句时，"肯¹""肯²"对其后 VP 的选择在语义上呈互补分布状态

具体来说，表示意愿义的"肯¹"，其后的 VP 一般是当事人乐意接受的；表示经常义的"肯²"，其后的 VP 一般是当事人不希望发生的②。试对比：

（1a）她**肯**吃苦。

（1b）她小<u>时节</u>时候**肯**生病。

（2a）她不**肯**吃苦。

（2b）她小<u>时节</u>时候不**肯**生病。

例（1a）、例（2a）中，"肯"表示意愿义，其后的"吃苦"在中国传统文化中是一种美德；例（1b）、例（2b）中，"肯"表示经常义，

---

① 贺巍：《洛阳方言词典》，江苏教育出版社 1996 年版，第 224 页。

② 这里不包括"肯"表惯常倾向义的情况，因为"肯"进入的规律性事态句具有不可类推性，如 2.3.1.2 例（15）。

其后的"生病"是人们不愿意让其发生的事情。可见，不管是肯定式还是否定式，都遵循上述语义的选择限制。

2)"肯"之后的 VP 在语义上呈中性时，对语境往往有不同的要求

具体来说，表示意愿义的"肯^1"，常用于表述态度意愿的语境中；表示经常义的"肯^2"，常用于表述事情发生频率的语境中。试对比：

(3a) 她不**肯**来，说啥也不中。

(3b) 她不**肯**来，都没见过几次。

(4a) 俺妞**肯**回老家，觉着稀奇哩东西多。

(4b) 俺妞**肯**回老家，俺儿没回过几次。

例(3a)、例(4a)的"肯"表示意愿义，后一小句凸显了"来""回老家"是当事人的一种意愿；例(3b)、例(4b)的"肯"表示经常义，后一小句衬托了"来""回老家"不是当事人高频发生的事件。而且，不管是肯定式还是否定式，都遵循上述对语境的要求。

2.3.1.4 "肯^1"与"肯^2"的历时考察

"肯^2"是由"肯^1"引申而来的，因为从认知上看，高频且经常发生的事情，一般都是比较容易完成的或主体乐意做的。从历史文献看，"肯^1"的用法在秦汉时期已出现，一直沿用至今；"肯^2"的用法，清代才开始出现。如：

(1) 三岁贯女，莫我**肯**顾。(《诗经·硕鼠》)

(2) 终不**肯**告其尸处。(《史记·伍子胥列传》)

(3) 我这大姐儿时常**肯**病，也不知是个什么原故。(《红楼梦》四十二回)

(4) 原来林黛玉闻得贾政回家，必问宝玉的功课，宝玉**肯**分心，恐临期吃了亏。(《红楼梦》七十回)

例(1)、例(2)中，"肯"表示意愿，即为"肯^1"；例(3)、例(4)中，"肯病""肯分心"都不是当事人愿发生的动作行为，因此，"肯"已经不表示意愿，语义指向发生变化，转向动词的高频惯常，即为"肯^2"。

《歧路灯》中"肯"出现343次，多数表意愿义，只有2例表经常义。如：

(5) 家父有个胃脘疼痛之症，行常**肯**犯。(二十三回)

（6）那些平素**肯**说话的，纵私谈则排众议而伸己见，论官事则躲自身而推他人，这也是不约而同之概。（五回）

这两例中，"肯"之后的"犯""说话"都不是当事人的意愿，而是表示一种惯常行为。

2.3.2　好

《洛阳方言词典》对"好"[xɔ⁵³]的释义如下①：

①跟"坏"相对：～人｜～事儿｜花开的可～

②用在动词前，表示满意的性质在哪方面：～吃｜～看

③友爱；和睦：～朋友｜～孩子｜他跟我～

④疾病痊愈：病～了｜疮长～了

⑤用在动词后头，表示完成或达到完善的地步：穿～衣裳再走｜摆～菜就吃饭

书词中，"好"除了上述义项及用法外，还可以用在谓词性成分之前，表述某事态发生的较大可能性、规律性或倾向性，非现实性较强，可以理解为"容易"。不过，这种用法较少。如：

（1）哎呀，你不知道，她**好**打呼噜，**好**踢梦脚、打梦拳……（《丝绒记》）

（2）姑娘啊，最大的毛病是她**好**尿床啊！（《丝绒记》）

《现代汉语词典》（第7版）中动词"好"（去声）第二个义项为"常容易（发生某种事情）：刚会骑车的人～摔跤"②。河洛方言中，表惯常倾向义的常用词是助动词"肯²"，"好"的使用较为受限。

与"肯²"相比，"好"有以下语法特点。

1）从语义上看，"好"不能用于表述事物的特性，它所表示的惯常倾向义反映了言者的主观视角，"肯"所表示的惯常倾向义则反映了言者的客观视角。试对比：

（3a）这种石榴树**肯**长，那种石榴树不**肯**长。

---

① 贺巍：《洛阳方言词典》，江苏教育出版社1996年版，第147页。

② 中国社会科学院语言研究所词典编辑室编：《现代汉语词典》（第7版），商务印书馆2016年版，第521—522页。

（3b） *这种石榴树**好**长，那种石榴树**不好**长。

2）从句法上看，"好"一般用于肯定式，不能用于否定式，但对举格式除外。如：

（4）这小妮儿**好**说谎，她哥**不好**说谎。

（5）我**好**闯祸儿，我弟**不好**闯祸儿。

（6）俺妈**好**吵俺弟，**不好**吵我。

（7）平常你仗着你长得老好，你长得老漂亮，你**好**去那男人跟儿跟前疯！（《全家福》）

3）从语用上看，"好"只能用于表述负向行为习惯，如例（1）、例（2）中的"打呼噜""踢梦脚""尿床"等，这些情况都是言者不情愿让其发生的，而"肯^2"表惯常义时并没有上述的语用倾向。这是因为，河洛方言中"好"主要用于表示"喜爱、偏好"义，若用于负向事件时，"好"自然就理解成为"倾向"义。

那么"好"用于中性事件，就会有歧义：

（8）俺爸俺妈**好**去旅游。

该例中，"好"既可以理解为"偏好"，也可以理解为"惯常频发"，但后者这一语义是语用推理的结果，因为一般情况下人们对于喜欢的事情就会多做。从字面意义上看，"好"的这种语义还未规约化。

2.3.3 能以

"能以"与"能"基本相当，书词中有29例，可以归纳为三种语义。

1）表主观能力，如：

（1）我门婿是一个大将之才，他**能以**用兵还**能以**掌江山哪。（《滨州会》）

（2）你**能以**看住南衙门，看不住我白玉堂飞檐走壁会轻功。（《包公奇案》）

（3）天保佑是我的仁叔来到哇，就**能以**，哎呀，就**能以**啊给俺王家把冤申申。（《刘公案》）

（4）我**能以**借点儿银子把账清，咱俩人也算是过难关啊。（《包公奇案》）

（5）下校场**能以**百步穿杨，两军阵前还能带兵打仗啊。（《全家福》）

2）表估计，如：

（6）我有心叫他慢慢走，啥时候**能以**救出严相公？（《包公奇案》）

（7）庞文说，老道，还不知那包文正什么时间**能以**断气？（《包公奇案》）

（8）刘高，好好下你的功夫啊，孩子有出息，后来**能以**成名，**能以**替国家办事儿。（《滨州会》）

3）表许可，如：

（9）不**能以**麻痹大意把我瞒哄。（《包公奇案》）

（10）要不是奴家我人材那长得好，咋**能以**叫俺丈夫坐监受酷刑。（《刘公案》）

除了上述义项之外，河洛方言中"能以"还可以表示具备某种客观条件、表示准许或表示善于做某事。如：

（11）今儿个那风**能以**给脸冻烂。

（12）俺妈说我不**能以**看电视。

（13）他可**能以**给人打交道。

《歧路灯》中有4例"能以"，都表示主观上具有某种能力。如：

（14）他把谭福儿**能以**教的不再赌博，就是破了咱的生意，这就是杀了咱的父母，还说没冤没仇么？（五十六回）

（15）前日贤弟约我，说国子监肆业一段话，我酌度再三，不**能以**上京。（九十九回）

（16）留心北闱，**能以**考中，则春闱在即，可省来年冬春跋涉之苦。（一百〇一回）

（17）酒酣之后，说的无非是绸缎花样，骡马口齿，谁的鹌鹑能咬几定，谁的细狗**能以**护鹰，谁的戏是打里火、打外火，谁的赌是能掐五、能坐六，那一个土娼甚是通规矩，那一个光棍走遍江湖，说的津津有味。（二十一回）

从汉语史来看，"能以"词汇化时间不长，最早见于清代乌有先生的《绣鞋记》"未必能以安然"，目前河洛方言年轻一代已经很少使用。

2.3.4 不娄

"不娄"用在动词性成分之前,表示有足够能力做到或完成。如:

(1) 今儿咱俩一说话心投意合,我还想喝,再要一瓶儿也**不娄**喝。(《刘公案》)

(2) 离德州多远,人家说二十里,有人说二十五。不管多少,那**不娄**走。(《刘公案》)

(3) 可能推动咋,**不娄**推,就带这两仨闺女,带你都坐上,都**不娄**我推。(《刘公案》)

(4) 不用他帮忙啊,只要咱们一路厮跟着,太排场啦,**不娄**走。(《刘公案》)

(5) 将来咱那孩子长大,定媳妇儿啦**不娄**定。(《全家福》)

上述例子中,"不娄"之后的动词都是自主动词。

《歧路灯》中没有"不娄"的用例。

调查显示,"不娄"一词在洛嵩片的使用较为广泛,除洛宁县、渑池县、义马市、新安县 4 地外,洛阳市、嵩县、巩义市、栾川县、孟州市、登封市、偃师市、宜阳县、卢氏县、伊川县、孟津县等 11 地都有使用。

2.4 数词与量词

2.4.1 数词

书词中,称数法与序数表示法较有特色。

2.4.1.1 称数法

普通话中"11-19",十位数的数词为"一",称数时"一"略去不说,如"15"读作"十五"。书词中,十位数的数词"一"常不略去。如:

(1) 薛银登就这样度过了**一十六**年。(《全家福》)

(2) 小寇珠穷家长穷家生,跟爹娘长到**一十四**冬。(《包公奇案》)

(3) 严嵩贼他给我银登作了对,害得俺**一十六**年我才成名。(《全家福》)

(4) 又本官在这北京熬去这**一十五**载，才得中头名状元公。(王《金钱记》)

(5) 这就叫人生尘世不周全，有人缺儿女，缺吃穿。侯老总兵跟前就一个女儿，今年年芳**二九一十八**岁啊。(《包公审木槿》)

(6) 同志们，从此老方丈就看起了刘高，叫他吃些偏饭，下些闷功。学会了拳打足踢，走高沿低，七步蹬川，八步蹬空，外加**一十二**把身手。(《滨州会》)

2.4.1.2 序数表示法

书词中，有些语境下用基数词表示序数。如：

(1) 三趟人送信儿，**头一**次送信儿得病啦，**二一**次病老关紧，**三一**次送信儿就说死了啦，不应来啦。(《损人报》)

(2) **头一**件访访贼苏玉，访一访苏玉这个小朝廷。
　　二一件访一访狗知州，看看他做官清不清。
　　三一件访一访他条船连襟，访一访条船叫赵能。
　　四一件访访他岳丈，他岳丈名叫王顺清。
　　五一件访访家人小王纪儿，**六一**件访访表弟陈应龙。
　　七一件访访小妹妹，访一访妹妹张桂英。
　　八一件访访未婚妻，访一访未婚妻子叫个王月英。(《回杯记》)

(3) 老家院徐能转身迈步进了**头**门儿，越过**二**门儿，来到客厅。(《丝绒记》)

(4) 又一见**头**门**二**门**三**门相照，过三门也就是那待客厅。(《剑侠英雄传》)

河洛方言中，表示"第一"时，使用"头一"表示，"第二"之后的次序表达常使用个数词直接来表达，如"二一""三一"等，如例(1)、例(2)；有时"第一"用"头"，个数词"一""二""三"直接作序数词，如例(3)、例(4)。

2.4.2 量词

量词表示计量单位，其使用往往遵循约定俗成的语言习惯。书词中特色的方言量词见表2-10。

表 2-10　　　　　　　书词中出现的特色方言量词

种类	词例
名量词	根　家　挂　支　座　把　口　垈儿　记　封　筒　营　门　层　溜　撮　生儿　扑串儿
动量词	家伙
自主量词	冬　嘴　活儿　褙儿　星儿　拉溜　连溜　壁厢

与普通话量词相比，以上书词中的河洛方言量词可以分为两类：一是河洛方言所独有的，如"垈儿""拉溜"等；二是与普通话量词适用范围不同的。

2.4.2.1　河洛方言独有量词

1）垈儿_{同阶段或同时期的人或物}

（1）俺没有事儿啦，俺给俺那**一垈儿**那老婆儿们、老姊妹们都搁那一块儿闲喷哩，闲说哩，闲笑哩，俺烧香哩念经哩，多自由。（《全家福》）

2）星儿

（2）今天恁爷我把门叫，莫非说里边都死清，死全啦，没一**星儿**啦。（《剑侠英雄传》）

3）褙儿

（3）单三**褙儿**双三**褙儿**，哪一**褙儿**不紧掌脚蹬。（《包公奇案》）

4）筒

（4）两**筒**浓鼻子，哈水滴拉多长。（《剑侠英雄传》）

5）生儿_岁

（5）老杜，谁家的传家宝会传这三样破东西呀，破镜片儿，破手巾的？去哄那三**生儿**小孩去吧。（吕《破镜记》）

6）活儿

（6）康二秃老婆子撑内跳那石槽里，赶紧给身上洗了洗，裤子洗了洗，一下洗啦三四**活儿**呀，咦，那水稠杠杠哩。（王《双锁柜》）

7）冬

（7）秀英，你的武艺都学会，屈指算都够十一**冬**。（《剑侠英雄传》）

8）溜

（8a）这不，这一**溜**脚印还能看得见，对。（段《破镜记》）

（8b）那包黑手抓竹笔，把墨研好，把笔膏饱，"刷刷刷"一**溜**栽花，点点如桃，撇撇如刀，一口气儿做成三篇文章。（《包公奇案》）

（8c）看你这人吧啊，成天不干一点儿正事儿，不听我嘞话，猫盗子来啦，狗盗子去啦，狼一窝，狗一**溜**。（《损人报》）

9）嘴

（9）有嘞扯着他孙子嘞，啊，有人扯着他外甥儿，想到这儿多吃一**嘴**嘞。（《刘公案》）

10）拉溜

（10）这一边，两台大戏对着唱；那一边，一**拉溜**全是赌博棚。（段《破镜记》）

11）扑串儿

（11）上眼皮儿给下眼皮儿一碰，"卜噔"出来一**扑串**儿猫尿。（《包公奇案》）

12）连溜

（12）进去南门，一直到十字街，十字街往东一拐，一**连溜**七处宅子。（《损人报》）

13）壁厢

（13）这**壁厢**惊动屈良啦，屈良睁眼一看，脖子上勒绳那，那不是俺二弟屈申？（《包公奇案》）

2.4.2.2　与普通话有差异的量词

1）根

（1a）仵作上前禀告："回禀老爷，原是一**根**小长虫啊。"（《刘公案》）

（1b）头上扎了一块深白布，一**根**尺子拿手中。（《包公访太康》）

（1c）到学校趁哩一张桌，俩人又坐一**根**板凳。（《包公奇案》）

2）家

（2）北京城有一**家**老爷，姓雷名勇，表字公骁，是镇京总兵之职。（《花厅会》）

3）层

（3）恁外爷生了一**层**大病，哎，现在没处玩啦。（《呼延庆鞭扫十

八国》)

4) 把

(4) 找了**一把**梯子往墙跟前一放,然后扒着梯子慢悠悠来到上边。(《剑侠英雄传》)

5) 座

(5) 胡老爷怕文学生活寂寞,就在大街上给他开了**一座**当店。(段《破镜记》)

6) 家伙

(6a) 送别啥东西都不说,光那银子**一家伙**送了八杠箱啊。(《全家福》)

(6b) 这一个到王能那额头上边"嘣叽"捣**一家伙**,那一个到近前"嘣叽"捣**一家伙**。(《剑侠英雄传》)

7) 挂

(7a) 手中嘞,拿住**一挂**赶驴的小鞭子。(《海公案》)

(7b) 咱那院还有**一挂**破竹帘,挂上应挡一时。(《回龙传》)

(7c) 一张小桌子,一把椅子,**一挂**梯子,一个火盆儿,两个被子。(段《破镜记》)

8) 支

(8) 怕的是山东嘞刮怪风,一壁厢点了三**支**追魂炮。(《刘公案》)

9) 封

(9) 我来到恁这大门口儿,恁嘞娘幸好开开门两**封**。(《刘公案》)

10) 门

(10) 我是他门上哩**一门**娇客,今天过府投亲。(《损人报》)

11) 口

(11a) 脊背上斜插刀**一口**,他走起路来有精神。(《剑侠英雄传》)

(11b) 弄**一口**箱子,把白玉莲她丈夫钉到里边。(《包公奇案》)

12) 记

(12) 你一口野矛一**记**单刀,你杀遍了南七北六十三个省,这事儿是真的吧。(《剑侠英雄传》)

13) 营

(13) 那西北"嚯嚯嚯"人欢马叫,那壁厢跑着**一营**船嘞。(《滨州会》)

14）撮

（14）往前走，他闪睛看，有一**撮**桩生意面前迎。(《花厅会》)

2.5 方位词

书词中出现的方位词较为丰富，具体见表2–11。

表2–11　　　　书词中方位词的使用概貌

种类	方位词
单纯方位词	东 南 西 北 上 下 前 后 左 右 里 外 内 中 间 旁
合成方位词	东方 西方 以南 以北 以上 以下 以前 以后 以里 以外 以内 之上 之下 之前 之后 之外 之内 之中 之间 东边 西边 南边 北边 上边 下边 前边 后边 左边 右边 里边 外边 旁边 东头 西头 上头 下头 前头 后头 里头 外头 上下 前后 左右 里外 内中 当间 东南 西北 东北 西南 上方 中间 当中 底下 内面 跟前 附近 周围 头前 后起 外先 头（儿）起 正间儿当间儿

上表中，"以里""头前""头（儿）起""后起""外先"等合成方位词地域特色鲜明，下面重点对它们进行讨论。

2.5.1 以里

巩义、偃师、宜阳、孟津、新安5地艺人的书词中都出现了"以里"一词，主要附着在处所词语之后，表示处所范围。如：

（1）他能百步听风，一百步**以里**，多少人走路，多少人说话，说的好话坏话，他能听得清清楚楚。(《刘公案》)

（2）北京城有两个手扒胡同，皇城**以里**一个，皇城外一个，你在哪一个手扒胡同啊？(段《破镜记》)

（3）包大人迈步就进到庙门**以里**，在听他们讲说什么。(《包公访太康》)

（4）这时候白喜同使个缓兵之计，自己背着海爷靠着墙角儿，把海爷呀挡到了墙角儿**以里**，海爷就安全啦。（《海公案》）

（5）把咱一家儿通通集合，点点名，数数数儿，看看谁今天晚上扃到咱水缸**以里**。（《小八义》）

（6）老婆儿慢腾腾好半天才挪到大门**以里**，"呼啦"抽掉门闩。（吕《破镜记》）

（7）你用那芦席一卷，把我埋到咱那老坟**以里**。（《回龙传》）

（8）抬到上房**以里**，哪个床铺干净，放到哪一个床铺以上，听着啦没有？（《丝绒记》）

（9）小丫鬟把楼门一关，门插儿一插，回到明间儿**以里**。（王《金钱记》）

例（1）中，"以里"附着数量词语"一百步"之后，表示数量范围；例（2）—例（9）中，"以里"附着在处所词语之后表处所范围。洛嵩片方言调查显示，洛阳市、巩义市、登封市、偃师市、孟州市、孟津县、新安县、宜阳县、卢氏县9地有"以里"附着在处所词语之后表范围的用法；嵩县、伊川县、渑池县、洛宁县、义马市、栾川县6地，与普通话趋同，使用"以内"一词。

从历史文献来看，"以里"一词的附着成分及其所表示的意义较之洛嵩片方言要复杂。"以里"一词最早出现在宋代，表示空间方位。如：

（10）东坝**以里**沿岸人家皆对门植苇于小屿不晓其旨漫成四绝（诗歌题目，岳珂）

（11）令主簿兼县尉，但主城市**以里**；其乡村盗贼，悉委巡检，兼掌巡按保甲教阅，朝夕奔走，犹恐不办，何暇逐捕盗贼哉？（司马光《传家集·卷四十六》）

上述两例中，"以里"分别附着在处所词"东坝""城市"后，表示在一定的处所范围之内。

元代，"以里"一词发展出了新用法，可以附着在时间词语之后，表时间范畴。如：

（12）问他要一纸生死文书，一百日**以里**，但有头疼脑热，都是你，一百日以外并不干你事。（孙仲章《河南府张鼎勘头巾》）

（13）想我当初与玉箫临别之言，期在三年**以里**相见，初则以王命远征，无暇寄个音信；及至坐镇时节，方才差人取他母子去。（乔吉《玉箫女两世姻缘》）

上述用例中，"以里"附着在"一百日""三年"这样表示时段的数量词语之后，表示在一定的时间界限内。

明代，"以里"一词主要还是表处所，但其前的成分有了新变化，开始用于数量词语之后，表示空间范畴。如：

（14）贼至，百步之外则用枪铳御之，百步**以里**则用弓弩御之。（唐顺之《武编·车》）

（15）又吹天鹅声一次，第四层、五层俱出，将杀器放在地，与队总俱射箭，贼至三十步**以里**，摔钹疾响，……（戚继光《练兵实纪》）

（16）又奉圣旨，腹里地方、该勾的军离原卫二千里**以里**的还发去、二千里以外的都留在附近卫所收操，此皆祖宗成宪，盖洪武中有犯罪死者。（杨士奇《东里集·论勾补南北边军疏》）

清代，"以里"一词依然主要表示处所，但可以附着在数量词之后，表示次序范围。如：

（17）待了两天，头场案张出，黄心斋兄弟全在十名**以里**。（佚名《金钟传》）

（18）太爷说："不然，这榜是从后放的，你那文章还在三十名**以里**。"（蒲松龄《聊斋俚曲集·富贵神仙》）

到了现代汉语，根据对 CCL 语料库的考察，共有 79 例"以里"，其中多数表示空间范畴，少量表示时间范畴。如：

（19）大家纷纷回答没有别的话说，准定在三天以外，五天**以里**，带着粮食回来。（姚雪垠《李自成》）

（20）标准龙舟是国际龙舟联合会指定的比赛用舟，以往他们在此类比赛中的两轮成绩都在 4 分钟**以里**，这次却用了整整 5 分 23 秒 59。（新华社 2003 年 1 月新闻报道）

从历史发展来看，"以里"一词经历了由空间范畴到时间范畴的发展变化，但其始终以表空间范畴为主。现代汉语中，该词已经完全被"以内"所替代；河洛方言中的"以里"，只剩下最初的表空间范畴义。

从语言内部来看,"以里"一词的衰退,主要原因在于它与"以内"的竞争,后者在竞争中更有优势,因为"里"与"表"相对,"内"与"外"相对,词汇系统内部的整齐性要求"以外"与"以内"相对应,而不是选择与"以里"相对应,余义兵(2018)也认为"以里"的衰退是词汇系统选择的结果。从语言外部来看,普通话对方言的渗透和同化不容小觑。

2.5.2 头前

"头前"是"前头"的逆序,但二者的构词方式不同,"头前"是由方位词"前"附着在词根"头"(表顶端、末梢)之后构成的合成方位词,而"前头"是由方位词"前"和后缀"头"构成的。书词中"头前"共出现37次,从句法功能上看,可以作状语、宾语。如:

(1)既然如此,丫鬟,**头前**带路,领俺到堂楼上去吧。(《彩楼记》)

(2)俩孩子说:"俺记住啦,你**头前**带路吧。"(《回龙传》)

(3)李天官只该**头前**走,后跟着包文正还有一个包兴啊。(《包公奇案》)

(4)出家人在**头前**把路领动,后跟着赶考的主仆二名。(《包公奇案》)

从历史文献来看,"头前"一词最早出现在明代。如:

(5)那太监道:"我**头前**见个白面胖和尚,径奔朝门而去,想就是你师父?"(《西游记》)

(6)先是这狄县丞往清河县城西河边过,忽见马**头前**起一阵旋风,团团不散,只随着狄公马走。(《金瓶梅》)

清代,"头前"的使用较为活跃,民国时期"头前"已经基本消失。如:

(7)你在**头前**走,我在后头跟着。(清《三侠剑》)

(8)**头前**有段山沟隔住,天锦蹿不过去,又可就在东边等着这只老虎。(清《小五义》)

(9)王老侠说:"哦,既然如此,金荣你**头前**带路。"(清《雍正剑

侠图》)

"头前"退出共同语存活于方言之中的主要原因在于：它缺乏"前头"的竞争优势，"前头"与"后头"对应整齐，且与"～头"类合成方位构词的结构保持一致，形成了一个派生聚合群。

2.5.3 头（儿）起

"头（儿）起"，表示"前边、前面或前头"，它是由词根"头"与处所标记"起"构成的合成方位词，其中的"头"可以儿化也可以不儿化。书词中"头（儿）起"有4例，表示处所或位置。如：

（1）**头儿起**那我都能理解，后头这御札三道，我就弄不明白。(《包公奇案》)

（2）这**头儿起**走着张大伯，后头走着李二楞。(《包公奇案》)

（3）张三他只在这**头儿起**走，李四后头儿紧跟从。(《包公奇案》)

（4）伙计们，快忙来呀，这嫁妆箱先**头儿起**走，一会儿吃饱饭就发人！(王《双锁柜》)

从历史文献来看，"头起"一词最早出现在清代，表示时间，民国时期依然使用，到了现代汉语就消失了。如：

（5）次日，起早上去谢恩，**头起儿**就叫的是他。(清《儿女英雄传》)

（6）何腾蛟、郑成功，**头起**奉着隆武，后来奉着永历，也都是百折不挠。(民国《清朝秘史》)

（7）**头起**还瞒着太后，后来太后也知道了，连召几回，高宗总推病着。(民国《清朝秘史》)

（8）**头起**虽有几户私窑子，自从卑府到任之后，严严办了几下，现在已经差不多了。(民国《清朝秘史》)

（9）第二报，罗营将士，骁勇异常，**头起**长毛已经杀退。(民国《清朝秘史》)

以上用例中,"头起"都表示时间,与普通话"起头"相当①,表示"一开始的时候"。"起头"一词最早出现在北宋,表示时间,元代之后使用逐渐增多,一直相沿至现代汉语。如:

(10) 东坡欧阳公文集叙只恁地文章尽好。但要说道理,便看不得,首尾皆不相应。**起头**甚么样大,末后却说诗赋似李白,记事似司马相如贺孙。(宋《朱子语类》)

(11) 这蒋世泽做客,**起头**也还是丈人罗公领他走起的。(元《元代话本选集》)

(12) 伯眼道:"**起头**坐静,第二柜中猜物,第三滚油洗澡,第四割头再接说罢,打一声钟响,各上禅床坐定,分毫不动,但动的便算输。"(元《朴通事》)

例(10)中,"起头"与其后的"末后"相对应;例(11)、例(12)中,"起头"作状语,表示其后动作行为发生的时间。

上述可知,"头(儿)起"与"起头"都可以表示时间。词汇语法化的过程是在若干个认知域之间转移,而且往往遵循由具体到抽象、由空间到时间再到性质(Haine, Claudi, Hünnemeyer 1991)②,因此,"头(儿)起"一词最初的用法应该是表示方位,后来才引申表时间,受语言系统经济性原则制约,"头(儿)起"与"起头"在竞争中逐渐衰落而存留于方言中表示处所或位置;现代汉语中"起头"表示时间,"前头、前边、前面"等表示处所。

2.5.4 后起

"后起",表示"后面、后边",与"头(儿)起"一词相对应,它是由处所标记"起"附着在方位词"后"之后构成的合成方位词。如:

(1) 站将起来往**后起**退了几步,走向前弯腰一倚。(《刘公案》)

---

① 《现代汉语词典》(第7版,第1030页)对名词"起头"的释义为:开始的时候或阶段:~他答应来的,后来因为有别的事不能来了│你刚才说的话我没听清楚,你从~儿再说一遍。

② Bernd Heine, Ulrike Claudi and Friederike Hünnemeyer, *Grammaticalization: A Conceptual Framework*, Chicago: The University of Chicago Press, 1991, p. 145.

再如河洛方言：

(2) 他随**后起**又回到上房**里头**拿走啦。

(3) 你身**后起**净是白哩。

现代汉语中有"后起之秀"，据调查，洛嵩片老派人还在使用。

2.5.5 外先

"外先 [uæ⁴¹²sian³]"，即"外边"。如：

(1) 其他的净是坯房，黍杆儿墙，**外先**倒光倒净，一点儿不剩。(《损人报》)

(2) 里边应声的呀，是个老头儿，走着嘟哝着，这时候不愿意地来到门口儿，把门一开，一看是门**外先**站了三个人。(《海公案》)

(3) "哎呀，走，走，走，到你那房里，到你那房里。"

"啥事儿？搁**外先**说!"(《丝绒记》)

例(1)中，"外先"作主语；例(2)中，"外先"附着在名词"门"之后构成处所词语，作主语；例(3)中，"外先"作介词"搁"的宾语。

方言调查显示，"外先"一词在洛嵩片15个方言点均有较高的使用频率，且与"<u>里头</u> [liu⁵³]"一词相对应，如"门外先——门<u>里头</u>"。

2.6 叹词

叹词是专门表示感叹、呼应的词，总是独立使用，不与其他词语发生结构上的关系。这里着重讨论4个较为常用的河洛方言叹词。

2.6.1 (老)天爷

"(老)天爷"在洛嵩片方言中广泛使用，表示惊讶或感叹，"老天爷"的使用频率高于"天爷"。"(老)天爷"作为独立成分，多用于话轮之首，也可以出现于话轮之中、话轮之尾。如：

(1) 胡定脖子一硬："**老天爷**，叫他走也不行！咱家老爷怪罪下来，你担着？"(吕《破镜记》)

(2) **老天爷**，要是这样，快，赶快想办法才好啊，找一个女子啊。

(《包公访太康》)

（3）**老天爷**呀，咦，把这风刮嘞老大。(《刘公案》)

（4）咦，哎呀，**老天爷**呀，他说句话震得我耳朵儿"吱唧"乱叫唤。(《滨州会》)

（5）要不然，你先给我藏起来吧，**老天爷**，我藏到哪儿嘞？(《损人报》)

（6）咦，谁吃过这，**天爷**，我成天吃的最好那就是那棒子面啦。(《刘公案》)

（7）咦，恁姑爹真是当官儿有钱了啊，哎呀，那七吊钱买这一双鞋，这鞋好到哪儿啦？咋阵贵哩，**老天爷**！(《回杯记》)

（8）你给我拿啥主意哩？轿一回来，这事儿咋办哩，**天爷**！（王《双锁柜》）

从上述例子可知，"老天爷"可以与语气词"呀"连用，如例（3）、例（4）。从语用功能看，例（1）、例（2）、例（4）、例（5）、例（8）表示感叹，带有无奈的情绪；例（3）、例（6）、例（7）表示吃惊。

"（老）天爷"还可以构成"我哩/嘞（老）天爷"这样的感叹构式。如：

（9）阿嚏，哎呀，**我嘞老天爷**呀，要不是我会这，非淹死到这儿不中，走走走。(《损人报》)

（10）呦，**我哩老天爷**呀，你一进大门儿回到家，你就给那麻尾雀戳杆子哩一样，你叽啦啦，叽啦啦。(《回龙传》)

这两例中，"我嘞/哩老天爷"，也可以说成"我嘞/哩天爷"。

河洛方言中，与"（老）天爷"功能用法类似的叹词，还有"老爷""老天"。如：

（11）**老爷**呀，你这孩子，还给我身上扳脏，讹我嘞呀，来来来，写写写。(《刘公案》)

（12）**老天**呀，她咋阵能哩？……俺姑娘长哩是那过木眼儿，唉？(《回杯记》)

2.6.2 乖乖

河洛方言中，叹词"乖乖"表示吃惊。如：

（1）丫鬟？**乖乖**，丫鬟都长得这样好看，那小姐长得就更漂亮哩！（《彩楼记》）

（2）就着夜色往墙外一看，倒吸一口冷气，**乖乖**，这样高啊！（吕《破镜记》）

（3）尚士杰一看，心中暗想，**乖乖**，这<u>一个</u>老头儿长嘞还不赖嘞呀！（《回龙传》）

（4）马方一看："**乖乖**，男鬼啊。"（《丝绒记》）

（5）往上看有三四丈恁高，上边一枝分三杈，三杈分九股儿，上边的小鸟喳喳乱叫，往下一看惊呆了，**乖乖**呀，下边的鸟粪呢，最低有半尺恁深。（《剑侠英雄传》）

"乖乖"常与语气词"呀"连用，如例（5），还可以构成"我嘞/哩乖乖"感叹构式。如：

（6）这几年我没去过你的家，**我哩乖乖**啊，还不知道恁娘儿俩嘞日子咋过成。（《包公奇案》）

（7）"哎哟，**我哩乖乖**。"老头儿一想，这事儿还怪麻缠哩呀。（段《破镜记》）

（8）人群里边有人不认识他，一回头一看，**我嘞乖乖**，哪儿来的人种？（《包公访太康》）

据调查，洛嵩片除了卢氏县外，其他14地都使用"乖乖"，但使用频率低于"（老）天爷"。

2.6.3 奶奶

"奶奶"本是个亲属称谓词，在河洛方言中叹词化，且使用频率较高。该词有轻微的詈骂语色彩，主要用于宣泄负面情绪。

从语用分布来看，叹词"奶奶"主要有以下两种情况。

1）用于独白语境中，如：

（1）**奶奶**，这门上咋挂<u>一个</u>这膃？（《滨州会》）

（2）哎，王二想起来门儿了，**奶奶**，这事儿得给她戳戳呀。（《损人报》）

（3）不叫知道，**奶奶**，我叫他都知道知道。（《损人报》）

（4）**奶奶**，就下那一片儿，阵奇怪，咹？（《损人报》）

第 2 章 实词

（5）他这一瓶酒着_容纳_五斤哪，**奶奶**，他喝嘞干干净净。（《刘公案》）

（6）贾秀英一想，往常文彪那银子分文我不敢动，**奶奶**，这一回儿命都不要啦，还说那银子不银子嘞！（《小八义》）

2）用于对话语境中，如：

（7）"唉，**奶奶**，一天没有要饱肚子，还受场雨淋……。"（段《破镜记》）

（8）我说："**奶奶**呀，三年不见都成百万啦。"（《包公奇案》）

（9）怕什么，**奶奶**，我在里边准备好啦，他今日没有进来算他幸运，如要他一进来，我这一棍子下去，就叫他有来无回。（《包公访太康》）

（10）闺女，你只管情去大堂上，就说恁干叔说啦，叫他给你申冤报仇，他**奶奶**，不申冤，我上去，我打他个兔孙，去吧！（《包公访太康》）

从上述例子可知，"奶奶"不管在独白语境还是对话语境中，都用作独立成分，有些用于小句之前，如例（1）、例（2）、例（8）等，有些用于小句之间，如例（5）、例（6）、例（9）等。

叹词"奶奶"也可以独立成句，如：

（11）他不说偷咯还好点儿，一说偷，左天贵过去老机骨呀，谁家吃他<u>一个</u>馍，你给吃住他那肺了<u>一样</u>。这<u>一个</u>说："**奶奶**！"（《损人报》）

河洛方言中，与"奶奶"功能类似的叹词，还有"你（个）奶奶""（你）奶奶那孙""你他奶奶"等感叹构式。如：

（12）黑驴，**你奶奶**，你咋舍哩停停啦，你没给俺俩累死。（《包公奇案》）

（13）大汉闻听冲冲大怒，把棍子一掂，说道："**你个奶奶**，我现在上去我打个兔孙。"（《包公访太康》）

（14）徐延忠一听，心下暗想，**你奶奶那孙**，这是什么孬规矩呀？（《剑侠英雄传》）

（15）**奶奶那孙儿**，这鳖孙儿啦，不是个好东西。（《剑侠英雄传》）

（16）小伙子一看心中好恼："**你他奶奶的**！"（段《破镜记》）

2.6.4 咦

《现代汉语词典》(第7版)对"咦"释义为"叹,表示惊异:~,你什么时候回来的?|~,这是怎么回事?"[①] 由此可知,普通话叹词"咦"主要用在话轮之首,分布于"咦+疑问句"这样话语序列中,表示诧异兼疑问。较之普通话,河洛方言"咦"较为复杂,下面对书词中"咦"的话语分布、语用功能进行讨论。

2.6.4.1 话轮位置

叹词"咦"在话语分布中,以话轮开头居多,话轮之中次之,单独作话轮最少。

1) 话轮之首,如:

(1) 丫鬟说:"**咦**,我当是谁嘞,是俺二哥。"
"不是恁二哥是谁,咋着?"(《滨州会》)

(2) "花了多少?"
"花了二百两啊。"
"**咦**,你成吞钱兽,跑一趟儿说一个媒花二百两银子,左天贵见啦没有?"(《损人报》)

(3) "老爷哎,不是俺没挨打,他看不见俺。啊,老爷你是当官儿嘞?"
"**咦**,<u>不要说当官儿啦</u>,越说当官儿越丢人啊。"(《刘公案》)

(4) "她大姨咋?她大姨会窜!"
"**咦**,看你说这是啥?那是咱姐哩。"(王《双锁柜》)

2) 话轮之中,如:

(5) 左天贵说:"中中中,这家里这一摊子谁照看嘞,**咦**,厨房恁些肉法儿照护好啊。"(《损人报》)

(6) "爹哎,那你情应爷啦,啊。中,爹,可是中,**咦**,那你是俺亲爹嘞,真不赖啊。"(《滨州会》)

(7) 姑娘:"没有清官儿啦,剩下那马脖子毛都是一鬃,**咦**,都是

---

① 中国社会科学院语言研究所词典编辑室编:《现代汉语词典》(第7版),商务印书馆2016年版,第1544页。

他娘那吃人嘞贼，堕落腐化，贪污受贿，买官卖官到处乱窜。"（《刘公案》）

(8) "老姐，吃够啦没有？"

老师婆说："吃够啦，**咦**，吃得老如意。"（王《双锁柜》）

3) 独立作话轮，如：

(9) "他那胡茬子咋嘞？"

"胡茬子刮刮！"

"**咦**。"（《损人报》）

(10) "他孩子把他爹给卖啦。"

"**咦**？"这店掌柜一听，卖人也按斤秤卖哩？（《丝绒记》）

2.6.4.2 表情功能

"咦"的表情功能非常丰富，在不同语境中表达不同的情感义。

1) 表示惊讶，一般用于疑问句之前。如：

(1) **咦**，咋戴不上哩？这帽子口儿小，的脑大不是？（王《双锁柜》）

(2) **咦**，姑娘，这酒喝着咋阵烧哩？（《丝绒记》）

(3) 老婆儿说："**咦**，你咋给我这撕开啦？（段《破镜记》）

2) 表不满，如：

(4) **咦**，你个老东西，没见过你这叫驴会下驹儿，老公鸡还会媱蛋哩。（段《破镜记》）

(5) **咦**，老天爷呀，唉？你那穷要饭的花子啊，还打破砂锅问到底哩呀！（《回杯记》）

(6) **咦**，我说妮儿她爹呀，妮儿她爹，这半夜三更哩，有啥话不会白天说，要得这个时候说嘞？（《包公审木槿》）

3) 表恐慌或害怕，如：

(7) 老婆儿说："**咦**，<u>不要吓唬我了</u>，闺女。"（王《双锁柜》）

(8) **咦**，我哩爷呀，你这样一说，俺老爷非把俺屁股打脓不中。（段《破镜记》）

(9) **咦**，真是急得呀，心如刀绞，肺如钩捞，这可如何是好，弄这。（《损人报》）

4) 表诧异，如：

(10) **咦**，我看你这利散散嘞，也不像怀孕妇女呀。(《滨州会》)

(11) **咦**，金哥，就凭你十一二岁一个孩子，能给恁陈大爷喊来？(《回杯记》)

(12) 这丫鬟正说往外走哩，一想，**咦**，这一瓶酒他两个人用，恐怕他两个喝不醉呀。(《丝绒记》)

5) 表否认，如：

(13) **咦**，姑娘，胡说，姑娘，要死了斗_就好受，谁还活啊。(《剑侠英雄转》)

(14) "二哥，你就请回，后会有期呀。"
"**咦**，你别说后会有期啦，这事儿回去赶紧得办。"(《损人报》)

(15) "**咦**，我可不好占你哩便宜哦。那是你拾哩东西，我能白要你哩？"(《回杯记》)

6) 表恍然大悟，如：

(16) 啊，原来如此呀？**咦**，那要是这，恁两个歇歇吧，歇歇吧，不用打啦，看把人家打成啥啦？(《丝绒记》)

(17) 老头儿把真情实话一讲，老婆儿说啦："**咦**，要是这，太好啦，太好啦！要是这，你快点儿把这半个镜子也拿上啊。"(段《破镜记》)

(18) **咦**！有了！我想起来了，俺陈大爷专好去那朝阳酒楼喝酒，莫非说，陈大爷现在还在朝阳酒楼？(《回杯记》)

7) 表出乎意料，如：

(19) 老和尚说："**咦**，这个孩儿中啊，我说他干啥嘞，谁知道练了一身好功啊，嗯。"(《滨州会》)

(20) 张龙、张虎掂着鞭子正打得有劲哩，回头一看："**咦**，春青，是你啦？"(《丝绒记》)

(21) 这人咋阵像李皇后啊，**咦**，不好，越看她越像这李凤英。(《包公奇案》)

8) 表得意，如：

(22) **咦**，那俺说哩才得门儿哩，听听啊。(《回杯记》)

(23) **咦**，大婶子呀，我通会圆梦着哩。哎呀，我知道啥梦好，啥梦坏，啥梦能吃肉，啥梦能吃菜。(《丝绒记》)

（24）咦，你算问着我啦，换换人还真不给你说！我看你是外地来哩，大股远跑来投亲哩，那苏玉可是不好惹啊！（《回杯记》）

9）表无奈，如：

（25）老婆儿哭哭，哭哭，想想，咦，这叫我咋过哩？（王《双锁柜》）

（26）咦，遇住这些乡亲们，我们认识他干啥？这就是天上下雨地上滑——自己跘倒自己爬。（《滨州会》）

（27）咦，老天爷啊，我成年当丫鬟还不够倒霉哩！（《回杯记》）

10）表庆幸，如：

（28）咦，痛亏是我禀报哩早，一步迟慢，还恐怕我这脑袋斗就长不住啦。（《丝绒记》）

（29）咦，二妹，你看看，幸亏这是个凉茶，要是热茶，岂不把你二哥烫坏了嘛。（《回杯记》）

（30）抬头一看满天星星，咦，要说吧，这也比那撂地嘞强，来到朋友家，也不能嫌朋友家中穷啊，嗯？（《损人报》）

11）表喜悦或惊喜，如：

（31）咦，浑身都是痒嘞呀，孩子干大干大叫嘞真好。（《刘公案》）

（32）咦，好好好，此梦圆得好，此梦圆得好。（《海公案》）

（33）咦，小王爷一想真高兴透了呀。哎呀，我想着来到东京汴梁这账不好讨，谁知道这账还老好讨哩呀，嘿嘿，连本带利儿都给我哩。（《回龙传》）

12）表赞叹，如：

（34）咦，看看这个茶童长哩多好吧，嗯，眉清目秀。（《花厅会》）

（35）咦，俺二哥那人不赖，那一个人通好着嘞，俺二哥俺俩可说住话。（《损人报》）

（36）孩子长嘞，咦，长嘞标致，长嘞大方，长嘞聪明，长嘞伶俐，咦，那孩子是一等人材呀！（《滨州会》）

13）表自责，如：

（37）咦，我给你引进去挨一顿鞭子，还不怨我怨谁，哎？啥事儿，景安？（《损人报》）

（38）咦，我真不知道哇，景安。我要知道时节的话，我早斗就回去

买点儿纸回去吊吊。(《损人报》)

14) 表期待,如:

(39) 侯小姐这时候搬了把椅子坐到了那擂台上边往下看着,想着,咦,但愿这今天在至这大街上碰上了那相公,你快些来吧!(《包公审木槿》)

第3章 虚词

河洛方言的虚词系统是一个历史与方言的混合体。有些虚词是河洛方言所独有的,如助词"起"、反事实虚拟标记"时节[siɛ³³]"、语气词"蒙"、周遍义"派"等;有些虚词是河洛方言较之普通话有特殊用法或功能语义更复杂的,如介词"给"、连词"带"。本章围绕上述两种情况,对书词中的河洛方言介词、连词、助词、语气词进行挖掘和描写,同时辅以方言调查,着重讨论其语义、功能及发展演变,在共时与历时的双重视角下揭示这些虚词的语法特征及发展演变。

3.1 介词

河洛方言的介词较为丰富,且多数介词语义功能复杂多样,如"给""搁""掌",下面主要针对书词中的一些特色介词展开讨论。

3.1.1 给¹

"给[kə³³]/[ku³³]①"是河洛方言中使用频率高且富有特色的多功能词,它可以用作动词、介词、连词,其中介词"给"(记作"给¹")的用法最为复杂,既有与普通话相同的用法,又有与普通话同中有异的用法,还有与普通话不同的用法。

3.1.1.1 与普通话相同的用法

1)介引施事

"给"介引施事时,相当于"被"。如:

---

① 给:洛阳方言中一般读"[kə³³]",在"给我/他"组合中有时也会读"[ku³³]"。

（1）少帅，大事不好啊！你先行官**给**杀了呀。(《滨州会》)

（2）谁那杂货摊怕**给**他扑甩脏了，赶紧打发俩钱儿。(《回杯记》)

（3）要不是恁三个人，这两个姑娘又**给**他抓走了呀。(《刘公案》)

（4）她还没弄清楚是鬼是人嘞，就**给**人家揪住衣服啦。(《小八义》)

（5）这一回呀，总算**给**你说着了。(《回杯记》)

被动标记"给"，是由动词"给_{给予}"演变而来①，这种用法最早见于明代，当代河洛方言已经较少使用，而是多使用"叫"这一被动标记。

《歧路灯》中介词"给"没有此类用法。

2) 介引为替对象

"给"介引为替对象，相当于"为、替"。如：

（6）你**给**我传禀传禀，禀报我家岳父得知。(《损人报》)

（7）哎，恁们真乃胆大呀，敢**给**他讲情。(《刘公案》)

（8）请你老人家下来，**给**他闺女看病哩。(王《双锁柜》)

（9）咱爷儿俩倒住有钱啦，回来我**给**你办<u>一个人</u>，啊，看这中不中？(《滨州会》)

（10）没那，嘿嘿，喝多少？先**给**我灌三斤吧，喝喝不够咱重灌。(《回龙传》)

3) 介引受损对象

"给"介引动作的受损者，如：

（11）往后去再见恁打人，我狗头**给**你拧咾，爬走。(《刘公案》)

（12）碰见那二百五男人，脚一跺，咸饭！敢做甜饭②，锅**给**你砸烂！(《包公奇案》)

（13）来，咱取夹棍儿，腿**给**他夹断，省叫他跑得快在北京城干坏事儿。(《海公案》)

（14）你拿哩啥东西？搁咱这屋里可老不保险，啊，房顶子也叫人

---

① 蒋绍愚（2002）认为，"给"发展为被动标记，经历了"给予→使役→被动"这样一个序列。

② 甜饭：没放盐的饭，"甜"[tʰian³¹]，疑本字为"甘"。

家**给**咱烧啦。(《损人报》)

(15) 捞住他，头**给**他扭啦，膀子**给**他卸啦，胯**给**他掰啦，腿上毛**给**他摘啦。(段《破镜记》)

4) 介引当对对象

"给"介引当对对象时，相当于"朝、向"。如：

(16) 他**给**他叔一打招呼、一摆手，杨掌柜和杨头蹑脚蹑手到跟前。(《包公审木椹》)

(17) 黑驴，你真要有冤，你就**给**我叩上仨头，鞠上仨躬，听见啦没有？(《包公奇案》)

(18) 俺姑爹挤挤眼儿，俺姑娘**给**他嗷嗷嘴儿。(《回杯记》)

(19) 老爷呀，你这孩子，还**给**我身上扳脏，讹我嘞呀。(《刘公案》)

(20) 这个人又不说话，可说你<u>不应</u>说了，连**给**他施二礼，为什么不言不语呢？(《损人报》)

(21) 我**给**你使个眼色，上去你尽管打，打出来福是你的，打出来祸我一人承担。(《包公访太康》)

3.1.1.2 与普通话同中有异的用法

"给"介引授与对象，主要有以下三种组合形式。

1) 给 + N + V，如：

(1) 万岁皇爷**给**他送个外号叫啥，刘三本哪。(《刘公案》)

(2) 太啰唆，管那闲事儿干啥？**给**人家拿块儿黑馍。(王《双锁柜》)

(3) 我排排场场、恭恭敬敬**给**恁递杯茶，恁不喝，恁瞧不起人。(《剑侠英雄传》)

(4) 我若能救我那朋友出监，我还要大大地**给**你俩赠送银钱。(《包公奇案》)

2) V + 给 + N，如：

(5) 我得了徐王爷徐延昭嘞一块大印，来献**给**师傅。(《丝绒记》)

(6) 孩子好好练功吧，我哩绝招要教**给**你。(《滨州会》)

(7) 咦，不认**给**他吧，他不能领我告状。(《刘公案》)

(8) 有啥你说啥，啊，有话儿说**给**那知人，有饭送**给**那饥人，啊。

(王《双锁柜》)

(9) 这到家马上就来啦,一说说成叫我**招给**他。(《损人报》)

3) 给 + N + V_{称/叫/喊} + N_{称谓},如:

(10) 两个门军跪到下边呀,连连**给**海瑞称起恩爷啦。(《海公案》)

(11) 丫鬟,你要存住气,**给**我还叫姑爹,**给**恁姑娘还叫姑娘啊。(《回杯记》)

(12) 别人见了都不理不睬,只有大嫂爱到心里,笑到脸上,**给**他喊叫包黑。(《包公奇案》)

(13) 丫鬟说:"不管是他俩谁嫁给谁,你说,你不得**给**俺姑娘叫个二妈?"(段《破镜记》)

(14) **给**他外爷叫爹,**给**他外婆称娘,**给**他亲娘叫姐,**给**他舅父叫哥。(《呼延庆鞭扫十八国》)

(15) 今天见了我,一不要行大礼,二不要叫大老爷,你就**给**我喊"这个小官儿"就行。(《全家福》)

1)、2) 这两种用法是普通话和河洛方言同有的,3) 这种用法是河洛方言独有的。

3.1.1.3　与普通话不同的用法

1) 介引受事对象

"给"介引受事对象时,相当于"把"。如:

(1) 哎,顽童,你没有死,是俺俩**给**你救活啦。(吕《破镜记》)

(2) 老爷,那人家家里是没有法儿过啦,才**给**长嘞阵好嘞孩子卖给你。(《回龙传》)

(3) 你说你不是鬼,你**给**那手伸进来,叫俺摸摸,看是热哩还是凉哩。(《回杯记》)

(4) 张丞把他那袄袖一搦,嗯,上下**给**那天盖儿上擦了一擦。(《刘公案》)

(5) 今天晚上咱说书来的老年人特别多,都知道没啥吃老厉害呀,**给**人都饿死啦。(《刘公案》)

这种用法在河洛方言中很常见,详见5.1.1"给"字句。

2) 介引言谈对象

"给"介引言谈对象时,其后的谓语动词一般是言说动词。如:

（6）啊？二嫂，那老丫鬟她**给**你说啥啦，二嫂？（《全家福》）

（7）丫头，不要**给**俺耍嘴皮子啦，走，俺到彩楼口看看。（《彩楼记》）

（8）王先儿，哈哈，吃了饭你搁那儿弄啥，**给**学生喷嘞？（《损人报》）

（9）张丞、刘安又**给**老爷咕哝了几句儿。（《刘公案》）

（10）每一次，元帅要上打仗，**给**这满营将官谈话的时候，小姐都在扇边候听。（《滨州会》）

（11）毒丁一听，更为感激，说道："老相爷呀，我**给**你老人家实说了吧。"（《包公访太康》）

（12）蒋奇也交代啦，**给**那大老总也交代啦，**给**他妹子也交代啦，通通不叫进去打扰。（王《双锁柜》）

（13）文武百官退散以后，张娘娘又在太师府里边，**给**爹爹畅谈了当初店房之事。（《包公审木槿》）

3）介引交与对象

"给"介引交与对象，其后的谓语动词一般为非单方完成的动作行为动词。如：

（14）家郎们，给我抢，抢回去**给**我拜堂成亲！（《回杯记》）

（15）死就死了吧，那我也再不去啦，**给**他断亲啦。（王《双锁柜》）

（16）这是人家姐姐哩驴，你怎么**给**人家争开驴啦？（《包公奇案》）

（17）敬神哩，啥吃哩？说啥你准备啥，<u>不要**给**我对嘴</u>！（王《双锁柜》）

（18）咦，你这一个死妮子，你啥时候**给**那小货郎子勾扯上了，唉？（《回杯记》）

（19）你个老婆子，吃闲饭不管闲事儿！我今天得**给**你商量个事儿。（吕《双锁柜》）

（20）常言说，学生学生，赛过猴精，能**给**王八隔邻，都不**给**学生对门。（吕《破镜记》）

（21）她**给**那住店的客人私通，那奸商你可知道他是谁呀？（《包公审木槿》）

4）介引索取对象

"给"介引索取对象时，相当于"问、向"，其后的谓语动词一般为索取或求取义的动词。如：

(22) 老伯，俺不**给**你要饭，俺向你打听个事儿。（吕《破镜记》）

(23) 包黑进饭店去避雨，碰见这个胖和尚**给**那瘦老头儿要账。（《包公奇案》）

(24) 这一回严嵩啊，胃口比上回还大啦，一开口就**给**他要六千两银子。（《全家福》）

(25) 嘶，我要不问丫鬟掏点儿钱儿，不**给**她要点儿钱儿，哎，结果她，我做这一顿饭那是咋着咋着，一翻话，掌柜知道还说我嘞事儿。（《损人报》）

(26) 人家逼着**给**他要账，他是手中分文皆无，万般无奈，想起来妹妹贾秀英啦。（《小八义》）

(27) 猴子阮英力逼着**给**我要周景隆，万一我找不到周公子，那阮英又该给我拼命。（《小八义》）

5）介引比较对象

"给"介引比较对象，可以是差比对象，也可以是平比对象。如：

(28) 俺那箱子抬着**给**你那箱子可不一样。（王《双锁柜》）

(29) 妹妹，这个子**给**你一般高，模样**给**你是相同。（《丝绒记》）

(30) 你咋穿着苏三儿那衣裳哩，你那衣裳咋**给**这一模一样哩，咹？（《回杯记》）

(31) 老总说叫爬下去哩，这老总说话儿**给**大老爷说话儿差不多儿，那下去就那下去。（《回龙传》）

这种用法在河洛方言中很常见，详见5.3.3"给"字句。

6）介引所止处所

"给"介引所止处所时，相当于"往"。如：

(32) 怕给张廷秀捂死，**给**那箱子角儿夹了一块小手绢儿。（《回杯记》）

(33) 你就**给**我那脖子上扎一根儿稻草，将为妻领到那集市上。（《包公奇案》）

(34) 拿那小刀子**给**那大肠上"滋啦"一劐开，看见哪，一根小长

虫。(《刘公案》)

(35) 烟袋"哼哼"一磕，**给**明处上一挂，他出来啦，**给**那门楼儿底下一站。(《损人报》)

(36) **给**砚台里就势儿添点儿水，拿住研住，研住走住，不多时来到马棚下边。(《滨州会》)

3.1.1.4 "给"是否是"跟"的音变

由上文可知，河洛方言中介词"给"的用法丰富多彩。3.1.1.3 中谈到，"给"可以介引言谈对象、交与对象或比较对象，其中的"给"都可以用"跟"替换。以往的大书作品中多将"给"记作"跟"，这种处理显然是将"给"看成了"跟"的音变。语料考察与方言调查发现，这种记录是不妥的，明显与语言事实不符，具体原因有如下两点。

1) 河洛方言中介词"给"与介词"跟"的语音不同、用法互补

河洛方言中，"给 [kə³³]""跟 [kən³³]"是两种不同的语音形式。"跟"可以用作动词，其用法与普通话基本相同；也可以作介词，但用法较为单一，主要用于介引师从对象。如：

(1) 他们都不会，不是**跟**我学哩？(段《破镜记》)

(2) 在高山上**跟**师父学艺十一载，那兵法武艺我都学通。(《剑侠英雄传》)

(3) 丫鬟哪，丫鬟，你**跟**谁学哩这圈人法儿，我咋不知道哩，咹？(《回杯记》)

(4) 朱世子这个家伙一弄可是两手啊，门里出身，**跟**他爹学哩一身好本领啊！(《滨州会》)

这四例中的"跟"，都是介引师从对象，这种用法是由动词"跟_{跟从}"演变而来。

2) "给"介引言谈、交与、比较对象的功能是它在替换"与"的过程中继承而来

刘春卉 (2009) 认为，河南确山方言中介词"给"的各种用法是由动词"给_{给予}"语法化而来。语料考察发现，河洛方言中介词"给"介引言谈、交与、比较对象等功能应该是"给"在替换"与"的过程中继承发展而来的。

书词中，介词"与"的用法丰富，可以介引言谈、交与、比较对

象。如：

（5）那些身边的他那兵丁就把我赶出来啦，不叫我再**与**老相爷讲清讲明。(《包公审木槿》)

（6）嗯，管家，严二，相爷问你，适方才你在房中**与**何人说话？(《海公案》)

（7）再不然，**与**恁邻居们吵嘴？(《刘公案》)

（8）姜齐，把这个小贱人，今天不**与**我拜堂成亲，冲淡我嘞好运。(《呼延庆鞭扫十八国》)

（9）丫鬟哪，既然如此，前边带路，领我下得楼去，**与**恁姑爹重逢相会。(《回杯记》)

（10）啊，怎么说拿住我来**与**严相府那老严嵩相比？(《海公案》)

（11）面黑赛过鳌子底，他**与**那敬德一般同。(《小八义》)

（12）可是今晚上，**与**往日不同，她男人呀一去长时间不归。(《包公审木槿》)

例（5）—例（7）中，"与"介引言谈对象；例（8）、例（9）中，"与"介引交与对象；例（10）—例（12）中，"与"介引比较对象。

《歧路灯》中，介词"给"的用法与今天的普通话基本一致，不能介引言谈、交与、比较对象，而介词"与"却有较为丰富的用例。如：

（13）德喜说："没客。大爷**与**舅爷家小相公说话哩。"（三回）

（14）如今少爷在浙江，想必**与**兴相公定下这门亲事。（一百〇六回）

（15）儿心里也久有全姑这宗事，**与**母亲一样，只说不出口来。（一百〇六回）

介词"与"的上述用法，先秦已经有了（徐丹，2005），反映清中叶河洛方言的《歧路灯》相沿使用，反映清末民初以来河洛方言的书词语料依然使用，并且很多时候与"给"交替使用，如"与/给某人拜堂成亲"，"与"略显典雅，多出现于唱词，而"给"较为俗白，多出现于说词。因此，河洛方言介词"给"介引言谈、交与或比较对象的功能应该是其在替换"与"的过程中继承而来，而不是其语法化的结果。

3.1.2 搁

介词"搁[kə³¹]或[kæ³¹]",用来介引处所和时间。

3.1.2.1 介引所当处所

"搁"介引动作行为发生的处所,相当于"在"。如:

(1) 那我**搁**庙里解手嘞,咋会跑到庙后头去啦。(《智断神杀案》)

(2) 先生,俺就没有家,我给俺娘啊,**搁**那山窑洞住着嘞。(《海公案》)

(3) 给,刘文晋哪,书陈**搁**那包裹里头哩,你自己取吧,啊。(《回龙传》)

(4) 丫鬟,你没看这个长工**搁**这马棚下边睡着,盖那被子多么薄呀!(《滨州会》)

(5) 能封得,**搁**咱家封封,然后你再领到金殿上叫万岁给孩子再封封。(《丝绒记》)

(6) 乌黑的头发被血染红,两只眼睛往上翻着,大嘴张着,舌头**搁**外边伸着。(《包公奇案》)

书词中有大量的"搁+那儿/这儿"组合,"搁+那儿"语义虚化,主要表示进行态(详见 2.2.3.3),而"搁+这儿"语义实在,主要表示介引所当处所。如:

(7) 姑爷,你**搁这儿**等住,叫我去给俺老爷说说。(《回龙传》)

(8) 你只管**搁这儿**吃,只管**搁这儿**喝。(《滨州会》)

(9) 王二呀,走吧,咱到客厅再说吧,嘶,**搁这儿**说不方便,行不行?(《损人报》)

3.1.2.2 介引所始、经由处所

"搁"介引所始、经由处所,相当于"从"。

1) 介引所始处所,如:

(1) 白痴,我问问你,这大印**搁**哪儿偷来嘞你?(《丝绒记》)

(2) 前些时,俺儿**搁**长工棚回来啦,拿了六块银元。(《包公奇案》)

(3) 咱爹娘死了,**搁**那枕头底下给那合同翻出来,我都烧了啦。(《滨州会》)

（4）我**搁**左家寨而回，俺王二哥对我说他两个是知心可好嘞朋友。（《损人报》）

（5）这八千岁的船哪，刚走时间不大，这老头儿老婆儿嘞，**搁**下游上来啦。（《回龙传》）

（6）呼延庆**搁**山下要是上来，别说我啦，全山寨也不是他的对手啊。（《呼延庆鞭扫十八国》）

2）介引经由处所，如：

（7）那只长虫，**搁**那长工脸上"入律"过来"入律"过去。（《滨州会》）

（8）见了奸贼**搁**这儿过，不能放跑一个，见穷人**搁**这儿过，盘缠路费他还送你。（《包公奇案》）

（9）你**搁**那河旁过，你没看河旁边儿盖一座庙，坐北朝南，那庙叫土地庙。（《包公奇案》）

介词"搁"的上述两种用法，都是由动词"搁_{放置}"虚化而来，这种语义演变在北方方言中普遍存在。从书词中"搁"的不同语义来看，"放置"义可以引申出"存在"义。如：

（10）把他娘儿俩抓住送到京城，**搁**到磅上称称，一两骨头赏你一两黄金。（《小八义》）

（11）我说老总，老总啊，刚才**搁**到俺店房哩时候，你你你，你说那你忘啦，老总？（王《金钱记》）

（12）俺阵嗒儿连舅也没有啦，他家的人这会儿没**搁**家，没那你就应俺舅吧。（《海公案》）

（13）哎，可以说咱是亲姊热妹，**搁**一块时间通长哩。（王《双锁柜》）

例（10）中，"搁"是动词，表示"放置"义；例（11）中，"搁"还是动词，但语义有所抽象化，表示"存在"义，该语义是由"放置"义引申而来的；例（12）、例（13）中，"搁"是动词，表示"存在"义。

3.1.2.3 介引所当时间

"搁"还可以介引所当时间，用例较少。如：

（1）住店？客，你要住店，**搁**别日，中，今日啊，不中。（《包公

审木槿》)

(2) 这二百两银子**搁**当时来说，也不算是小数字儿。(《海公案》)

(3) 同志们，这封他多大嘞官儿？这就是温家宝那一说啊，**搁**现在是总理，**搁**那个时候是东阁丞相。(《刘公案》)

(4) 这封密书**搁**现在用时间派呀，还不到半天，才接到手。(《剑侠英雄传》)

(5) 那二一次送信儿嘞，哎，**搁**现在说，连二十分钟也没有。(《损人报》)

(6) 帅府门前**搁**现在说是一个大广场，有多大？最少有二十亩大。(《滨州会》)

书词中，"搁现在"有9例，其后常跟"说""来说"，口语性更强。洛嵩片方言中，"搁+时间"结构较为常见，如"搁以往""搁从前""搁过去""搁原先""搁平常""搁老早以前"等。

3.1.3 掌

"掌"可以介引工具，也可以介引处所，它是由动词"掌$_{手持}$"虚化而来。

3.1.3.1 介引工具

"掌"介引工具，相当于"用"。如：

(1) 脸**掌**那蒙面纸蒙好，就说是恁闺女死啦。(《损人报》)

(2) **掌**绳给她来绑好，恁给她拉到那百尺高竿。(《滨州会》)

(3) 我嫂子屁股上那伤，还是我**掌**脚给她踢嘞。(《小八义》)

(4) 要死咔，我**掌**石头压压，晾个尸，老难看啊。(《呼延庆鞭扫十八国》)

(5) 那我就**掌**那烧饼作首诗。(《刘公案》)

(6) 猴子阮英膀杆稀瘦，光骨头没肉，**掌**尺子量量，不够三尺高儿。(《小八义》)

(7) 下了一桶拌面条，也没**掌**碗盛，挓住那桶就挓到桌子上，"你看咋喝嘞?"(《刘公案》)

河洛方言中，与"掌"这种用法类似的介词还有"使"。如：

(8) 话说染不清抓住张廷秀"啪嚓"声摔到大街上，上**使**拳打，

下**使**脚蹬。(《回杯记》)

3.1.3.2 介引所止处所

"掌"介引所止处所，相当于"朝、向、往"。如：

(1) 刘大人就往那里边走，那蛤蟆"噔"**掌**北边一蹦挡住刘墉。(《刘公案》)

(2) 鞋儿给他脱咾，靴子一拧，裤子往上一挽，**掌**那咣咣子上敲。(《刘公案》)

(3) 五套骡子**掌**外拉都拉不出来，钻嘞老肯里，还是给我老亲哪。(《刘公案》)

(4) 没想着他也会给我斗殴啊他，没想到我挡住他鞭子**掌**我的头上棱。(《刘公案》)

(5) "呼通"，他给那马可丢倒啦，摔到那地下也不说，抬起来脚，**掌**那耳根台儿上"腾"跺了一脚。(《滨州会》)

3.1.3.3 介引受事

"掌"还可以介引受事，这种用法较为罕见，书词有2例。如：

(1) 咱们河南也有很少，**掌**这一个拍子一拿，老婆儿顶住，扇住头儿。(《刘公案》)

(2) 老天爷，一看不是他舅，他**掌**这孩子，他打起来人家咋办嘞？(《刘公案》)

3.1.4 自、自从

书词中，介词"自"主要用来介引时间，也可以介引处所，有时还可以介引方向；"自从"只能用来介引时间。

3.1.4.1 介引时间

"自"主要介引所始时间，用在时间词语之前。如：

(1) 为什么那此信来**自**半夜三更？(《包公审木椟》)

(2) **自**那以后，都知道少奶奶已经丧了命。(段《破镜记》)

(3) 哦，张银匠，你是**自**小学的还是半路学的？(《海公案》)

(4) 大人容禀，**自**卑职上任以来，上与朝廷尽忠，下与黎民做主，虽不敢以大人为师，但愿平生效仿。(《包公访太康》)

例(1)—例(4)中，"自"之后的成分都是时间词语。书词中，这种用法的"自"有一些高频组合,如"自古"有20例,"自幼"有18例。

"自"也可以介引所止时间,书词中有2例,都是"自如今"组合。如:

(5) 二位官差,我海瑞,千里迢迢,海水绕绕,赶到北京城赶考,**自如今**住在这张家小店,不知我法犯何条何律?(《海公案》)

"自从"只能用来介引所始时间,主要用在时间小句之前,也可以用在时间词语之前。如:

(6) **自从**姑娘离了相府,丫鬟俺倍感失落啊!(牛《金钱记》)

(7) 相公,你说,**自从**你来到俺府,俺爹待你如何?(段《破镜记》)

(8) **自从**丫鬟被阮英偷走,大姑娘是中了蒙汗毒药,一气儿睡到日出东山。(《小八义》)

(9) **自从**这一个老头儿进家,你脊梁沟背茄子——你给我生二心了呀你,啊。(《回龙传》)

(10) **自从**做了医生,自觉与众小能同名儿有点儿失体面,便将小名儿废掉,起了个大号逢春。(《智断神杀案》)

(11) **自从**他们两个结婚以后,刘高到在滨州。(《滨州会》)

(12) 老相爷呀,**自从**陈州放粮回来以后,这几天忙于朝阁之事。(《包公审木槿》)

例(6)—例(10)中,"自从"介引的是时间小句;例(11)、例(12)中,"自从"介引的是时间词组。

需要注意的是,"自"介引时间词语作补语,或"自"引介的成分是时间词时,一般不能用"自从"替换,如例(1)—例(4);"自从"介引时间小句时,一般不能用"自"替换,如例(6)—例(10)。其他情况下,二者可以相互替换。

3.1.4.2 介引处所

"自"主要介引所始处所,也可以介引所止处所。

1) 介引所始处所,相当于"从"。如:

(1) 你怎么说那此宝拾**自**洛阳城?(《包公审木槿》)

(2) 二小姐脚小缠哩紧,**自**上下楼咯噔噔。(《花厅会》)

（3）但见纸上是字迹密密麻麻，抄录着她哩供词啊，再看画押的那个王刘氏三字儿，并还有指纹啊，也是出**自**她手。(《包公审木槿》)

（4）一封来**自**南衙凤府包贤弟包大人的书信，一封来**自**兵部王府王强的书信，这两封书信都是为此龙凤宝镜一事。(《包公审木槿》)

2) 介引所止处所，相当于"到"。如：

（5）来**自**近前，躬身施上一礼，开口叫道："你这位尊嫂。"(《剑侠英雄传》)

（6）徐延忠就来**自**跟前，借灯光往这人脸上一看，"哎呦，咋长恁好看哪！"(《剑侠英雄传》)

3.1.5 打、自打

"打"可以介引处所，也可以介引工具；"自打"只能介引时间。

3.1.5.1 介引处所

"打"介引处所时，主要有以下三种用法。

1) 介引所始处所，相当于"从"。如：

（1）冷不防，**打**对面来一位将军，骑一匹大白马。(《小八义》)

（2）刘文晋不由得怒**打**心头起，恶从胆边生。(《回龙传》)

（3）我有心**打**那前边讲，啥时候才能唱到热闹中。(《花厅会》)

（4）话没有落，**打**后边"噌噌噌"来了众位英雄。(《小八义》)

（5）有哩问哪，这个中年女子家是哪里，姓甚名谁？**打**哪里来？(《全家福》)

（6）这一喊"小"，不是要紧，**打**外边"噔噔"跑进来两个店小。(《丝绒记》)

2) 介引经由处所，相当于"从"。如：

（7）谁料想人在屋里坐，祸**打**房檐儿过，叫二嫂子又看见啦。(《包公奇案》)

（8）不料想王公子**打**那马府门口过哩，这马五把王公子当作偷盗他马府白玉笔宝贝的贼人啊。(《包公审木槿》)

3) 介引所当处所，相当于"在"。如：

（9）猛然里徐五爷闪眼一看，**打**面前有一条大江挡路径。(《剑侠英雄传》)

3.1.5.2 介引工具

"打"常用来介引"身体某一部位"作为工具,相当于"用"。如:

(1) **打**嘴一吹火又着,失急慌忙点着灯。(王《双锁柜》)

(2) "入律"捞过来,**打**手托住,把孩子抱出来。(《滨州会》)

(3) 谁知赵飞一看这下边还拱着一个人,**打**脚对准这个人的屁股上"嘣"。(《丝绒记》)

(4) 杨秀英站起身来,**打**眼一瞟,看到老公爹坐有坐相、行有行相。(《回龙传》)

(5) 只见他"噔噔噔"蹑手蹑脚,快如飞,将身儿来到呼延庆跟前,**打**头一顶,"当",拱住少爷脊梁啦,想给少爷拱趴那儿嘞呀。(《呼延庆鞭扫十八国》)

3.1.5.3 介引时间

"自打"是"自"与"打"的叠置,只能介引所起时间,并且所介引的时间成分一般是较为复杂的短语。书词中,"自打"有2例:

(1) **自打**俺少东家充军走没到半年,俺少奶奶就扑楼死啦。(段《破镜记》)

(2) 一句话,**自打**老员外眛亲以后,一转眼二年半过去了。(吕《双锁柜》)

河洛方言中,介引时间一般用"自打",不用"打"。

3.1.6 照、照住

"照""照住"可以介引对象、介引方向、介引依据,"照"还可以介引视角。二者的用法有重合又有区别,"照住"与普通话"照着"同源。

3.1.6.1 介引对象

"照""照住",都可以介引所对对象。如:

(1) 你咋**照住**你自己那手腕上戳开啦呀?(《海公案》)

(2) **照**小孩那腿上,"嗑",又拧了一指头。(《滨州会》)

(3) 展昭把绳子一拿,**照住**那房子上边"呼啦"就甩上去啦。(《包公奇案》)

(4) 赵能一肚子火无处发,**照住**能盖儿脸上这边"啪",那一边

"啪"。(《回杯记》)

（5）他右手把剑一举，剑把朝上，剑心儿朝下，**照**他妻子前心"呲"就是一剑。(《包公访太康》)

（6）伸出右手，**照**杜文学左肩膀上"啪"，轻轻击了一掌，说道："相公。"(段《破镜记》)

（7）拿住堂鼓，慌忙鼓槌**照住**那鼓上边"通通通"一敲，三班衙皂两边站立。(《回龙传》)

（8）呼延平一纵，扁担一抢，"咔，当啷"**照住**齐小姐腰上打嘞。(《呼延庆鞭扫十八国》)

此外，"照住"还可以介引言谈对象。如：

（9）门台儿上一个老头儿，**照住**他说话哩。(《回龙传》)

3.1.6.2　介引方向

"照""照住"，可以介引具体事物所代表的方向。如：

（1）我**照**他大门口儿一送，管保他磕着头，他还得把我的孙孙送回来。(《回龙传》)

（2）**照住**门楼下边一看，门楼下边站了一个家郎。(《回龙传》)

这两例中，"他大门口儿""门楼下边"都表示方向，"照""照住"可以互换。

此外，"照"还可以介引纯指方向的成分，"照住"则不可以。如：

（3）低哩扒着高哩看着，小偷还掂着的脑**照**里头拧哩呀。(《回龙传》)

例（3）中，"里头"是方位词，"照"不能替换为"照住"。

"对住"与"照住"的用法类似，也只用于介引具体事物所代表的方向。如：

（4）到在庙门口前**对住**吕祖庙里边吆叫吆叫，看看庙院里边有住持没有住持。(王《金钱记》)

（5）刘大人**对住**二师父嘞耳朵门咕哝一个，光这二师父能听见，别人听不见。(《刘公案》)

3.1.6.3　介引依据

"照""照住"，可以介引依据，相当于"按照、遵循"。如：

（1）这莲花落歌他没有啥正经词，他不是说唱戏嘞有剧本啊，**照**

住剧本上，你当嘞秦香莲，他当嘞陈世美，他当嘞黑老包……这不是**照住**那本上情背啦，背背再一排，哎，斗_就记会啦，**照**那本上情去戏台上给你家唱啦。(《回杯记》)

该例中，"照住""照"都是介引依据。书词中，"照"的这种用例相对较多。如：

(2) 书信带在身上，叫知州大人**照**书信行事也就是了。(《花厅会》)

(3) 姑娘说："好，丫鬟，就**照**这样，今夜晚这事儿我就依靠你啦。"(《损人报》)

(4) 连城，你**照**我这再誊一张。(《刘公案》)

(5) 各位，恁稳坐书场，听我**照**书上交代。(《包公奇案》)

3.1.6.4 介引视角

"照"介引视角时，一般用于人称代词之前，相当于"从某人的角度看、按照某人的看法"，这种用法是"介引依据"的进一步引申。如：

(1) 春红，**照**你这么说，是打得了？(《花厅会》)

(2) **照**你这么说呀，老包成啦糊涂官啦。(《包公审木槿》)

(3) 丫鬟，**照**你这么说，谁家那妇女长哩好，碰上他该倒霉啦？(《回杯记》)

(4) 王兵部，**照**你这么说，本相今天问案不公，冤枉了杨九龙啦？(《包公审木槿》)

(5) **照**我说，三哥说嘞对。你快去禀报相爷，哎，看相爷咋吩咐，我在门口看住她。(《包公审木槿》)

3.1.7 拿、拿住

"拿""拿住"可以介引工具，也可以介引依据，"拿住"与普通话"拿着"同源。书词中，介词"拿"用例较多，有59列，介词"拿住"有12例。

3.1.7.1 介引工具

"拿""拿住"介引工具时，相当于"用"。如：

(1) 一旁那一个官儿啊，**拿**眼瞪着你呀。(《包公审木槿》)

（2）张家店还不起他这账啦，**拿**张玉芳顶账。(《海公案》)

（3）说着**拿**筷子照那菜盘上"邦邦邦"又敲了三下。(《全家福》)

（4）盖子盖好，搭子一搭，**拿**锁"咯嗍"一锁。(《剑侠英雄传》)

（5）到家高兴哩睡不着，**拿**一斧头"啪"给它劈开啦。(《包公奇案》)

（6）我没看见，人家给我绑住啦，**拿**一个被子给我卷住，情_{差点儿}没给我捂死喽哇。(《损人报》)

（7）你要不走，我给那家郎院子叫出来，**拿**那大棍子"扑出扑出"把你捶死。(《回杯记》)

（8）他是**拿**呼延庆吓你哩，当顶门杠子，不想给你拜堂成亲喽。(《呼延庆鞭扫十八国》)

（9）我这一不是饭馆，二没饭，三没馍，诶，你叫我**拿**啥打发呀，去去去去！(《花厅会》)

（10）他把这马缰绳朝脖子一搭，**拿住**那刀对着那马屁股"啪"一刀。(《包公奇案》)

需要注意的是，"拿"之后若是单音节词，一般不能用"拿住"替换；其他情况下，二者可以自由替换。

"拿""拿住"介引工具时，有些不能替换为"用"，替换为"把、将"则较为合适。如：

（11）想丈夫我奴家想迷了，今一天我**拿住**萝卜当一棵葱。(王《金钱记》)

（12）你只要回去赶紧办事儿，他**拿**这当地文书收拾嘞可好，他看见那可是宝贝，他知道是退亲文约，内容他不知道，他不知道是当地文书。(《损人报》)

这两例中，"拿""拿住"可以用"把、将"替换。这是因为，从汉语史上看，"拿"与"把、将"的语义相近，其语法化受"把、将"的影响较大，并且它们语法化的语境基本相似。

3.1.7.2　介引依据、凭借

"拿"介引依据、凭借时，相当于"依、凭"。如：

（1）同志们，她就是**拿住**闺女挣钱嘞。(《滨州会》)

（2）**拿**恁干大我这面子扛，他也得接你状子啊，现在我不能出头

露面。(《刘公案》)

(3) 我就**拿住**你老人家的面子说啦，叫他明天到到俺家，为俺公爹公婆烧纸。(《刘公案》)

3.1.7.3 介引对象

"拿""拿住"介引对象时，一般用于指人名词或代词之前。这种用例较少，如：

(1) 老夫我真是**拿**她没办法。(《彩楼记》)

(2) 我要落万人指骂，**拿住**我要碎尸万段，也不会解他刘家的怨恨哪，这可如何是好呢？(《刘公案》)

3.1.8 趁、趁住

介词"趁""趁住"，表示利用有利的机会或条件，主要用于介引时机。书词中，介词"趁"有106例，"趁住"有22例，后者与普通话"趁着"同源。如：

(1) 来吧，咱俩就**趁**水和泥，**趁**桌子吃饭。(王《双锁柜》)

(2) 娃娃，**趁**热吃吧。(段《破镜记》)

(3) 叫我看看中就中，不中咾哎，**趁**早不要听恁二哥嘞话。(《损人报》)

(4) 他过来撑我这一阵子，真是很难受哇，**趁**现在身子乏困嘞很哪，真想促促。(《刘公案》)

(5) 他借咱这，**趁住**这因儿，咱捞他一把子呀。(《损人报》)

(6) **趁住**这一个机会，谁家哩心阵狠，孩子撂到这水坑里头？(《滨州会》)

(7) 展昭**趁住**众人正拍手，趁热打铁，来个狮子大回头，把脸一扭，"啪"，第二箭射中了中间那一点儿，就剩下沿儿这半个点儿啦。(《包公奇案》)

例 (1) 中，"趁"之后的成分是名词；例 (2)、例 (3) 中，"趁"之后的成分是形容词；例 (4) 中，"趁"之后的成分是小句；例 (5)、例 (6) 中，"趁住"之后的成分是名词性短语；例 (7) 中，"趁住"之后的成分是小句。

需要注意的是，"趁"之后若是单音节成分，则不能替换为"趁住"，如例（2）；其他情况下，二者可以相互替换。

3.1.9 顺住

"顺住"，表示"沿着"，主要用来介引经由的处所。如：

（1）那树是空嘞，**顺住**那往下一下，都是洞啦。（《海公案》）

（2）**顺住**门缝闪出来了里边一明一暗、一亮一闪，闪闪发光。（《包公审木椟》）

（3）马世龙心里高兴，**顺住**那城门楼哩梯子"噔噔噔噔"上了城头。（《小八义》）

（4）展昭**顺住**大街从西往东走，睁眼一看，这家门口八盏大红灯，闪烁着光芒。（《包公奇案》）

（5）你要**顺住**这一条大道往下走嘛，你一走一走一走，你"扑腾儿"你就掉阴间了。（《剑侠英雄传》）

此外，"顺住"还可以介引方式，书词中有1例：

（6）你**顺住**他说，**顺住**他说。（《刘公案》）

3.1.10 持

"持"，表示"朝"，用法较为简单，介引单纯方位词。如：

（1）我听说恁几个都是头**持**外嘞人，经常往外边跑事儿。（《损人报》）

（2）正说话，恁爹伸腿啦，啊，脖子一背**持**后了。（《刘公案》）

（3）黄六黄兄倒了血霉，脸儿**持**下，捆着胳膊腿儿，刘青蹬住他嘞脊背。（《刘公案》）

（4）腿窝儿**持**前儿——我一屈也不敢屈啦啊。（《回龙传》）

此外，河洛方言中，"持里、持上、持东、持西、持南、持北"也是常见的用法。

3.1.11 论

3.1.11.1 介引话题

"论"介引话题时，可以理解为"就……来说"。如：

（1）**论**钱财，小人没有隔夜之粮呀；**论**力气，小人是肌瘦面黄。

(《智断神杀案》)

(2) 那个**论**忠也就数清官老海瑞,**论**奸贼奸不过那个老严嵩。(《剑侠英雄传》)

(3) **论**其文的,人家是出口成章,提笔成文,双手能写梅花篆字。(《全家福》)

(4) **论**箭法,我那外甥马继彪百发百中,箭法出众;**论**杀伐,你看败者郭方亮前逃,胜者马继彪后追。(《包公审木槿》)

3.1.11.2 介引依据

"论"介引依据时,相当于"按"。如:

(1) 哦,大家听得,今天放赈嘞,放粮嘞,**论**人口放粮。(《刘公案》)

(2) "姑爹,不知道啥行情啦好说,你是料个儿卖哩,还是**论**斤卖哩,你说吧,啊。"

"哎呀,能盖儿啊,也不能料个儿,也不能**论**斤。"(《回龙传》)

(3) 人家要买,你要卖,你怎么卖法?是**论**碗嘞,**论**桶嘞,还是**论**壶嘞,还是**论**斤嘞呀?(《海公案》)

例(2)中,"料"与"论"同义,该词在现代河洛方言已经不再使用。

3.2 连词

3.2.1 给[2]

连词"给",表并列,相当于"和",用于连接名词性词语。如:

(1) 六年前呀,俺家张门二姑爹**给**俺赵姑爹一块上京赶考啦。(《回杯记》)

(2) 你**给**刘墉都是<u>一个</u>村儿嘞,恁是同学,你尽量说说些好话。(《刘公案》)

(3) 你**给**恁娘搁那厨房里饭做成啦,叫你去给我饭端到我跟前。(《海公案》)

(4) 二掌柜,你**给**我厮跟着一路去。(《损人报》)

（5）你**给**俺妹丈，恁两个去看瓜园了去了，现在一个人回来啦，俺那妹丈咋没回来嘞？（《滨州会》）

（6）今天你老人家上任，我**给**李四俺俩负责净街哩，大街上边一吆喝，老百姓吓得都跑啦。（《全家福》）

（7）俺老爷**给**俺姑娘他俩抬杠，俺老爷说"人生世是由人不由命"，俺姑娘说"是由命不由人"。（《回龙传》）

"给²"的用法也是"给"在替换"与"过程中继承下来的。如：

（8）我**与**店掌柜呀，俺们是邻居嘞，我就想给店掌柜呀办点儿好事儿。（《包公审木槿》）

3.2.2 带

"带"是河洛方言中颇具特色的并列连词，它由动词"带连着、附带"虚化而来。书词中，连词"带"主要有三种语用分布情况，下面对每种情况中"带"的语法特点展开讨论。

3.2.2.1 ……带……

"……带……"结构式中，"带"相当于"和"。

1）从连接项的数量看

"带"主要用于句内成分的连接，既可以连接两项，也可以连接三项或多项。如：

（1）小孩子呀，他并不是说哩妖胎什么胎，主要嘞，是衣胞儿没有破，小孩子还在那衣胞儿里边儿，就是衣胞儿**带**孩子呀一齐落地啦。（《回龙传》）

（2）这龙头铡朝廷封，能管住龙子龙孙**带**朝廷。（《包公奇案》）

（3）谁料想咱大哥二哥**带**三哥，异口同声不进京。（《包公奇案》）

（4）叫丫鬟快领俺到堂楼上，堂楼上探母赔礼**带**问安。（《彩楼记》）

（5）快请进，是吃饭，还是住店，咱这里是酒馆、饭馆**带**茶馆，一套三的大混馆。（《彩楼记》）

（6）我把我生辰八字儿对她来讲，她把她生辰八字儿对俺明，俺们本是同年、同月、同日、同时**带**同庚。（《回杯记》）

例（1），"带"连接两项；例（2）—例（5），"带"连接三项；例（6），"带"连接五项。从"带"分布的句法位置看，一般居于后两项中间的位置。

书词中"……带……"这种用例有 35 个，排除重复用例 12 个，对剩余 23 个"带"的连接项数量进行考察发现，"带"倾向于连接两项。详见表 3-1。

表 3-1　　"……带……"短语中"带"的连接项数量统计

对象\项数	两项 数量	两项 百分比（%）	三项 数量	三项 百分比（%）	四项及以上 数量	四项及以上 百分比（%）
带	18	78.26	4	17.39	1	4.35

2）从连接项的性质看

"带"连接的前后项一般是体词性成分，也可以是谓词性成分。如：

（7）抬头看见包兴左手这提着一个食盒，右手里端着酒壶**带**酒盅。（《智断神杀案》）

（8）包黑一听泪盈盈，再叫天官你当听，房子**带**地我都不要啊。（《包公奇案》）

（9）咱新兵**带**老兵不到三十万。（《滨州会》）

（10）是这样吧，我给你磕头**带**作揖，啥样儿？（吕《双锁柜》）

（11）学拳打**带**脚蹬，跑马射箭拉战弓。（《包公奇案》）

（12）那才是南海老木，都别着桃木心儿，清素雅当**带**辟邪，清气利散哪。（王《双锁柜》）

例（7）、例（8），"带"的连接项是名词；例（9），"带"的连接项是定中短语；例（10），"带"的连接项是动词；例（11），"带"的连接项是主谓短语；例（12），"带"的连接项分别是形容词、动词。

书词中"……带……"这种用例有 35 个，排除重复用例 12 个，对剩余 23 个"带"的连接项性质进行考察发现，"带"倾向于连接名词。详见表 3-2。

表3-2　"……带……"短语中"带"的连接项性质考察

性质 对象	体词性成分 词 数量	体词性成分 词 百分比(%)	体词性成分 短语 数量	体词性成分 短语 百分比(%)	谓词性成分 词 数量	谓词性成分 词 百分比(%)	谓词性成分 短语 数量	谓词性成分 短语 百分比(%)
带	18	78.26	0	0	2	8.70	3	13.04

3）从连词短语的句法功能看

"带"所构成的连词短语，可以作主语、宾语，也可以作谓语。

A. 作主语，如：

（13）就这样爬到箱子上，鼻子**带**泪擦不完啦。(王《双锁柜》)

（14）俩孩子只长得呀，天庭、地庭**带**中庭，五岳四都很方正，又白又嫩又支楞。(《回龙传》)

B. 作宾语，如：

（15）一伸手要抓那金钱**带**银绳。(《全家福》)

（16）这水坑里放有蝎子和蛤蟆，还有蜈蚣**带**长虫。(《丝绒记》)

（17）他穿一双鸳鸯抓地虎靴子，鞋头起儿缀两个牡丹疙瘩儿，疙瘩儿里边藏俩倒钩刺儿——钢钩儿**带**钢叉，他踢到贾秀英那屁股上边，"噔唥"一声，都进去二寸多深。(《小八义》)

（18）真胆大，你竟敢故意地摔烂了茶盘**带**茶盅。(《全家福》)

（19）细盘子细碗他又买好，又买了醋水**带**调供。(《回龙传》)

C. 作谓语，如：

（20）我把你接本到俺家里，我封你择菜**带**剥葱。(《丝绒记》)

书词中"……带……"这种用例有35个，排除重复用例12个，我们对剩余23个"带"所构成的连词短语的句法功能进行考察发现，"带"倾向于作宾语。详见表3-3。

表3-3　"……带……"短语的句法功能考察

性质 对象	主语 数量	主语 百分比(%)	宾语 数量	宾语 百分比(%)	谓语 数量	谓语 百分比(%)	其他 数量	其他 百分比(%)
带	5	21.74	12	52.17	3	13.04	3	13.04

上表中"其他"有3例，具体如下：

（21）就这"咳哩啪"，韭菜**带**葱花，还有稠哩还有汤儿，可把给你喊死啦呀！（王《金钱记》）

（22）呀，你这小孩年纪不大，说话是猫吃糨子——粘牙**带**粘爪子哩呀！（《丝绒记》）

（23）桌上放广西的茶壶银粘底，江西的瓷碗**带**茶盅。（《彩楼记》）

例（21）中，"韭菜带葱花"是俗语，形容做饭又快又好；例（22）中，"粘牙带粘爪子"是歇后语的谜底；例（23）中，"瓷碗带茶盅"是定语的中心语。

3.2.2.2 带……带……

"带……带……"中，"带"用于连接谓词性成分，主要有以下两种用法。

1）表示同时进行两件事情，相当于"一边……一边……"，书词中有1例：

（1）他这媳妇儿说话也抱裤子，人家还有拍子嘞呀，**带**"吡溜"鼻子，**带**抱裤子。（《刘公案》）

河洛方言中，这种用法很常见。如：

（2）咱搁家门口儿开个小卖部，**带**卖东西，**带**引孩子，血方便。

（3）大年三十儿，俺一家儿**带**看电视，**带**吃扁食。

（4）俺妈搁灶火**带**滚汤**带**烙馍。

2）表示一段时间内可以兼顾两件事情，相当于"既……又……"，书词中有1例：

（5）明天早上咱一早进城，**带**卖粮食，**带**取银子，这啥样儿？（《包公访太康》）

河洛方言中，这种用法也很常见。如：

（6）我一个人**带**做饭**带**接送孩子，累嘞够呛。

（7）你待会儿出去，**带**遛狗，**带**取水，不用跑两趟啦。

（8）咱俩这一回赶集，**带**卖对子，**带**办年货，啥都不耽误。

（9）吃完晚饭出去走走，**带**减肥，**带**省电，一举两得。

（10）白看这个小卖部店面儿小，**带**卖百货，**带**收快递，生意好着嘞！

据调查，以上"带……带……"这两种用法在洛嵩片 15 地都有使用。

3.2.2.3 连……带……

书词中，"连……带……"中的"连"有不同的性质。如：

（1）她要是不给大成亲，小春红，我**连**她**带**你一齐儿活埋啦。(《包公奇案》)

（2）罢了，待我想个办法，**连**盆儿**带**魂儿都给你抱过去。(《包公奇案》)

例（1）中，"连"是介词，介引"她"和"你"，不能去掉，否则影响语义表达；例（2）中，"连"是连词，去掉后，不影响语义表达。

下面主要讨论"连""带"都是连词所构成的"连……带……"结构式。

1）从连接项的音节看

"连……带……"结构中，"带"连接的前后项从音节上看有四种情况。

A. 前后项都是单音节形式，如：

（3）刘高他走到这里，**连**攻**带**抡，"出"，练起来气功。(《滨州会》)

（4）我就灌了一斤油，**连**吃**带**点一个月啦，天爷！(王《双锁柜》)

（5）那狗蛋**连**哭**带**喊："哎呀，妈呀。"(《智断神杀案》)

B. 前后项都是双音节形式，如：

（6）展昭说："两方便，**连**住店**带**吃饭。"(《包公奇案》)

（7）你这本事就大，封你**连**管阴**带**管阳，阴阳大学士。(《包公奇案》)

（8）国舅接住信一看，他爹嘞亲笔信，**连**磕头**带**作揖儿，这一回我可死不了啦。(《包公奇案》)

C. 前项是单音节形式，后项是双音节形式。如：

（9）招供倒还罢了，不招供外加香油半斤**连**炸**带**疾燎。(《刘公案》)

D. 前项是双音节形式，后项是单音节形式。如：

（10）把大人驮本到沙滩以上，刘大人**连**袜子**带**鞋都冲走清。（《刘公案》）

书词中，"连……带……"有 98 例，排除重复用例 37 个，对剩余 61 个"带"所连接前后项的音节情况进行考察发现，"带"倾向于连接前后项都是单音节的成分。详见表 3-4。

表 3-4 "连……带……"结构中"带"连接项的音节情况考察

对象 \ 音节	前单后单 数量	前单后单 百分比（%）	前双后双 数量	前双后双 百分比（%）	前单后双 数量	前单后双 百分比（%）	前双后单 数量	前双后单 百分比（%）
带	38	62.30	6	9.84	6	9.84	11	18.03

2）从连接项的性质看

"连……带……"结构中，"带"连接的前后项可以是谓词性成分，也可以是体词性成分。

A."带"连接的前后项是体词性成分，如：

（11）从头那至尾望了一遍，**连**鼻子**带**泪擦不完。（《滨州会》）

（12）他说你犯天狗星，**连**骨头**带**肉都吃清哪。（《回杯记》）

（13）想打脸就打脸，想打屁股打屁股，**连**脸**带**屁股一厮儿打也中。（《海公案》）

（14）包兴就把这清水接，**连**饭**带**盆刷干净。（《包公奇案》）

（15）就把薛银登**连**人**带**文章带到金殿以上，当今万岁当殿面试。（牛《金钱记》）

B."带"连接的前后项是谓词性成分，如：

（16）**连**推**带**拥把小轿上，众轿夫抬起轿子一溜烟。（《彩楼记》）

（17）老李青啊，他**连**滚**带**爬把楼下，他跌跌扒扒回家中。（《花厅会》）

（18）刘大人睁眼只一看，咦，那里头"呜呜呜"，霎时间**连**下雨**带**刮风。（《刘公案》）

（19）李凤英慌忙在下边翻身爬起，**连**跪**带**爬，就爬进了暗间。（《全家福》）

(20) 单说张龙张虎不敢急慢，**连**推**带**拉，把少爷拉到了水牢哩门跟前啦！(《丝绒记》)

书词中，"连……带……"有98例，排除重复用例37个，对剩余61个"带"连接前后项的性质进行考察发现，"带"倾向于连接前后项都是词的成分，其中名词远多于动词。详见表3-5。

表3-5 "连……带……"中"带"连接项的性质考察

性质 对象	体词性成分				谓词性成分			
	词		短语		词		短语	
	数量	百分比（%）	数量	百分比（%）	数量	百分比（%）	数量	百分比（%）
带	38	62.30	0	0	20	32.79	3	4.92

3）从"连……带……"结构的句法功能看

从句法功能上看，"连……带……"结构可以作主语，也可以作状语、谓语。

A. 作主语，连接项一般为体词性成分。如：

(21) 李三娘哭得是悲哀悲恸啊，**连**鼻涕**带**泪擦不干。(《滨州会》)

(22) 老头儿可能是感冒哇，昨是冷，**连**头**带**脚裹得严严儿哩。(王《双锁柜》)

(23) 俺老爷要是知道了，小姐呀，**连**你**带**俺估计难活成。(《花厅会》)

(24) 先拿酒后上菜，**连**酒**带**菜都摆成。(《包公奇案》)

(25) 喜同一站站起身来，身子往下一倾，伤风夺镖"扑出"一拔，顺住那伤口"突突突"，**连**血**带**脓**带**水呀，一齐往外流。(《海公案》)

B. 作状语，连接项一般为谓词性成分。如：

(26) 屁股一拧，**连**抓**带**扒**带**扣**带**咬啊，给你五脏六腑都抓走啦。(《呼延庆鞭扫十八国》)

(27) 贾秀英把阮英当成火神爷啦，一扭脸儿"嘟嘟嘟嘟嘟嘟"**连**滚**带**爬上嘞绣楼。(《小八义》)

（28）刘三说着，**连**拉**带**拽把吕蒙正揪_托上了能行大马。（《彩楼记》）

C. 作谓语，连接项可以是谓词性成分也可以是体词性成分。如：

（29）俺们**连**说**带**哄，好不容易让人家接着喊夯歌，大伙打夯正打得有劲儿哩，你把顽童叫走，夯不是又停下来啦？（吕《破镜记》）

（30）包黑、包兴夜儿黑地搁那泥坑里泡了一晚上，身上**连**泥**带**水，脸上黑泥一层儿。（《包公奇案》）

书词中，"连……带……"有98例，排除重复用例37个，对剩余61个"连……带……"的句法功能进行考察发现，该结构作主语的用例最多，其次是作状语，最后是作谓语。详见表3-6。

表3-6　　　　"连……带……"短语的句法功能考察

对象＼性质	主语 数量	主语 百分比（%）	状语 数量	状语 百分比（%）	谓语 数量	谓语 百分比（%）	其他 数量	其他 百分比（%）
带	33	54.09	13	21.31	13	21.31	2	3.28

上表中，"其他"有2例，"连……带……"结构式均为歇后语的谜底。如：

（31）就是叫你蚂蚁夹豌豆——**连**骨轮**带**爬，不叫你在这儿干啦，吃不成啦。（段《破镜记》）

（32）三日之内张永道怎样死啦，你给我查不明白，过罢三天，蚂蚁夹豌豆——**连**爬**带**骨碌，老和尚卷铺盖——咋进去咋出来。（《包公奇案》）

3.2.2.4　余论

上文可知，书词中连词"带"的用法复杂多样，反映了河洛方言"带"真实的使用状貌。就"……带……"而言，可以作主语、宾语和谓语，"带"主要用来连接词语；就"带……，带……"而言，"带"主要用来连接谓词性成分；就"连……带……"而言，它已经构式化，可以作主语、状语和谓语，"带"主要用来连接词，其中以名词居多。

《歧路灯》中只有"连……带……"构式，连接项限于单音节的动词,普通话也仅存留了这种构式,其用法与《歧路灯》一致。

上述连词"带"的三种用法之间的发展演变及"带"的连词化还有待深入考察。

3.2.3 一壁厢

"一壁厢 [i³³pei⁴¹²tɕʰiaŋ³³]",相当于"一边","壁""边"是同义词,都表示事物的侧面,连词"一壁"是由数量短语"一壁"语法化而来的。"一壁厢"表示动作行为的同时进行,用于连接小句。书词中有2例:

(1)**一壁厢**杀**一壁厢**战,不对呀,四尺棍儿现在它掉三尺零了呀。(《刘公案》)

(2)话说三千岁,**一壁厢**听着动静,**一壁厢**要走出路,只见他悄悄冥冥看着方向,又往东南而走。(《刘公案》)

"一壁厢"是近代汉语连词,河洛地区年纪较大的老派人还在使用。

3.2.4 一来

"一来",常与"二来""三来"等连用,用来列举目的、理由、结果,相当于"一方面",用于连接小句。书词中有18例,如:

(1)现在我又来山东作为巡抚,**一来**是作为巡抚,**二来**放粮。(《刘公案》)

(2)我就让他发兵围住杏花山,**一来**捉住周景隆立功受赏,**二来**寻住我闺女让她完璧归赵,还回老家。(《小八义》)

(3)果真展昭的三绝名不虚传,为王就给他高官加封。**一来**为国求贤,**二来**也对起了救你的恩情。(《包公奇案》)

(4)老相爷,**一来**是小老儿我冤枉过大,手中没有银两,又进不去太康县衙门哪;**二来**,人人皆知,家喻户晓,老相爷为官清正,爱民如子。(《包公访太康》)

(5)呸,国家的王法你并不是不知道,有错拿的,没错放的,审不出口供致死人命,**一来**要坐监,**二来**要杀头抵命。(《包公奇案》)

(6)倒不如咱们大家谁能掏上几两银子,把这个贫婆买到你的家

乡，**一来**你家有老丫鬟使唤，**二来**也帮贫婆殡埋了她家公爹，不知大家意下如何呀？(《全家福》)

例（1）、例（2），列举目的；例（3）、例（4），列举原因；例（5）、例（6），列举结果。

有时，连词"一来""二来"之后可以跟"是"，表达更为口语化。如：

（7）**一来是**，给太师爷去祝寿，**二来是**，续一续张家店的情。(《海公案》)

（8）**一来是**，盘清这个杨状元，**二来是**，搭救那抱打不平大汉那个陈子清啊。(《包公审木槿》)

"一来"是上古汉语连词，在洛嵩片 15 地广泛使用。

3.2.5 再不

"再不"，相当于"若不、要不"，用于连接小句，表示选择关系。书词中有 1 例：

（1）兄弟，这鳖儿真孬孙啊，你看那要饭哩，不是眼不得劲儿，就是耳朵不治，**再不**就是聋子，没有听见他吆喝。(《回杯记》)

洛嵩片方言中，"再不"的使用很常见。如：

（2）这个东西估计是恁爸买哩，**再不**就是恁奶买哩。

（3）他不爱吃米就给他下点儿面，**再不**就出去买点儿啥吃。

（4）你看那谁家哩儿媳妇儿好串门子，不是隔墙儿哩，就是对门哩，**再不**就是那王婆家哩。

"再不"是短语"再不"词汇化和语法化的产物，由于数词"再"表"第二次"，连词"再不"还多少保留这样的词义，因此，"再不"常用于连接第二项。

3.2.6 或是

"或是"是近代汉语连词，相当于"或者"，表选择。根据连接成分不同，有以下两种情况。

1）连接谓词性成分，如：

（1）干活的嫌主家给的工钱少，**或是**活重，心里想干，嘴里却故

意说不干，这叫"拉弓"，目地就是要挟主家涨工钱。(吕《破镜记》)

（2）我想着到他那里借上几串铜钱，**或是**借上几斗粮食，度过这一段儿，转过年景，我加倍还他。(《损人报》)

（3）碰见那有钱哩人家，把为妻卖到他家，**或是**做饭，或者刷锅，或者织布，或者纺花。(《包公奇案》)

例（1）中，"或是"之后的"活重"与"主家给的工钱少"并列，都是"嫌"的宾语；例（2）中，"或是"之后"借上几斗粮食"与"借上几串铜钱"并列，都是连谓短语后一构成成分；例（3）中，"做饭"与"刷锅""织布""纺花"并列，都是连谓短语后一构成成分。

2）连接小句，如：

（4）小姐，咱**或是**把他打死，妈那脚，**或是**把他打跑，你看啥劲儿？(《花厅会》)

（5）我是说你见里边有人进去，**或是**见里边的女子出来没有哇，大叔？(《呼延庆鞭扫十八国》)

（6）舅都是自来舅啊，给恁娘是亲姊热妹，一奶吊大，**或是**比她大嘞，**或是**比她小嘞。(《刘公案》)

（7）她要是说不爱你哥啦，**或是**说她不带金不带银，光回来一个人，那俺啊给她搁一块儿，还不放心嘞。(《小八义》)

（8）那雷爷是镇京总兵之职，是个武官，也不通大理，没那**或是**大哩定上一个，小嘞定上一个。(《花厅会》)

3.2.7 再者

连词"再者"，相当于"再则"，表示更进一层地列举原因、理由。如：

（1）哎呀，二妹，你斗(就)没有想想啊，人家苏玉是有钱有势，我是个穷要饭吃花子，你没听人家说，衙门口朝南开，有理无钱莫进来呀。**再者**，人家不是经常说，屈死不告状，饿死不做贼呀。二妹，这我斗(就)认了啊，咱没有钱，咱给人家打啥官司哪？(《回杯记》)

（2）来一个庄稼汉，二十七八，个子高大，膀宽腰大，头上戴个烂帽子，高处没盖儿，边儿起没檐儿，都是那一烂圈儿圈儿。**再者**，穿一身烂衣裳，补丁摞着补丁，呓儿八怔，来到了桥上。见了包大人也不下跪，斗_就立到那儿，瞪着两只眼，四下乱看。(《包公奇案》)

"再者"常与"说""来说"连用，口语化程度更高。如：

(3)"少礼，下站，后退，你个叫街花子，你看这是啥地方，是不是要饭嘞，要饭要嘞可不是地方，**再者说**，也不是时候，清早饭吃过去了啦，晌午饭还不该嘞，**再者说**，这是太师府嘞府门口啊，去去去去，过去要饭，过去，快过去！"(《海公案》)

(4)船家，话说三遍，淡如凉水。你这茶我坚决不用，为什么呢？我因为不渴，**再者来说**，你们这个地方水土我也不一定太服，我不喝你的水。(《剑侠英雄传》)

"再者"一词，还活跃在洛嵩片人们的日常交流中。

3.3 助词

3.3.1 时地标记"起"

河洛方言中，"起[tɕʰi³]"用在时间词语、处所词语之后构成"X起"，表示具体的时间或方所，如"清早起""手头儿起"。《洛阳方言词典》收录了"边儿起"与"边儿边儿起"两个词条，对其分别释义为"边沿儿：靠~走"与"最靠边的地方：他站在井的~，真危险"[①]。除此以外，有关"起"的研究尚未见到。

书词中，"X起"可以分为表处所和表时间两类，详见表3-7。

表3-7　书词中表处所的"X起"和表时间的"X起"的使用情况[②]

母方言地	艺人	字数	表处所的"X起"	表时间的"X起"
巩义	王周道	442718	33	6
	尚继业	122386	1	0
	王春红	31177	4	0

---

① 贺巍：《洛阳方言词典》，江苏教育出版社1996年版，第192页。
② 若同一词语出现2次，就统计为2次，出现3次就统计为3次。

续表

母方言地	艺人	字数	表处所的"X 起"	表时间的"X 起"
偃师	段界平	122386	1	1
	李明智	413749	5	3
宜阳	魏要听	353508	39	8
新安	吕武成	182302	15	4
孟津	张建波	82377	1	2
总计			99	24

由上表可知两点：一是巩义、偃师、宜阳、新安、孟津 5 地的艺人在其作品中都或多或少使用"X 起"；二是表处所的"X 起"使用频率较高，表时间的"X 起"使用频率相对较低，后者实际上是前者的引申用法。

方言调查显示，这种"X 起"表达在上述方言点的日常交流中还较为活跃，尤其是表处所的"X 起"更为常用，且能产性较强。

3.3.1.1 表时间的"X 起"

书词中，表时间的"X 起"用例相对较少，根据"起"的性质分为以下两种情况。

1）"起"为词内成分

这种情况仅有"早起"一词，为时间名词，共出现 8 次。如：

（1）我咋会**早起**到黑儿不安宁？（《包公奇案》）

（2）他**早起**起来读书，把门儿一开，低头一看，门口儿放一封书信。（《小八义》）

（3）吃罢**早起**饭，我背住药箱就又该下乡啦，你就进城买药，也不能见我。（《包公奇案》）

（4）本来**早起**斗_就没有吃啥东西，现在咱早饿啦，再等一会儿人来啦，如果该打啦，没有一点儿劲儿啦咋打嘞？（《包公访太康》）

（5）今儿**早起**严相府那管家呀，严二带着严相府的一群家将，把那大街上卖字画嘞呀都赶出北京城了呀。（《海公案》）

（6）这侯小姐在这方面是下了一定功夫，不羌说**早起**练，太阳出来练，上午练，下午练，白天练，斗_就晚上嘞，在至月光下，没有月

亮,那黑夜天也练。(《包公审木槿》)

例(1)、例(2)、例(6)中,"早起"作状语;例(3)中,"早起"作定语;例(4)中,"早起"作主语;例(5)中,"早起"作定语的中心语。

2)"起"为助词

这种情况中,"起"语义完全虚化,去掉之后不影响真值语义,其功能是让时间词语"X"所表达的时间更加具体化、聚焦化。如孟州方言中,"三更"与"三更起",两者所指的范围不完全相同:前者表示的范围较大,即"晚上十一点到次日一点"这一时间段,而后者表示的范围较小,仅限于"二更与三更交接"的那一小时间段内。

书词中,这种"X起"有8例,分别是"清晨起、今早起、五更口儿起、四更天起、黄昏起、三更起、四更起、清早起"等。如:

(7) **清晨起**走了一会儿到啦!(《刘公案》)

(8) **今早起**没长红薯,我咋嚼不动嘞?(《刘公案》)

(9) 搁那枯井内**四更天起**她在井里头哭起来了呀!(《损人报》)

(10) 我的包老爷,赵国胜俺老婆儿**五更口儿起**也丧荒城啊。(《包公奇案》)

(11) 我打**黄昏起**我给我孩子做嘞好衣服,你跑那远远儿嘞啊,你送嘞远一点儿。(《刘公案》)

(12) 大姨一走我心里也静啦,单等着今晚上**三更起**。(王《双锁柜》)

(13) 小丫鬟她这**清早起**慌忙忙大印拿在手,把印揣到她的怀中。(《丝绒记》)

(14) 这时候就听见那鼓楼以上**四更起**,鼓楼上打罢四更鼓,店掌柜也是着了急。(《包公审木槿》)

从上述例子来看,除了例(10)中"起"附着在表时点的"五更口儿"之后,其他例子中"起"都附着在表时段的"X"之后。

此外,洛嵩片方言中,表时间的"X起"还有"黑儿起、夜儿起、月头儿起、明个儿起、今个儿起、昨个儿起、晌午儿起、白<u>一日儿起</u>"等。

3.3.1.2 表处所的"X起"

书词中,表处所的"X起",用例相对丰富,根据"起"的性质分为以下两种情况。

1)"起"为词内成分

这种情况的"X起"有"头儿起""边儿起""角儿起""后起"4个词。如：

（1）**头儿起**那我都能理解，后头这御札三道我就弄不明白。（《包公奇案》）

（2）姑娘穿她妈嘞鞋——**头儿起**紧，后头松。（《小八义》）

（3）往**边儿起**靠，恁没有见那树窟窿里边多年腐朽。（《包公奇案》）

（4）那**角儿起**有一块金砖，还有两根金条。（《小八义》）

（5）老康氏她在前边走，康二妮紧紧跟**后起**。（吕《双锁柜》）

河洛方言中，这类构词还有"沿儿起、口儿起、跟儿起、底儿起"等。如：

（6）往里头起去去，不准搁**沿儿起**耍！

（7）娃娃们成天吃完晚饭搁这**口儿起**乱窜。

（8）你往我**跟儿起**来来。

（9）上边没有，你没看看**底儿起**有没有？

2)"起"为助词

"起"附着在处所词语之后构成"X起"结构，其中"起"语义完全虚化，去掉之后不影响真值语义，其功能是让"X"所表达的处所更加具体化、聚焦化。如孟州方言中，"门口儿"与"门口儿起"，两者表义有较为明显的区别：前者的范围较大，门前较远的地方也属于"门口"范围，而后者则仅限于"门口"附近很小的范围。

书词中，表处所的"X起"结构丰富多样，根据"X"的构成分为三类。

A. "X"的结尾成分为"头儿、边儿、口儿、角儿、顶儿、尖儿、沿儿、跟儿"等表边缘、角落、末端等处所成分

a. ～头儿+起

具体有"村头儿起、床头儿起、覆头儿起、桥头儿起"等，如：

（10）咱那**村头儿起**有一个井往那一摞，我一填给它填住，神不知鬼不觉。（《损人报》）

（11）睁眼一看，**村头儿起**盖一座高楼大厦四合头院。（《包公

奇案》）

（12）**床头儿起**放一个板箱，缝儿都裂大宽，都快不中啦。（《回杯记》）

（13）扭一下铺一个铺衬搭奔到篮子那**覆头儿起**。（王《双锁柜》）

（14）这两个顽童就在这**桥头儿起**呀，正搁扒土嘞。（《海公案》）

（15）这**桥头儿起**，你看恁那扒土嘞，多脏啊，回去回去，去吧去吧。（《海公案》）

b. ～边儿＋起

具体有"村边儿起、路边儿起、嘴边儿起、井边儿起、床边儿起、河边儿起"等，如：

（16）走着越走越低，走到**村边儿起**了。（《损人报》）

（17）还说左玉兰到到贾家滩**村边儿起**。（《损人报》）

（18）往前就走，没有防住**路边儿起**有一口井，"扑嗤"可掉到井里。（《损人报》）

（19）两眼一掠，看见那**路边儿起**两棵小树。（《刘公案》）

（20）调羹勺舀着，搁那孩子**嘴边儿起**，那孩子就这样张嘴儿。（《滨州会》）

（21）脸上边儿哩胎毛未褪，**嘴边儿起**哩奶水未干。（《包公奇案》）

（22）张丞刘安往里一看，哎呀，**井边儿起**绑了一根儿绳。（《刘公案》）

（23）师婆儿就说对对对，横里着坐这**床边儿起**。（王《双锁柜》）

（24）后门一开，连箱子带人抬到那**河边儿起**。（《包公奇案》）

c. ～口儿＋起

具体有"衙门口儿起、街口儿起、门口儿起、路口儿起、大门口儿起、香口儿起"等，如：

（25）**衙门口儿起**冷清清，进衙门，姐妹俩斗_就破口骂。（《刘公案》）

（26）原先**街口儿起**开一个杂货店，埋了一个死人，没人敢搁那儿睡啦。（《包公奇案》）

（27）老哩老，小哩小，低哩低，高哩高，都据着礼搁**门口儿起**挤得水泄不通。（《包公奇案》）

(28) 咱不表梁忠正北走，**路口儿起**撇下啦梁秀英。(《小八义》)

(29) 你家**大门口儿起**卧那是啥？(吕《双锁柜》)

(30) 这桌子上边一炉香，**香口儿起**又摆三碗儿供。(《包公奇案》)

d. ~角儿 + 起

具体有"墙角儿起、背角儿起、眼角儿起、箱角儿起"等，如：

(31) 桌子上、桌子下、**墙角儿起**、床圪晃儿，里里外外看了一遍，啥都没有啥呀。(《包公审木槿》)

(32) **背角儿起**又来人一个，他疾如风云上楼棚。(《包公奇案》)

(33) 南边哩那人名字叫展昭，**背角儿起**玉郎上楼棚。(《包公奇案》)

(34) 俺的娘哭着没有泪，**眼角儿起**贴了两块秦椒皮。(王《双锁柜》)

(35) 才把手帕拿在手，手帕支到**箱角儿起**。(王《双锁柜》)

e. ~顶儿 + 起

具体有"屋顶起""柜顶儿起"，如：

(36) **屋顶儿起**放啦一个大百箱，千万你不要往东屋去。(《刘公案》)

(37) 余蒲姐情急之中无主意，一转身坐到**柜顶儿起**。(王《双锁柜》)

f. ~尖儿 + 起、~沿儿 + 起、~跟儿 + 起

这三个组合用例较少，分别为"鞋尖儿起""下沿儿起""脚跟儿起"。如：

(38) **鞋尖儿起**"扑楞楞，扑楞楞"，那搭了一个五色缨儿。(《丝绒记》)

(39) 我就朝这下边角儿起点点，朝**下沿儿起**点。(《包公奇案》)

(40) 下身穿一个灯笼裤子，从膝盖上一直叉到**脚跟儿起**，露着大腿板。(吕《双锁柜》)

此外，河洛方言中还有"~个儿起""~底儿起""~缝儿起"等类似表达。如：

(41) 她脖子**个儿起**有一道疤。/不要再吃瓜子了，你看你嘴**个儿起**都长泡了。

（42）给碗**底儿起**都吃干净。/你看这锅**底儿起**脏嘞！

（43）裤**缝儿起**开线了。

B. "X"为方位词或方位短语

这类"X起"具体有"左边儿起、右边儿起、中间起、门后起、房外起、底下起"等，如：

（44）**左边儿起**坐着狄太后，**右边儿起**坐着李凤英。(《包公奇案》)

（45）忽灵灵一对杏子眼，鼻子长到**中间起**。(吕《双锁柜》)

（46）金柱说，要是实在没处藏，我就藏到**门后起**。(吕《双锁柜》)

（47）咯噔噔噔往外走，将身儿来到**房外起**。(王《双锁柜》)

（48）姑娘说："**底下起**泥老深哪。"(《损人报》)

此外，河洛方言中还有"里头起""地下起""顶上起"等类似表达。如：

（49）你往**里头起**去去。/你往床**里头起**去去，我快掉下去了。

（50）我手机搁**地下起**嘞，你帮我拿上来吧。

（51）你给篮子从**顶上起**取下来！

C. "X"为小而具体的普通名词

这类"X起"具体有"头门起、大门起、花轿起、后门起、嗓眼儿起、轿子起、额头起、门堑儿起"等，如：

（52）天要一亮就要娶我，花轿来到**头门起**。(王《双锁柜》)

（53）小孩们叽叽哇哇跳得高，花花轿来到了**大门起**。(王《双锁柜》)

（54）在至这里来吩咐，搀女客来本到**花轿起**。(王《双锁柜》)

（55）今天走了明天还来，你到在俺的**后门起**。(吕《双锁柜》)

（56）蒋灵姐只吓得腿打战，王金柱一颗心提到了**嗓眼儿起**。(吕《双锁柜》)

（57）罢罢罢，**轿子起**小官跟前我把冤来申。(王《金钱记》)

（58）趁住月亮一看，这**额头起**咋恁光捻。(《损人报》)

（59）姐呀姐这闺女不情事儿，把我这推到**门堑儿起**。(王《双锁柜》)

"起"附着在普通名词之后，使其处所化，如例（59）中"门堑儿"是个普通名词,加上"起"之后就被处所化了,同时"起"还兼有聚焦功能,定位了"门堼儿"这一范围。也就是说,"起"附着在普通名词之后,具有处所化和聚焦范围双重功能。特别需要注意的是,这里的"普通名词"仅限于小而具体的普通名词,比如不能说"*大楼起""*操场起"。人类语言中很多处所没有现成的指称形式,但是不同语言都有自己的应对机制,英语可以通过添加前置词(如"on the table"),汉语可以通过后附处所标记(如"树上")①,河洛方言中"普通名词+起"结构也是汉语处所化的一种具体方式。

此外,河洛方言中还有"旁[paŋ³¹]起""卜老盖起"等类似表达。如:

(60) 你往这**旁起**挪挪。/有点挤,你往那**旁起**去去。

(61) 你裤那**卜老盖起**咋挂**一个**洞?

3.3.1.3 助词"起"的语素化及其他

由上文可知,"起"附着在处所或时间成分之后,使这些成分表义更加具体明晰,即"起"具有精准定位处所或时间的功能。"起"作为处所或时间标记时,它有双重身份,多数情况为助词,少数情况为词内成分。"起"附着在处所词语、时间词语之后,其语义逐渐虚化就成了助词;附着在单音词之后的助词"起"顺应汉语词汇双音化的趋势进一步语素化,就成了词内成分,这种从句法成分到词法成分的演变就是助词"起"的语素化。这可以从上文所列举的"X起"构词中"X"都是成词语素这一事实得到印证,如"边儿起""角儿起",其中"边儿""角儿"是成词语素。普通话中这样的构词很多,如"懒得""晓得""顺着""紧着"等。

根据"X起"的语义,"起"的本字疑为"汔",《同源字典》引《广雅·释诂一》:"汔,尽也",且认为,"汔""迄"与"讫"具有同源关系。② 穆亚伟(2021)考察了河南辉县方言后缀"迄",与上文讨论的"起"较为相似,但从该文的引例及讨论来看,"迄"只能用在处所成分之后,不能用在时间成分之后。她还指出,"迄"之前的儿化音

---

① 王光全、柳英绿:《汉语处所化的机制及其在教学中的应用》,《世界汉语教学》2008年第1期。

② 王力:《同源字典》,商务印书馆1982年版,第451—452页。

节可以重叠，表示某目标距离更为接近，如"河边儿迄"可以说成"河边儿边儿迄"。这种重叠形式强调定位精准性的用法，在洛嵩片方言中也很常见。上文以"头儿""边儿""尖儿""角儿""口儿""顶儿"等结尾的处所词后附"起"，都可以进行这样的重叠。

此外，书词中还有个别"X起"较为特殊。如：

（1）一号人慢慢儿慢慢儿挤到**一堆儿起**。（《包公奇案》）

（2）俩驴咬到**一堆儿起**，前蹄扒后蹄蹬，撅撅尾巴炸炸鬃。（《包公奇案》）

（3）我有啥法儿，空着手跑到药铺里——我**一点法儿起**也没有，我真没有法儿。（《损人报》）

前两例中"起"附着在数量短语"一堆儿"之后，后一例中"起"附着在名词"法儿"之后，它们有共性特征，即"起"具有使其前成分明确化的功能。考察《歧路灯》发现，除了"早起""今日起"之外，也有"法起"这一表达。如：

（4）且说盛希侨不耐旅舍繁嚣，**早起**即叫能干家人另觅京城出赁房屋。（一百〇三回）

（5）当年藩库解得国帑，**今日起**不得你们财东的标。（八十四回）

（6）我万分无奈，承许今日完他，只是我再没**法起**办。（四十二回）

可见，"起"不仅可以标记时地成分，还可以标记非时地成分，其功能具有一致性，即都可以让其前成分明确具体化，至于"法（儿）起"之类的表达是不是成系列，还有待于深入调查。

3.3.2 脆

有关"脆 [tsʰuei³¹]"的讨论较为鲜见，《洛阳方言词典》收录了"脆咋着""脆谁"两个词条，对其分别释义为"无论如何：～他都不能去，一去准出事儿""任何人：～说都没用，她还是要走"[①]。从词典的举例来看，"脆"都用在疑问词之前。书词中，"脆"除了词典中的用法之外，还可以用在含疑问词的短语之前，这两种用法的功能相同，

---

① 贺巍：《洛阳方言词典》，江苏教育出版社 1996 年版，第 127 页。

即使其后的成分具有任意义。详见表3-8。

表3-8　　书词中"脆"标记任指的用法分类统计

母方言地	艺人	字数	"脆"+疑问词	"脆"+含疑问词的短语
巩义	王周道	442718	25	3
	李新芬	73696	3	2
	黄金焕	89736	4	0
偃师	李明智	413739	1	0
宜阳	魏要听	353508	2	0

从上表来看，"脆"使其后疑问词或含疑问词的短语具有任意义的用法，在巩义、偃师、宜阳3地艺人的书词中有所反映，并且"脆"多数附着在疑问词之前，少数附着在含疑问词的短语之前。下面对"脆"的组合能力、句法功能、句法限制及其原因进行讨论，并将其与周边方言进行对比，以揭示其个性特征。

3.3.2.1　组合能力

1）脆+疑问词

"脆"可以附着在"谁""啥""哪儿""咋""咋着"等疑问词前，使其具有任指义。

A. 脆+谁，表示任何人

"脆"用在问人的疑问代词"谁"之前，有9例。如：

（1）**脆谁**杀都是一死，早死晚死一个样儿。(《包公奇案》)

（2）大王翠萍把楼下，也不知道谁死**脆谁**生。(《小八义》)

（3）**脆谁**来吃都中，你吃不中。不叫吃，爬走！(《海公案》)

（4）能盖儿啊，我把**脆谁**忘啦，我也给你忘不完哪。(《回龙传》)

（5）舅都是自来舅啊，啊，**脆谁**你都喊舅？是舅不喊舅，人家不愿意。(《滨州会》)

（6）连城啊，到北京告状，**脆谁**接你状子，你问问那一个官姓甚名谁？(《刘公案》)

（7）他说不叫给你说，**脆谁**都不叫说，也不是说不叫给你说，啊，见外人都不能吭气儿。(《损人报》)

B. 脆+啥，表示任何事物

"脆"用在问物的疑问代词"啥"之前，有10例。如：

（8）这尘世上**脆啥**都兴，谁兴这爹公娘婆兄妹成亲？（《全家福》）

（9）你没想想，家里边哩**脆啥**东西都卖净啦。（《回龙传》）

（10）她急成那，她给咱一样？咱吃哩有啥，咱家**脆啥**都有，哎？（王《双锁柜》）

（11）香纸箔裱**脆啥**都要，红灯灯还有蓝布，恁一齐装到布袋里。（王《双锁柜》）

（12）**脆啥**这东西都不能要啦，往后去往后去再不来恁家里。（王《双锁柜》）

（13）说着把衣裳穿好，头发也粘好，放到棺材里，**脆啥**准备嘞停停当当，去楼上给小姐那衣裳拿来，该填嘞填，该装嘞装。（《损人报》）

C. 脆+哪儿，表示任何地方

"脆"用在问地方的疑问代词"哪儿"之前，有4例。如：

（14）**脆哪儿**我都叫他住，我这屋想立他也不能立了呀。（王《双锁柜》）

（15）咦，东西都黑煞**脆哪儿**都是。（《刘公案》）

（16）俺嘞闺女给俺孩子他姐弟三个，去瞧他外婆嘞，……就这一去再不回来啦，现在**脆哪儿**也找不着，各亲戚家找遍，不见俺嘞儿女。（《刘公案》）

（17）没我可拱到哪儿去呀，这**脆哪儿**也藏不住呀，骨桩这墙圪角儿也恐怕看见。（《刘公案》）

D. 脆+咋，表示任何方式或无论怎样

"脆"用在问方式或状况的疑问代词"咋"之前，有9例。如：

（18）"妹子妹子"，**脆咋**喊叫也喊不应。（王《双锁柜》）

（19）**脆咋**骂你也不升堂呀，狗官儿。（《刘公案》）

（20）我**脆咋**骂他，他也听不见，他也不是驴耳朵恁长斗${}_{就}$听见啦。（《刘公案》）

（21）你**脆咋**哭**脆咋**骂吧，你那嗓子哑啦，状元爷没有听到拉倒啦，你咋还拍窗户哩你？唵？（《全家福》）

(22) 我叫客人喝酒，我是以茶代酒，**脆咋**也喝不醉，恁娘，放心吧啊！（《滨州会》）

E. 脆+咋着，表示无论怎样

"脆"用在问状况疑问代词"咋着"之前，有3例。如：

(23) 小姐闻听这些话，哎呀，**脆咋着**这话儿也说不成。（《刘公案》）

(24) **脆咋着**话儿也不会讲，气嘞他腿伸眼一瞪啊，把嘴一张可不中啦。（《刘公案》）

(25) 哥，这被子也老窄也老短嗷，才上来是一个被子，恁弟妹也拽，我也拽，横哩也拽两半截儿哩舅子啦，啊，不管**脆咋着**，凑合一晚上嗷。（《回龙传》）

例（25）中，"脆咋着"之前有"不管"，去掉不影响语义表达；上述"脆+疑问词/含疑问词的短语"之前几乎都可以加上"不管"，用来强化这种任意义。

河洛方言中，"脆"几乎可以附着在所有的疑问代词之前使其具有任意义，除上述例子中的组合情况之外，还有"脆为啥""脆啥时候""脆多喒儿（晚儿）""脆咋样儿""脆啥样儿"这样的组合。如：

(26) **脆为啥**她到底不给我说。

(27) 婶子恁**脆啥时候**来都中。

(28) 恁**脆多喒儿**来都有货。

(29) 她**脆咋样儿**我都不嫌在。

(30) **脆啥样儿**我都要。

2) 脆+含疑问词的短语

"脆"用在含有疑问词的短语之前，使整个短语具有了任意义。从结构上看，"含疑问词的短语"一般是动宾结构，宾语或是疑问词或含有疑问词。如：

(31) 尚士杰说："他**脆会啥**咱都不要，啊。"（《回龙传》）

(32) 谁只要犯法先给他杀咯，后来回来再奏于皇上啊，不怪罪你，<u>**脆杀谁**都中</u>，<u>只要杀哩合理啊</u>。（《刘公案》）

(33) 这是认给朝廷他娘了呀。这叫御儿干殿下，才封他三千岁刘墉，又封他铁脖子。啥铁脖子？不准杀他，**脆犯啥法**，不准杀他。

(《刘公案》)

（34）你<u>不应</u>追究啦，咱那孩子从小嘴就不伶俐，你不知道？哎，**脆喊啥嘞**，就是喊爹嘞，他会喊鳖？(《刘公案》)

（35）姑爹，不要紧，姑爹，人生世，**脆干啥**都能发家，这卖孩子也能发家哝。(《回龙传》)

例（31）—例（35）中，"脆"相当于"不管"，其后的"会啥""杀谁""犯啥法""喊啥""干啥"都是动宾短语，"脆"不能去掉，否则会影响任意义的表达。需要注意的是，上述例子中"脆"都不能位移到疑问词之前构成"*会脆啥""*杀脆谁""*犯脆啥法""*喊脆啥""*干脆啥"这样的形式，具体原因见下文3.3.2.2。

河洛方言中，"脆"也可以附着在含疑问词"哪儿"的短语之前，使其具有任意义。如：

（36）**脆去哪儿**都是玩哩！

（37）她**脆去哪儿**，你都<u>不要</u>管她。

3.3.2.2 句法功能及句法限制

从句法功能上看，"脆+疑问词"结构的句法功能复杂，可以作主语、话题、宾语、定语、状语和谓语，而"脆+含疑问词的短语"这一组合的句法功能单一，主要作谓语，但不能单独成句。我们对3.3.2.1所列举的书词中的"脆+疑问词/含疑问词的短语"的句法功能进行考察，结果见表3-9。

表3-9 书词中"脆+疑问词/含疑问词短语"结构的句法功能考察

类别	具体组合	句法功能	具体例子
脆+疑问词	脆+谁/啥/哪	作主语	例（1）、例（2）、例（3）、例（6）、例（7）、例（8）、例（10）、例（11）、例（13）、例（15）、例（16）、例（17）
	脆+谁	作话题	例（5）、例（12）、例（14）
	脆+啥	作宾语	例（4）
	脆+咋	作定语	例（9）
	脆+咋/咋着	作状语	例（18）、例（19）、例（20）、例（21）
		作谓语	例（22）、例（23）、例（24）、例（25）

续表

类别	具体组合	句法功能	具体例子
脆+含疑问词的短语	脆+含"啥"短语	作谓语	例（31）、例（33）、例（34）
		作主语	例（35）
	脆+含"谁"短语	作主语	例（32）

河洛方言中，疑问词"谁""啥""哪儿"可以自由用于动词前后，但其前附加"脆"表任指时，句法分布位置有严格的限制，该组合只能用于谓语动词之前，不能用于谓语动词之后。上述所有"脆+谁/啥/哪儿"的用例都是遵循这一规律，其中例（4）中"脆谁"虽是介词"把"的宾语，但依然在谓语动词"忘"之前。书词中还有1例"脆+疑问词"作宾语的用例：

（1）刘大人说："就是这事儿，那叫你气嘟慌，那叫**脆谁**都气嘟慌啊。"（《刘公案》）

该例中"脆谁"作"叫"的宾语，但"脆谁"也是其后谓语动词"气"的主语。这说明，"脆+疑问词"作宾语是有条件限制的。

河洛方言中，疑问词"谁""啥""哪儿"还可以通过重叠表示任指，并且也必须用在谓语动词之前。如：

（2）**谁谁**都比他好。

（3）人家**啥啥**都中，干啥啥成。

（4）他**哪儿哪儿**都好，没有缺点。

"咋"表示询问方式时，"脆+咋"也是仅限于谓语动词之前的位置，如3.3.2.1例（18）—例（21）；当"咋""咋着"表问状况时，"脆+咋/咋着"结构常作紧缩复句前小句的谓语，如3.3.2.1例（22）—例（25），这主要受"咋""咋着"自身语义句法的影响，即替代的就是谓语。

为什么"脆+谁/啥/哪儿"表任指时只能用于谓语动词之前？这是受汉语"句法结构赋义律"的制约。石毓智（2010）认为，"对于没有任何修饰语的光杆名词，以谓语中心动词为参照点，动词之前的被赋予有定的特征，之后的被赋予无定的特征"①，换言之，谓语动词之前的位置是有定的，谓语动词之后的位置是无定的。因此，"谁""啥""哪儿"表任指时只能出现在谓语动词之前，表虚指时只能出现在谓语动词之后，那么"脆+谁/啥/哪儿"表示任指，只能用于谓语动词之前的位置，当然此时去掉"脆"不影响任指义的表达。这也解释了"脆+咋/咋着"组合出现在谓语这一位置时，其中的"脆"为何不能去掉，因为只有谓语动词之前的位置才会被自动赋予任意义，有"脆"没有"脆"都可以。

上文谈到"脆+含疑问词的短语"这一组合，其中"脆"也是不能省略的。该组合中的"含疑问词的短语"都是动宾短语，"疑问词"居于宾语位置，按照句法结构赋义律，宾语位置是无定的，因此，"脆"只能用在"含疑问词的短语"之前表任意义，而不能用在疑问词之前表任意义。

3.3.2.3 与周边方言对比

司罗红（2020）报道了河南新密方言中有个语缀性的任指标记"粹"，与我们讨论的"脆"较为相似，但也有不同之处，主要有以下四点。

1）司文指出"粹"不具有强制性，可以省略，但在河洛方言中要分具体情况：当"脆+疑问词"结构用在谓语动词之前，去掉"脆"不影响真值语义，其他位置的"脆+疑问词/含疑问词的短语"都不能去掉"脆"，否则就不能表达任意义。这是由"脆"表任意的语义特征和汉语结构赋义律共同作用的结果。

2）司文指出"粹"与疑问词组合不能作谓语，河洛方言中"脆+咋/咋着""脆+含疑问词'啥/谁/哪儿'短语"都可以作谓语，如上文例（22）—例（25）、例（31）—例（34），只是作谓语时不能独立成句，往往是紧缩复句前一小句的谓语。

3）司文指出"粹"不能用于动词、形容词之前标记任指义，书词中有1例"脆+主谓短语"，如《包公审木榷》中"荣华富贵脆你享，爱妻呀，你说这可以不可以"。

---

① 石毓智：《汉语语法》，商务印书馆2010年版，第49—50页。

4）司文指出"粹"能引导连续的疑问词表示任指，河洛方言中"脆"没有这种用法。

3.3.3 派

"派［pʰæ⁴¹²］／［pʰan⁴¹²］"，附着在处所词语之前，表周遍义。如：

（1）下来一个大疙瘩呀，姑娘啊。那"卜噔"一家伙落那地上，可扳烂了鳖儿啦。哎呀，就那**派**屋**派**院**派**盆**派**罐都是喜啊。（《剑侠英雄传》）

例（1）中，"派"附着在名词"屋""院""盆""罐"之前，表示"屋、院、盆、罐到处都是"。这4个名词此时具有处所义。书词中仅有这1例，出自巩义艺人的书词。巩义方言调查显示，"派＋处所"这一组合较为常见，除了例（1）中的"派屋""派院"，还有"派村""派地""派处""派哪儿""派门外［mar³¹］""派广场""派公园"等说法，其中"派处""派哪儿"已经固化，表示"到处"。如：

（2）看你，**派院**都是乱哩！

（3）**派地**都是皂角刺。

（4）你不应**派屋**跑。

（5）咱村儿哪儿有那槐树，叫我**派村**去寻寻。

（6）你去哪儿啦？我**派门外**寻你，也没有寻着。

（7）这小虫飞哩**派哪儿**都是。

（8）东西你不要**派处**搁，省哩到时候寻不着。

（9）我**派广场**找，也没有见。

（10）过节哩，这人**派公园**都是。

例（2）、例（3）中，"派＋处所"作主语；例（4）—例（10）中，"派＋处所"作状语。

我们以上述巩义方言中"派＋处所"这些组合作为调查内容，对它们在洛嵩片其他方言点的使用情况进行调查，结果见表3-10（"＋"表示使用，"－"表示不使用）。

表 3-10　　洛嵩片其他 14 个方言点"派+处所"的使用情况

方言点	派村/屋/地/院/[mar³¹]	派哪儿	派处	派公园/广场	方言点	派村/屋/地/院/[mar³¹]	派哪儿	派处	派公园/广场
洛阳市	+	+	+	-	新安县	+	+	+	-
嵩县	+	-	+	+	宜阳县	+	+	+	-
登封市	-	+	+	-	渑池县	+	+	+	+
偃师市	-	+	+	-	洛宁县	+	+	+	+
孟州市	-	-	-	-	义马市	+	+	+	+
孟津县	+	+	+	-	栾川县	-	+	+	-
伊川县	+	-	+	-	卢氏县	+	+	+	+

由上表可知，除了孟州市之外，"派+处所"这种用法在洛嵩片方言区域都有使用，只是不同方言点中"派"的组合能力强弱不一。渑池县、洛宁县、义马市、卢氏县 4 地"派"的组合能力与巩义方言基本一样；洛阳市、孟津县、新安县、宜阳县 4 地"派"不与双音节的处所词组合；登封市、偃师市、栾川县 3 地"派"的组合能力较弱，只保留了"派哪儿""派处"的说法。

调查还发现，伊川县、嵩县 2 地"派"的组合能力与巩义方言差不多，但不说"派哪儿"，而是说"脆哪儿（详见 3.3.2）"；孟州方言不用"派"，但有个语义用法类似的助词"劳 [lɔ³¹]"。如：

(11) 你情**劳**世界跑啦，正事儿不干。

(12) 你**劳**处找找，肯定丢不了。

这两例中，"劳"都表示"周遍义"。

汉语表周遍义可以通过多种语法形式来实现，普通话通过词汇重叠来实现，如"家家"，汉语方言往往通过附加虚词来实现，如重庆方言"V 高"中的"高"[1] 使"V"具有周遍义、洛嵩片方言"派/劳+N$_{处所}$"中"派/劳"使 N$_{处所}$ 具有周遍义。

---

[1] 王兴才、段文华：《方言词"高"何以有"周遍"义》，《重庆三峡学院学报》2012 年第 5 期。

3.3.4　住

助词"住[1]",相当于普通话的"着",主要有两种用法。

1）用在动词之后,表示动作或状态的持续。如：

(1) 不饮马啦,不喝你不应喝,走吧！渴着吧！先给孩子抱回去再说,捞**住**大马,不多一时来到老头儿那院里。(《滨州会》)

(2) 对！我弯**住**腰,你给那纸铺到我的脊梁板上边啊情写啦。(《全家福》)

(3) 丫鬟,你再睁**住**你那眼儿好好看看,我是恁姑爹嘞,我可不是那要饭吃苏三。(《回杯记》)

(4) 来啦,来了两个老妇人,前边走**住**周景隆他妈,后边跟**住**徐文彪他娘。(《小八义》)

(5) 好,尚士杰、邱廷士,既然这闲事儿恁两个管啦,咋办？我说**住**你写**住**。(《回龙传》)

(6) 今天我要念经啦,妹子,打**住**符,啊,叫老人家下来快点儿。(王《双锁柜》)

(7) 小丫鬟哪,正站在胡梯偷听哩,听**住**听**住**,咦,俺姑娘哭着咋不哭啦？只听见"扑通",咦,不应说俺姑娘气死啦？(《回杯记》)

"住"表示持续义,这种用法在河南方言中较为常见,如浚县（辛永芬,2006）、内黄（李学军,2016）、驻马店（罗自群,2005）等。

2）用在动词或形容词之后,强化命令或嘱咐的语气。如：

(8) 张丞说："慢**住**。"(《刘公案》)

(9) "大叔,你真的姓白？你叫什么？"
"听**住**！"(《包公审木樨》)

(10) 话说王铁蛋儿赶着毛驴儿正然行走,只听得小佳人刘秀英叫道："停**住**！停**住**！停**住**,快把俺扶下来！"(《智断神杀案》)

上述例子中,"住"去掉之后,不影响语义表达。

3.3.5　时节

"时节 [ʂʅ³¹ tɕiɛ³³]"用作助词时,总是以合音形式出现,读"[siɛ³³]",以往多将其记作"些"。河洛方言中"时节"的使用频率较高，它主要有以下两种用法。

3.3.5.1 现实时间小句标记

"时节"用于现实时间小句句末，表示过去同时义，可以理解为"的时候"。如：

(1) 刚才**时节**呀，还喊"没啥他爹"哩，这有孩子当时喊"恁爹恁爹"。(《回龙传》)

(2) 恁做亲戚**时节**，你说人穷酸哪，你还巴结巴结不上嘞，哎，是不是？(《损人报》)

(3) 那个说："三弟哎，那两天我没搁家，搁家**时节**可是去。"(《刘公案》)

(4) 我没进过北京，我还是听俺娘说，我两三岁**时节**搁北京走，回家再没有来。(《刘公案》)

(5) 那<u>不应</u>说没锁箱子**时节**，窜进去啦。(王《双锁柜》)

(6) 你问问他，啥时候上京赶考，临走**时节**，我交代他哩啥话，赠给他啥表记，他给谁一块儿去啦，为啥一去六年没有回来？(《回杯记》)

这种用法在洛嵩片方言中使用频率很高，如：

(7) 我小**时节**，家里通穷哩。

(8) 你考学**时节**，咱家正忙嘞。

(9) 弟弟没结婚**时节**，给我可亲。

(10) 她年轻**时节**，脾气偏哩很。

(11) 我在老家上班**时节**，你还是小孩儿哩。

方言调查显示，"时节"只能用在表示过去时间的小句句末，而不能用在表将来的小句句末。若要表示将来时间的同时义，常用"咑"。如：

(12) 活着不见包家人；到死**咑**也不埋到包家哩坟茔啊。(《包公奇案》)

"时节"表示过去同时义的这种用法，也见于河南获嘉方言（贺巍，1989）、山西万荣话（赵宏因，1996）中，不过获嘉方言中"时节"还可以用于将来时间小句中,如"等他睡醒时节,你再来"①,河洛方言相应的表达是"等他睡醒咾,你再来"。

3.3.5.2 反事实虚拟小句标记

"时节"附着在条件小句句末构成反事实条件句(counterfactual conditional),表示假设义,可以理解为"的话"。此时的"时节",虚化程度很高,既可以独立表达反事实语义,也可以与连词"要"共现来表达反事实,"时节"条件小句可以是肯定式,也可以是否定式。

1)肯定式+时节

"肯定式+时节"更确切的构成模式可以概括为:事件 E+时节(事件 E 事实上未曾发生),表示对过去确定未发生的事件 E 做相反的假设。如:

(1)我是真不知道,真知道**时节**,那我就不叫他走。(《刘公案》)

(2)俺家有阵些粮食**时节**,也不饥啦,搁这儿推粮食,倒卖粮食。(《刘公案》)

(3)你这女人要听我说**时节**,咱俩把他勒死**时节**,这有啥事儿?(《损人报》)

(4)现在你才说软话哪,你要一早说这话儿**时节**,嫂子也不给你费阵大的劲儿。(《滨州会》)

(5)要是兴这**时节**,恁娘家你好几个哥哩,都比我长得好,可轮着嫁给我呀啊,唉?(《全家福》)

(6)有人**时节**,他不会招亲啊!这都招下亲了,又背了个孩子,不是算完。(《滨州会》)

(7)哦,说了半天是想昧亲事儿嘞,那你不早些儿给我说说,给我说**时节**,不说一场儿,十场儿八场儿都离了喽。(《损人报》)

2)否定式+时节

"否定式+时节"更确切的构成模式可以概括为:不+事件 E+时节(事件 E 事实上已经发生),表示对过去确定已经发生的事件 E 做相反的假设。如:

(8)不是你**时节**,俺那孩子也不会死。(《刘公案》)

---

① 贺巍:《获嘉方言研究》,商务印书馆 1989 年版,第 24 页。

（9）要不是你**时节**，今儿我还寻不着人嘞。(《损人报》)

（10）天贵说："哥呀，不敢哪，哥呀，咱闺女出嫁，明儿还待客嘞。"

王二说："不寻着闺女**时节**，待鳖孙！"(《损人报》)

（11）我不是为俺娘**时节**，我非给你放个西瓜炮不中。(《刘公案》)

（12）要不是我来**时节**，没那门儿后我接住。(《刘公案》)

（13）姑爹，要不是我喊你**时节**，你斗_就准备走哩，我给你说。(《回龙传》)

（14）是老啦，不老**时节**，我非再嫁一家儿不中！(王《双锁柜》)

（15）你不借钱**时节**，还不问我嘞，恁二哥是一个魔洞天啊，可是哄你呀。(《滨州会》)

例（1）—例（15）中，"时节"小句所表述的内容与实际情况刚好相反，其结果小句的内容也与实际情况相反，这种假设小句被学界称为"反事实虚拟句"或"违实句"，通常表达了言者后悔或遗憾的情感。从汉语史来看，唐宋时期"时"已有了假设助词的用法，江蓝生（2002）认为，假设助词"时"是由表未然、将然的时间名词"时"语法化而来，语法化的语境是"出现在时间条件短语或小句末尾，表示动作或事态是没有实现的、未然的；当'VP+时'的'时'实词意义弱化时，就引发了语法化"[①]。河洛方言中，假设助词"时节"源于时间名词"时节"，它的形成过程与近代汉语假设助词"时"有相同之处，但是"时节"最终语法化的结果是只能用于对过去已然事件的假设，而不能用于对未然事件的假设。

在洛嵩片方言中，"时节"用作反事实虚拟标记的用法很常见。如：

（16）你听话**时节**，也不会闯阵大祸儿。

（17）水再多点儿**时节**，就够咱仨洗澡啦。

（18）他要是跟着我投资**时节**，现在也不会阵穷。

（19）那小伙儿要是不低**时节**，我就愿意他啦。

（20）你认真点儿**时节**，就不会考一个倒数啦。

[①] 江蓝生：《时间词"时"和"後"的语法化》，《中国语文》2002年第4期。

上述例子中,"时节"可用"的话"替换,但是假设助词"的话"的使用范围更广,它除了用于反事实虚拟句之外,还可以用于各种表可能的假设小句中,如"你明天不来的话,我就不去了。"此处"的话"就不能用"时节"替换。

《歧路灯》中也有 3 例这样的用法,记作"些",表示反事实虚拟语气。如:

（21）王氏道:"他不病<u>些</u>,一定也要叫去的。"（八回）

（22）你肯叫我知道一声<u>些</u>,休想使咱的半个遮羞钱。（三十回）

（23）曹氏道:"你不说罢,你肯听我的话<u>些</u>,管情早已好了。"（三回）

除了豫西洛阳一带之外,陕西西安话、陕北晋语延川话、天水甘谷一带的方言以及湖北、湖南等地,也有类似"<u>时节</u>"这种反事实虚拟标记的用法。

3.3.6 哩/嘞[1]

"哩"有时音变为"嘞",地域特色鲜明,功能丰富多样,大致可以归纳为八种用法。

3.3.6.1 定中之间

"哩/嘞"用于定语与中心语之间,相当于"的"。

1）"哩/嘞"用在人称代词或指人名词之后,表领属关系。如:

（1）啊,咋是我哩事儿?（段《破镜记》）

（2）再一个就是二师父哩干儿,叫他坐那儿坐那儿。（《刘公案》）

（3）看这孩子说话多粗鲁,这是俺哩家谱,俺家谱就是这。（《损人报》）

（4）自从我来到永乐居官,不是你户部哩官司,就是太师老狗哩事宗。（《花厅会》）

有时,"哩/嘞"后的中心语可以承前省略。如:

（5）咦,我可不好占你哩便宜嗷。那是你拾哩东西,我能白要你哩?（《回杯记》）

2）表示修饰关系,如:

（6）不赖,不赖,今天遇住应爹哩运气啦。（《滨州会》）

（7）咱这命案还解决不了嘞，你又给他说两句难听哩话儿。（《包公奇案》）

（8）在这黄土山的东面，哎，有一月牙形哩沙石岗。（《智断神杀案》）

（9）家还有八九十哩老父亲，还有八九十哩老母亲哪。（《刘公案》）

（10）一个一个都是那五月哩麦芒儿，都低头啦，站到院里不敢说话。（《小八义》）

3.3.6.2　状中之间

"哩/嘞"用于状语与中心语之间，相当于"地"。如：

（1）她趁住你不防备，她悄悄哩到在街上药铺里边。（《全家福》）

（2）文武百官呀，都暗暗儿哩呀都在夸奖包爷。（《包公审木槿》）

（3）这掌柜嘞，早早儿哩站到这店门口啊，迎接客人。（《包公审木槿》）

（4）叫我看看，死透啦没有，不能叫他好好儿哩死！（《回杯记》）

3.3.6.3　中补之间

"哩/嘞"用于补语与中心语之间，相当于"得"。如：

（1）两三天我都没吃饭啦，饿哩我话儿都说不动啦。（《回杯记》）

（2）就那儿吧，叫我看看啥样儿，写哩中不中。（《损人报》）

（3）万岁皇爷解开，拆开这个状子一看，写哩清楚明白。（《刘公案》）

（4）蝇子捞一个米，撑了七八里，蝇子没撑上，使嘞害一场。（《滨州会》）

（5）往常大老爷听说王进士来，慌哩就给过年小孩儿拾炮一样。（《包公访太康》）

（6）我画嘞可熟，旁啥字儿不会，这十字我可会画。（《损人报》）

3.3.6.4　述宾之间

"哩/嘞"用于述语与宾语之间，表对已然事件的强调。如：

（1）咦，大伯，你不认哩我，我认哩你呀。（《滨州会》）

（2）这老四就是一个憨子，他不懂哩事儿。（《刘公案》）

（3）屋子才盖哩屋，屋子还潮点儿。（《损人报》）

（4）你要是将海恩人封哩官小啦，我就不答应啦。（《海公案》）

（5）她懂哩屁！恶老雕戴皮套儿——假充鹰哩！（王《双锁柜》）

（6）赶紧给周武举送信，<u>不应</u>叫人来抬亲啦，得哩急病，闺女死啦。（《损人报》）

3.3.6.5 构成"哩/嘞"字短语

"哩/嘞"用在动词性或形容词性成分之后构成"哩"字短语，具有指称功能。如：

（1）"闺女，他是个卖绒线哩？"

"爹爹，没那人家是个卖绒线哩嘛。"（《丝绒记》）

（2）又往前一走，遇住一个卖瓜子哩，也是小孩子。（《刘公案》）

（3）那牲口经济，联合到一处，买瘦嘞，卖肥哩。（《滨州会》）

（4）本来人老那头发斗_就_稀，大老婆是拔那黑哩，小老婆拔白哩。（《全家福》）

（5）箍撸锅哩，收辫儿嘞，拾鸡毛尾编辫儿嘞，这些人不少啊！（《滨州会》）

（6）<u>给我</u>说了多回啦，要叫我给她买一块儿压花儿石头，可是就是呀，没有碰着合适哩。（《丝绒记》）

3.3.6.6 辅助表达状态

"哩/嘞"用在状态词或形容词重叠式之后，辅助表达状态。如：

（1）咦，她这嘴上边还油哄哄哩。（《全家福》）

（2）我打手一摸，抓出来一把黑森森哩。（《花厅会》）

（3）那瓢光捻捻哩，刮那瓢弄啥哩？（《回杯记》）

（4）孩子喝饱了呀，老头儿一摸肚子，鼓登登儿哩。（《滨州会》）

（5）一捏肚子稀拉拉儿哩，这叫孩子吃点儿啥嘞？（《滨州会》）

（6）咱多年不办事儿，办一回事儿，头等大事儿，是不是，咱得安排得恰恰当当哩，啊。（《损人报》）

3.3.6.7 "哩/嘞"语素化

"哩/嘞"，相当于"得"，用在单音节动词之后语素化。如：

（1）他对这牲口上也懂哩。（《滨州会》）

（2）你就没想想，这孩子长阵好，你舍哩卖？（《回龙传》）

（3）都有啥记号，你还记哩不记哩啦，老丫鬟？（《全家福》）

(4) 最后我才把主意变,杀姑娘,灭口供,省哩今后这落把柄。(《包公奇案》)

3.3.6.8　构成"哩/嘞舅子"

"哩/嘞舅子"是河洛方言独有的语缀性质的语用成分,表现了言者粗鲁的态度。如:

(1) 渔网我都卖**嘞舅子**啦,渔船会不卖?(《回龙传》)

(2) 老总,眼都打瞎了一只,剩一个独眼儿虫**哩舅子**啦。(《回龙传》)

(3) 这被子吧,黄昏你也拽我也拽,早都拽两半截儿**嘞舅子**啦啊。(《回龙传》)

(4) 老婆儿说:"越说没孩子**嘞舅子**啦,还敢叫'难成',咹?不中。"(《回龙传》)

(5) 老包也生气啦,把龙王也给抬窜**嘞舅子**啦。(《包公访太康》)

3.3.7　咾

《洛阳方言词典》收录了"咾[lɔ⁵³]",对其释义为:"表示可能:这菜买~买不~?我买~喽丨这水你喝~喝不~?我喝不~。"① 词典对"咾"的释义及所举例句与洛阳方言的实际情况不符。洛阳方言中,若要表示可能,会说"这菜能买了[liɔ⁵³]不能?"或"这菜买了[liɔ⁵³]买不了[liɔ⁵³]?",回答是"能或不能"或"能买了或买不了"。这其中的"了[liɔ⁵³]"是"动词,表完成,作可能补语"。洛阳方言中,"咾"是助词,它有两种用法:一种是事态助词,表示动作的完成状貌,另一种是假设助词,表示对未然事件的假设。这两种用法在洛嵩片方言中很常见,书词中"咾"的用例也反映了这两种用法。

3.3.7.1　表示完成

"咾"作为事态助词,用于动词之后表示动作的完成状貌,可以分布于不同的句类。

1)用于祈使句,如:

(1) 去,先派上五百校尉,撒开,把这个坟给我包围**咾**。(《刘公

---

① 贺巍:《洛阳方言词典》,江苏教育出版社1996年版,第141页。

案》)

(2) 拉下去，拉到那剥皮厅上，人皮给我剥咾！(《回杯记》)

(3) 把郭槐嘞衣服给我扒咾。(《包公奇案》)

2) 用于陈述句，如：

(4) 我不胜亲事儿给他昧咾，给俺闺女再找上一家儿。(《损人报》)

(5) 那我真没有那本事呀，我也真不能给大梁王杀咾，朱世子我也杀不了。(《滨州会》)

(6) 你这一托盘瓜子儿，俺几个给你分吃咾。(《回杯记》)

(7) 咱爹娘才得病，我就说啦，我就给咱爹娘叫先生吧，你说不叫我去叫，恐怕吃吃药好咾，现在病成这样儿啦，又去叫我去叫先生嘞。(《滨州会》)

3) 用于疑问句，如：

(8) "那要是赔咾？"

包大人说："赔咾，全都是我的。"(《包公访太康》)

(9) "那你说咱把他放咾？"

"哎，老爷，不能放！"(《丝绒记》)

(10) "那肉疙瘩他咋不割咾？"

"咦，不能割。"(《刘公案》)

3.3.7.2 表示假设

"咾"作为假设助词，附着在条件小句句末，表示对未然事件的假设，可以理解为"的话"，其用法有如下两种。

1) 独立作假设标记，如：

(1) 你嫌他盖那被子薄咾，给咱那被子拿来给他盖住。(《滨州会》)

(2) 你给人家穷人吵啥嘞，人家来咱门跟前要饭儿嘞，有咾给他拿块儿馍，吃饭时候给他盛碗饭，咹？(《损人报》)

(3) 见俺姑娘咾，给你那男人架子装起来，胸脯挺起来，走路胳膊甩起来。(《回杯记》)

(4) 逮回去一个咾，万一成母鸡咾，母鸡不利啊。(王《双锁柜》)

(5) 你那手掌朝下，俺不摸倒还罢了，俺要一摸，你"吭哧"抓

住咯，拿死不丢，俺想跑也跑不了啊。(《回杯记》)

（6）歇吧，二，水担够啦没有？水没担够咯，后半夜重喊人起来担水。(《损人报》)

（7）这是早安。她娘起来嘞早咯不说，晚咯给她娘梳梳头。(《刘公案》)

2）与假设连词"要""要是"共现使用，如：

（8）那你要说这咯，我挨那一顿也不老疼，咱走吧。(《回龙传》)

（9）小孩儿可不敢哭了呀，不敢哭了呀，谁要哭咯，剜眼拔舌头。(《刘公案》)

（10）要是这咯，俺情给老头儿穿啦，俺招呼住给老头儿穿穿。(《损人报》)

（11）你要是想看咯，来来来，来这窗棂下边。(王《金钱记》)

（12）你要是不当官儿咯算完，你要是当官儿咯，给娘也买一个丫鬟。(《全家福》)

需要强调的是，"咯"作为假设助词，只能用于对未然事件的假设，如例（1）—例（12），不能用于对已然事件的假设。河洛方言中，若表示对已然事件的假设，常用"时节"（详见3.3.5）。

3.4 语气词

3.4.1 哩/嘞[2]

语气词"哩"，有时音变为"嘞"，可以用于陈述句，也可以用于疑问句。

3.4.1.1 用于陈述句

"哩"用于陈述句句末，表肯定语气，主要有以下三种情况。

1）"哩"同"的"，常用于"是……哩"结构，其中"是"去掉不影响语义表达。如：

（1）孩子是你拾哩，闺女是我拾哩。(《全家福》)

（2）这奶(母乳)都是甜哩呀，这甜汤也不甜，咋办哩？(《滨州会》)

（3）咱打成一家，炼成一块好啊，我是给你办事儿哩呀。(《损人报》)

(4) 她是做样儿哩，六个指头挠痒——多这一道儿。（王《双锁柜》）

(5) 哎，这……师傅，我真是吓他哩，我真是吓他哩。（段《破镜记》）

(6) 她是来自卖自身，殡埋她家公爹哩。（王《金钱记》）

2) 纯粹表陈述语气，有完句作用。如：

(7) 妈，我不上学啦，我去找俺爹哩。（段《破镜记》）

(8) 你去吧，我才不去哩。（《全家福》）

(9) 俺两口六年都没有见过面，今天见面好些话儿得说哩啊。（《回杯记》）

3) 用于复句前一小句句末，纯粹表示语音停顿。如：

(10) 老大说："爹，那作诗哩，你给我出个题吧！"（《刘公案》）

(11) 眼看就要睡觉哩，我开开楼门一看，娘，咱那马棚失火了呀。（《滨州会》）

(12) 丫鬟名叫秋凤啊，干啥嘞，搁街上给姑娘买绒线哩，遇住王二啦。（《损人报》）

3.4.1.2 用于疑问句

"哩"主要用于是非问、特指问、选择问等疑问句句末，也可以用于反问句句末，还可以用于回声问句末。

1) 是非问句末

A. 相当于语气词"的"，如：

(1) "他是当官哩？"

"不是。"（王《双锁柜》）

(2) "怎么，小茶童摆哩？"（《花厅会》）

例（1），"哩"字是非问表一般询问；例（2），"哩"字是非问兼表怀疑或诧异。

B. 相当于"吗/么"，如：

(3) "丫鬟，他抢那长得赖的妇女，回去也是拜天地哩？"（《回杯记》）

(4) 这才又把眼睁开，用尽全力说了一句话："老伯，你是问我哩？"（段《破镜记》）

(5)"啊，娘子，你还打算回你娘家哩?"(《彩楼记》)

(6) 老总，怎么，叫我去见恁大老爷哩?(《全家福》)

(7)"哎呀，兄弟，你真想要哩?"

"没那可不是蒙? 不想要，我会跑来?"(《回龙传》)

(8) 他说："掌柜，是叫我站门口接客嘞?"(《包公审木槿》)

例(3)—例(8)，"哩"字是非问都表求证。

2) 特指问句末

A."哩"相当于语气词"呢"，带有深究的情态意义。如:

(9) 姑爹，俺上楼送信儿哩，我给你藏到哪儿哩?(《回杯记》)

(10) 茶童，你说说你这孩子，哎，你站在这儿干啥哩? (《花厅会》)

(11)"拿布袋做啥哩?"

"蒸馍掉得多，我给你拾一布袋你背着。"(王《双锁柜》)

(12)"吃哪儿的水哩?"

"瓜园的水，吃着甜。"(《滨州会》)

(13) 丁郎说："叫俺喊夯歌，那你们给我多工钱哩?"(吕《破镜记》)

(14) 三个女婿都是啥样儿嘞女婿哩? 一对儿半都是瘸子。(《刘公案》)

(15) 你身小力薄，体质弱瘦，咋不叫恁丈夫担水哩?(《滨州会》)

B."哩"相当于语气词"的"，构成"(是)……哩"结构。如:

(16)"那你啥时候占哩?"

"俺爷赶会在这，俺爹赶会在这，轮着我都三辈儿啦。"(段《破镜记》)

(17)"他是哪村儿哩? 多大啦?"(《滨州会》)

3) 选择问句末

"哩"相当于"呢"，如:

(18)"可问你是外圈子嘞，还是本圈子嘞?"

"外圈嘞。"(《海公案》)

(19)"二哥，你是真糊涂，还是装糊涂哩?"

"哎呀，我装啥糊涂哩啊，……你给我说说我好写状子嗷。"(《回

杯记》)

（20）京郎说："老伯，恁襄阳城的人，是论理哩，是仗势哩？"（段《破镜记》）

4）反问问句末

"哩"相当于"呢"，表强调、诘问或增加语势。如：

（21）张平说："顽童，人员都安排停当了，你开始喊夯歌吧？"

丁郎说："就这个样子，你们叫我喊夯歌哩？"（吕《破镜记》）

（22）"不中，你这走样儿，我这咋没有走样儿哩？对不上就是对不上！"（段《破镜记》）

（23）"啊，我叫你推面嘞，谁叫你给我焚面哩？"

"嫂嫂，是我说哩，我生孩儿了呀。"（《滨州会》）

（24）"老婆子，你说我得走上一趟？"

"不赶快去吧，还磨蹭啥哩？"（《彩楼记》）

例（21）是是非问形式的反问句，例（22）—例（24）是特指问形式的反问句。

5）回声问句末

回声问是指针对先导句（包括疑问句和非疑问句）的内容和形式进行发问的疑问句。邵敬敏（1992）将汉语方言回声问分为惊疑性、质疑性、求证性和承接性四类，"哩"字回声问也有这四种类型。如：

（25）"我搁这下边拱着睡觉哩。"

"睡觉哩？这路上有床？"（《丝绒记》）

（26）"哎呀，老总，你抬举我啦。我要是哪家少国公，还卖线干啥哩？我是卖线哩。"

"卖线哩？我咋没有见过你哩？"（《丝绒记》）

（27）"张廷秀，实话给你说吧，我不是来杀你哩，我是救你哩！"

"救我哩？"（《回杯记》）

（28）"啊，你在这干啥哩？"

"干啥哩？你没有看看，打人哩！"（《丝绒记》）

例（25）是惊疑性回声问，例（26）是质疑性回声问，例（27）是求证性回声问，例（28）是承接性回声问。

3.4.2 或

语气词"或[xuæ^{31}]"用于句末,表示一种揣测语气。如:

(1) 叫我去劝一劝她,<u>不要哭</u>,是不是三娘磨没推了嘞,饿了**或**?(《滨州会》)

(2) 她还没有小孩儿**或**? 她要赖好有一个孩子,斗_就不会阵干净,好婆娘赖婆娘,引那孩子看榜样。(《刘公案》)

(3) 这还用说,大老爷今天上任,咱俩负责净街,<u>不应说</u>刚才老爷看咱俩打这个贫婆打哩有功,把咱叫到轿前,每人赏咱几百钱,叫咱去买酒喝**或**? 肯定,那咱去吧? (《全家福》)

(4) 莫非说我是当时在至家下,我得了啥杂疾之病,当时不会吭气儿,俺二老爹娘想着我死啦,他<u>给</u>我撂那太山庙墙根儿<u>跟</u>前啦**或**? (王《金钱记》)

(5) 可能我上楼去送信儿哩,去哩时候太长啦,俺姑爹等得掘急啦,他起来又走啦**或**? (《回杯记》)

(6) 姑爹,你<u>给</u>我忘了**或**? 姑爹,要不是我能盖儿<u>时节</u>,你能会娶恁好一个老婆子,啊? (《回龙传》)

"或"常用于表揣测的疑问句式"莫非说……"的句末,用来加强揣测语气。如:

(7) 这个小官儿看着怪熟悉,也怪像俺家丈夫,他不是俺丈夫,莫非说是我想俺丈夫想迷了**或**? (王《金钱记》)

(8) 小薛同心中想想,莫非说这个贫婆儿来到我跟前,喊我了三句儿大老爷,我犯下了这母不拜子,折了我嘞寿命**或**? (王《金钱记》)

(9) 哦——,我想起来啦,莫非说我这金钱银绳上边刻着薛同俩字,是我哩名,不带我哩姓**或**? 莫非说我姓王,我叫王薛同**或**? 叫我再往下问问。(王《金钱记》)

(10) 李凤英是想着,莫非说孩子是被风刮到那山间沟里,被狼虫虎豹给孩子吃了**或**? (王《金钱记》)

上述4例中,"莫非说……或?"都出现于言者的独白之中,该疑问句式在表揣测的同时,还表现出言者的揣测有超过一半的肯定。

"或"的这种用法见于巩义、登封艺人的书词。洛嵩片方言调查显示，登封市、巩义市经常使用该语气词，其他方言点则极少使用。

3.4.3 蒙

王周道书词中高频出现句末语气词"蒙［məŋ³¹］"，以往学界对此鲜有关注，下面结合书词语料，同时兼顾方言调查，对该语气词的语义、语法及方言分布情况进行讨论。

3.4.3.1 语义及用法

语气词"蒙"的核心语义可以概括为［+求取认同］，它主要用于陈述句、正反问、祈使句句末，下面分别讨论。

1) 陈述句句末

语气词"蒙"，表示想让对方认同自己的看法或判断。书词中，"蒙"均用于陈述句句末，且无一例外用于应答话轮之中，这表明"蒙"具有较强的互动性和交互主观性。如：

(1) "钱儿还没给我拿来。去吧，拿来钱儿。"

"中中中，拿回钱我会不给你钱。你给文书先给我咾，该咋说咋说蒙。"（《损人报》）

(2) "中中中，我嘞袍子不少。"

"我知道蒙，六月六晒衣服，恁那后院扯嘞都是绳，慌里八张，大大小小给那老鼠晒房子嘞一样，我见你那衣裳可不少。"（《损人报》）

(3) "咦，二哥呀，中中中，我知道你老会办事儿，那我回去给俺姑娘学学吧。"

"行，几里地？"

"四八三十二里蒙。"

"对，三十二里，只要记清楚啊。"（《损人报》）

(4) "啊，怎么，你把恁闺女都许给人家了你。"

"那恁爹我没办法了蒙。"（《损人报》）

(5) 老婆儿说："哎呀，你搁那当屋嘞生着火弄啥嘞？"

老婆儿说："我纺花老冷蒙。"

"啊，你老冷，我搁外头冷不冷？"

"你没淋湿蒙。"（《刘公案》）

(6) "多少人哪？"

"啊，四五个人儿蒙。"(《刘公案》)

（7）"怎么抓不回来了呢？"

"你不知道，掌柜，你不是吩咐早该死、活到天，把哑巴绑到后院桩橛上挖肝摘心蒙。"(《剑侠英雄传》)

（8）"哎呀，那我认你一个？"

"一个啥？"

"我认你一个，你不是说长辈蒙，我认你一个干表叔吧。"(《刘公案》)

（9）"孩子，你谢啥？"

"你说封我官儿嘞蒙。"

"这回来再谢吧，回嘞太早啦。"

"我主万岁我谢过啦。"(《刘公案》)

（10）"亲戚咋认嘞？"

"哎呀，那你当一个长辈人不是好了蒙。"(《刘公案》)

上述例子中，陈述句句末的"蒙"都有"求取认同"的意思。如例（1），方言调查发现，"该咋说咋说蒙"之后往往可以加上附加问"对不对？"，若这样的话，"求取认同"的意思更加明显；再如例（9），"你说封我官儿嘞蒙。"中有"你说"，使"蒙"表示"求取认同"之义更凸显。

2）疑问句句末

"蒙"常用于是非问、正反问、选择问的句末，表示期待对方做出肯定的答复。如：

（11）A：今黑儿去吃饭蒙？

B：中／去。

（12）A：我考虑一下去不去？

B：你到底去不去蒙？

（13）A：咱们去那人工湖耍吧，咋样儿？你觉得中不中蒙？

B：中蒙。

（14）A：你学还是不学蒙？说个准话儿。

B：学蒙。

"蒙"也常用于反问句句末，表示希望对方认同自己的观点或看法，与用于陈述句句末的功能基本等同。如：

(15) 你不是觉得无所谓蒙？那我也无所谓。

(16) A：那学校不斗_就搁前头哩蒙？

B：哎，斗_就是，斗_就是。

3）祈使句句末

"蒙"一般用于动词性祈使句句末，构成"VP+蒙"，表示劝解或提醒。如：

(17) 你多少吃点儿蒙！

(18) 大家都来啦，快坐蒙！

(19) 不要摸兔子蒙，小心叫咬住。

(20) 你咋不吃哩，说话蒙！

(21) 小心点儿蒙！

上述例子中，带"蒙"的祈使句都表示希望对方接受建议并执行某动作行为，语气较为缓和。

3.4.3.2 洛嵩片分布使用情况

上文主要是对登封、巩义、偃师方言语气词"蒙"的语义及用法进行了讨论。洛嵩片方言调查显示，其他方言点也有类似"蒙"的语气词，读 [mən]、[man] 或 [maŋ]，同一方言点也会有变体形式，主要表现为新、老派读音之别，如嵩县新派说 [man]，老派说 [mən]。详见表 3-11。

表 3-11　　洛嵩片 15 个方言点与"蒙"语义用法类似的语气词读音情况

方言点	读音	方言点	读音	方言点	读音
洛阳市	[mən]	孟州市	[maŋ]	渑池县	[maŋ]
嵩县	[mən] [man]	孟津县	[mən]	洛宁县	[məŋ]
巩义市	[məŋ]	伊川县	[məŋ] [mən]	义马市	[maŋ] [man]
登封市	[məŋ] [mən]	新安县	[man]	栾川县	[man]
偃师市	[məŋ]	宜阳县	[məŋ] [man] [mən]	卢氏县	[maŋ]

第 4 章 句法结构

"清代中叶以后,北京话逐渐代替了中原河南话的地位"[①],河洛大鼓形成于晚清时期,其说唱语言中的许多词汇、语法是对近代汉语的继承和发展,同时作为口传艺术,它保留了大量当代河洛方言已消亡或残存的方言现象。本章基于书词语料,重点考察以往学界关注较少或研究不充分的河洛方言句法结构,主要包括:"V + X + 处所/时间"结构,其中"V"限于"到、来、在、去"等位移动词;特色述补结构,如不用"得"的述补结构、"V + C_1 + C_2"双补语结构等;特色动宾搭配,如"杀瓜"。对上述句法结构的构成、语义、功能及方言地理分布进行描写,并对一些特殊句法结构的历史发展过程进行考察,还对特色动宾搭配所反映的社会文化进行了剖析。

4.1 "V + X + 处所/时间"结构

河洛方言中有"去到北京""到到北京"等表达,对应的普通话说成"去北京""到北京"。书词中有较为丰富的"V + X + 处所/时间"结构式,其中的"V"仅限于"到、来、在、去"等位移动词,具体结构式有"到 + 在 + 处所/时间""到 + 到 + 处所/时间""来 + 在 + 处所/时间""在 + 至 + 处所/时间""去 + 到 + 处所/时间"等,它们在普通话中对应的表达均为"V + 处所/时间",即"X"不出现。下面逐一对这五种结构式进行讨论。

---

① 李新魁:《汉语共同语的形成和发展(下)》,《语文建设》1987 年第 6 期。

4.1.1 到 + 在 + 处所/时间

4.1.1.1 书词中的使用状貌

1）到 + 在 + 处所，表示到达某一处所。如：

（1）我**到在**那里，我想着他也不会亏待于我。(《损人报》)

（2）今天我一早上朝，**到在**午朝门外，碰见一个娃娃，拦道呼冤。(《刘公案》)

（3）昨天搬亲**到在**府下，嗨嗨，我喝酒，陪着客人喝酒喝了一夜。(王《双锁柜》)

（4）张居正一看，他们**到在**跟前，就巴掌一扬，对准他们两个人那脸上"啪，啪，嘣"。(《丝绒记》)

（5）恁那妹丈**到在**瓜园，半夜黄昏出来了妖怪，恁那妹丈……。(《滨州会》)

（6）恁们弟兄两个跨上快马，**到在**张家营把张金龙请到衙门，不得有误。(《包公访太康》)

例（1）中，"那里"是处所代词；例（2）、例（3）中，"午朝门外""府下"是处所短语；例（4）中，"跟前"是方位词；例（5）、例（6）中，"瓜园""张家营"是处所词。

2）到 + 在 + 时间，表示到达某一时间。如：

（7）海安、海能去到海瑞原郡家乡广东琼州府海安县海家大楼，去给海瑞的爹娘送书信，一送这么长时间，**到在**今天才回来了呀。(《海公案》)

（8）你给我讲上一讲，我们两个**到在**时候也有个警惕，不要打那没把握之仗。(《包公奇案》)

（9）贤妻呀，**到在**那个时候，你该嫁给谁你嫁给谁啊。(《回龙传》)

（10）**到在**天亮前，寻找咱的大哥便罢，见不到大哥，我死到外边，我永远再不回来见我的弟兄了。(《剑侠英雄传》)

（11）他要是搜不出来人，这天已快亮啦，单等着今白天过去，**到在**今天夜晚夜至三更，人脚已定，将小畜生拉出水牢，咱再将他一刀两断，两刀三截，要了娃娃哩狗命！(《丝绒记》)

（12）**到在天色已晚、太阳落山**，这小丫鬟到在厨房里边，把饭菜端到小楼上边，夫妻两口儿吃了晚饭，把碗筷一送送到厨房以里，天色黑啦。(《丝绒记》)

例（7）、例（8）中，"今天""时候"是名词；例（9）中，"那个时候"是定中短语；例（10）中，"天亮前"是方位短语；例（11）中，"今天夜晚夜至三更"是主谓短语；例（12）中，"天色已晚、太阳落山"是两个并列的小句。可见，"到+在+时间"结构式中"时间"的表达形式灵活多样。

我们对书词中"到+在+处所"与"到+在+时间"的具体使用情况进行考察，详见表4-1。

表4-1　书词中"到+在+处所/时间"结构式的使用情况

母方言地	艺人	出生年份	书词字数	到+在+处所	到+在+时间
巩义	王周道	1928	442718	74	10
	尚继业	1943	124764	14	11
	杨现立	1950	72034	17	6
	牛会玲	1963	20978	8	1
	李新芬	1965	73696	35	1
	黄金焕	1966	89736	64	2
	王春红	1972	31177	9	0
偃师	段界平	1939	122386	28	2
	李明智	1946	413749	99	2
	李占土	1950	58661	2	0
宜阳	王玉功	1950	50148	33	0
	魏要听	1955	353508	26	7
新安	吕武成	1965	182302	37	0
孟津	张建波	1969	82377	78	4
总计				524	46

由上表可知，"到+在+处所"与"到+在+时间"在使用数量上悬殊较大，前者有524例，每个艺人的书词中都有使用；后者有46例，其中4位艺人的书词中未见使用，不过除了新安之外，巩义、偃师、宜

阳、孟津4地艺人或多或少都有使用。需要注意的是，尚继业艺人的书词中虽有11例，但其中6例都是"到在那时候"这一组合。

4.1.1.2 句法功能

1) "到+在+处所"结构式主要作谓语，具体分为五种情况。

A. 独立作谓语，其前可以有状语修饰。如：

（1）"**到在何处**？"

"王家庄。"（《刘公案》）

（2）包大人他已经**到在**祥符县三兴镇，再有三天就到陈州了。（《包公奇案》）

（3）京郎，我有这表记，未带在身上，你给我**到在**一边僻静的地方吧。（段《破镜记》）

（4）这人哪，都是**到在**难处啦，有事儿啦，才找先生占卜算卦哩。（《剑侠英雄传》）

B. 充当连谓结构的前一谓语，如：

（5）你**到在**外边问他，啊，他背那孩子干啥？（《滨州会》）

（6）小丫鬟慌忙**到在**楼下边掂过来一条芦席。（《全家福》）

（7）儿呀，我叫你讨一条活路，**到在**大街上卖给人家，你卖啦没有啊？（《丝绒记》）

C. 充当连谓结构的后一谓语，如：

（8）春青妹妹，你哪曾晓知，我私访**到在**国舅府内，后花园遇住个丫鬟春红。（《丝绒记》）

（9）昨天搬亲**到在**府下，嗨嗨，我喝酒，陪着客人喝酒喝了一夜。（王《双锁柜》）

（10）那时我回来万般无奈，只该投亲**到在**咱府。（《损人报》）

D. 充当连谓结构的中间项，如：

（11）赶快换，跟着马方、赵飞**到在**那更衣厅打扮成小货郎的模样，快！（《丝绒记》）

（12）丫鬟，既然俺娘没有死，那你能不能领着俺**到在**冷楼上见见俺娘啊？（《丝绒记》）

E. 充当兼语结构的第二个谓语，如：

（13）去去去，速速叫他**到在**帅堂，快去快去。（《滨州会》）

（14）咱孩子年纪小，我想先封他一个七品县官叫他**到在山东掖县**。(《丝绒记》)

（15）我命你**到在兵营里边**给我点上皇兵一千。(《全家福》)

有时，"到在"与"处所"之间可以插入"了"。如：

（16）同志们，我们今天唱这一部《包公奇案》，已经**到在了紧要的关头**。(《包公奇案》)

（17）哎，恁不知道，现在贫婆**到在了为难之处**，咱们大家帮她，谁要给贫婆兑多少钱哪，我要把恁嘞名字写到纸上，让贫婆带着。(《全家福》)

（18）找了几个闲人帮忙，将棺材抬到大街，李凤英带路**到在了西关白世龙的店房**，将李凤英她家公殓成殓好啦。(《全家福》)

2）"到+在+时间"结构式，主要作状语。如：

（19）**到在明天**，我能去那街上吆叫吆叫，说昨夜晚上，俺姑娘那楼上跑去一个大男人？(《丝绒记》)

（20）**到在时候**，你就听他说，指着王忠啊，你就听他说啊！(《刘公案》)

（21）盖儿，我给你说啊，**到在明天**，命令家郎到在苏州城大街，只要看见要饭吃花子，只要是男哩，不管是哪儿哩，通通给我抓住，宁可错抓一千，也不可放过一个啊！(《回杯记》)

有时，"到在"与"时间"之间也可以插入"了"。如：

（22）**到在了天明**，老太太翻身爬起穿好了衣服。(《全家福》)

（23）一转眼**到在了第二载**，冬去春回万物青啊。(《包公奇案》)

4.1.1.3 历时考察

"到+在+处所/时间"结构式在近代汉语中多见使用。结构的发展演变往往与词汇的兴替交织在一起，"至"与"到"、"于（於）"与"在"在历史词汇语义场中有先后之分，后者逐步替代前者，因此，"到+在+处所/时间"结构式与上古汉语"至+于+NP""到+于+NP"两种结构式有着密切的关联。

1）至+于+处所/时间

"至"是上古汉语中常见的表示到达义的位移运行动词（motion verbs），常用作不及物动词。"至+于+X"结构式在先秦时期就已经非常活跃,"于(於)"可以介引多种成分,如处所、时间、对象、范围、结果等,X可以是体词性成分,也可以是谓词性成分。就"至+于+NP"结构式而言,主要用来表示到达某一空间处所。如:

(1) 古公亶父,来朝走马,率西水浒,**至于**岐下。(《诗经·大雅·绵》)

(2) 夫子**至于**是邦也,必闻其政。(《论语·学而》)

(3) 王命众,悉**至于**庭。(《尚书·盘庚》)

(4) 六年,秦岁定,帅师侵晋,**至于**韩。(《国语·晋语》)

也可以用来表示到达某一时点(时段),如:

(5) 自我先王厉、宣、幽、平而贪天祸,**至于**今未弭。(《国语·周语》)

(6) 自十月不雨,**至于**五月。不曰旱,不为灾也。(《左传·僖公三年》)

此外,还可以用来表示到达某一范围、结果等。如:

(7) 今恩足以及禽兽,而功不**至于**百姓者,独何与?(《孟子·梁惠王》)

(8) 今尊不**至于**帝,智不**至于**圣,而欲无尊师,奚由至哉?(《吕氏春秋·孟夏纪》)

隋唐五代以后,随着"至于"的介词化,"至+于+NP"结构式已经很少使用。

2)到+于+处所/时间

"到+于+时间"结构式最早见于先秦文献,但用例极少,表示到达某一时间。如:

(9) 伯夷、叔齐饿于首阳之下,民**到于**今称之。(《论语·季氏》)

(10) 管仲相桓公,霸诸侯,一匡天下,民**到于**今受其赐。(《论语·宪问》)

两汉时期,"到+于+处所/时间"这一结构式的用例已经非常丰富。如:

(11) 十一月壬子,直建冬至,巴郡石牛,戊午,雍石文,皆**到于**未央宫之前殿。(《汉书》)

(12) 予之受命即真,**到于**建国五年,已五载矣。(《汉书》)

例（11），"到于未央宫之前殿"作谓语；例（12），"到于建国五年"作状语。

隋唐至清，"到+于+处所/时间"结构式一直相沿使用，不过到了清代数量明显减少。如：

（13）阿姊见成亲，心里喜欢非常，**到于宫中**，拜贺宫中，拜贺父母。(《敦煌变文选》)

（14）言其屋高大，**到于天际**，却只是自蔽障阂。(《朱子语类》)

（15）时春三月间，**到于庵门**，见学究疾病，不忍见之，用手掩口鼻，斜身与学究饭吃。(《三国志评话》)

（16）刘大娘子**到于阶下**，放声大哭。(《醒世恒言》)

（17）你**到于此时**留心一门户相当、才貌兼全女子，预行聘定为是。(《绿野仙踪》)

民国时期，该结构基本消失，只残存"到于今"这一固化形式。

3）到+在+处所/时间

从历史文献来看，"到+在+时间"结构式未见使用。"到+在+处所"结构式，表示到达某一处所，最早见于明代文献且用例丰富，根据其句法分布可以分为以下两种情况。

A. 充当连谓结构的前项，如：

（18）仆人一一回答已毕，仆人问道："娘子与郎君离了乡里多年，为何**到在这里**住家起来？"(《二刻拍案惊奇》)

（19）你其时不来家做主人，**到在那里**去了？(《二刻拍案惊奇》)

（20）即邀到里边，又道："我房里腌腌臜臜，**到在新房里**坐罢。"(《今古奇观》)

B. 跟在其他动词之后，作补语。如：

（21）不想小肚子一阵疼，滚将上来，一块儿蹲**到在地上**。(《喻世明言》)

（22）那妇人一手推开酒盏，一直跑下楼来，**走到在胡梯上**发话道："既是你聪明伶俐，恰不道长嫂为母。……自是老娘晦气了，偏撞着这许多鸟事！"(《金瓶梅》)

到了清代，"到+在+处所"结构式大量出现于小说对话中，主要作谓语。如：

(23) 那里山寨规矩谨严，与莲花峪不异，他们寨主又多有家眷，贤妹**到在那里**，与各寨主夫人可以谈谈论论，毫不寂寞，是何等的痛快？（《三侠剑》）

(24) 跑堂的不由的一怒，说道："你是谁的老子？"山西人说道："这是我们山西人口头语，不论**到在哪儿**，都是老子。你还不服吗？小子。"（《三侠剑》）

(25) 秦夫人道："不知娘娘要睡在那里？"萧后道："**到在李夫人那里歇一宵罢**。"（《隋唐演义》）

(26) 若走岭西边，道可就差了，一定得迷路。没别的，你**到在那里**，买卖一定大发财源。（《雍正剑侠图》）

民国之后，"到+在+处所"结构式在共同语中基本消失。

纵观汉语史，"到+在+处所"结构式是对上古汉语"至+于+处所""到+于+处所"结构式的继承和发展；书词中的"到+在+处所"结构式则是近代汉语在河洛方言中的延续。上述三种结构式在汉语历史发展中虽然出现的时间不一，但在共同语中几乎同步消失，它们的历史发展轨迹具体见表4-2（"+"表示有，"-"表示没有）。

表4-2　"至+于+处所""到+于+处所""到+在+处所"的历史发展轨迹

	上古汉语	中古汉语	近代汉语	现代汉语
至+于+处所	+	+	-	-
到+于+处所	+	+	+	-
到+在+处所	-	-	+	-

4.1.1.4　洛嵩片方言调查

"到+在+处所/时间"结构式是近代汉语的产物，书词中"到+在+处所"结构式有524例，"到+在+时间"结构式有46例，对洛嵩片进行方言调查发现，"到+在+时间/处所"结构式在当代河洛方言中已经消亡，已被"到+处所/时间"结构式所替代。在登封方言调查中，80岁以上的老人表示使用过该结构式，巩义市西村镇西村村1位老人（女，77岁，小学文化）表示，能听懂但很少使用，并主动告知戏文中有较多使用。

《歧路灯》中有 1 例"到 + 在 + 处所"结构式，如：

（1）你离城有了几十里，**到在我店里**弄道学，到明日太爷升了巡抚，一定叫你做中军官。（七十二回）

《歧路灯》系清代乾隆年间河南平顶山籍李绿园创作的长篇小说，是研究清代河南方言的宝贵资料，大鼓书词语料则反映了清末民初以来洛阳一带方言的真实状貌。这两种语料时间跨度一百多年，都有"到 + 在 + 处所"结构的使用，而在当代河洛方言中该结构式消亡了。该结构式的流变，为百年来河洛方言语法演变研究提供了鲜活的例证。

4.1.2　到 + 到 + 处所/时间

4.1.2.1　书词中的使用状貌

1）到 + 到 + 处所，表示到达某一地方。如：

（1）姑娘，恁们稍等，叫我**到到里间**。（《损人报》）

（2）哎，一掌掌住权哪，接住粮啦，**到到山东**干啥？（《刘公案》）

（3）头一次送信儿**到到左家寨**，天才啥时候，通早着嘞！（《损人报》）

（4）去吧，**到到前边**回话，看老爷只要接下你的状子，就能给你申冤报仇。（《刘公案》）

（5）哎，让她死啦，咱还落嘞血清白，还不能说咱害她，你看这不好？四百亩地就**到到咱手**啦。（《滨州会》）

（6）去，快忙**到到门外**，叫住那个老汉，背住那个挎篓，带孩子来到帅堂。（《滨州会》）

（7）妹妹，说好便好，就照这样，到恁二姨家有人有人，没有人给我**到到严景安家**存身，有你吃嘞有你喝嘞，啊。（《损人报》）

（8）老蒋奇今年四十五岁呀，俺爹把我许给他，叫我**到到他家**给他拜天地。（王《双锁柜》）

（9）你看丫头，若其不然，先**到到南衙凤府里边**，叫爹爹先见到南衙凤府哩包大人。（《包公审木椟》）

（10）前不靠村，近不着店，如其不然，我**到到寒窑里边**，寻些饭食充饥，也就对了。（《呼延庆鞭扫十八国》）

上述例子中,"到+到+处所"结构式都是作谓语。从结构式中"处所"的构成成分看,例(1)—例(4)是处所词,例(5)—例(10)是处所短语。

2)到+到+时间,表示到达某一时间。如:

(11)俺老爷说明年正月要给火神爷做社儿嘞,哎,到今年,**到到正月**啦,也不知啥事儿耽搁住,也不知老爷他事情杂,把这个事儿忘啦,也没有做社儿。(《滨州会》)

(12)饿得慌张度日这也不说,**到到晚上**,他炮制左督恒嘞。(《刘公案》)

(13)说一天又一天,说一天又一天,可**到到初二那一天**啦,农村那妇女们串联得厉害呀。(《刘公案》)

(14)昨天晚上一直**到到现在**,老父我才见你,我咋放心不下,昨天这你搁哪儿存身?(《滨州会》)

(15)我还得出去,还有点儿事儿,我**到到吃罢早饭**,我就回来了啊。(《损人报》)

(16)我把俺表弟藏到箱子里,谁知道哇,添箱哩人老多呀,他们都不走,一直**到到天明**,把俺表弟抬走,我就随后到那里,我到那里一看,没有箱子啦,有箱子没有人哪。(王《双锁柜》)

上述例子中,"到+到+时间"结构式都是作谓语。从结构式中"时间"的构成成分看,例(11)—例(14)是体词性成分;例(15)、例(16)是谓词性成分。

我们对书词中"到+到+处所/时间"结构式的使用情况进行了考察,结果见表4-3。

表4-3　书词中"到+到+处所/时间"结构式的使用情况

母方言地	艺人	出生年份	书词字数	到+到+处所	到+到+时间
巩义	王周道	1928	442718	114	43
偃师	段界平	1939	122386	1	0
	李明智	1946	413749	13	0
	李占土	1950	58661	6	0
总计				134	43

由上表可知,"到+到+处所/时间"结构式仅见于巩义、偃师2地4位艺人的书词中,"到+到+处所"结构式的使用数量远多于"到+到+时间"结构式,前者在巩义、偃师艺人的书词中都有使用,后者仅在巩义艺人的书词中使用。

4.1.2.2 历时考察

从历史文献来看,"到+到+处所"结构式从宋代到民国一直有少量使用,"到+到+时间"结构式未见使用。

"到+到+处所"结构式最早见于宋代,作谓语。如:

(1) 此已**到到处**,说着须如此说,又须分许多节次。(《朱子语类》)

明代,该结构式主要见于小说中,但数量不多,作谓语。如:

(2) 里长只是分散由帖的时节**到到人家门上**,其外并不晓得甚么叫是"追呼",甚么叫是"比较"。(《醒世姻缘传》)

(3) 不一时,月娘**到到房中**坐下,说:"六姐,你这里咱还不见出门,只道你做甚,原来在屋里穿珠花哩。"(《金瓶梅词话》)

到了清代,该结构式也仅在小说中呈零星使用状态,作谓语。如:

(4) **到到家**,岳翁迎出曰:"婿来已久,何以又从外入?"(《子不语》)

(5) 三人同日上了青岛轮船,不到三日,**到到济南**,各转家门。(《文明小史》)

(6) 只要到皇城去找我,要多少有多少,怎想**到到湖北襄阳**去格呀,仇天相这个老贼不是好人,如果他良心好还贪污救灾银子?(《靖江宝卷》)

4.1.2.3 洛嵩片方言调查

"到+到+处所/时间"结构式在历史文献中使用得不多,书词中有134例"到+到+处所"结构式和43例"到+在+时间"结构式。我们对洛嵩片进行了方言调查,该结构式的使用情况见表4-4("+"表示使用,"-"表示不使用)。

表 4-4　　　洛嵩片 15 个方言点"到 + 到 + 处所/时间"结构式的使用情况

方言点	到 + 到 + 处所/时间	方言点	到 + 到 + 处所/时间	方言点	到 + 到 + 处所/时间
洛阳市	+	孟州市	-	渑池县	+
嵩县	-	孟津县	+	洛宁县	-
巩义市	+	伊川县	-	义马市	+
登封市	+	新安县	-	栾川县	-
偃师市	+	宜阳县	-	卢氏县	-

由上表可知，洛阳市、巩义市、登封市、偃师市、孟津县、渑池县、义马市 7 地使用"到 + 到 + 处所/时间"结构式，嵩县、孟州市、伊川县、新安县、宜阳县、洛宁县、栾川县、卢氏县 8 地极少或不使用该结构式，与普通话趋同，使用"到 + 处所/时间"结构式。方言调查显示，"到 + 到 + 处所/时间"结构式在某些方言点正濒临消亡，如洛宁县、宜阳县等地 80 岁以上的老人表示使用过。

《歧路灯》中没有"到 + 到 + 处所/时间"结构式的用例。

4.1.3　来 + 在 + 处所/时间

4.1.3.1　书词中的使用状貌

书词中，只出现了"来 + 在 + 处所"结构式，未见"来 + 在 + 时间"结构式。

"来 + 在 + 处所"结构式，表示来到某一地方。如：

（1）左不言前边说走，左天贵随后紧跟，**来在门口**。（《损人报》）

（2）年兄，既然**来在堂上**，书童，快忙看座，年兄请坐，年兄请坐。（《损人报》）

（3）丫鬟前边说走，姑娘随后紧跟**来在楼上**。（《滨州会》）

（4）扭项回头，**来在马前**，叠膝跪倒："回禀老爷。"（《刘公案》）

（5）只见这一物**来在海爷面前**，"扑腾"往下一趴，天上啊电闪"唰唰"，打两道闪。（《海公案》）

（6）这才叫大水冲了龙王庙，咱都是亲骨肉改名卖姓**来在山中**啊。（《呼延庆鞭扫十八国》）

上述例子中，"来 + 在 + 处所"结构式都是作谓语。从结构式中的

"处所"构成成分看,例(1)是处所词,例(2)—例(6)是处所短语。

我们对书词中"来+在+处所"结构式的使用情况进行了考察,结果见表4-5。

表4-5　　书词中"来+在+处所"结构式的使用情况

母方言地	艺人	出生年份	书词字数	来+在+处所
巩义	王周道	1928	442718	37
	尚继业	1943	124764	2
偃师	李占土	1950	58661	1
新安	吕武成	1965	182302	4

由上表可知,"来+在+处所"结构式仅见于巩义、偃师、新安3地4位艺人的书词中,其中三代艺人王周道的书词中用例最多,其他四代、五代3位艺人的书词中较少使用。从不同时代艺人对该结构式的使用情况来看,"来+在+处所"结构式已经趋于消亡。

4.1.3.2　历时考察

从历史文献来看,"来+在+处所"结构式从五代到民国一直有使用,而"来+在+时间"结构式只见于民国时期。

"来+在+处所"结构式最早见于五代,作谓语。如:

(1) 至七月七夕,西王母头戴七盆花,驾云母之车,**来在殿上**。(《敦煌变文集新书》)

(2) 西王母将桃五枚,**来在殿上**奉帝:帝食桃,手把其核如不弃之。(《敦煌变文集新书》)

到了宋代,该结构式主要见于话本中,作谓语。如:

(3) 后见一妇人,**来在户前**,知忌等不眠,前却户外。(《太平广记》)

(4) 数年**来在长安**,蒙乐游王引至南宫,入都堂,与刘公干、鲍明远看试秀才,予窃入司文之室,于烛下窥能者制作。(《太平广记》)

至元代,该结构式主要出现于元曲中,作谓语。如:

(5) 我每日家不会做甚么营生,则是与人家挑土筑墙,和泥托坯,

担水运浆，做坌工生活度日，到晚**来在**那破瓦窑中安身。（杂剧《看钱奴买冤家债主》）

（6）这贫女底，从幼**来在**庙中，旦夕里是我周济。（戏文《张协状元》）

明清以来，该结构式在小说中广泛运用，作谓语。如：

（7）相公还不曾睡？几时**来在此间**？（《二刻拍案惊奇》）

（8）万户言罢辞别而去，去不多时，已送至瑞云**来在帐外**。（《五代秘史》）

（9）包公吩咐回衙，**来在山旁**，忽狂风骤起，包公思想半晌，莫非此地有甚冤枉？（《包公案》）

（10）第四日午牌，忽有庄兵报道："宋江军马又**来在庄前**了。"（《水浒全传》）

（11）如今**来在那里**？怎么还不差人接进衙来？（《醒世姻缘传》）

（12）我从幼儿**来在府中**，再不曾出门去，又不曾与恁人相熟，为何有人送这几千两银子的首饰与我？（《醒世恒言》）

（13）他便将小人捆了，又撕了一块脏布，给小人填在口内，把小人一提就**来在此处**。（《七侠五义》）

（14）胜三爷不在江苏，**来在镇江**，不知有何贵干？（《三侠剑》）

（15）陈玉成在家与我至好，**来在我朝**，更加亲密。（《太平天国战记》）

（16）来姐接在手中，只觉甚重，亦未知什么东西。下了绣楼，**来在书房**。（《小八义》）

民国时期，"来+在+处所"结构式的使用锐减；"来+在+时间"结构式出现，作谓语。如：

（17）姜清道："我**来在十二点钟以后**，你决不可害我。"（民国《留东外史》）

4.1.3.3　洛嵩片方言调查

"来+在+处所/时间"结构式是近代汉语的产物，在现代共同语中已不见使用，书词中也仅有44例"来+在+处所"。我们对洛嵩片进行方言调查发现，该结构式也没有存留于河洛方言，而是被"来+处所/时间"结构式完全替代。

《歧路灯》中有 2 例"来 + 在 + 处所"结构式，均作谓语。如：

（1）道大人家眷搬在后书房，官太太、姑太太、全淑姑娘都**来在这里**。（一百〇六回）

（2）见了荆公进署，齐**来在**萧曹祠前门楼下恭候呼唤。（三十一回）

4.1.4　在 + 至 + 处所/时间

4.1.4.1　书词中的使用状貌

书词中，只出现了"在 + 至 + 处所"结构式，未见"在 + 至 + 时间"结构式。

"在 + 至 + 处所"结构式，表示在某一地方。如：

（1）岳帅爷**在至滨州**，威信真高啊。（《滨州会》）

（2）对，这个包裹**在至**这刺猬树架下边，赶快禀告马老爷得知。（《海公案》）

（3）不说王朝马汉、张龙赵虎，**在至**这午朝门外。（《包公奇案》）

（4）刘文晋**在至大堂上边**一声说道："镇官，过来。"（《回龙传》）

（5）张金龙**在至班房里边**就听见大堂上有人喊叫。（《包公访太康》）

（6）郭泰这个家伙**在至山东**就是横行霸道，抢男霸女，胡作乱为。（《刘公案》）

（7）这个小子今一天哪，你看他，**在至马上**大远就看见呼延庆啦。（《呼延庆鞭扫十八国》）

（8）人家的老公公**在至店房**停尸三天，需要棺椁成殓，买棺椁需要银钱。（牛《金钱记》）

（9）三转两不转，来到自己跟前，一看年轻孩**在至楼上**哭唰，哭唰悲泪不止。（《损人报》）

（10）话说张廷秀**在至客厅外边**听得清楚，听得明白。（《回杯记》）

（11）你**在至大街**提笔卖诗，就是能挣几个钱，终究也到不了什么好地步。（《花厅会》）

（12）**在至张家店房里头**，他就和公子哎八拜为交，结交成了好朋友。（《包公审木橿》）

从句法功能上看,上述"在+至+处所"结构式,在例(1)—例(3)中作谓语,在例(4)—例(11)中作句中状语,在例(12)中作句首状语。从结构式中"处所"的构成成分看,例(1)、例(6)、例(8)、例(11)是处所词;例(2)—例(5)、例(7)、例(9)、例(10)、例(12)是处所短语。

我们对书词中"在+至+处所"结构式的使用情况进行了考察,结果见表4-6。

表4-6　书词中"在+至+处所"结构式的使用情况

母方言地	艺人	出生年份	书词字数	在+至+处所
巩义	王周道	1928	442718	48
	尚继业	1943	124764	9
	杨现立	1950	72034	6
	牛会玲	1963	20978	18
	李新芬	1965	73696	20
	黄金焕	1966	89736	38
	王春红	1972	31177	11
偃师	段界平	1939	122386	3
	李明智	1946	413749	223
	李占土	1950	58661	14
宜阳	王玉功	1950	50148	30
	魏要听	1955	353508	10
新安	吕武成	1965	182302	1
孟津	张建波	1969	82377	26
总计				457

由上表可知,"在+至+处所"结构式在巩义、偃师、宜阳、新安、孟津5地14位艺人的书词中均有使用,而且用例较为丰富。

4.1.4.2　历时考察

从历史文献来看,"在+至+处所"结构式从唐至清一直都有使用,而"在+至+时间"结构式从清代才开始使用。

"在+至+处所"结构式最早见于唐代,作状语。如:

（1）唐明宗五庙**在至德宫**安置，其徽陵上下宫所管土田舍宇……一切在丰洁。（《册府》一百七十四）

宋元时期，"在+至+处所"结构式的用例鲜见，明代文献中有零星使用，作状语。如：

（2）到八月二十八日，主司同各经房**在至公堂**上拆号填榜。（《今古奇观》）

（3）到八月廿八日，主司同各经房**在至公堂**上拆号填榜。（《警世通言》）

清代，"在+至+处所"结构式在小说中的使用明显增多，作状语；"在+至+时间"结构式开始出现，作谓语。如：

（4）预先**在至公堂**中设三位主考的公案，左右设了二位监临的公案，东西对面排列着内外监试和十八房的坐次。（《侠女奇缘》）

（5）到揭晓日，四位总裁都**在至公堂**上，共议五魁，三位都说此卷可以中元。（《海公大红袍传》）

（6）考《卫绍王纪》，夏人犯庆阳**在至宁元年六月**，不在大安三年。（《西夏书事》）

民国时期，"在+至+处所"结构式已不见使用，"在+至+时间"结构式还有少量用例，作谓语。如：

（7）脱脱被贬**在至正十四年十二月中**，故特书以揭之。（《元史演义》）

（8）原**在至正十年的时候**，贾鲁还没有建议开河，河南、河北已有两句童谣道："石人一只眼，挑动黄河天下反。"（《元代宫廷艳史》）

4.1.4.3 洛嵩片方言调查

"在+至+处所/时间"结构式是近代汉语的产物，在现代共同语中已经消失，书词中有457例"在+至+处所"结构式。我们对洛嵩片进行了方言调查，并且重点对每个方言点70岁以上的老人进行访谈，结果显示，"在+至+处所/时间"结构式已经消亡，新老派均已使用"在+处所/时间"结构式。

《歧路灯》中有1例"在+至+处所"结构式，作补语。如：

（1）正总裁批个"中"字。留**在至明堂上**，算一本中的卷子。（一百○二回）

4.1.5 去+到+处所/时间

4.1.5.1 书词中的使用状貌

书词中,只出现了"去+到+处所"结构式,未见"去+到+时间"结构式。

"去+到+处所"结构式,表示去某一地方。如:

(1) 没还没推完嘞,不叫你推啦,赶紧走**去到大门口**,兵都来啦!(《滨州会》)

(2) 王朝**去到村庄里边**,不多一时就将乡约、地保两个人唤到跟前。(《包公访太康》)

(3) 来,来,来,给恁张二叔给我抬到马上,骑住马**去到咱府**!(《回杯记》)

(4) 这店掌柜拉住王公子,这个时候**去到大街上**看热闹,就被侯小姐发现啦。(《包公审木槿》)

(5) 走,咱**去到那庙会上**,去查一查、访一访,有我访哩人没有哇?(《海公案》)

(6) 我命你们带住了韩水龙**去到他家**,连箱子带他妈一伙儿抬来。(《包公奇案》)

(7) 只要叫左家姑娘无是无非,**去到严家滩**,今后我给愿儿还咾,啊。(《损人报》)

(8) 众三军归营而走,刘大人**去到察院**哪,黄桂英押到后帐。(《刘公案》)

(9) 我叫你赶紧**去到厨房**,趁住没有做饭以前,给我熬一碗姜汤。(《小八义》)

(10) 兄弟,你先不要慌,慢慢地吃着,叫我**去到门口**听听。(吕《双锁柜》)

上述例子中,"去+到+处所"结构式都是作谓语。从结构式中的"处所"构成成分看,例(1)—例(6)是处所短语,例(7)—例(10)是处所词。

我们对书词中"去+到+处所"结构式的使用情况进行了考察,结果见表4-7。

表 4-7　　　书词中"去+到+处所"结构式的使用情况

母方言地	艺人	出生年份	书词字数	去+到+处所
巩义	王周道	1928	442718	24
	尚继业	1943	124764	39
	杨现立	1950	72034	6
	牛会玲	1963	20978	3
	李新芬	1965	73696	11
	黄金焕	1966	89736	2
	王春红	1972	31177	0
偃师	段界平	1939	122386	24
	李明智	1946	413749	111
	李占土	1950	58661	0
宜阳	王玉功	1950	50148	2
	魏要听	1955	353508	70
新安	吕武成	1965	182302	3
孟津	张建波	1969	82377	30
总计				325

由上表可知,"去+到+处所"结构式的使用数量较多,有325例,除了王春红、李占土两位艺人的书词之外,该结构式在其他艺人的书词中都有使用,覆盖了巩义、偃师、宜阳、新安和孟津5地。从不同时代艺人的使用情况来看,该结构式一直保持着较强的生命力。

4.1.5.2　历时考察

从历史文献来看,"去+到+处所"结构式从唐代到民国一直都有使用,主要作谓语,而"去+到+时间"结构式未见使用。

"去+到+处所"结构式,唐代已有使用,五代至元,使用较少。如:

(1) 云岩问曰,汝**去到**石室里许,为甚麽便回。(《筠州洞山悟本禅师语录》)

(2) 二人相不肯,**去到**大梅山。(《祖堂集》)

(3) 药山问:"梨到何处来?"

　　云:"此回**去到**南泉来。"(《祖堂集》)

(4) 先着人**去到王老员外家**报了凶信。(《话本选集》)

(5) 到国王前面告未毕,唐僧也引徒弟**去到王所**。(《朴通事》)

明清两代,"去+到+处所"结构式在小说中广泛使用。如:

(6) 我只晓得这些缘故,以后**去到那里**,怎么死了,我实不知。(《二刻拍案惊奇》)

(7) 禹道:"我即起程**去到张家湾**船上等候。"(《包公案》)

(8) 谁想**去到城下**,正撞了一个使双鞭的呼延灼。(《水浒全传》)

(9) 王七,你**去到安乐村**去看看,作个接应。(《三侠剑》)

(10) 公子听了,重新去冠带好了,**去到外面**伺候。(《儿女英雄传》)

(11) 梦太说:"二位哥哥跟着我,**去到那边**坐坐。"(《康熙侠义传》)

民国时期,该结构式的使用依然较为活跃。如:

(12) 这几身纱衣,是我们夫人今天大早,特命婢子**去到衣庄**买来,预备新。(《大清三杰》)

(13) 我的儿,你如何可以**去到警察署**?(《留东外史续集》)

4.1.5.3 洛嵩片方言调查

无论从书词还是历史文献来看,"去+到+时间"结构式都未见使用,"去+到+处所"结构式书词有 325 例,且在洛阳一带方言中较为常见。我们对"去+到+处所"结构式在洛嵩片的使用情况进行了调查,结果见表 4-8 ("+"表示使用,"-"表示不使用)。

表 4-8 洛嵩片 15 个方言点"去+到+处所"结构式的使用情况

方言点	去+到+处所	方言点	去+到+处所	方言点	去+到+处所
洛阳市	+	孟州市	+	渑池县	+
嵩县	-	孟津县	+	洛宁县	+
巩义市	+	伊川县	+	义马市	+
登封市	+	新安县	+	栾川县	+
偃师市	+	宜阳县	+	卢氏县	+

由上表可知,除了嵩县,"去+到+处所"结构式在洛嵩片 14 地

都有使用。调查发现，嵩县内部有差异，大多数地方不用（如车村、九皋村），但田湖一带使用（靠近洛阳市）。

《歧路灯》中有 6 例"去 + 到 + 处所"结构式，如：

（1）**去到大门**时，大腰挂有两三道，一尺长的锁锁着。（十七回）
（2）谭绍闻少不得**去到后门**，强笑道："我当是谁哩。"（六十六回）
（3）贤弟休要笑话。咱先**去到隍庙道房**坐坐。（七十三回）

"去 + 到 + 处所"结构式是近代汉语的产物，书词中的用例是该结构式退出共同语进入河洛方言的最好见证，呈现了该结构式完整的历史发展轨迹。

4.1.6 余论

学界对"V + X + 处所"结构式一直较为关注，"X"在北京话中可以是"在/到/的"（徐丹，1994），江蓝生（1994）认为"的"最有可能源于"著"。这里我们不关注"X"的来源，而是对"X"的演变趋势更感兴趣。根据对书词及洛嵩片方言中 5 种具体"V + X + 处所"结构式的考察，发现"V + X + 处所"结构式在实际表达中有简化的发展趋势。

"V + X + 处所"结构式本身较为复杂，根据 V 具体语义特征的不同，可将其做如下分类。

$$V\begin{cases} V[-位移]，如：挂、搁、坐、放、躺、拿等 \\ V[+位移]\begin{cases} V[+方向]，如：来、去、上、下、进、出等 \\ V[-方向]，如：到、扔、搬、领、回等 \end{cases} \end{cases}$$

从共时层面来看，"V + X + 处所"结构式内部不是同步演变的，因其中"V"语义的不同而有所差异。就 V［- 位移］类动词而言，"V + X + 处所"结构式有歧义，当表示静态时，"X"一般要出现；当表示动态时，"X"可出现也可不出现，如"躺在床上/躺床上""挂在墙上/挂墙上"，但在口语中倾向使用"V + 处所"结构；对于 V［+ 位移］类动词而言，口语中倾向使用"V + 处所"结构，尤其是使用频率较高的位移动词之后"X"多采用零形式。我们选取"到、去、来"这

3个位移动词，对它们进入"V+到+处所"结构式在现代北京话、现代河洛话、近代汉语中的使用情况进行考察，结果见表4-9（"+"表示使用，"-"表示不使用）。

表4-9　"到+到+处所""去+到+处所""来+到+处所"的使用情况

考察对象	现代北京话	现代河洛话	近代汉语
到+到+处所	-	+	+
去+到+处所	-	+	+
来+到+处所	+	+	+

补充说明的是，现代北京话"来+到+处所""来+处所"都可以说，后者已是现代北京话的一种优势结构。

从汉语史来看，上古汉语中"V+X+处所"这一结构式到了东汉以后，有一部分中的"X+处所"逐渐前移到"V"之前；还有一部分"V+X+处所"与"V+处所"长期共存，袁健惠（2017）从历时角度考察了"V于L"与"VL"在不同历史时期文献中的使用状况，发现两者在口语和书面语文献中使用规律基本一致。有关两者的关系，徐丹（1994）从共时视角认为后者是前者的一种省略形式。书词中，"到+在+处所"与"到+处所"并行使用，请看《丝绒记》中的例子：

（1）你们**到在**前边净街。

（2）恁两个莫在这里来久站，**到**前面把街净。

基于以上，"V+X+处所"结构式在汉语史上有如下两条演变路径：

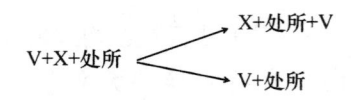

```
                    → X+处所+V
    V+X+处所  
                    → V+处所
```

4.2　特色述补结构

4.2.1　不用"得"的述能结构

可能补语是表示结果的可能性、必要性或能力等情态意义的补语成分，带可能补语的述补结构叫述能结构。河洛方言述能结构的肯定式与否定式分别是"述+补""述+不+补"，述语与可能补语中间不需要助词"得"连接，如"吃完"表示"能吃完""吃不完"表示"不能吃完"。这样一来，河洛方言"述+补"结构形式，可能是带结果补语的述补结构，也可能是带可能补语的述补结构。因此，下面主要讨论可能补语的句法语用特点及高频使用的可能补语"动"。

4.2.1.1 句法语用分布

河洛方言可能补语的肯定式不使用"得"，与结果补语同形。它的使用往往会受到语境的限制，主要有以下三种句法语用分布。

1）能+V+补

这种形式是由"V+补"前加"能"构成，相当于普通话的"V得补"，常用于陈述句中。如：

（1）我江山**能坐长**啦，**坐稳**啦。（《海公案》）
（2）女儿啊，我保你官司那**能打赢**。（《刘公案》）
（3）你别说，他听人家唱一遍**能记住**。（《回杯记》）
（4）只要姑爷**能睡好**，咱俩不睡不也中。（《包公奇案》）
（5）咦，撑死哩！那中，只要你**能吃下去**。（段《破镜记》）
（6）只要恁姑娘**能跑离**，她跑不离可不怨我，啊。（《损人报》）
（7）就是年轻时候经常跑北京做生意，北京话**能听懂**。（吕《破镜记》）
（8）王金柱也真**能存住**气，硬是站在那里，一言不发。（吕《双锁柜》）
（9）二来嘞，俺娘也**能吃饱**饭，就是这般主意。（《呼延庆鞭扫十八国》）
（10）这个出家道人言说进宫来，他**能看出**皇姑得的什么病，言说来给皇姑诊病来了。（《包公审木樨》）
（11）我算住恁那孩子也十五六岁啦，就是在至大街上边脆做个啥生意，也**能顾住**恁娘儿们哩吃喝呀。（《全家福》）

"能+V+补"结构也可以用于疑问句，如：

（12）"妹子走好，姐也累了，就不再送你啦。"
"那可不行。姐，这两布袋我一个人**能背动**？你得送送我呀。"（吕

《双锁柜》)

（13）看多少粮食，你**能吃完**，哎？有你吃嘞，呃，有你喝嘞，放心吧！(《滨州会》)

2）V+补+V+不+补

这种形式是述能结构肯定式与否定式的并用，既可以用于正反问，也可以用于陈述句。如：

（14）俺姑爹是个文弱书生，那推车子卖砂锅，他**推动推不动**？(《回杯记》)

（15）"哎，说啥**对答上对答不上**？只要你有心就能对答上。"(《丝绒记》)

（16）丫鬟说："中中中，那中，二哥这事儿你能给我**办成办不成**？"(《损人报》)

（17）诶，正是，就看我天黑儿，这桩生意**做成做不成**？我的买卖如何呀？(《海公案》)

（18）你都没有想想，姑娘，再停五十年，七十多啦，牙也掉啦，头发也白啦，那拜天地还**拜动拜不动**啦，唉？(《回杯记》)

（19）"那，要是论理，你可不一定**打成打不成**哩。"
"只要你说的是理，我就不打你。"（段《破镜记》)

（20）也不知**走了走不了**，锣鼓一歇往下提。(王《双锁柜》)

（21）我得听他再说说，看他**拿出来拿不出来**。(《刘公案》)

（22）这鳖孙儿舅子不好惹啊，就该如此，<u>不应</u>管**拿住拿不住**，咱虚张声势只管下水，拿不住他也咋着不了咱，好不好？(《剑侠英雄传》)

例（14）—例（18）中，"V+补+V+不+补"用于正反问；例（19）—例（22）中，"V+补+V+不+补"用于陈述句中。

3）V+补+咾

这种形式是在述能结构肯定式之后加语气词"咾"，一般用于正反问肯定式答句中，或用于可能补语肯定式与否定式并举的语境中。如：

（23）"那我那鞋，你穿上穿不上？"
"咋穿不上？**穿上咾**，拿来，叫我看看。"(王《双锁柜》)

（24）"中啊，那我坐<u>里头</u>你能推动我不能？"

"可能**推动咾**，不娄推，就带这两仨闺女，带你都坐上，都不娄我推。"(《刘公案》)

（25）**说动咾**人心方为妙，说不动那人心白搭工。(《丝绒记》)

（26）**唱动咾**人心方为妙，唱不动人心可是白搭工。(《全家福》)

（27）听说北京城有家大人，我准备到那儿告状，我告不准我不来，我**告准咾**我斗_就来啦。(《刘公案》)

例（23）、例（24）中，"V＋补＋咾"是对正反问的肯定式回答；例（25）—例（27）中，"V＋补＋咾"都有否定式"V＋不＋补"与之同现。

值得注意的是，在述能结构肯定式与否定式并举的语境中，"咾"有时会音变为"啦"。如：

（28）你给鬼**逮住啦**，我知道你包公真有能耐，高官加封；你给鬼**逮不住啦**，我斗_就知道，红嘴白牙，满口喷些脏话，我定杀不饶。(《包公奇案》)

4.2.1.2 "V不动"中的"动"

河洛方言中，可能补语"成""动"使用广泛，下文4.2.5.4中专门讨论"成"，这里重点讨论"动"。书词中，可能补语"动"的语义虚实不一，主要有以下两种语义。

1）表示改变位置或样子

这种义项的"动"，语义实在，语义指向动作行为的受事。如：

（1）韩水龙又扎第三锨，扎到土里再也**拔不动**啊。(《包公奇案》)

（2）后门儿锁得紧紧的，门板又那样厚，拉也**拉不动**，砸也砸不开啊。(吕《破镜记》)

（3）绳子**捞不动**啦，一摸才知道呀，在一个人嘞脖子里勒着嘞。(《包公审木槿》)

2）表示有能力进行或做得了

这种义项的"动"，语义虚化，语义指向动作行为的施事。如：

（4）他看见这号女人他斗_就**走不动**啦。(《回杯记》)

（5）你不要推了啊，你**推不动**，买匹老马省得研磨。(《滨州会》)

（6）就听见"哎呀"一声响，草上飞腿上边被箭射中**站不动**。(《包公奇案》)

(7) 你光知道你爷爷我**跑不动**，你怎知道我屁股上又驮着将一名。(《包公奇案》)

(8) 小蒲姐说："我背成俩！"

"你**背不动**呀，你不是有病？"(王《双锁柜》)

(9) 俺**干不动**重的，不会干轻的？俺出不了恁大力，不会少要点儿工钱？(吕《破镜记》)

(10) 你要一窜，这千斤担子撇给我，我可是**担不动**啊，哥。(《回龙传》)

(11) 可你骑在马身上，高一声低一声喊叫我，说我给你说大声，我**说不动**。(段《破镜记》)

(12) 不用说你娘家给的银子太多，**拿不动**，派丫鬟仆女往这里送呢！(《彩楼记》)

例（4）—例（12）中，"动"都可以替换为"成"。可能补语"成""动"都可以表示做得了，二者用于动作动词之后，可以互相替换；"成"还可以用于非动作动词之后，此时不能用"动"替换，如"活不成"不能说成"活不动"。

4.2.2 "V+C_1+C_2"双补语结构

书词中，"V+C_1+C_2"这一双补语结构颇具地域特色，C_2是"V+C_1"的结果补语，表示"完、尽"，语义指向与V相关的施事或受事。

4.2.2.1 结构式类型

"V+C_1+C_2"结构式中，C_2较为固定，主要是"完""清""净"这3个词。因此，该结构式有以下三种具体形式。

1) V+C_1+完，如：

(1) 身上哩蟒袍玉带都**湿透完**啦。(《包公奇案》)

(2) 二十多个家丁一会儿都**倒下完**啦。(吕《破镜记》)

(3) 你没有把他**打死完**哪，他要再来人，咋办？(《刘公案》)

(4) 三日内若不死王铁蛋儿，将我的金身它可**砸毁完**。(《智断神杀案》)

(5) 先去上房屋看看去，看东西儿**拿走完**啦没有，唉？(《损人

（6）走阵慢，把那蚂蚁都**踩死完**啦吧？（《全家福》）

（7）千不该万不该好不该，把寡人的龙袍、张爱妃金冠霞帔全**盗走完**。（《海公案》）

2）V + C₁ + 清，如：

（8）姑娘一步没防住两只眼睛被**烧瞎清**。（《小八义》）

（9）你可怎知道咱的举家人等**失散清**？（《全家福》）

（10）摸到大妞屋里看，大妞也被**抬跑清**。（《包公奇案》）

（11）公孙策写罢四张状，一身衣裳都**湿透清**。（《包公奇案》）

（12）那雷宝同也不知打嘞狠不狠，浑身衣服**打烂清**。（《花厅会》）

（13）大小庙宇都刮净，你不能把老百姓都**饿死清**啊你。（《刘公案》）

（14）大风一过我起来看，俺那两个孩子被**刮跑清**啊。（牛《金钱记》）

（15）也不知这酒嘞毒劲儿有多大，这一窝老鼠都能**毒死清**。（《回杯记》）

（16）急得我出了一身汗，梦醒来半截枕头都**哭湿清**啦。（段《破镜记》）

（17）大人进城这都不要紧，今一日把这一街的百姓这都**吓跑清**。（王《金钱记》）

（18）是谁把我的东西去偷走了啊，狠贼呀把我的东西恁**偷走清**哩。（王《双锁柜》）

（19）怪不道古庙这个左近没有人住，家家户户都**搬走清**。（《智断神杀案》）

（20）太监宫女杀死了人七个，临走时将寡人龙袍、张爱妃金冠霞帔**盗走清**。（《海公案》）

（21）也不知冷汗出了这多和少，可这相公哪把我那半截儿红绫可**溻湿清**。（《包公审木榷》）

3）V + C₁ + 净，如：

（22）小树儿眼看它都**旱死净**啊，大树上树叶儿都落清。（《刘公案》）

（23）到今天，今天我把官来做，我当了官，举家的人等都**失散净**。（牛《金钱记》）

（24）肚子上弄个大窟窿，肚子肠子**流出来净**，再停一会我就不中了呀。（《剑侠英雄传》）

上述"V+C_1+完""V+C_1+清""V+C_1+净"三种结构式中，"完""清""净"都有"完、尽"的语义。我们对书词中这三种结构式的使用情况进行考察，结果见表4-10。

表4-10　书词中"V+C_1+完/清/净"结构式的使用情况

母方言地	艺人	出生年份	书词字数	V+C_1+完	V+C_1+清	V+C_1+净
巩义	王周道	1928	442718	3	14	2
	尚继业	1943	124764	2	5	0
	杨现立	1950	72034	0	0	1
	牛会玲	1963	20978	0	2	2
	李新芬	1965	73696	0	0	0
	黄金焕	1966	89736	1	2	0
	王春红	1972	31177	0	1	0
偃师	段界平	1939	122386	0	1	0
	李明智	1946	413749	2	2	0
	李占土	1950	58661	0	0	0
宜阳	王玉功	1950	50148	0	1	0
	魏要听	1955	353508	1	8	0
新安	吕武成	1965	182302	4	1	0
孟津	张建波	1969	82377	0	0	0
总计				13	37	5

由上表可知，"V+C_1+清"结构式的用例最多，有37例；"V+C_1+完"结构式的用例次之，有13例；"V+C_1+净"结构式的用例最少，有5例。从艺人书词的使用情况来看，这三种结构式仅在王周道书词中都有反映；从方言地理分布来看，除了孟津之外，巩义、偃师、宜阳、新安4地艺人的书词中都有使用。

4.2.2.2 "V + C₁"的构成特点

"V + C₁ + C₂"结构式中,"V + C₁"既可以是单词,也可以是短语。如:

(1) 我无意之中开了个头,你那叽哩咣当**破解完**。(《智断神杀案》)
(2) 拿兵刃者完全杀死啦,地道里完全都**出来清**。(《刘公案》)
(3) 眼看前面的人都**进去完**了,丁郎挺了挺胸膛,硬硬头皮就要往里闯。(吕《破镜记》)
(4) 身子儿下拱住刘三秀,阵一晃怎一晃,时间不长喝的水完全都**倒出来清**啊。(《刘公案》)
(5) 他趁住老婆子在家忙前忙后,他连大带小一伙儿**带跑清**。(《包公奇案》)
(6) 为啥,和尚都**杀死清**啦,杀光杀净一个也不剩,老百姓也不能进寺院,外人也不知道里边如何?(《刘公案》)

例(1)—例(3)中,"破解""出来""进去"都是述补式的单词;例(4)—例(6)中,"倒出来""带跑""杀死"都是述补结构的短语。

我们对书词中"V + C₁ + 清/完/净"结构式中的"V + C₁"构成情况进行考察,排除重复用例,结果发现"V + C₁"多数是短语,少数是单词,且主要为双音节,也可以是三音节。详见表4 – 11。

表4 – 11　书词中"V + C₁ + 完/清/净"结构式中"V + C₁"的构成情况

V + C₁ + 完	词	进去~　破解~
	短语	拿走~　打死~　敲死~　砸毁~　盗走~　杀死~ 湿透~　倒下~　趴下~　抬走~　踩死~
V + C₁ + 清	词	出来~　失散~
	短语	饿死~　淋湿~　冲走~　削掉~　打跑~　撕烂~ 气死~　杀死~　偷走~　哭湿~　毒死~　搬走~ 拿走~　挖走~　溻湿~　盗走~　打烂~　剥掉~ 湿透~　带跑~　抬跑~　拉跑~　浇瞎~　刮跑~ 滴湿~　摔烂~　吓跑~　把住~
V + C₁ + 净	词	失散~
	短语	旱死~　流出来~　削掉~

4.2.2.3 洛嵩片分布使用情况

为了了解"V + C_1 + 完/清/净"结构式在洛嵩片的分布使用情况，我们以表4 – 11中较为常见的"杀死""旱死"作为"V + C_1"的代表进行调查，结果见表4 – 12（"+"表示使用，"-"表示不使用）。

表4 – 12　　洛嵩片15个方言点"V + C_1 + C_2"结构式的使用情况

方言点	V + C_1 + 完	V + C_1 + 清	V + C_1 + 净	方言点	V + C_1 + 完	V + C_1 + 清	V + C_1 + 净
洛阳市	+	-	-	新安县	+	-	-
嵩县	+	-	-	宜阳县	+	-	+
巩义市	+	+	-	渑池县	+	-	+
登封市	+	+	-	洛宁县	+	-	-
偃师市	+	+	-	义马市	+	-	+
孟州市	+	-	-	栾川县	+	-	+
孟津县	+	+	-	卢氏县	+	-	+
伊川县	+	-	-				

由上表可知，"V + C_1 + 完"结构式在洛嵩片15地广泛使用；"V + C_1 + 清"结构式只在巩义市、登封市、偃师市、孟津县4地有使用，"V + C_1 + 净"结构式在宜阳县、渑池县、义马市、栾川县、卢氏县5地有使用，但它们都不如"V + C_1 + 完"结构式常用。

4.2.3　X（哩/嘞）慌

程度补语"慌"所构成的述补结构有两种形式：一种是"X 慌"，"慌"直接跟在"X"之后构成述补结构；一种是"X 哩/嘞慌"，"慌"与"X"中间插入"哩/嘞"构成述补结构。这两种形式的语义用法基本等同，只是第二种形式更为常用，因此以下合称"X（哩/嘞）慌"讨论。

4.2.3.1　"慌"的语义

"X（哩/嘞）慌"述补结构中，"慌"作为程度补语，用来表示述语"X"的程度。"慌"的主观性鲜明，它所表达的程度义非常强烈，往往达到了言者难以忍受的程度。如：

（1）麦罢吃得新白面，谁知道那半夜**撑嘚慌**。(《刘公案》)

（2）恁不要哭啦，哭啥哪？**累嘚慌**啊，休息休息。(《刘公案》)

（3）多亏了柳小姐**恨慌**啊，柳金蝉传书递信要救表兄。(《包公奇案》)

（4）我不说，给我肚子斗_就憋崩啦，我老**气嘚慌**，娘啊，我通**气嘚慌**哩。(《刘公案》)

（5）他吹哩还老美，听听，骑驴鬼头鬼尾，哼，骑马蹦蹦跳跳，坐轿老**闷嘚慌**。(《回龙传》)

（6）种蜀黍打芝麻，死了**去他大嘚慌**，恁嫂子再给恁找一个，有嘚是男嘚。(《滨州会》)

上述例子中，程度补语"慌"与普通话程度补语"很"在程度义上相近，如例（1）中"撑嘚慌"可以说成"撑嘚很"。但"慌"与"很"的区别也是显而易见的，前者表达的往往是言者的一种负面情绪，"很"既可以表达正向的也可以表达负向的，如"好得很""坏得很"。

4.2.3.2 "X"的特点

"X（哩/嘚）慌"中，"X"主要是表示感情、感觉及心理活动状态的动词，或表感情的形容词。书词中，"X（哩/嘚）慌"述补结构有36例，其中"气嘚慌""累哩慌"各出现5次，"烧慌""气慌""使嘚慌""闷哩慌"各出现2次，其他"X（哩/嘚）慌"均出现1次。排除重复用例，这一结构中"X"词性、音节的具体情况详见表4-13。

表4-13 书词中"X（哩/嘚）慌"述补结构中"X"词性、音节的具体情况

X		例子
动词	单音节	恨慌 烧慌 气慌 使嘚慌 气嘚慌 呛嘚慌 呛哩慌 刮嘚慌 烧嘚慌 溃嘚慌 压哩慌
	双音节	可怜嘚慌 心疼哩慌
形容词	单音节	闷哩慌 憋嘚慌 累嘚慌 累哩慌 撑嘚慌 撑哩慌
	双音节	别扭慌 忧虑嘚慌 拘束哩慌 熬糟哩慌
其他		去他大嘚慌

上表中，就"X"而言，单音动词有 8 个，分别是"恨、烧、气、使、呛、刮、溃、压"；双音动词有 2 个，分别是"可怜、心疼"。单音形容词有 4 个，分别是"闷、憋、累、撑"；双音形容词有 4 个，分别是"别扭、忧虑、拘束、熬糟"。从语义上看，不管"X"是动词还是形容词，进入"X（哩/嘞）慌"结构式都有［＋感情］义。有的"X"本身有这一语义特征，有的"X"则是结构式所赋予的。如：

（1）孩子的屎布片子上前摆，炕到半干儿**呛嘞慌**。(《刘公案》)

（2）哎呀，我说打人阵**使嘞慌**！(《滨州会》)

（3）高哩给高哩抬，低哩给低哩抬，不能使到一个人身上老**压嘞慌**。(王《双锁柜》)

（4）到后来不到二月斗_就撕下对子啦，叫声风声儿哎，那风真真**刮嘞慌**。(《刘公案》)

（5）咦，姑娘，这酒喝着咋阵**烧慌哩**，咋阵**烧慌哩**？(《丝绒记》)

上述例子中，"呛、使、压、刮、烧"等动词与感官动词"恨、气"不同，本身没有［＋感情］义，但在"X（哩/嘞）"结构中就有了主观感受的语义。

4.2.3.3 "X（哩/嘞）慌"的句法表现

书词中，"X（哩/嘞）慌"这一述补结构主要有以下两种句法表现。

1）可以受副词的修饰。如：

（1）白天干一天活，**血累哩慌**，没你不睡也不叫俺睡。(《包公审木槿》)

（2）是不是吃你一顿饭**老心疼哩慌**？(吕《破镜记》)

（3）你不要给去别那家当丫鬟一样，**老拘束哩慌**那可不中啊。(《全家福》)

（4）**不累哩慌**，今天我推得可有劲儿，走。(《刘公案》)

（5）不看见兄弟我**不气慌**，看见他只气得康氏倒出气。(王《双锁柜》)

（6）咦，老爷，我看见**可别扭嘞慌**，你不知道啊。(《刘公案》)

（7）姑娘，你不知道我看见她那个样儿呀，斗_就**熬糟哩慌**！(《丝绒记》)

（8）俺闺女咋能跟他吃不饱，我**也忧虑嘞慌**，唉！（《损人报》）

（9）咦，光这一年多呀，抬出去了二十几个呀，我看着**也可怜嘞慌**。（《刘公案》）

（10）哎呀，阵嗒儿这肚子**也不老撑哩慌**啦！（王《双锁柜》）

由上述例子可知，"X（哩/嘞）慌"结构可以受程度副词"血""老"、否定副词"不"、语气副词"可""斗_就_""也"的修饰。例（10）中，"X（哩/嘞）慌"结构可以受"不""老"双重副词修饰。需要注意的是，"不"修饰的是"X（哩/嘞）慌"结构，而不是"X"。

2）作谓语，不能带宾语。如：

（11）烧了一声出了泡啦，晒到那半个儿**溃嘞慌**。（《刘公案》）

（12）二糙子就往脸上带，咦，那时候真真**烧嘞慌**啊。（《刘公案》）

（13）她先斜着你鼻子呀，大叔，叫你**气嘞慌不气嘞慌**，哎？（《刘公案》）

（14）我觉住我那肚子里头老**憋嘞慌**，我也得喷两句儿。（《回龙传》）

（15）你提起老包那轿，恁参我还不想坐哩，我坐到那轿里边儿老**闷哩慌**。（《回龙传》）

（16）这心中暗想，我三十二没有喝过酒啊，平常闻见那酒气儿都是老**呛哩慌**。（《回龙传》）

4.2.4　V 住

4.2.4.1　"住"的多义性

书词中，"V住"述补结构中的"住"为动词，语义复杂多样。

1）表示牢固或稳当，如：

（1）我抱**住**孩子悠哩。（《滨州会》）

（2）可要记**住**，把你娘救回来呀。（《丝绒记》）

（3）三叔，抓**住**绳子，我给你拉上来。（《包公奇冤》）

（4）那两匹马没得捞**住**，它也蹿哪。（《刘公案》）

（5）你看他使着千斤坠，满身力量都用到这腿上了呀，用力踩**住**这刀。（《海公案》）

2）表示停顿或静止，如：

(6) 马方、赵飞，给我站**住**！（《丝绒记》）

(7) 哥哎，到村头儿啦，截**住**。（《刘公案》）

(8) 哎，老杜，打**住**，你赌的是啥咒？（吕《破镜记》）

(9) 京郎把这两只环子一块儿一放，一点儿不错，一模一样，一下子给愣**住**啦。（段《破镜记》）

3）表示动作支配的对象不动，如：

(10) 包爷这句话呀，问**住**杨九龙了呀。（《包公审木槿》）

(11) 海爷听得老人这么一说，老婆儿止**住**了哭声。（《海公案》）

(12) 你用道理说**住**我王延龄，破上我这乌纱帽子不戴，我要把你领到金殿。（《包公奇案》）

(13) 纺不几下儿怪有劲儿，纺不几下她停**住**车子她不纺。（《刘公案》）

(14) 老百姓可能是来告状来啦，赶紧给他收拾**住**吧。（《刘公案》）

4）表示"接触到"，如：

(15) 这县太爷来啦，咋掺**住**我嫂子哩事儿啦？（《包公奇案》）

(16) 走吧，碰碰运气，说不定，刘小姐彩还会打**住**咱哩。（《彩楼记》）

(17) 拿住那磨杠子光往那床底下捅，捅**住**你那头咋办哩？（王《双锁柜》）

(18) 这叫巧遇呀，要不是遇**住**恁们弟兄两个，我上哪里躲藏。（《刘公案》）

(19) 左天贵他这个人啊，扳**住**屁股亲亲嘴儿——他不知道香臭啊。（《损人报》）

(20) 烧**住**啥啦没有？（《滨州会》）

5）表示获得或拥有，如：

(21) 单等着苏州城访完以后，拿**住**苏玉，上京缴旨。（《回杯记》）

(22) 朝廷爷偏偏儿都挑**住**他啦，说："老太师。"（《包公奇案》）

(23) 有哩说李氏凤英上前抓金钱哩，抓**住**啦没有？（王《金钱记》）

(24) 不清楚，我找**住**他倒还罢了，找不住，活剥你，小心你的狗命，哎。（《刘公案》）

（25）往一天没见你发脾气，今天逮**住**那云板"当啷、当啷"乱敲敲啥哩？（段《破镜记》）

6）表示完成，如：

（26）不敢问，一问黄粮膏药——斗_就_给粘**住**啦。（《滨州会》）

（27）俺给嘴缝**住**，俺不骂她。（《全家福》）

（28）赶快还把这个顽童埋**住**算啦，不要让少爷发现。（吕《破镜记》）

（29）墓填**住**，连尸首都不能见啦，他是恐怕这些人出来走漏风声啊。（《刘公案》）

（30）丫鬟，把你家小姐从后门给我撵出去，门闩**住**！（《彩楼记》）

（31）农村有井就封**住**，老百姓去哪吃水嘞，都到花园里担水。（《刘公案》）

（32）那谁知道那肉皮儿热，肉皮儿又长**住**啦。（《刘公案》）

7）胜任；常跟"不"连用，表示力量够不上。如：

（33）你那孩子也十五六岁了呀，在家里就是种地也能养活**住**你那吃喝呀。（《全家福》）

（34）我亲眼见他一巴掌把砖头拍稀酥，你想想，咱这脑袋会受**住**他这一拍？（段《破镜记》）

（35）一说验尸嘞，这些老百姓都存**不住**气啦。（《刘公案》）

（36）哎，人伺候人也伺候不好，一个人伺候一个人也伺候**不住**。（《刘公案》）

（37）二姑娘真憋**不住**啦："丫鬟，你咋不念嘞？带给我憋死啦。"（《回杯记》）

上述所讨论的结果补语"住"这 7 种语义，它们之间有着密切的联系，能够反映河洛方言补语"住"的基本状貌。《现代汉语词典》（第 7 版）中动词"住"作补语有 3 种语法意义。①（a）表示牢固或稳当：拿～｜捉～；（b）表示停顿或静止：当时她就愣～了；（c）跟"得"或"不"连用，表示力量够得上（或够不上）；胜任：支持不～

---

① 中国社会科学院语言研究所词典编辑室编：《现代汉语词典》（第 7 版），商务印书馆 2016 年版，第 1714 页。

|禁得~风吹雨打。由此看来，上述1）、2）、7）这3种语义与普通话相同，其他4种则为河洛方言所独有。河洛方言补语"住"语义的多样化，是"V住"结构高频使用的结果。

此外，河洛方言中"住"还经常用在动词之后，表示持续义，相当于动态助词"着"。如：

（38）潘氏端了一碗，宏信端了一碗，端**住**进了病房。（《滨州会》）

（39）一个人背住，一个人后边抬**住**他嘞脚，俩人比较轻一点儿。（《刘公案》）

4.2.4.2 "V住"中的"V"

述补结构"V住"中，"V"几乎没有句法语义上的限制。书词中，能带补语"住"的"V"主要是单音节动词，也可以是双音节动词。

单音节：粘 记 捂 端 摘 掐 搁 包 抱 按 背 托 拿
把 捆 押 拴 搬 堵 跟 换 兜 捏 扶 驮 招 掺 困 捺
揽 愠 搂 担 扛 缠 裹 忍 捧 牵 缝 架 收 存 瞅 让
撅 圈 握 扳 攀 叼 衔 叨 揣 证 翁 下 站 拉 扎 叫
停 挡 绑 伸 瞪 拖 问 围 夹 定 立 扒 扳 躲 愣 迷
喊 闭 门 拽 盯 喝 留 扦 拥 蒙 套 扣 搞 龛 盖 蹚
对 碰 蹬 靠 钉 搭 遮 朝 顶 系 接 逮 得 捞 噙 射 罩
霸 揪 捣 刽 听 遇 说 夺 割 摸 拍 坐 扫 吃 刮 抓 弄点
戳 勒 咬 坑 打 攒 吓 捅 踩 坎 撞 踣 勒 砸 杀 踢 气见
烧 沾 砍 呛 磕 捞 吓 讹 骗 坎 娶 钻 推 闯 办 拱 伤 碍
绊 扯 惊 扭 挤 斗 勾 枕 娶 轮 忽 踏 蛰 审 访 劫
查 扯 甩 惹 淋 划 算 扑 捉 插 锁 追 埋 关 填 塞 混
撑 挑 挖 行 占 旋 治 当 捡 降 防 顾 管 抬 看 拦 上
要 挖 止 拧 长 叠 折 破 撩 降 合 受 扛 买 带 憋
封 哄 守 据 压 镇 寻 饿 抢 合 认 做 滚 请 舍 瞒 护
捎 指 耐 硬 强 巴 认 做 滚 请 舍 造

双音节：接续 装殓 吃架 成殓 搜查 吃战 耽搁 接收 安顿
承认 收拾 压密 绞杀 答应 接受 收留 招待 拾掇 把握 伺候
安排 照护 对付 巴结 养活 架空 揭调 难为 招呼

4.2.4.3 "V住"语义的语境依赖

由上文可知,结果补语"住"的语义复杂多样,并且这些语义之间关系密切。因此,"V住"结构若脱离具体语境,往往有歧义。如:

(1) 王忠王平给身子一抓,抓**住**这两个小子。(《刘公案》)

(2) 槐花女"啊",双手抓**住**了剑把不松。(《包公访太康》)

(3) 你们都见过这伤风毒药镖,打**住**人,人是咋死的不知道?(《海公案》)

(4) 小丁郎赶紧打**住**:"先不要说!你说你是我爹哩,那东西,拿来!"(吕《破镜记》)

例(1)、例(2)中,"抓住"分别表示"获得""稳当";例(3)、例(4)中,"打住"分别表示"接触到""停止"。

4.2.5 特色补语

书词中,补语"罢""净""清""成"较有特色,其中"罢"的语义和用法较为简单,其余的语义和用法较为复杂。

4.2.5.1 罢

"罢"一般用在单音及物动词之后构成"V罢"结构,表示V的完成或完结。如:

(1) 快忙去清墓坑,清**罢**墓坑,再说这些案子。(《刘公案》)

(2) 可咱家老爷观**罢**书信一看,咱老爷心里高兴。(《花厅会》)

(3) 枯井下丢了两条人命,此时候鼓楼上敲**罢**四鼓啦。(《包公审木槿》)

(4) 只要我提的条件你能做到,我立即和你拜**罢**天地成为夫妻。(《剑侠英雄传》)

(5) 帽子烂嘞太狠啦,滴溜住那套蒲穗儿,开**罢**花都快结籽啦!(《回杯记》)

(6) 喂**罢**牲口就睡觉,今晚不准打牌,也不准赌博,也不准喷瞎话。(《损人报》)

(7) 县太爷想**罢**说:"娃娃,把那镜子拿过来,让老爷给你评评理。"(《包公奇案》)

(8) 大哥,就这我还是等你,我要不等你,进城卖**罢**粮食我回来

啦。(《包公访太康》)

(9) 时间不长，只要**用罢**早饭，人家就来啦。(《损人报》)

(10) 俺表姐叫我**吃罢**饭，给我藏到箱子里，……就这么把我抬到这里啦。(王《双锁柜》)

(11) 吃饱饭，**喝罢**茶，俺爹要走哩，俺外爷留住，死活不叫俺爹走。(《呼延庆鞭扫十八国》)

上述例子中，"V 罢"结构主要作谓语，除了例 (7)，其余都带宾语。

"罢"是近代汉语中出现的一个表示完成义的动词，常用在动词或动词短语后表示动作行为的完结、终了（钟兆华，1995），书词中"罢"前的述语范围缩小，仅限于单音动词。

洛嵩片方言调查显示，洛阳市、巩义市、登封市、渑池县、偃师市、嵩县、栾川县、伊川县、洛宁县、宜阳县、义马市、新安县等 12 地使用"V 罢"结构；孟津县、卢氏县、孟州市等 3 地不使用或极少使用该结构，而是多用"V 了 [liɔ⁵³]"结构。

4.2.5.2 净

书词中，结果补语"净"主要有以下三种语义。

1) 表示干净、清洁

"净"一般用在动词之后，语义指向受事；"V 净"述补结构一般不带宾语。如：

(1) 帘子上边儿哩鱼鳞甲儿也没有**扫净**，那日头儿一照照住，那鱼鳞甲儿一明一暗，一暗一明，真给那龙帘也差不多儿。(《回龙传》)

(2) 把小孩子买够数以后，先脱赤肚子**洗净**，放到那大锅里煮三煮，晾三晾；再放在那大笼里蒸，蒸三蒸，晒三晒。(段《破镜记》)

(3) 这个小孩天生痴呆，斜眼儿还带着豁嘴唇，涎水鼻涕一直滴到地下，屁股上还有没**擦净**的屎花子，黄烂烂的，臭气熏人。(吕《双锁柜》)

2) 表示施事或受事的"完、尽"

"净"一般用在动词之后，语义指向施事或受事；"V 净"述补结构一般不带宾语。如：

(4) "哗"一街两行闪光**躲净**，乡亲们都跑啦。(牛《金钱记》)

(5) 一下**走净**，一个也不剩，不是妇女不能在这。(《损人报》)

(6) 这老二老三都**死净**，难道说就留老大人一名啊？(《包公奇案》)

(7) 不大一会儿给这牛肉也吃光啦，馍也**吃净**啦，二斤酒也喝光啦。(《刘公案》)

(8) 我的娘一口气气死在那堂楼棚，为找儿万贯家业**消失净**。(《全家福》)

(9) 校军场人马点齐毕发到贼子他家中，把这贼子满门**抄杀净**。(《丝绒记》)

(10) 十两银子我就是去那赌博儿场里输光、**输净**、输得一点儿不剩，回来我也敢喷。(《回龙传》)

例（4）—例（6）中，"净"语义指向施事；例（7）—例（10）中，"净"语义指向受事。

3）表示述语的"完、尽"

"净"用在形容词之后，语义指向述语；"A 净"述补结构不能带宾语。如：

(11) 柳员外一听脸**红净**，猛然间想起了那事一宗。(《包公奇案》)

(12) 哎，成天恁敬佛是不是，行善？我看恁没**善净**吧，还得善吧。(《刘公案》)

(13) 伤口还轻啦，一半天就好光**好净**，一点儿不剩，好光起来连疤儿印儿都没有。(《损人报》)

上述"净"这三种语义之间有着密切的联系，第一种语义引申出了第二种语义，第二种语义引申出了第三种语义，它们是一个由实到虚的连续统。补语"净"后两种语义为河洛方言所独有，这里分别记作"净²、净³"，为了了解它们在洛嵩片的分布使用情况，我们以"给饭吃净完！""病好净完全了。"作为调查例句，结果见表 4-14（"＋"表示使用；"－"表示不使用）。

表4-14　　洛嵩片15个方言点补语"净"两种语义的分布使用情况

方言点	净^2	净^3	方言点	净^2	净^3	方言点	净^2	净^3
洛阳市	+	-	孟州市	+	-	渑池县	+	-
嵩县	-	-	孟津县	+	-	洛宁县	+	-
巩义市	+	-	伊川县	+	+	义马市	+	+
登封市	+	+	新安县	+	+	栾川县	+	-
偃师市	+	-	宜阳县	+	-	卢氏县	+	+

由上表可知，除了嵩县之外，"净^2"在洛嵩片14地均有使用；"净^3"在登封市、伊川县、新安县、义马市、卢氏县5地有使用，但调查显示这5地更倾向于使用"好阔利、好利索"这样的同义表达。可见，"净^3"在方言中有消亡的趋势。"净^2→净^3"语义虚化，"净^3"语义指向述语，表"完结"，但还没有彻底虚化，书词中未发现"净^3"用于动词之后的用例，这说明"净"有向助词发展的趋势但最终没有完成助词化。

4.2.5.3　清

书词中，结果补语"清"主要有以下三种语义。

1）表示清楚、明白

"清"一般用在单音动词之后，语义指向动词；"V清"结构独立作谓语，不能带宾语。如：

（1）包大人早已**看清**此人尖嘴猴腮、贼眉鼠眼，必是不良之辈。（《包公奇案》）

（2）呀，姐姐，你**听清**了没有，你看又作了一首。（《花厅会》）

（3）这男人叫李克明，已经**审清**，还不知这女人姓啥叫啥？（《包公奇案》）

（4）孩儿已经给你**说清**啦，讲明啦，二十两纹银，就是这样来的。（《海公案》）

（5）你验尸不给我验明，你不给我**验清**，欺骗老爷，欺上瞒下，你真乃胆大。（《刘公案》）

2）表示施事或受事的"完、尽"

"清"用在单音动词之后，语义指向施事或受事；"V清"结构独立作谓语，不带宾语。如：

（6）"哎呦，"刘大人说，"就没有<u>一个</u>清官儿啦。"
"没有啦，都**死清**啦。"（《刘公案》）

（7）把她扔进虎笼内，那猛虎连骨头带肉都**吃清**。（《丝绒记》）

（8）他就是头上长疮、脚底流脓，好事儿没干坏事**做清**，罪恶累累的杀人恶魔太师庞文。（《包公奇案》）

例（6）中，"清"语义指向施事；例（7）、例（8）中，"清"语义指向受事。

这种语义的"清"，其前的 V 既可以是及物动词，如"花、赔、脱、管、丢、灭、吃、杀、扫、躲、说、唱、解、蒸、找、改、捉、偷、用、验、忘、剥、免、扒、做"等；也可以是不及物动词，如"流、悔、抖、走、死、哭、包、跑、退、过、散、断、瞎、化、完、勾"等。

"清"这种语义是第一个语义的引申，因此"V 清"结构有时会有歧义。如：

（9）李姑娘就说一点不假，相公呀，我领着你各个角落都**看清**。（《丝绒记》）

该例中，"清"既可以理解为"清楚"，也可以理解为"完"。

3）表示述语的"完、尽"

"清"用在动词或形容词之后，语义指向述语；"V/A+清"结构可以理解为"完全或彻底 V/A"，不能带宾语。如：

（10）俺为你养儿整六载呀，俺为你这六年心**碎清**。（《包公奇案》）

（11）那个那老汉才把俺救到这舟船上，浑身衣裳哪都**湿清**。（《回杯记》）

（12）遭不幸他姑姑把命来送啊，他姑父柳员外把良心**坏清**。（《包公奇案》）

（13）去了三个月，俺家赵门姑爹回来了，言说俺张姑爹**死清**啦，沤脓啦，不中啦，一点息气儿都没有啦。（《回杯记》）

"清"这种语义是第二种语义的引申，由于"清"的语法化程度不高，有时会有歧义。例（13）中，"死清"之前的主语"张姑爹"是单数，应理解为"彻底死了"。再看例（6），"死清"之前有范围副词

"都"与之呼应，此时"清"指向的主语是复数，应理解为"全部死了"。

补语"清"的三种语义是一个由实到虚的连续统，后两种语义是河洛方言所独有的，分别记作"清²、清³"，我们以"给饭吃清（把饭吃完）！""病好清啦（病完全好了）！"作为调查例句，对洛嵩片补语"清"的方言分布使用情况进行调查，结果见表4-15。

表4-15 洛嵩片15个方言点补语"清"两种语义的分布使用情况

方言点	清²	清³	方言点	清²	清³	方言点	清²	清³
洛阳市	-	+	孟州市	-	+	渑池县	-	-
嵩县	+	+	孟津县	-	+	洛宁县	-	-
巩义市	+	-	伊川县	+	-	义马市	-	-
登封市	-	-	新安县	-	+	栾川县	-	-
偃师市	-	+	宜阳县	+	-	卢氏县	-	-

由上表可知，嵩县、巩义市、伊川县、宜阳县4地使用补语"清²"，洛阳市、嵩县、偃师市、孟州市、孟津县、新安县6地使用补语"清³"，其中嵩县1地既使用"清²"，也使用"清³"；其余登封市、渑池县、洛宁县、义马市、栾川县、卢氏县等6地"清²""清³"都不使用。

"清²""清³"与4.2.5.2中补语"净²""净³"语义与用法基本对等。洛嵩片15地对补语"清""净"的选择有三种情况：一是只选"清"，二是只选"净"，三是"清""净"都选。其中，第3种情况有较为明显的使用规律，洛阳市、偃师市、孟州市、孟津县、伊川县、新安县6地既使用补语"清"又使用补语"净"，对二者的选择分工具有一致性，即"净²""清³"，如孟州方言中的"吃净""吃清"，前者表示"把东西吃没有剩余"，即"净²"，后者表示"'吃'这一动作的完结"，即"清³"。此外，巩义、宜阳、伊川方言中"清²""净²"都使用，老派倾向于说"清²"，新派倾向于说"净²"，这说明"清²"有消亡的趋势。

4.2.5.4 成

书词中，补语"成"主要有三种语义，对应的句法形式各有特点。

1）表示完成、成功

"成"用在单音动词之后，语义指向动词，可以理解为"好"；"V成"结构不能带宾语，常用于受事句中。如：

（1）二爷，那谁给咱**说成**啦，那咱谢承他。（《损人报》）
（2）恁媳妇儿也**做成**饭啦，叫我去给饭端来你吃。（《回龙传》）
（3）你<u>不</u>要吭气，<u>只</u>要你存气，这事儿非**办成**不中。（《损人报》）
（4）我把纸铺到公案，点点刷刷，一溜开花，**写成**啦！（《滨州会》）
（5）三根灯草着完，一大锅水熬成半茶碗那点儿，那茶膏算是**熬成**啦。（《回杯记》）
（6）手巾抹了抹，赶紧挖嘞面，搁到盆子一和，时间不长，给面可**和成**啦。（《刘公案》）

上述例子中，"V成"的否定式是"未/没有＋V成"，表示动作行为没有完成或实现。如：

（7）俺丈夫出外做生意，一十六年都未**回成**。（王《金钱记》）
（8）你做贼遇到我这劫路嘞，你想偷恁家姑娘，你没有**偷成**，遇住我啦！（《包公审木槿》）
（9）我自小，学没有**上成**，哎，十来岁嘞时候啊，我就跟着俺爹呀在那铺里边斗_就干开啦。（《海公案》）

2）表示成为、变为

"成"用在动词之后，表示"成为、变为"，"V成"结构必须带上宾语后才能作谓语。如：

（10）你个老东西，那十年没有见，你咋**学成**了那打瓜蛋啦！（《丝绒记》）
（11）没有事儿，你给俺孩子只要**相遇成**朋友，你该住情住啦啊。（《刘公案》）
（12）从此以后，通福寺院呀，**烧成**了一片火海，**烧成**一片泥瓦片啦。（《海公案》）
（13）薛银登喊嘞"冤枉冤枉"，那老婆儿搁那轿里**听成**"干娘干娘"嘞呀。（牛《金钱记》）
（14）咱叫他指着咱爹爹给咱作，咦，把他比成虎啦，把咱爹爹**比**

成犬啦！(《花厅会》)

(15) 这下边千年树叶儿老多，落到下边，时间长啦，**沤成**粪啦，粪**沤成**土啦，老厚。(《呼延庆鞭扫十八国》)

(16) 刘高催马来到跟前，水磨钢鞭往上一举，往下一落，"啪"，往大梁王那头上**打成**面甜瓜啦！(《滨州会》)

(17) 他给俺师父打扮打扮，**打扮成**他闺女，放到棺材嘞，他充他闺女哩呀。(《损人报》)

"成"还可以用在形容词之后构成"A 成"述补结构，如：

(18) 老婆儿说："老爷，那会**丑成**个啥样子？(《小八义》)

(19) 俺俩娃子都是白面书生，这孙子咋**黑成**这？(《包公奇案》)

(20) 啊，怪不得**瘦成**这样！小姐，这一回来不要再走了！(《彩楼记》)

(21) 那有哩说，她嗓子哑能**哑成**啥样儿？(《全家福》)

3）表示动作能够进行

"成"常与"不"连用，"不成"用在单音动词之后作可能补语，表示动作无法进行。如：

(22) 蒋灵姐说："走吧，咱**背成**四个，你**背成**仨啊，叫俺姐**背成**一个。"(王《双锁柜》)

(23) 过去也没有表，**看不成**时间。(《回龙传》)

(24) 老爷我审嘞老狠哪，他**走不成**了呀。(《刘公案》)

(25) 这个我不敢说，说了我就**活不成**了呀。(《包公访太康》)

(26) 谁要是他爹哩，对表记相认，对不上表记就**认不成**。(吕《破镜记》)

(27) 春红，我为了给俺娘报仇，我没有大印，我**调不成**兵啊。(《丝绒记》)

(28) 咱赶紧走吧，大爷，不然一会儿染不清来了，酒也**喝不成**了。(《回杯记》)

(29) 常言说，死嘞也活不了，那活嘞也**死不成**，光哭没有用啊。(《智断神杀案》)

(30) 这衣裳反正我也**穿不成**，就先借给你穿着吧，等你赶考回来再还我。(《彩楼记》)

例（23）—例（30）中，"V不成"都可以理解为"V不了"，表示动作行为无法进行。例（29）较为典型，其中的"死不成"与"活不了"相对立，"了"就是"成"，因此，也可以说成"死不了""活不成"。

4.2.6　V+将

4.2.6.1　结构式类型

"将"是近代汉语产生的一个助词，主要用作表示动态或动向的补语标记。书词中，"V+将"形式有88例，主要出现在以下四种结构式中。

1）V+将+趋补，如：

（1）包老爷把衣服一披，灯一点，**坐将起来**。（《包公奇案》）

（2）船家，我有要事渡江，把船速速**划将过来**吧。（《剑侠英雄传》）

2）V+将+宾，如：

（3）再说岔将过来，又**岔将贾家滩**哪。（《损人报》）

（4）此是后话暂且不说，回头把书岔开，又将**岔将何处**，**落将何方**？（《海公案》）

（5）把事儿岔将过来，**岔将何处**，把书岔到太平县城池以外。（《剑侠英雄传》）

3）V+将+到+宾，如：

（6）把书岔将过来，**岔将到小蒲姐她舅家**。（王《双锁柜》）

（7）**岔将到王二身上**，回到马棚心焦闷倦坐卧不安。（《损人报》）

4）V+将，如：

（8）你懂个屁，挑个坑子把他往到地下**一埋将**，那哑巴疯埋到地下三年。（《剑侠英雄传》）

以上例子中"V+将"结构，对应普通话的表达都要省略"将"。

我们对书词中上述四种结构式的使用情况进行统计，发现"V+将+趋补"这一结构式的用例最为丰富，而其他结构式的使用则呈零星分布状态。详见表4-16。

表4-16　书词中"V+将"4种结构式的使用情况

母方言地	艺人	出生年份	字数	V+将+趋补	V+将+宾	V+将+到+宾	V+将
巩义	王周道	1928	441870	20	1	2	0
	尚继业	1943	124581	1	0	0	0
	杨现立	1950	72009	21	1	0	1
	李新芬	1965	73514	1	0	0	0
	王春红	1972	31128	4	0	0	0
偃师	段界平	1939	122236	2	0	0	0
	李明智	1946	413354	17	2	0	0
宜阳	魏要听	1955	353266	4	0	0	0
孟津	张建波	1969	82296	11	0	0	0
总计				81	4	2	1

陈刚（1987）认为，"动+将+补"结构式在宋以后经过元代的反复，终于随着助动词系统的调整和助词"了"的发展，逐渐走向消亡。我们考察的书词语料能够反映晚清以来洛阳一带方言的真实状貌，上表中"V+将+趋补"结构式的使用数量最多，有81例，因此，有必要对这一结构式进行深入描写，揭示它在河洛方言中的发展演变。

4.2.6.2　"V+将+趋补"结构式的构成

"V+将+趋补"结构式中的"趋补"种类丰富，既有单音节趋向动词，又有双音节趋向动词。具体有以下十二种形式。

1）V+将+起来，如：

（1）张丞刘安站到坟前，他斗就**看将起来**了啦。（《刘公案》）

（2）他就往上一看老爹爹，在帅堂他可**哭将起来**了。（《滨州会》）

（3）只听见"扑通"一声响，翻过墙，他**爬将起来**逃性命。（段《破镜记》）

（4）"呼——"，**坐将起来**，下了床，穿上靴子，把门儿一开。（《丝绒记》）

（5）张三儿李四儿两个兵丁一挽住李凤英，把李凤英**挽将起来**。（王《金钱记》）

（6）大叔不提黄爱女倒还罢了，**提将起来**，你听我慢慢地对你道

来吧呀。(《刘公案》)

（7）万岁爷将纸条**拿**将起来，闪动龙目一看，歪歪曲曲地写到了几行字。(《海公案》)

（8）海安、海能一齐动手，把将要死去的白喜同**抬**将起来，放在这褥被中间。(《海公案》)

（9）为什么来我的公堂可就**闹**将起来？说了实话饶你不死，敢说半句瞎话，小心挨打。(《包公奇案》)

（10）哎呀，县长一听，今天这事儿咋阵复杂嘞这，我赶紧得去，**站**将起来，书童前面带路，县长随后紧跟。(《刘公案》)

（11）老道哇老道，不问倒还罢了，你要**问**将起来，可是叫我一言难尽。(《刘公案》)

（12）这时万岁爷伸出龙爪，将美女图"**腾**"将起来，闪动龙目一看，"诶呦，哈哈哈，巧，巧啊，这图上边画的女子正是昨晚上寡人的梦中之女。"(《海公案》)

（13）三根绳子，绳头"咈咈咈"，往那屋梁上边一搭，绳子嘞一头坠下来，拉住绳子嘞头，使力往下这么一拉，把白喜同嘞给吊起来啦，一吊**吊**将起来。(《海公案》)

2）V+将+过来，如：

（14）那就把后边的一面大鼓**提**将过来吧。(《剑侠英雄传》)

（15）小二们，把那个哑巴给我**抬**将过来。(《剑侠英雄传》)

（16）俺有要事儿过江，速速速把船**划**将过来吧。(《剑侠英雄传》)

（17）你看董翔这个孬孙，水烟袋上边的烟钳子给**拔**将过来了。(《剑侠英雄传》)

（18）从那城门外边哭啼啼，有一人就直奔太平县城，可就**跑**将过来了哇。(《剑侠英雄传》)

（19）他看看门，俨然紧闭，看看窗户，没有破绽，这是谁从哪里用泥块儿**打**将过来。(《小八义》)

（20）咯噔噔花开两朵，把书**岔**将过来，作恶的和尚把姑娘抢走，就是刘大人他的外甥女呀。(《刘公案》)

3）V+将+过去，如：

（21）把我那孩子**夺**将过去，命丫鬟撂到水坑里边。(《滨州会》)

(22)"当啷"一声，把宝剑**挑将过去**不大要紧。(《剑侠英雄传》)

(23)当即一伸手，"嘅"，就把那女子**推将过去**。(《剑侠英雄传》)

(24)弯腰拾起半截儿砖头，照住窗户棂上**砸将过去**。(《智断神杀案》)

(25)如不怎样，今天就把船**划将过去**，弄哩不对，财神爷又来了吧。(《剑侠英雄传》)

4) V+将+上来，如：

(26)谁胆敢放走这奴才，状元爷恼上来，**恼将上来**，这罪不轻啊。(《包公审木槿》)

(27)万岁爷伸出龙爪，将这短文**拿将上来**，闪动龙目，仔细一看。(《海公案》)

(28)这时候，但只见海安、海能，左右"嚓"一下**蹿将上来**，抓住这个人。(《海公案》)

5) V+将+上去，如：

(29)徐延忠心想，我不容易眼看就要**爬将上去**，这就又摔落下来。(《剑侠英雄传》)

(30)一掌**打将上去**不大要紧，马继彪不由得"啊呀"，"啪嚓"打倒在地。(《包公审木槿》)

(31)家将王虎**蹿将上去**，……推开了杨家的店门，走进来包王两家朝臣。(《包公审木槿》)

(32)报考官就把文卷**递将上去**，严阁老严嵩拿住了每三点的文卷一打打开，仔细一看，陡然吃惊不小。(《海公案》)

6) V+将+下来，如：

(33)他们把话说透，到时候人家把人马**杀将下来**。(《剑侠英雄传》)

(34)慢慢儿把少爷**卸将下来**，然后把少爷脚脖上绳子一解。(《丝绒记》)

(35)文彪就搁床上"啪"**跳将下来**，腰里边"哗"拔出三尺钢刀。(《小八义》)

(36)天官张文能，这时候给万岁爷**传将下来**的海瑞短文接在手

里。(《海公案》)

7) V+将+下去，如：

(37) "咔"，这一钢鞭**甩将下去**，打得大梁王愣了几愣。(《滨州会》)

(38) 一口良药**喝将下去**，"哎呀"一声醒了过来。(《包公审木槿》)

(39) 把宝剑举起，来了一个驴皮画山的故事，"唰"的一剑就**砍将下去**。(《剑侠英雄传》)

(40) 在下边他就支撑着自己的身体，往前"吡楞吡楞"他就**爬将下去**了啦。(《剑侠英雄传》)

8) V+将+出来，如：

(41) 要证据这不难，待我给你**拿将出来**。(《剑侠英雄传》)

(42) 若不然，就把先王的遗像**搬将出来**，就叫海恩人跪到先王的遗像跟前。(《海公案》)

(43) 这声音**说将出来**不大要紧，再没有徐延忠在这楼下听得清楚明白啊。(《剑侠英雄传》)

9) V+将+出去，如：

(44) 人役们，把他给我**轰将出去**。(《回龙传》)

(45) 要没人行动，趁黑把他**抬将出去**。(《剑侠英雄传》)

(46) 我要把人家**推将出去**，盐客要把人家拉走，我良心斗就坏了呀。(《损人报》)

10) V+将+回来，如：

(47) 回来来扑楞楞，花开两朵各表一枝，把书**岔将回来**。(王《金钱记》)

11) V+将+来，如：

(48) 三位英雄这才离了客厅，出了黄沙徐府，穿街越巷出了北京，二次宝安寺盗印可就**走将来**了。(《丝绒记》)

12) V+将+去，如：

(49) 三位英雄就要离开北京，到宝安寺盗印，**跑将去**了。(《丝绒记》)

考察发现，书词中"V+将+趋补"结构式中的"趋向补语"涉及

12个趋向动词，其中10个是双音，2个是单音。具体来说，"起来"31例，"过来"14例，"上去"7例，"过去""下去"各5例，"上来""下来""出来""出去"各4例，"回来""来""去"各1例。详见表4-17。

表4-17　　书词中"V+将+趋补"结构式的使用情况

补语		巩义					偃师		宜阳	孟津
		王周道	尚继业	杨现立	李新芬	王春红	段界平	李明智	魏要听	张建波
单音	来	0	0	0	0	0	0	0	0	1
	去	0	0	0	0	0	0	0	0	1
双音	起来	12	0	1	0	3	2	4	2	7
	过来	5	0	8	0	0	0	0	1	0
	过去	1	1	3	0	0	0	0	0	0
	上来	0	0	0	0	0	0	4	0	0
	上去	0	0	1	0	0	0	6	0	0
	下来	0	0	1	0	0	0	1	0	2
	下去	1	0	2	0	0	0	1	1	0
	出来	0	0	3	0	0	0	1	0	0
	出去	1	0	2	1	0	0	0	0	0
	回来	0	0	0	0	1	0	0	0	0

"V+将+趋补"结构中，V一律为单音动词，多数为动作动词，少数为心理动词。书词中共涉及38个动词，动作动词有36个，分别是"夺、甩、哭、岔、推、问、站、看、提、砸、挑、砍、推、拿、划、抬、跑、说、爬、杀、抬、拔、轰、搀、蹿、喝、打、递、腾、传、搬、吊、坐、跳、卸、走"，心理动词有"闹、恼"2个。由此可见，"V+将+趋补"结构式中的"V"形式单一，且有较为严格的音节限制。

4.2.6.3　与《歧路灯》对比

《歧路灯》中，"V+将"形式有74例，有以下两种具体形式。

1）V+将+趋补

这种形式有73例，"趋向补语"主要是"起来、出来、上来、过来"。

A. V+将+起来，如：

（1）梅克仁便向前**抱将起来**，说道："与南边大爷跟前小相公，像是一般岁数。（一回）

（2）一时怒从心起，站起来，照端福头上便是一掌。端福**哭将起来**。（一回）

（3）德喜儿听得哼哼怪声，来到床边，急以手**摇将起来**。（九回）

（4）我叫老满取算盘，依他们**算将起来**。（八十四回）

（5）二人**嚷将起来**，说道："东方已亮，不放我们，误了我们公干。（七十二回）

（6）希侨再三催督，绍闻无奈，把色子抓起，面红手颤，**掷将起来**。（十六回）

（7）说犹未完，王中浑身**颤将起来**，赵大儿也就不敢再说了。（二十五回）

（8）况且伶俐不过光棍，百生法儿与他加上些风湿，便不知不觉麻姑爪已到背上，**挠将起来**。（四十二回）

（9）那人拿过行李，拴在扁担头**挑将起来**，一同起身西行。（四十四回）

（10）那人拍手扬脚，一面吃酒，一面**说将起来**："这宗命案，是有两个拐夫伙拐了一个女人。（四十五回）

（11）这萧墙街看的人，都发了火，**吵将起来**。（四十五回）

（12）绳祖**笑将起来**，拍着王紫泥肩背说道："俗语云：'厮打时忘了跌法'。"（四十六回）

（13）今日趁元宵佳节，藉街上看戏为名，撞在巴庚酒馆里，**赌将起来**。（五十回）

（14）谭绍闻进来，那两个年幼学生，脸发红晕，**立将起来**。（五十回）

（15）又坐了一个深黄昏，不见回来，依旧**急将起来**。（二十五回）

（16）王氏到后门，只见后门开着，月明如昼，半夜人影儿也没有。心中**怕将起来**。（二十九回）

（17）老九你也敢说，叫众人**估将起来**，看谁像？（三十四回）

（18）你们可**抬将起来**，我亲问他一句话，再叫他死未迟。（五十二回）

（19）走出胡同口，王中在庙门内坐着，见了主人，**站将起来**。（五十三回）

（20）珍珠串儿听说汉子又赌，从后出来。见了他家男人，**让将起来**。（五十八回）

（21）讲明价钱，就着马师班师徒破木**做将起来**。交与邓祥照料。（六十二回）

（22）左右将老豆腐拉下，依旧**打将起来**。（六十五回）

（23）这杜氏言语嘈杂，虽不成其为斗，却也哄的厉害，**怒将起来**，几乎要打，这张类村只得学刘寄奴饱飨老拳的本领。（六十七回）

（24）遂向井池拾钱之处，用挖铲儿**挖将起来**。（九十七回）

（25）说是卖书的客，新逢一如旧识，就解开书套，**看将起来**。（九十七回）

（26）兴官嗜书如嚼蔗，端端正正**读将起来**。（八十六回）

（27）夏逢若无奈，只得**爬将起来**，摸着乱走。（七十回）

（28）只见冯健挂上眼镜，濡墨吮笔，**写将起来**。（七十回）

（29）谭绍闻、满相公俱到东厅。戏子说了关目，**演将起来**。（七十一回）

B. V+将+出来，如：

（30）少时，只见盛希侨**跑将出来**，靸着鞋儿，衣服袒着，连声说道："东书房坐，东书房坐。"（十六回）

（31）这父亲一发说不出来，越孝敬，把父亲的眼泪都**孝将出来**。（二十回）

（32）戏子**取将出来**，果然精神发旺，气象雄劲。（三十三回）

（33）绍闻也不答应，撩起大衣，解开战袋，丢在地下。说道："梅姐，你倒**将出来**。"（三十五回）

（34）孔缵经从后边包了一包儿**拿将出来**，惠养民道："两个就够，何用许多。"（三十八回）

（35）绍闻出的碧草轩，叫声王中，王中**跟将出来**。（四十八回）

C. V+将+上来，如：

（36）并没外人，不妨**摆将上来**。（七十三回）

D. V+将+过来，如：

（37）慧娘**接将过来**，剥了几个松子、龙眼、瓜子儿。（三十五回）

2) V_1+将+V_2，仅有 1 例。如：

（38）只听得一个人**哭将进来**。（六十三回）

此外，《歧路灯》中还有 1 例"形+将+起来"形式。如：

（39）果然吃了药，**热将起来**。（十一回）

我们将《歧路灯》与书词语料中的"X+将+趋补"结构式进行对比，排除重复用例，结果见表 4-18。

表 4-18　书词与《歧路灯》中"V+将+趋补"结构式的使用情况

语料来源	结构式	例子
书词 （49 例）	V+将+起来	哭将起来　问将起来　站将起来　看将起来　提将起来 挽将起来　爬将起来　腾将起来　拿将起来　抬将起来 吊将起来　闹将起来　坐将起来
	V+将+过来	舀将过来　划将过来　抬将过来　跑将过来　提将过来 拔将过来　打将过来
	V+将+过去	夺将过去　砸将过去　挑将过去　推将过去　划将过去
	V+将+上来	恼将上来　拿将上来　蹿将上来
	V+将+上去	爬将上去　蹿将上去　打将上去　遥将上去
	V+将+下来	杀将下来　传将下来　跳将下来　卸将下来
	V+将+下去	甩将下去　砍将下去　爬将下去　喝将下去
	V+将+出来	拿将出来　说将出来　搬将出来
	V+将+出去	推将出去　抬将出去　轰将出去
	V+将+回来	舀将回来
	V+将+来	走将来
	V+将+去	跑将去

续表

语料来源	结构式	例子
《歧路灯》(38例)	V+将+起来	抱将起来 哭将起来 摇将起来 算将起来 掷将起来 颤将起来 嗓将起来 挠将起来 挑将起来 说将起来 吵将起来 笑将起来 赌将起来 立将起来 急将起来 怕将起来 估将起来 抬将起来 站将起来 让将起来 做将起来 打将起来 怼将起来 挖将起来 看将起来 读将起来 爬将起来 写将起来 演将起来
	A+将+起来	热将起来
	V+将+出来	跑将出来 孝将出来 取将出来 倒将出来 拿将出来 跟将出来
	V+将+上来	摆将上来
	V+将+过来	接将过来

由上表可知，《歧路灯》中"将"可以用在单音动词、单音形容词之后（如"热将起来"），书词中"将"只能用于单音动词后；《歧路灯》中"趋向补语"的种类较为有限，只有4种，而书词中"趋向补语"的种类较为丰富，有12种。

从《歧路灯》到大鼓书词前后跨越100多年，书词中的"X+将+趋补"结构式既有继承又有发展，该结构式在当代河洛方言已经彻底被"V+趋补"结构式所替代。

4.3 特色动宾搭配

4.3.1 杀瓜

书词中有这样1例：

（1）丫鬟哪，我做了一梦，梦见去那瓜园摘瓜吃瓜哩，那个看瓜老头儿给我摘个瓜，杀开一看，一尝，苦哩。杀了一个是苦哩，杀一个还是苦哩，最后摘了一个大西瓜，杀开一看，黑籽儿红瓤，是甜哩。我想着这个梦老不好啊，明天李国舅要逼我给他拜堂成亲，我要不愿意，他掂住钢刀将我一杀，血水流了出来，不就好像**杀瓜**一样吗？（《丝绒记》）

根据语境，该例中的"杀瓜"即为"杀西瓜"，普通话对应的表达为"切西瓜"。

《现代汉语词典》（第7版）对"杀"的释义为"使人或动物失去生命"[①]，从词典的释义可知，"杀"对宾语具有严格的语义限制，即宾语为生命度较高的名词，也就是说，现代汉语"杀"所构成的组合一般是"杀+人或动物"，其中的"人或动物"都是生命度高的名词。

洛嵩片方言调查显示，洛阳市、嵩县、洛宁县、孟津县、渑池县、登封市、偃师市、伊川县、宜阳县9地有"杀瓜"这种说法，巩义市、孟州市、卢氏县、新安县、义马市、栾川县6地则无此说法，但洛嵩片15个方言点都使用"杀+植物"这一组合，如"杀荆条""杀秫杆""杀圪针""杀穰"等，"杀"之后的"植物"往往是比较难处理的。

此外，河南境内的延津、开封、许昌、南阳、周口、信阳等地也使用"杀+植物"这一组合。

4.3.2　过日期

巩义、偃师艺人的书词中，出现了"过日期"这一组合。如：

（1）老爷哎，这种样儿咋给他**过日期**嘞？（《滨州会》）

（2）人还得吃饭，人还得**过日期**。（《损人报》）

（3）恁回家当老百姓吧，种地吧，谁不种地也不能吃粮食呀，谁离了粮食也不能**过日期**。（《刘公案》）

（4）虽说你没有告状，俺爹把我许给蒋奇，年纪太大，错位太远。老夫少妻，我咋能给他去**过日期**这不成？（王《双锁柜》）

（5）你给恁娘搁里边**过日期**嘞，可问你那两个衙门嘞官差他把你往哪里押哩，你犯了什么罪啦？（《海公案》）

（6）你这一个老头儿，我看了啦，你回来不是来给我**过日期**嘞，你是准备来摧我嘞锅来啦，你知道不知道，唉？（《回龙传》）

上述例子中，"过日期"相当于普通话的"过日子"。《现代汉语词典》（第7版）对"日子"的释义为"日期：这个～好容易盼

[①] 中国社会科学院语言研究所词典编辑室编：《现代汉语词典》（第7版），商务印书馆2016年版，第1130页。

到了"①。据调查，巩义市、偃师市等60岁以上的老人还经常使用，年轻一代则使用"过日子"。

4.3.3 寻婆（儿）家

巩义、新安艺人的书词中，表示"给女孩找对象"时，使用较为委婉的表达"寻婆（儿）家"。如：

（1）可外人都知道俺闺女死啦，没有人给俺闺女提亲说媒啦。这咋办哩？总不能我亲自给俺闺女**寻婆家**吧？（吕《双锁柜》）

（2）我马上给他说说，女大不可留，留来留去结冤仇，将来早些儿**寻婆家**，跑来跑去，光当丫鬟那不是事儿。（《损人报》）

（3）哎，老爷，我回来以后，听说他又给他闺女又**寻婆儿家**啦，我也为啥没娶嘞，家里老穷我也不敢娶，一娶给钱花光啦，没啥吃，没啥喝，也得顾住我本人哪。（《损人报》）

"寻婆（儿）家"中间也可以插入一些成分，如：

（4）唉，俺那闺女要不**寻一个婆家**，俺放心不下，你去吧，你去到街上叫几个媒腿子。（《损人报》）

（5）你说俺姑娘又**寻了一个婆家**，周武举周四端，西北四十五里，严家滩亲事昧了，是真哩假哩？（《损人报》）

有时，"寻婆家"也会说"寻家儿"。如：

（6）哭哩老爷没有法儿，给俺姑娘又**寻下家儿**了呀！（《回杯记》）

（7）你要是知道好歹，该不声不响将你妹妹另**寻一家儿**也就罢了。（《包公访太康》）

洛嵩片方言中一般用"寻"不用"找"，书词中"寻"的使用频率很高。除了上述这些特色搭配之外，表示"自杀"时，常说"寻死""寻无常"。如：

（8）咦，二妹，二妹，不要**寻死**啊。（《回杯记》）

（9）阵好这日期哩，你咋想起**寻这无常**哩，这老天爷，咳？（《回杯记》）

---

① 中国社会科学院语言研究所词典编辑室编：《现代汉语词典》（第7版），商务印书馆2016年版，第1104页。

第5章 句式

河洛方言中有较多地域特色鲜明的句式,如"小偷叫警察给他抓走啦!""我赶他高。""你么试试!""不胜早点儿吃啦。""你上地不是?"等,书词中都有充分的反映,但以往对其关注较少。本章基于书词中的语言事实,对河洛方言特色句式进行系统挖掘和深入探讨,主要包括:处置式、被动式、比较句、祈使句、反事实虚拟句、疑问句等句式,重点讨论其句法、语义、语用、历史来源及在洛嵩片或河南境内的分布使用情况,旨在揭示河洛方言句式的区域特征及发展变化。

5.1 处置式

处置式是指由介词及其宾语所构成的介词短语在谓语动词前作状语以表示处置义的一种句式。书词中的河洛方言处置式主要有"给"字句、"将"字句和"叫"字句,具体使用情况见表5-1。

表5-1 书词中处置式"给"字句、"将"字句、"叫"字句的使用概貌

母方言地	艺人	出生年份	书词字数	"给"字句	"将"字句	"叫"字句
巩义	王周道	1928	442718	495	40	5
	尚继业	1943	124764	126	67	2
	杨现立	1950	72034	5	7	1
	牛会玲	1963	20978	7	2	0
	李新芬	1965	73696	121	13	1
	黄金焕	1966	89736	45	31	1
	王春红	1972	31177	35	3	0

续表

母方言地	艺人	出生年份	书词字数	"给"字句	"将"字句	"叫"字句
偃师	段界平	1939	122386	2	125	0
	李明智	1946	413749	89	266	0
	李占土	1950	58661	46	7	0
宜阳	王玉功	1950	50148	8	8	1
	魏要听	1955	353508	182	34	3
新安	吕武成	1965	182302	4	64	0
孟津	张建波	1969	82377	12	55	0
总计				1177	722	14

由上表来看，"给"字句的用例最为丰富，"将"字句次之，"叫"字句最少，并且前两种句式在每个艺人的书词中都有使用，而后一种句式仅在巩义、宜阳艺人的书词出现，偃师、新安、孟津艺人的书词中未见使用。这一定程度上反映出"给"字句、"将"字句是河洛方言处置式的常用句式。下面逐一对"给"字句、"将"字句、"叫"字句的语义类型、特殊句式等进行讨论，并调查这三种句式在洛嵩片的分布使用情况。

5.1.1 "给"字句

5.1.1.1 语义类型

吴福祥（2003）将处置式分为广义处置式、狭义处置式和致使义处置式三种语义类型，书词中"给"字句也有这三种语义类型。

1）广义处置式"给"字句

这种"给"字句的基本形式是"给 + O_1 + V（给/到）+ O_2"，其中"V"是双及物动词，所表示的动作支配两个论元，语义上处置性较弱。根据 V 具体语义的不同，又可以分为以下三种形式。

A. 给 + O_1 + V（给）$_{给予}$ + O_2

（1）你没有想一想，那人家会**给**银子给你？（《回龙传》）

（2）后来咱爹说，**给**咱妹子许给他嘞，我都不敢说呀。（《滨州会》）

（3）我还没有死嘞，他又**给**你许配给苏玉啦！(《回杯记》)

（4）老道公，我**给**孩子斗_就交给你了啊！(《刘公案》)

（5）**给**这一个孩儿寻给人家干啥？放牛羊，当个小长工。(《滨州会》)

B. 给 + O$_1$ + V_{当作/成为} + O$_2$

（6）你**给**恁老干大当憨子玩嘞呀。(《刘公案》)

（7）谁知道俺妹子**给**你耽搁成这，唉？(《滨州会》)

（8）他们**给**咱出家人当成没有出息呀，孩子你换换衣服啊。(《滨州会》)

（9）老天爷，我想叫他指着我的腿作哩，哎呀，**给**我比成儿媳妇啦。(《花厅会》)

（10）你们两个速速到在更衣厅上，**给**我打扮咸马方、赵飞的模样。(《丝绒记》)

C. 给 + O$_1$ + V（到）_{放置} + O$_2$

（11）叫黄桂英一骂不是要紧，刘老爷**给**她摘那铡口儿内。(《刘公案》)

（12）郭盛**给**他绑那斩桩上，他真恼了呀。(《刘公案》)

（13）今天能**给**这事儿办到这儿，换换第二个人，他斗_就给你办不成。(《损人报》)

（14）那木匠**给**那普拉钻撇咱家啦。(《滨州会》)

（15）他起来走啦，**给**你撇到这，叫你吃啥哩？(《滨州会》)

（16）你要这样一说啊，**给**那八斤半那咔嚓萝卜都擩到俺哥俩那屁股底下了呀。(《全家福》)

（17）一头儿宽，一头儿窄，装到里头出不来，**给**她搁那棺材内。(《刘公案》)

D. 其他

（18）半天不搁家，王老爷**给**这伙房挪地场儿啦！(《包公奇案》)

（19）**给**你那屁股上那肉挪两块儿，炒炒可叫恁哥吃开啦。(《回龙传》)

（20）好啦，赶紧把我那照妖镜拿来，**给**他俩分分魂儿。(《包公奇案》)

（21）你去**给**你那袍子拿<u>一个</u>，叫他捎走中不中？（《损人报》）

2）狭义处置式"给"字句

这种"给"字句的基本形式是"给+O+VP"，其中"V"是及物动词，所表示的动作支配一个论元，语义上处置性较强。根据VP的构成，此类处置式又可以分为以下三种情况。

A. V为光杆动词，其后往往有时体成分，即"给+O+V+时体成分"。如：

（22）刘墉啊，你敢**给**我嘞情人给我铡咾，哎？（《刘公案》）

（23）想个法儿定个计，**给**恁妹夫儿害咾。（《滨州会》）

（24）猴子阮英**给**它拾啦，<u>这一个</u>扇子是无价宝，一扇七窍出火。（《小八义》）

（25）千万<u>不要</u>说俺俩**给**你打哩啊，听着啦没有，可记好啊。（《全家福》）

B. VP为述补结构，即"给+O+V+补语"。如：

（26）反正是龙王爷给咱送<u>一个</u>孩子，咱俩哩孩子啊，咱**给**这孩子抱走吧。（《回龙传》）

（27）那鸡毛、蒜皮、羊疙瘩、驴蹄儿，光熅不着个鳖孙哩，啥时候才能**给**那锅底燎着哩！（《回杯记》）

（28）那俺那儿媳妇活着嘞，你**给**她背回来吧！（《小八义》）

（29）这孩儿他妗子呀不清渣儿，成天打公骂婆，公公婆子都害啦，**给**她妹夫撑躂啦。（《滨州会》）

（30）你有多大劲儿你使多大劲儿，**给**你那吃奶的力气都使上。（《全家福》）

（31）谁知道他**给**俺闺女打死啦，他给俺闺女卖啦！（《刘公案》）

（32）谁知道嘞，咱往下边一跪，老相爷**给**咱拉起来啦。（《包公审木槿》）

（33）你是叫啥嘞叫，迟会儿叫喧喧，迟会儿叫喧喧，你**给**我叫喧嘞睡不着呀。（《损人报》）

C. VP为状中结构，即"给+O+状+V（+补语）"。如：

（34）哎，今天突然他几个**给**红衣裳都穿上啦。（《刘公案》）

（35）**给**孩子浑身上下洗个干干净净，又找了一个新布衫儿。（《滨

（36）这弟兄俩他真不瓤啊，**给**这树儿长着都能薅出来啊。(《刘公案》)

（37）**给**孩子往上边儿一撂，恁没听见"扑通"响了一声，就落到那莲菜叶儿上啦。(《滨州会》)

（38）赵能他二叔也是吃喝嫖赌，不正干啊，**给**他二婶儿早早儿就气死啦。(《回杯记》)

（39）这一把火香**给**他那第三声炮那炮焾儿斗_就点着啦，那炮焾儿"噌噌噌噌噌噌噌噌"。(《包公审木槿》)

3）致使处置式"给"字句

这种"给"字句的基本形式是"给 + O + VP"，其中 O 是动词的施事或当事，而不是动词的受事，这类处置式的句义具有致使义。如：

（40）总共仨牙，**给**我甜掉俩牙，老甜哩！(《回杯记》)

（41）哎呀，这要**给**我难为死哩！(《回杯记》)

（42）大汉说："大哥，你咋猛一'哈给'，**给**我吓一大跳，咋啦？"(《包公访太康》)

（43）青，你一说，这**给**我气嘞也是不得了哇。(《刘公案》)

（44）对住月光一看，差一点儿**给**他恶心死咾，啥家伙？(《包公奇案》)

（45）这巧嘴儿老好听啊，我越听越想听，都**给**我听迷啦。(《刘公案》)

（46）这**给**人急疯啦，前院跑后院，……看看还是不见人啊。(《损人报》)

（47）我给你出个点子，给那王朝马汉气哭气笑、气屙气尿，**给**他气放炮。(《包公奇案》)

5.1.1.2 特殊句式

1）给_把 + O₁ + 给 + (O₂) + VP

这种处置式中，"给"的意义虚实不同，可分为三种情况。

A. 给_把 + O₁ + 给_{为/替} + O₂ + VP，其中"O₂"为人称代词。如：

（1）你**给**你那剩菜给我弄两桶，叫我妈吃点儿。(《包公奇案》)

（2）你赶紧去**给**那蒲家湾的乡约给我带来，快去！(《刘公案》)

（3）马寡妇早早儿**给**门给他闪着哩，只要他进去，才闩门哩。（《回杯记》）

（4）二嫂，你咋光想**给**骨头给我捏酥哩，二嫂。（《全家福》）

（5）我害人，我没有害了嘞，钱我没得住嘞，恁**给**钱给我拿窜啦。（《损人报》）

（6）去，**给**恁姑娘给我追回来！（《回龙传》）

（7）我命你现在下山，赶天明到济南，把你那气儿全部用上，**给**那好竹叶青酒给我再背上两坛，专供俺夫妻三个洞房饮用。（《小八义》）

B．给$_把$ + O_1 + 给 + O_2 + VP，其中 O_2 为代词，复指 O_1，"给 O_2"表示强调，去掉不影响语义表达。如：

（8）店掌柜嘞起意啦，他**给**那客人呀，给人家害啦。（《包公审木槿》）

（9）上前，"啪啪啪"**给**这马左环也给它摘啦。（《呼延庆鞭扫十八国》）

（10）**给**恁爹给我领那当店里头当了吧，不当多当十两银子，十年为足。（《回龙传》）

C．给$_把$ + O_1 + 给 + VP，其中"给"虚化为助词，表示强调。如：

（11）这一胁火就**给**那包老爷给惊醒啦。（《包公奇案》）

（12）我**给**你那头给割下来啦，一割嘞，装到我这药箱子里头啦。（《海公案》）

（13）赶紧**给**这秦椒给剪了、剪开，贴那眼角儿，攒住劲儿哭。（《损人报》）

2）叫 +（O_1）+ 给$_把$ + O_2 + VP

这种形式是由"给"字处置结构嵌套于兼语结构而构成的，"叫"的意义不同，句式义也不同。

A. 表使令，如：

（14）我把他抓进来，扔到那鹰笼里，叫咱那鹰**给**他叼吃咾！（《回杯记》）

（15）咱家老爷嘞，给他打烘，打脆，骨头给他打惊，叫**给**他打死哩。（《丝绒记》）

（16）去，我叫你**给**那灯笼提上，赶紧上山，找着驴，就能找住你姐。（《包公奇案》）

（17）叫恁媳妇儿**给**那桌子抹抹，地扫扫，我再来接你回去，中不中，爹？（《回龙传》）

（18）姑娘我想听唱莲花落哩，叫他**给**那莲花落唱几段，叫我听听啊。（《回杯记》）

（19）这是俺严家的冤家对头，今天要杀他，不用师父动手，叫我亲自**给**他杀咾。（《海公案》）

（20）公子要安歇不知在哪里，想叫店人**给**他引去，杨候一个人哩不敢去。（《包公审木椟》）

B. 表容许，如：

（21）阮英，谁叫你**给**人家被子偷回来？（《小八义》）

（22）不要喊叫，叫我**给**大门先上住再说。（《损人报》）

（23）再翻嘴咾，叫你**给**我这嘴撕叉、撕烂、撕得不能吃饭哩。（《回杯记》）

（24）妹子，真没有钱儿，叫我**给**那摅走，恁女婿是<u>一个</u>男人家，他也不管那事儿。（王《双锁柜》）

5.1.2 "将"字句

5.1.2.1 语义类型

从汉语史上看，"将"字句有广义处置式、狭义处置式和致使处置式（吴福祥，2003）。书词中，"将"字句只有前两种语义类型。

1）广义处置式"将"字句

这种"将"字句的基本形式是"将 + O_1 + V（给/到） + O_2"，其中"V"是双及物动词，所表示的动作支配两个论元，语义上处置性较弱。根据 V 具体语义的不同，可分为以下三种形式。

A. 将 + O_1 + V（给）_{给予} + O_2，如：

（1）她言说给咱孩子定亲，咱孩子**将**大印给她啦。（《丝绒记》）

（2）你就**将**她硬送给我儿为妻，我王某勉强应允。（《包公访太康》）

（3）狐狸仙为了报答公子哩救命之恩，就**将**那八宝阴阳石赠给了

公子。(《包公审木樨》)

(4) 王英看罢，**将**碗递给了京郎，说道："孩子，吃吧，吃饱咱们好走路。"（段《破镜记》）

B. 将 + O₁ + V 当作/成为 + O₂，如：

(5) 草上飞嘞，不识几个字儿，草莽英雄，**将**假当真。(《包公奇案》)

(6) 万岁爷就**将**开店掌柜张劳保封为皇亲国丈一品长老太师爷啦。(《海公案》)

(7) 不知道这三位壮士，哪一位武艺高强？该**将**谁定为头名武状元？(《包公审木樨》)

C. 将 + O₁ + V (到)放置 + O₂，如：

(8) 包卿，可**将**王连登随带京都，听候封官加职。(《包公访太康》)

(9) 说罢，令人**将**杜老爷拉到路旁，"咔咔嚓嚓"乱刀给砍死。（段《破镜记》）

(10) 杀了以后，**将**人头装到他药箱子里边，栽赃陷害到粮店里边。(《海公案》)

(11) 最后一箭，手腕儿一软，**将**箭射到那钱上，"当啷"落地了。(《包公审木樨》)

2) 狭义处置式"将"字句

这种"将"字句的基本形式是"将 + O + VP"，其中"V"是及物动词，所表示的动作支配一个论元，语义上处置性较强。根据 VP 的构成，可分以下三种情况。

A. VP 为述补结构，如：

(12) 他娘说罢，**将**包袱打好。(《刘公案》)

(13) 那时，**将**我打上四十大板，我还不能替你说话呀。(《包公访太康》)

(14) 文学**将**银子递过去说："这还能有假？银子你点一下。"（段《破镜记》）

(15) 一进入山东地界，我就命人**将**那状告牌挂出。(《全家福》)

(16) 可是嘞，侯小姐一怒之间**将**马状元刺死啦，朝里没有武状元

啦。(《包公审木樨》)

（17）严管家严二心中恼怒，这时候"腾"的一脚，**将**银匠张青山踢个仰面朝天。(《海公案》)

（18）**将**那肉法儿切哩长长儿哩，厚厚哩，装个十碗儿，不能铺底，净大肉。(王《双锁柜》)

B. VP 为状中结构，如：

（19）人役们**将**吕蒙正团团围住，慌里慌张给他更衣。(《彩楼记》)

（20）我说你这个奸夫，还不快**将**害死王铁蛋儿哩实情从实招来！(《智断神杀案》)

（21）你仗势欺人，**将**我妹妹抢走，又**将**她活活打死，扔到荒郊。(《包公访太康》)

C. 其他，如：

（22）也罢，待老夫下令，**将**那杜文学撵出胡府，永世不能再进咱的家门！(吕《破镜记》)

5.1.2.2 "将"字句的客观性

上述"将"字句与"给"字句的句法语义基本相似，但书词中有些"将"字句不能替换为"给"字句，主要有以下两种情况。

1) 将 + 一（量词）NP + VP

这种结构的"将"字句都是陈述句，其中的 NP 不是确指的，描述性色彩较浓。如：

（1）众人一声吆喝，就**将**一人推到了轿前。(《智断神杀案》)

（2）王朝去不多时，**将**一个人唤到轿前跪下。(《包公访太康》)

（3）所谓《破镜记》，就是**将**一块镜子破为两半，最后破镜重圆的意思。(吕《破镜记》)

（4）海瑞这时候**将**一张纸摊在膝盖以上，手提住笔，朝墨台一膏，提笔"哗哗"，掂笔"唰唰"，写好了一篇短文。(《海公案》)

（5）杜文学见杜忠不肯开门，心中着急，忽然想起来，急忙**将**一个布包从门缝塞进去，说："杜忠，你认得这东西吗？"(段《破镜记》)

（6）**将**一个怀孕七月有余的女子杀死之后，开膛开来，将腹内东西取出，和张桂英腹中的东西调换，将来若要验尸，验出尸体不变，怀孕不假，那时……哼哼哼。(《包公访太康》)

2）将 + NP + 所 VP

这种结构的"将"字句仅有 1 例，也是陈述句，书面色彩较浓。如：

（7）是你女儿含羞自杀，而不是我手下的官差，**将**你女儿所害，你可知道吧？（《海公案》）

上述不能替换为"给"字句的"将"字句，都用于客观陈述的语境中，其功能着重于对事实的描述，这体现了"将"字句客观性的一面。

书词中，多数艺人使用的"给"字句远超过"将"字句，只有黄金焕艺人对这两种句式的使用相对较为均衡，"给"字句 45 例，"将"字句 31 例，有利于客观揭示二者的使用规律。考察发现，"给"字句或用于对话语境，或用于心理独白语境，都属于主观性语体；就"将"字句而言，用于叙事语境（客观性语体）有 20 例，用于对话语境的有 11 例。这一定程度上也能反映出"将"字句倾向分布于客观性较强的语体中。

5.1.3 "叫"字句

书词中，"叫"字句处置式有 14 例，也有广义、狭义和致使之分，以狭义居多。

1）广义处置式"叫"字句，如：

（1）我今天要给恁说瞎话，老相爷，你**叫**我变成老黄脚鬼子。（《智断神杀案》）

（2）哎，今天咱弟儿俩多加小心，文彪哩朋友多，可不敢**叫**他劫出监狱呀。（《小八义》）

（3）刘文晋说俺受你嘞贿啦，当堂上打恁兄弟一顿，要**叫**恁兄弟上抽筋凳哩。（《回龙传》）

（4）抱着这孩子往外走，要**叫**他撂到大水潭。（《滨州会》）

2）狭义处置式"叫"字句，如：

（5）满朝哩文武要都**叫**你来学，我这金銮殿上就成窝蜂。（《包公奇案》）

（6）你那手咋给那钳子一样？光想**叫**我骨头给我捏酥哩呀，二嫂。（《全家福》）

（7）**叫**我衬嘞怪好？我搁这儿干啥哩，明天你出嫁走，我给你帮轿？（王《双锁柜》）

(8) 往那河里边一撂，连箱子带人，**叫**它一伙儿冲跑，神不知鬼不觉。(《包公奇案》)

(9) 住住监守守法，回去能改好，你**叫**人饿哩缺粮少顿，那咋办啊，唉？(《刘公案》)

(10) 你也没有问来龙去脉，就**叫**人家翁出去，叫盐客带走，这可如何是好。(《损人报》)

(11) 小伙计，快快快，赶快取出来两骨辘儿套子，**叫**我这俩鼻窟窿儿塞住。(《花厅会》)

(12) 心想害人家，没有害人家，斗住自己啦！**叫**我老婆子也绑住啦，挨啦一顿。(《损人报》)

(13) 说罢话，从那宝囊里边"扑哧"一家伙掏出来四个肉虫，也就**叫**那瞌睡虫啊往这手心儿里一放，开口叫道："瞌睡虫，过去吧，让相公休息一会儿。"(《剑侠英雄传》)

3) 致使处置式"叫"字句，如：

(14) 丫鬟一听，他娘那脚啊，这**叫**我难为死啦！(《回杯记》)

5.1.4 洛嵩片分布使用情况

"洛阳话的处置式和普通话一样，只是所用的介词不同，普通话用'把''将'，洛阳话都用'给'"①；郭笑（2021）考察了偃师方言中处置兼被动标记"叫"。为了了解"给"字句、"叫"字句这两种处置式在洛嵩片的分布使用情况，我们对15个方言点进行了调查，结果见表5-2。

表5-2　洛嵩片15个方言点"给"字句、"叫"字句处置式的使用情况

方言点	给字句	叫字句	方言点	给字句	叫字句	方言点	给字句	叫字句
洛阳市	+	−	孟州市	+	−	渑池县	+	−
嵩县	+	+	孟津县	+	−	洛宁县	+	+
巩义市	+	+	伊川县	+	+	义马市	+	+
登封市	+	+	新安县	+	+	栾川县	+	+
偃师市	+	+	宜阳县	+	+	卢氏县	+	+

---

① 曾光平、张启焕、许留森：《洛阳方言志》，河南人民出版社1987年版，第80页。

方言调查显示，"给"字句处置式在洛嵩片15个县市广泛使用，"叫"字句处置式在巩义市、登封市、偃师市、伊川县、新安县、宜阳县、洛宁县、义马市、栾川县、卢氏县10个县市都有使用。在兼用两种句式的方言点中，"给"字句往往是优势句式，"叫"字句的使用频率较低。此外，"叫"字句处置式正濒临消亡，即使在使用该句式的方言点，其使用也常受语境的约束限制。

5.2 被动式

被动式是指由介词及其宾语所构成的介词短语在谓语动词前作状语以表示被动义的一种句式。从句法结构上看，河洛方言被动式与普通话被动式基本相同，二者的不同主要在于被动标记的选择上：前者使用"叫""让"，后者使用"被"。"叫""让"被动标记是由使役义动词演变而来的，我们对书词中的被动式"叫"字句、"让"字句的使用情况进行考察，结果见表5-3。

表5-3　书词中被动式"叫"字句、"让"字句的使用状貌

母方言地	艺人	出生年份	书词字数	"叫"字句	"让"字句
巩义	王周道	1928	441870	3	0
	尚继业	1943	124581	1	1
	杨现立	1950	72009	0	0
	牛会玲	1963	20969	8	0
	李新芬	1965	73514	6	0
	黄金焕	1966	89634	19	1
	王春红	1972	31128	2	0
偃师	段界平	1939	122236	1	1
	李明智	1946	413354	0	0
	李占土	1950	58613	6	0
宜阳	王玉功	1950	50122	0	1
	魏要听	1955	353226	23	0
新安	吕武成	1965	182217	1	8
孟津	张建波	1969	82296	1	1
总计				71	13

由上表可知，"叫"字句在使用数量上远多于"让"字句，这两种被动式在巩义、偃师、宜阳、新安、孟津5地艺人的书词中均有使用。

5.2.1 "叫"字句

5.2.1.1 结构类型

书词中，"叫"字句被动式的施事可以出现也可以不出现，具体有以下两种形式。

1) N₁ + 叫 + N₂ + VP

该结构式是"叫"字句的基本形式，其中"N₁"为受事，"N₂"为施事，V 为及物动词中的行为动作动词。如：

(1) 俺爹都**叫**郭泰害啦，我去告郭泰嘞。（《刘公案》）

(2) 以前呢，我是害过人命，**叫**你说住啦。（《回杯记》）

(3) 三尺多那黄飞草，**叫**那马蹄子踏嘞平展展嘞。（《呼延庆鞭扫十八国》）

(4) 一见包黑儿**叫**人家吊梁上啦，考虑着包公哩命也不能保啦。（《包公奇案》）

(5) 也不吭气，恁家会没冤，恁家会没屈，恁家那牲口会没**叫**人偷跑过？（《包公奇案》）

(6) 你恁些兵，都**叫**我打窜啦。（《回龙传》）

(7) 书陈丢啦，银子也没有讨，大堂上还挨了一顿，这倒霉事儿都**叫**我碰见啦。（《回龙传》）

(8) 大白天哩，去到你那屋里，像啥哩，**叫**恁府的家郎院公看见啦，说些闲话，捣些疙瘩。（《丝绒记》）

2) N + 叫 + VP

该结构式中，"N"为受事，"VP"一般为动结式述补结构，句末常有"了"。如：

(9) 恁婆子**叫**气死啦，给恁公公气疯啦。（牛《金钱记》）

(10) 那俩官儿子**叫**刮窜啦，那可惜不可惜？（牛《金钱记》）

(11) 我一辈子都没有做过贼，斗_就偷这一回还**叫**逮住啦。（《包公奇案》）

（12）他娘**叫**气死啦，他爹**叫**气疯啦。(《全家福》)

（13）到现在咋了呀，孩子**叫**刮跑啦？(牛《金钱记》)

5.2.1.2 特殊句式

1）N₁ + 叫被 + N₂ + 给把 + N₃ + VP

这种结构式是由"给"字处置结构内嵌于"叫"字被动结构而构成的，其中"N₃"一般为人称代词，复指"N₁"，但"N1"常省略。如：

（1）我嘞二舅爷呀，这一下又**叫**茶童给我弄住啦。(《花厅会》)

（2）哎？你是不是**叫**那人贩子给你拐出来啦？(牛《金钱记》)

（3）哎呀，冤枉啊，俺师父**叫**那左天贵给他打死啦。(《损人报》)

（4）范宗华走着哭着不中啦，我妈非**叫**老包给她摧死不中嘞。(《包公奇案》)

（5）我出来**叫**要饭嘞给我劫啦。(段《破镜记》)

（6）老天爷呀，小姐，你看今天晚上，**叫**这茶童算给你姐妹俩都压住啦。(《花厅会》)

（7）一兜子都**叫**你给它兜出来了呀，这纸也包不住火嘞呀。(《包公审木樨》)

（8）我身体一疙瘩一疙瘩，可不是自自然然长哩呀，这是**叫**人家给我打哩啦呀。(《海公案》)

（9）前二年你还搁街上偷人家，**叫**人家给你头上打一个窟窿。(《损人报》)

（10）赵能真生气啊，跑到半夜，旁人没见住，却逮住他二叔啦，**叫**他二叔给他日嘓了一顿。(《回杯记》)

河洛方言处置式与被动式在标记的选择上具有区域一致性，前者一般用"给"，后者一般用"叫"。有些方言点"叫"也可以作处置标记，如巩义市、偃师市。处置义与被动义是两个独立的语义范畴，但在河洛方言中处置义的表达可以内嵌于被动结构或致使结构之中，而被动义的表达却不能内嵌于其他任何结构，从这一意义上来说，被动义的语义容量要大于处置义。

2）N₁ + 叫被 + N₂ + 给助 + VP

这种结构式中，助词"给"表强调，去掉不影响语义表达。如：

（11）咦，众丫鬟这时候**叫**二不透丫鬟给杠起来啦。(《花厅会》)

（12）这个小孩可阵不简单呀，连老爷都**叫**他给拾掇住啦。(段《破镜记》)

（13）我让丫鬟送包裹，都**叫**咱闺女给撕啦，你让家郎送去他们会要啊？(《彩楼记》)

5.2.2 "让"字句

"让"字句的基本形式是"N_1 + 让 + N_2 + VP"，如：

（1）文学一想，糟啦，这话刚才怎么都**让**她听见啦。(段《破镜记》)

（2）如果**让**他发现尸体更换，岂不是画虎不成反类犬了吗？(《包公访太康》)

（3）哎，对，王英叔叔讲过，俺爹就是**让**姓胡的大人领走的。(段《破镜记》)

（4）今天老朽我舍下亲生子把少爷救，**让**老爷太太知道我可难活成。(《花厅会》)

（5）趁现在咱家少爷还没过来，赶快把这个顽童埋住算啦，不要**让**少爷发现。(吕《破镜记》)

（6）将来孩子当官儿啦，咱娶媳妇儿，要是定外人家嘞闺女啦，这福不是**让**外人享啦？(《全家福》)

（7）这岂不是**让**天下人耻笑？别说我不愿意，俺父王也不愿意，当今万岁他也不会答应！(《丝绒记》)

5.2.3 洛嵩片分布使用情况

从汉语史来看，"叫（教）"字句被动式出现于唐代，"让"字句被动式出现于明末清初，二者在现代共同语中都不见使月。为了了解这两种被动句式在洛嵩片的分布使用情况，我们对15个方言点进行了调查，结果见表5-4。

表 5-4　洛嵩片 15 个方言点"叫"字句、"让"字句被动式的使用情况

方言点	叫字句	让字句	方言点	叫字句	让字句	方言点	叫字句	让字句
洛阳市	+	-	孟州市	+	-	渑池县	+	-
嵩县	+	-	孟津县	+	-	洛宁县	+	-
巩义市	+	-	伊川县	+	-	义马市	+	+
登封市	+	-	新安县	+	-	栾川县	+	-
偃师市	+	-	宜阳县	+	+	卢氏县	+	-

方言调查显示,"叫"字句被动式在洛嵩片 15 个县市广泛使用;而"让"字句只在宜阳县、义马市 2 地使用,而且使用频率不高。

5.3　比较句

比较句是表达比较意义的句子。比较是"就两种或两种以上同类的事物辨别异同或高下"①,它是人类重要的认知活动之一,也是人类语言中一种重要的语义范畴。比较一般都涉及三个语义要素:比较对象、比较项目和比较结果。根据比较结果的不同,可将比较句分为差比句、等比句和及比句三种类型。

汉语方言的比较范畴有丰富的表达形式。较之普通话,河洛方言比较范畴的特色表达主要表现在特征词的选用上,涉及差比句、等比句和及比句。下面以特征词为线索对书词所反映的方言比较句式进行讨论。

5.3.1　"胜"字句

"胜"字句的基本形式为"A + 不 + 胜 + B",属于差比句,没有对应的肯定式。A、B 为比较对象,"不胜"为比较结果,它已经词汇化,相当于"不如、不及或比不上"。根据比较对象的现实与否,又可以分为两种具体情况。

1) 比较对象 A、B 都是现实存在的,如:

(1) 恁们去吧,我还**不胜**恁,恁还没有挨打嘞,恁老爷我都挨打

---

① 中国社会科学院语言研究所词典编辑室编:《现代汉语词典》(第 7 版),商务印书馆 2016 年版,第 67 页。

嘞呀。(《刘公案》)

(2) 哎呀，我看你们两个是越吃越闷，**不胜**去年一春。(《彩楼记》)

(3) 丫头，哦，恁爹我这头名状元**不胜**你这黄毛丫头，啊？(《回龙传》)

(4) 闺女，怎么越长越憨，**不胜**起先_{从前}。(《丝绒记》)

(5) 叫我看，马状元武艺**不胜**那郭方亮，**不胜**那郭英雄。(《包公审木槿》)

(6) 咦，哎呀，这江南城就是**不胜**这汴京城。(《回龙传》)

(7) 我阵嗒儿通穷着哩，还**不胜**你，你斗_就不用搁我这儿烦啦。(《包公奇案》)

(8) 磕一千头都**不胜**你对老人家忠诚一点儿。(王《双锁柜》)

(9) 常言说，好死**不胜**赖活着，哪一顿不吃一个糠馍馍，唉？(《回杯记》)

(10) 老包这官儿给别哩官儿可不一样啊，他好多管闲事儿呀，多见**不胜**少见，少见不如不见。(《包公审木槿》)

(11) 我觉着天有点儿热，喝咸饭口渴，**不胜**咱喝甜饭_{不放盐的饭}。(《包公奇案》)

例(1)—例(7)中，A、B是体词性词语；例(8)—例(11)中，A、B是谓词性词语。

2) 比较对象A、B分别是现实对象与虚拟对象，言者将所处的现实状况A与虚拟情况B进行对比。如：

(12) 哎，叫我说，你**不胜**走吧。(《损人报》)

(13) 咱**不胜**把这牌坊拴住，叫咱老王爷来审审牌坊。(《丝绒记》)

(14) 事到如今，我**不胜**在姑娘的面前我求求情吧。(《剑侠英雄传》)

(15) 哭嘞再多也是枉费，都**不胜**爹娘活着，买块儿糖叫他吃吃。(《滨州会》)

(16) 我不跑，今天我**不胜**拼上我这一条性命，在至大街上拦住官轿。(牛《金钱记》)

方言调查显示，这种句式在洛嵩片15个县市广泛使用，且有较高的使用频率。

5.3.2 "赶"字句

"赶"字句的基本形式为"A+赶+B+X",属于差比句,没有对应的否定式。其中 A、B 为比较对象,X 为比较结果,比较项一般包含于 A、B 中。如:

(1) 他竟敢**赶**咱高上一等,官拜御猫。(《包公奇案》)

(2) 他那骑在马上那高声喊,喊叫的**赶**叫驴叫唤还难听啊。(《包公审木槿》)

(3) 啥样子?那猪八戒丑,他**赶**猪八戒他舅还丑。(《小八义》)

(4) 我只说这老二家是好人,闹半年老大家**赶**老二家还烜。(《包公奇案》)

(5) 再加上这个人哪,是个直性子脾气,办啥事儿他**赶**那火药还冲。(《小八义》)

(6) 老乡们,恁们出来看看,县衙门外边贴一张纸,**赶**我妈织那单子还大。(《包公奇案》)

(7) 两道眉毛拧成了麻燙,中间挤一个疙瘩,**赶**核桃还大。(《包公奇案》)

(8) 两只眼红哩**赶**那家兔眼还红,长了十来岁啦,活囱球,鼻子哈水顺嘴流。(《包公奇案》)

(9) 包老爷过那桥比你走那路都长,包老爷睡着都**赶**你能。(《包公奇案》)

从上述例子看,比较结果都是"A 超过 B"。从"X"的构成看,例(1)中,"X"是形容词短语;例(2)中,"X"是双音节形容词;例(3)—例(9)中,"X"都是单音节形容词。"赶"字句具有较强的主观性,句中常有一些情态成分,如例(1)中"赶"之前有语气副词"竟"、情态动词"敢",例(2)—例(8)中"X"前有强调副词"还",例(9)中"赶"之前有强调副词"都"。

河洛方言中,"X"除了形容词或形容词短语外,也可以是动词或动词短语,比较结果中常有数量成分。如:

(10) 她**赶**小孩儿还难哄。

（11）她**赶**我多吃仨核桃。

（12）他**赶**我晚到两个小时。

方言调查显示，"赶"字句在洛嵩片 15 个方言点广泛使用。

5.3.3 "给"字句

"给"字比较句在洛嵩片中使用广泛，既有等比句，又有差比句，主要有以下四种句式。

5.3.3.1 A 给 B 一（个）样/差不多/一般

该句式属于等比句，比较对象是 A 和 B，比较结果是"一（个）样""差不多""一般"，比较项包含在 A、B 之中。根据比较对象的具体情况，又可以分为以下两种。

1）A、B 只是比较对象，如：

（1）那龙王**给**人一个样，到到这里它可害怕啦。(《包公奇案》)

（2）你嘞苦处**给**我那都一样，咱两个昨是一样难。(《损人报》)

（3）嘶，没你那嘴**给**俺那嘴一样啊，你咋光叫死人嘞？(《回龙传》)

（4）看老包这脸儿咋**给**俺大哥那脸儿咋恁一样，越看越像。(《包公访太康》)

（5）咱是亲兄弟呀，我**给**你一样，我也是个苦命人哪。(《呼延庆鞭扫十八国》)

（6）老婆子，<u>不要</u>**给**我一个样儿，我是那蚂蚱托生哩——有眼没有珠子。(《包公奇案》)

（7）叫我画，我也是不识字儿啦，我**给**左天贵差不多，嘿嘿，拿来。(《损人报》)

（8）啥是帷子？同志们，**给**那个帐子差不多啊。(《刘公案》)

2）A、B 是本体与喻体的关系，如：

（9）这俩人走住唱住、唱住走住，**给**没事人一般。(《包公奇案》)

（10）啥伙计啥掌柜，咱俩**给**一家儿人家差不多。(《损人报》)

（11）吃嘞好，穿嘞好，一辈子不害<u>一个</u>病，活嘞**给**铁疙瘩老婆儿一个样哩！(《小八义》)

（12）咦，那是出家人，**给**要饭嘞差不多呀。(《包公访太康》)

(13) 这是随郎的衣服，两个小孩相差也不到一岁，京郎穿上，**给**照着身子量着做嘞一样。(段《破镜记》)

(14) 小陈，既然说你这胆斗就**给**天**给**那地一样，中，你阵大胆子。(《包公审木樨》)

(15) 郑新"扑通"跪倒在地，**给**孝子一般，捞住那媳妇两个腿……(《包公奇案》)

(16) 这工部尚书，比方现在，斗就**给**这抓基建差不多，专搞工程嘞嗷。(《海公案》)

5.3.3.2 A 给 B 一（个）样/一般 X

该句式属于等比句，比较对象是 A 和 B，比较结果是"一（个）样""一般"，比较项包含在 X 之中。根据比较对象的具体情况，又可以分为以下两种。

1) A、B 只是比较对象，如：

(1) 包老爷，不用**给**我妈一个样儿，树老根儿多，人老话多。(《包公奇案》)

(2) 我**给**刘墉俺俩一般大儿嘞呀，俺娘生下我，那边生下刘墉。(《刘公案》)

(3) 你**给**恁二嫂年纪都是一般大儿，恁还是一般齐儿成嘞亲。(《全家福》)

2) A、B 是本体与喻体的关系，如：

(4) 包兴，你看这店掌柜家老俩待人多烜，**给**我嫂娘一样，待人诚实啊。(《包公奇案》)

(5) 你不知道，"咯嘣，咯嘣"，**给**吃芝麻盐儿<u>一样</u>，通香着哩。(《回杯记》)

(6) 哥，你看咱爷那头多大。咦——，胡子**给**那马尾<u>一样</u>，阵长。(《回龙传》)

(7) 你这不吭不哈嘞进去，衬得**给**<u>一个秃尾巴驴</u>一样，多难看，唵？(《回杯记》)

(8) 一看男人，咦，长得**给**猪八戒那先人<u>一样</u>，通难看嘞！(《滨州会》)

5.3.3.3 A 给 B（一样）恁（么）/那么 X

该句式属于等比句，比较对象是 A 和 B，A 和 B 同时又是本体与喻体的关系，比较结果是"X"，比较项包含在 A 和 B 之中。如：

（1）这个喜可大啦，就**给**那筐箩**一样**恁么大。（《滨州会》）

（2）俺那孩儿今年都三岁啦，掂住**给**一把儿花**一样**恁轻。（《滨州会》）

（3）一块儿瓜四十五亩，瓜都**给**那桶恁大。（《滨州会》）

（4）你把窟窿戳嘞**给**天呀恁大，咦，要给恁娘吓死哩。（王《双锁柜》）

（5）那一个官儿啊，那脸长嘞可黑，黑哩**给**那屎壳郎恁黑。（《包公审木槿》）

（6）头刮嘞是明光明光，**给**那长成那七八斤重那葫芦**一样**恁大。（《刘公案》）

（7）回禀老爷，前边有点儿小风，有二三尺多高刮嘞，**给**那筛子恁大一片儿。（《刘公案》）

（8）包黑的头也碰到那桌子角儿上，碰了一个大疙瘩，**给**那蒸馍那么大。（《包公奇案》）

（9）每天没事儿，光找些这石头蛋子，有的**给**鸡蛋那么大，有的还没有鸡蛋那么大。（《包公审木槿》）

例（1）—例（9）中，比较对象 B 同时又是喻体。

5.3.3.3.4 A 给 B 不一样/不同

该句式属于差比句，比较对象是 A 和 B，比较结果是"不一样""不同"，比较项包含在 A 和 B 之中。如：

（1）侯小姐**给**他们的射箭法都**不一样**。（《包公审木槿》）

（2）师父，你嘞眼就是**给**俺眼**不一样**，你那就是龙眼。（《海公案》）

（3）这晚子呀**给**早子**不一样**，待都很娇，起个古怪名字。（《包公审木槿》）

（4）我这要饭哩**给**别人**不一样**，上门台儿喊大爷大奶奶，我不喊。（《滨州会》）

（5）他这吸烟**给**人家**不一样**，吸一口，嘶，嗯，他得品品味儿呀。（《损人报》）

（6）现在是男女平等啦，妇女翻身啦，妇女提高啦，**给**那种朝代

不一样。(《花厅会》)

(7) 严公子看见这人哪，哦，穿戴**给**以往不同。(《损人报》)

(8) 那鼓乐吹得，**给**那娶媳妇儿吹那不一样。(《刘公案》)

(9) 干大哎，我**给**人家睡觉不一样啊，我睡着也是睁着眼。(《刘公案》)

5.3.4 "着住"句

"着 [tʂɔ³³] 住"句的基本形式是"A + 着 + 住 + B"，属于及比句，其中 A、B 为比较对象，"着住"为比较结果，即"略微超过或到达"，比较项包含于 A、B 之中。如：

(1) 红铜鳌多大，啊，**着住**咱那大筛子。(《刘公案》)

(2) 节子香自嘈三尺多高，多粗，快**着住**我胳膊粗啦。(《刘公案》)

(3) 天保估到后来寻女婿**着住**他，粗茶住庙心里如意。(王《双锁柜》)

(4) 这女婿长得好像金童降下凡，天保估俺那女婿**着住**他，不穿棉袄过冬天。(《损人报》)

(5) 啥罗锅呀？就是这膀背子头后边儿啊，长了个肉疙瘩，随着年龄长，嘶，据说是他小着嘞时候，将近七八岁多大，就给那二两重蒸馍一样，现在长嘞多大，咦，则**着住**一斤重那蒸馍啦。(《刘公案》)

"着住"句的否定式是"A + 着 + 不 + 住 + B"，也属于及比句，其中 A、B 为比较对象，"着不住"为比较结果，即"略微欠缺"，比较项包含于 A、B 之中。如：

(6) 他知道石磊有多大本事呀，他的三个苗讯、两个苗讯，**着不住**一个石磊。(《刘公案》)

河洛方言中还有如下用例：

(7) 我吃饭可**着不住**他。

(8) 来十个人也**着不住**他一个人干。

(9) 我那成绩**着不住**你家，你家通厉害哩。

方言调查显示，"着（不）住"比较句式在洛嵩片 15 个县市广泛使用且使用频率较高。

5.3.5 "似"字句

"似"字句的基本形式是"A + X + 似 + B",属于差比句,其中 A、B 为比较对象,"X"为比较结果,一般由单音性质形容词"强""刁"或单音动词"胜"来充当,"似"为介词,用于介引差比对象,比较项包含在 A、B 中。如:

(1) 常言说,装哩像,强似唱。(段《破镜记》)
(2) 大小当一个官儿,强似卖水烟儿。(《刘公案》)
(3) 我要是能给她成婚配,强似金榜中头名。(《包公访太康》)
(4) 家里有个老年人,强似家里坐了十尊神。(王《双锁柜》)
(5) 孝顺三月雨,忤逆秋后霜;高堂孝父母,强似远烧香。(《包公审木槿》)
(6) 不费吹灰之力,就能得到一百两银子,强似我要十年饭呀。(《彩楼记》)
(7) 常言说,是君刁似臣,是官刁似民哪,我怕的是朝里的大臣们扮作那算卦嘞,查访我那寺院呀。(《海公案》)
(8) 我看那马继彪武艺胜似郭方亮。(《包公审木槿》)
(9) 倘若是多少有点儿病,吃块姜胜似把药尝。(《回杯记》)
(10) 心暗想,我要是与他成连理,那胜似昭阳坐正宫。(《丝绒记》)
(11) 那个说,这大汉像是当初受过名人教,他胜似那大闹天宫孙悟空哪。(《包公审木槿》)
(12) 哎呀,大个儿,可把你救活了啊,救人一命,胜似七级浮屠呀!(《呼延庆鞭扫十八国》)

上述例子中的"A + X + 似 + B"比较句式几乎都是方言谚语性质的,类推性较弱。河洛方言中,这种比较句式也用于表递比,类推性也不强,其中的"X"是"强""冷""贵"等几个较为固定的单音节形容词,比较对象 A、B 完全相同,一般是"一年"或"一天"这样的特定数量词,且没有对应的否定形式。如:

(13) 房价一年贵似一年。
(14) 他哩身体,一天强似一天。

（15）跌入腊月，一天冷似一天。

上述例句中，A 比 B 的程度逐次递加，比较的结果属于"超过式"，依次相当于普通话的"一年比一年贵""一天比一天强""一天比一天冷"。这种"A + X + 似 + B"比较句式的书面色彩较强，人们日常交流中常使用以下对应的表达：

（16）房子一年赶一年贵。

（17）他哩身体，一天赶一天强。

（18）跌入腊月，一天赶一天冷。

上述例句可概括为"A + 赶 + B + X"句式，较之"A + 强 + 似 + B"句式而言，这种句式的类推性强，比较项 A、B 完全相同，但较为丰富，可以是不同的"一 + 量"数量词组，X 既可以是形容词，也可以是动词性短语，这种句式也没有对应的否定式。如：

（19）这些车一辆赶一辆破。

（20）恁那孩儿<u>一个</u>赶<u>一个</u>有出息。

（21）阵嗒儿_{现在}哩日子，一家儿赶一家儿好。

（22）这学生一届赶一届难教。

5.4 祈使句

祈使句是要求听者改变现时的状貌，或对听者未来有所企望的句子。河洛方言的祈使句系统与普通话基本相同，从结构形式上看，可以分为肯定祈使句与否定祈使句；从语用功能上看，可以分为强势祈使句与弱势祈使句。

下面主要讨论河洛方言较有特色的几种祈使句。

5.4.1 "不要/不应/白 + VP/AP"祈使句

书词中的否定祈使句颇具方言特色，主要体现否定副词的使用上，即"不要［pɔ⁴¹²］""不应［piŋ⁴¹²］""白［pæ³¹］_别"，下面就对这 3 个否定副词为标记的祈使句式进行讨论，并调查它们在洛嵩片的分布使用情况。

5.4.1.1 句式特点分析

书词中，"<u>不要</u> + VP/AP"的用例最多，其次是"<u>不应</u> + VP/AP"，

最后是"白+VP/AP",下面分别对这三种祈使句的句法语义及语用进行描写,以揭示它们的共性与个性特征。

1)不要+VP/AP

"不要"主要修饰表消极意义的VP或AP,"不要+VP/AP"祈使句表示劝阻或禁止,常用于言者不希望某事或某行为发生的语境中。如:

(1)要是案断不了啦,大家<u>不要</u>生气,敲锣看下回。(《包公奇案》)

(2)老婆儿说:"咦,<u>不要</u>吓我啦,闺女。"(王《双锁柜》)

(3)嗯,有用处,<u>不要</u>吭气儿,再把你戴那耳环给我抓一把,叫我看看。(段《破镜记》)

(4)就这也不中!你<u>不要</u>说记号对上啦,你说你是俺姑爹嘞!(《回杯记》)

(5)老天爷啊,哎呀,你可<u>不要</u>给俺那凡间迷人一般见识啾。(《智断神杀案》)

(6)你要是睡,千万<u>不要</u>睡到里头床上,你斗_就睡到门口的床上啊。(《包公审木槿》)

(7)刘大人说:"<u>不要</u>哭,<u>不要</u>哭,你咋哭嘞?"(《刘公案》)

(8)管家爷,是这吧,管家爷,咱慢慢商量商量啊,<u>不要</u>发火。(《海公案》)

(9)阵大一点儿连蚂蚁你也打不死,还干活哩?过一边去,<u>不要</u>捣乱!(吕《破镜记》)

(10)娘,你<u>不要</u>怪罪。这不怨俺爹,也不怨俺娘,俺外爷从中做主儿,想给那呼家留个后代嘞,啊。(《呼延庆鞭扫十八国》)

(11)恁<u>不要</u>慌,恁<u>不要</u>慌。(《损人报》)

(12)<u>不要</u>掏急,早些儿回来,孩子。(《滨州会》)

例(1)—例(10)中,"不要"用在VP之前;例(11)、例(12)中,"不要"用在AP之前。从语义上看,上述例句中"不要"修饰的"VP或AP"都是言者不希望发生的行为或情况。

河洛方言中,"不要"可以用普通话"别"来替换,但是"不要"没有"别"使用灵活,"别"可以加语气词单独使用,"不要"则不能。如:

普通话　　　　　洛嵩片方言
别呀！　　　　　＊不要呀！

2）不应 + VP/AP

书词中,"不应"主要修饰表消极意义的VP,"不应 + VP"祈使句表示劝阻或禁止,较之"不要 + VP"祈使句,语气强硬,有时会带有嫌弃、不耐烦等感情色彩。如：

(13) 要是这,**不应**害怕,俺家没狗。(《丝绒记》)

(14) 那中中中,**不应**脱,你睡觉,睡吧。(《刘公案》)

(15) 你说这成死证一门啦,我就**不应**去啦。(王《双锁柜》)

(16) 不看拉倒,**不应**叫她坐到这儿,出去！(王《双锁柜》)

(17) 娘,**不应**管啦,三天以内叫我死了替她。(《智断神杀案》)

(18) 哎,你**不应**萦记我,到天晚黑斗就回来啦。(《包公审木槿》)

(19) 你**不应**搁那儿憨哭啦,快给我说,这事儿是真是假,是实是虚？(《损人报》)

(20) 去茅子**不应**要棍子,爹,来,叫恁孩子我撺住你啊。(《回龙传》)

(21) 舅母,恁**不应**问我,要想知道是咋回事儿,还问我表哥。(《小八义》)

(22) 闺女,**不应**说啦,东方明下大雪,恁娘我心里也明啦,也白啦。(《滨州会》)

(23) 你**不应**搁娘跟儿跟前说话阵难听啊,我来楼上给你报信儿嘞。(《全家福》)

(24) 你嘞,也**不应**开这穷店啦。(《海公案》)

例(13)—例(24)中,"不应"都用在VP之前。从语义上看,上述例句中"不应"修饰的VP都是言者不希望发生的行为。

河洛方言中也有"不应 + AP"祈使句,如：

(25) 恁**不应**乱啦！

(26) **不应**慌,不会迟到。

3）白 + VP/AP

"白"是"别"的音变形式。书词中,"白"主要修饰表消极意义的VP,"白 + VP"祈使句表示劝阻或禁止做某事,与"不要 + VP"祈使句的语气强弱类似。如：

（27）龙，给我剩点儿，**白**喝完喽。(《丝绒记》)

（28）哎，我说老丫鬟哪，**白**胡思乱想啦。(王《金钱记》)

（29）诶，你**白**担心哪！还有哩说，那人家不搞个水落石出不会走。(《刘公案》)

（30）姑娘，**白**问啦，**白**问啦！刚才一进花园门，这一番话我都问了啦嗷。(《回杯记》)

（31）**白**胁火，**白**胁火，啊，刘家湾儿离这儿不远，看他回来了<u>没有</u>，越快越好，越快越急越好越妙。(《损人报》)

（32）相爷，你**白**听他辩驳啊，他明明是三更天和那刘秀英去约会啦，他站到窗下，被我等赶到大街上啦。(《智断神杀案》)

例（27）—例（32）中，"白"都用在 VP 之前。从语义上看，上述例子中"白"修饰的 VP 都是言者希望听者不去做的事情。

河洛方言中也有少量"白 + AP"祈使句，如：

（33）**白**慌，**白**慌，大家都有。

（34）恁**白**急，这事儿早晚有人管。

5.4.1.2 洛嵩片分布使用情况

书词中，不同地方的艺人对"<u>不要/不应/白 + VP/AP</u>"祈使句的使用有明显的偏好，从中可以窥见它们的使用有地域上的分布差异。为了了解它们真实的方言分布情况，我们对洛嵩片 15 地进行了调查，结果见表 5-5（"+"表示使用，"-"表示不使用）。

表 5-5　洛嵩片 15 个方言点"不要/不应/白 + VP/AP"祈使句的使用情况

方言点	不要	不应	白	方言点	不要	不应	白
洛阳市	+	+	+（少）	新安县	+	+（多）	-
嵩县	+	+	-	宜阳县	+	+	-
巩义市	+（多）	+	+	渑池县	+	+	+
登封市	+	+（多）	+	洛宁县	+（多）	-	-
偃师市	+	+	+（少）	义马市	+（多）	-	+
孟州市	+	+（少）	-	栾川县	+	+	-
孟津县	+（中）	+（多）	+（少）	卢氏县	-	+	-
伊川县	+（多）	+（多）	+（少）				

由上表可知，除了卢氏县之外，洛嵩片 14 地均使用"不要"祈使句；除洛宁县、义马市之外，洛嵩片 13 地都使用"不应"祈使句；嵩县、孟州市、宜阳县、洛宁县、栾川县、卢氏县、新安县 7 地不使用"白"祈使句，洛阳市、巩义市、登封市、偃师市、孟津县、伊川县、渑池县、义马市 8 地使用该祈使句，其中洛阳市、偃师市、孟津县、伊川县 4 地的使用频率较低。调查还发现，"白 + VP/AP"祈使句仅老派人使用，年轻一代则使用"别 + VP/AP"祈使句。

从分布使用来看，洛嵩片方言中，"不要/不应 + VP/AP"祈使句不仅常用而且使用广泛。需要强调的是，若同一方言点中兼用这两种句式，"不应 + VP/AP"祈使句倾向强硬语气的表达，而"不要 + VP/AP"祈使句倾向于语气缓和的表达。试对比：

(1a) 你不要走，中不中？

(1b) 你不应走，中不中！

例（1a）中，祈使句语气缓和，传达了言者一种商量的态度；例（1b）中，祈使句语气强硬，表现了言者对听者的不耐烦。

再如：

(2a) 你可不要理她呀！

(2b) *你可不应理她呀！

情态成分是语言中体现人际互动的重要因素，祈使句句末若有语气词，祈使语气往往较为缓和。例（2a），"不要 + VP"祈使句句末有"呀"，体现了言者对听者的叮嘱或劝说的态度；例（2b），"不应 + VP"这种祈使句句式本身就属于强势祈使句，排斥语气词"呀"的使用，因此"不应 + VP 呀"祈使句在河洛方言中是不成立的。

5.4.2 "你么"祈使句

《洛阳方言词典》"语法例句"部分收录了 1 例祈使句[①]，如：

(1) 来闻闻这朵花香不香——你么闻闻这朵儿花儿香不香。[②]

书词中，也有这样的祈使句。如：

---

① 贺巍：《洛阳方言研究》，社会科学文献出版社 1993 年版，第 110 页。

② 破折号前为普通话，破折号后是洛阳话，其读音标注为 [mə^{33}]。

(2) 咱那院里还有一个破竹帘，挂上应挡一时，**你么**问问咱爹中不中嗷。(《回龙传》)

(3) 夜儿黑儿一夜没睡，我给你做下来啦，**你么**看看，我做这对不对？(《包公奇案》)

(4) 我在井里拾了一面镜子，照不见鼻子眼耳朵脸。里边有三个字，嫂娘，**你么**瞧瞧。(《包公奇案》)

上述例子中，"你么"祈使句都含有言者督促听者去尝试的情态意义，若去掉"么"，不影响真值语义，但这种情态意义就没有了，祈使语气也会随之增强。方言调查显示，这种句式在洛嵩片15个县市广泛使用，只是"么"的读音略有不同，如宜阳县、偃师市读 [mau³¹] 或 [mɔ³¹]。下文对"你么"祈使句的语义句法特点及人际功能进行讨论。

5.4.2.1 语义句法特征

汉语祈使句有许多体现"态度"与"互动"的语言成分。①"你么"祈使句中的"么"就是体现"态度"与"互动"的情态成分，其词汇意义已经完全丧失。从语法意义上看，"么"有"督促尝试"义，"你么"祈使句往往表达言者督促听者去尝试某一动作行为。试对比：

(1a) **你么**去看看！

(1b) 你去看看！

例（1a），言者对听者"去看看"的督促态度显而易见；例（1b），只表达一种建议，没有督促尝试之义。考察发现，"么"一般不与助动词、情态副词、语气词等情态成分共现。如：

(2) ***你么**应该去看看。——你应该去看看。

(3) ***你么**最好去看看。——你最好去看看。

(4) ***你么**去看看吧。——你去看看吧。

这说明，"你么"祈使句排斥与情态词和句末语气词的共现使用。

---

① Simon C. Dik（1997：425）认为，语言的人际功能主要是从互动和态度两个方面来考察的，其中"互动的"是指言语交际中发话人和受话人之间的各种互动因素；而"态度的"是指言语中所有与发话人和受话人对话语的（情感上的或批评性的）态度和评价有关的因素。

普通话祈使句的主语一般是第二人称代词，常常可以省略不说，也可以是第一人称代词"咱们""我们"。"你么"祈使句的主语只能是第二人称代词"你"，并且不能省略。如：

（5）**你么**想想我说哩对不对。

（6）**你么**把手机拿来看看。

（7）**你么**去泰国看看！

袁毓林（1993）认为，肯定式祈使句中的动词通常具有［＋自主］［－贬义］语义特征，"你么"祈使句的肯定式，其谓语动词也遵循这一语义限制。从结构形式看，"你么"祈使句的谓语动词主要有以下六种形式。

1）重叠，这是最为常见的形式。如：

（8）**你么**闻闻坏了没有。

（9）**你么**尝尝啥味儿。

（10）**你么**联系联系。

（11）**你么**试试能穿不能。

2）述补短语，其中的"补语"往往由"一下""一会儿"等数量词组构成。如：

（12）**你么**尝一下。

（13）**你么**等一会儿。

（14）**你么**看一遍。

3）述宾短语，其中的"宾语"一般包含"表示量少"的数量成分。如：

（15）**你么**吃一点儿。

（16）**你么**给他打一个电话。

4）连谓结构，后一谓语的动词往往重叠。如：

（17）**你么**去看看。

（18）**你么**买个车开开。

5）"把"字结构，如：

（19）**你么**把灯关一下！

（20）**你么**把开关打开（试试）。

6）兼语结构，后一谓语的动词或重叠或后跟动量词"一下"。如：

（21）**你么**叫他看看。

（22）**你么**让他出去一下。

"你么"祈使句往往要求句中谓语动词重叠或者动词加"一下"等数量短语，表现出"小量"，让听者感觉即将执行的动作行为难度不大。

有时，"你么"祈使句也可以是否定形式，否定副词仅限于"不"，同时句末往往以"试试"或"看看"煞尾。如：

（23）**你么**不吃糖试试。

（24）**你么**不看电视试试。

（25）**你么**不吃西瓜看看。

例（23）、例（24）"你么"祈使句可以变换为：

（23′）你么试试不吃糖。

（24′）你么试试不看电视。

5.4.2.2 人际功能

"你么"祈使句的核心句式义是"言者督促听者去尝试做某事"，根据出现的语境不同，它的人际功能可以分为两种。

1）柔性督促

这是"你么"祈使句的典型功能，其预设是"听者本来不想或没有打算做某事"。如：

（1）**你么**看看孩子咋啦，一直搁那儿哭。

（2）A：我眼可疼。

　　B：**你么**闭上眼歇歇。

（3）A：妞妞一直哭。

　　B：**你么**去摘点儿葡萄哄哄。

（4）<u>不要光问我</u>，**你么**寻一下。

（5）**你么**见天喝它一大壶水，看还上火不上。

（6）**你么**用一下我新买哩洗面奶，感觉可好。

（7）A：**你么**考一下，说不定中。

　　B：我基础可瞎，不考啦。

（8）A：天儿阵热，吃不下饭。

　　B：**你么**喝喝这绿豆汤。

（9）A：你不适合干这事儿。
　　　B：**你么叫我试一段儿。**

从上述"你么"祈使句发生的语境来看，句中的谓语动词所表示的动作行为都是未然的，言者委婉建议听者去尝试这一动作。有时，"你么"祈使句的谓语动词之前加"再"，表示言者委婉建议听者再去尝试这一动作行为。如：

（10）**你么再考虑考虑。**

（11）**你么再去看看。**

（12）**你么再去买点儿牛肉！**

2）威胁训斥

"你么"祈使句用于反语语境中，"反话正说"就有了训斥或威胁的人际功能，其预设是：听者已经在做某事或意欲做某事。如：

（13）**你么再看手机试试！**

（14）**你么再说一句儿试试！**

（15）**你么打他一耳巴试试。**

例（13）、例（14）中，"再"意味着听者已经执行了该行为动作；例（15）中，言者觉察听者意欲"打他一耳巴"，才使用了"你么"祈使句。

上述三例"你么"祈使句都可以这样变换：

（13′）再看手机，你么试试！

（14′）再说一句儿，你么试试！

（15′）打他一耳巴，你么试试！

变换之后，其中的"你么试试！"有强烈的威胁色彩。如果没有前一小句，"你么试试"独用，倾向于表示"柔性督促"这一功能。这说明，"你么"祈使句表示威胁训斥的功能是在相应的语境中浮现出来的。再如：

（16）**你么再打他一下。**

（17）**你么再说一句儿。**

这两例中，句尾都可以加上"试试"，表面上看是言者要求听者去执行某动作行为，而实际意图是通过威胁或训斥让听者放弃执行这一行为动作，言外之意就是如果听者执行了这一行为动作，后果很严重。河洛方言中"你么试试!"已经规约化,成为一种习惯表达,具有不可类推性。

5.4.2.3 来源

《歧路灯》中没有"你么"祈使句,但有如下用例:

(1) 晴霞拿过来泼在地下,说:"就算了罢,真个喝恁些做啥哩。"希侨道:"众位看**么**,我就不敢再强了。"(十七回)

(2) 滑氏道:"你休要赌咒**么**。"滑玉道:"不是俺肯赌咒,只提起赌博这两个字,不由哩我就恼他哩。"(四十回)

(3) 范姑子哈哈大笑道:"老菩萨,你看**么**,县里堂上太爷,还一定叫小山主写,怪不得我来央么。嗔道,张进士说满城中就是小山主写的好。"(四十三回)

(4) 夏逢若扯住道:"你休走**么**,再赌一赌捞捞何如?"(五十八回)

(5) 张类村道:"你休哭**么**!"因向侄子说道:"你也放从容些。"(六十七回)

(6) 绍闻道:"天下为娘的,没一个不见儿子亲。必定是有管教才好。像我爹爹这样人,学问好,结交的朋友都是正人,教儿子又严又密。娘见亲,就是慈母,若是单依着母亲一个老的——"绍闻便住了口。王氏道:"你说**么**。"绍闻接道:"若是单依着母亲一个老人家见亲,姿性蠢笨的,还不妨事;若是姿性聪明的,就要吃了亏。像兴官儿这个孩子,也是个进士材料,若是他孔家娘活着,或有一点指望;若是姓巫的做娘,那进士再也没想头。"(八十六回)

例(1)—例(6)中,祈使句句末有"么",与上文讨论的"你么"祈使句功能较为相似,都表示"言者柔性督促听者去尝试做某事",二者中的"么"是否有演变关系,还需要深入考察。

5.4.3 "召+VP"祈使句

"召[tʂɔ³³]+VP"祈使句,表示提醒,其中"VP"是言者不愿意发生的动作行为。如:

(1) 走过去看见女嘞,你可不要看人那孩子,**召**给恁爹娘遭骂名。(《刘公案》)

（2）今天我还管你饭，饥咾再吃，不敢一顿吃嘞太多，**召**撑住你喽。（《刘公案》）

（3）**召**扫住了奸贼们嘞耳朵，**召**给他走露风声，搁那儿接住状子啦。（《刘公案》）

（4）俺孩子说啦，说："娘呀，你歇歇吧，娘，**召**累着你，娘。"（《全家福》）

（5）恁们追去，到在那里，观看个清楚明白，可**召**那个小茵讯把心思变啦。（《刘公案》）

（6）**召**官兵第二次来搜查，搜查住他恐怕连累咱啊。（《包公审木槿》）

例（1）—例（6）中，"召+VP"祈使句，相当于普通话的"小心+VP"祈使句。

"召+VP"祈使句中，"召"有可能是"招护"的缩减，书词中有这样 1 例：

（7）到井泉村，你可只说王铁蛋儿有病啦，叫她来照看嘞，你千万可<u>不要</u>说她孩子死啦，<u>招护</u>吓着她。（《智断神杀案》）

有关"召"的本字到底是什么，还需要进一步考察。

5.5 反事实虚拟句

反事实虚拟表达（counterfactual subjunctive assertions）是指对过去已经发生的事实进行否定以建构一种与事实相反的可能性假设。从古至今，汉语书面语中不仅有大量的反事实条件句，而且反事实条件句还有专门的语法标记（袁毓林，2015）；汉语方言也有较为丰富的反事实表达手段，如西北方言中标记反事实假设的后置语气词"时价""价""嗲（价）""些"等（邢向东，2005），上海话"蛮好"、北京话"早知道"、浙江龙游话"忘记"（强星娜，2011），上海话反事实虚拟表达系列句式"早晓得+（S_1）+（就）S_2""S+埃要好""<p>倒好哝""老早就好 V 哝""要么+S"（Jiang & Wang, 2016）等等。从已有研究可以看出，汉语方言反事实虚拟表达手段多为语法化程度不高的词汇形式，目前汉语方言反事实虚拟表达范畴的研究还处于起步阶段。

河洛方言的反事实虚拟表达这一语义范畴较为显赫,具有系列的反事实虚拟句式,除了第 3 章 3.3.5 中讨论的助词"时节"所构成的"S + 时节"反事实虚拟小句之外,还有"忘了 + S"句、"早知/要知 [tṣə³³] + S"句、"不胜/胜 + S"句、"S + 斗就 + 好啦"句、"不是 + S"句等,下面着重对它们的句法语义语用特点进行讨论。

下文未标出处的例句均来自方言调查,以洛阳方言为代表。

5.5.1 "忘了 + S"句

"忘了 + S"句,是河洛方言常用的一种反事实虚拟句式,但是书词中没有反映。

5.5.1.1 虚拟标记"忘了"

河洛方言中,"忘了"已经词汇化为一个高频使用的双音词。《洛阳方言词典》收录了"忘了"一词,对其释义有两个[①]:一是"经历的事物不再留在记忆中:背会的课文没几天就忘了";二是"没有记住:这回出门儿忘了多带几件衣裳,要是变天还真是个事儿"。词典中这两种语义及用法,基本上就是河洛方言"忘了"在现实句中的词义及用法,即"忘了"在表达现实事件的陈述句中,保留了"忘"作为认知动词的原始义,属于叙实动词(factive verbs),相当于普通话的"忘记了",在句中充当基本谓语。然而,河洛方言中,"忘了"除了用于现实句,还常用于非现实句,具体可以分为以下两种情况。

1)表示对将来事件的虚拟

(1)今儿人阵多,**忘了**明儿再来啦。

(2)白一日儿卖那东西通贵哩,**忘了**黑地去啦,没那不便宜点儿。

上述两例中,"忘了"均出现在句首位置,但不能将其理解为"忘记了"。例(1),"忘了"小句中有表将来的时间名词"明儿"和表未然的时间副词"再",标记"来"是一个尚未发生的动作行为;例(2),"忘了"小句中有"黑地",以说话时刻为参照,它是一个表将来的时间词,标记"去"这一动作行为还未曾发生。从心理学视角看,

---

① 贺巍:《洛阳方言词典》,江苏教育出版社 1996 年版,第 240 页。

遗忘是对已编码信息提取失败（Kimball & Bjork 2002），即遗忘是指对曾经记忆过的内容不能再认和重现，或者是错误地再认和重现。因此，遗忘的对象只能是过去的事件，而不能是将来的事件，这样一来，例（1）、例（2）中"忘了"小句很容易被解读为一种虚拟语气（subjunctive mood），在这种语境下，言者通过对将来未然事件与既成事实的优劣对比，表达了自己对既成事实的不满，而对将来未然事件的一种美好假想。

2）表示对过去事件的虚拟

（3）夜个儿去开封面试，斗(就)没叫我讲完，**忘了**不去啦。

（4）**忘了**叫你先走啦，我还得再忙会儿。

上述两例中的"忘了"同样不能理解为"忘记了"，但又与例（1）、例（2）不同。由语境可知，例（3）中，"忘了不去啦"，事实是"去啦"；例（4）中，"忘了叫你先走啦"，事实是"没有叫你先走"。这表明，"忘了"引出的内容正好是与实际情形或事实相反的虚拟状态，换言之，"忘了"小句表示对过去时间已经发生或未曾发生事件的虚拟时，是一种反事实虚拟表达。

上述两种情况中的"忘了"之间是否存在联系？Comrie（1986）认为，语言能够根据假设度（degree of hypotheticality）的差异区分为三类句子：现实句（real）、假设句（hypothetical）和反事实句（counterfactual）。河洛方言中，"忘了"一词在共时层面呈现出一个由实到虚的渐变序列，上述"忘了"的两种虚拟用法可依次与假设句、反事实句相对应，这也表明"忘了"还不是一个专门的反事实标记（counterfactual markers）。在虚拟句中，"忘了"这两种用法有密切的联系，试比较：

（5a）**忘了**今儿个不来，明儿个再来了。

（5b）**忘了**明儿个再来了。

（6a）**忘了**今年不考，明年再考啦。

（6b）***忘了**明年再考啦。

例（5a）、例（6a）中，"忘了"句表示对过去事件的反事实假设。例（5a）省略"忘了"之后的内容，就变成了例（5b），用来表示对将来事件的假设。但是，例（6a）不能像例（5a）→例（5b）那样进行变换，河洛方言中没有例（6b）这样的表达。调查发现，"忘了"句表示对将来事件的虚拟时，形式较为简单，即只有肯定式，且"忘了"之后往往有表将来时的词汇标记，用来标明是以说话时间为参照不久之后的将来，如例（5b）中的"明儿个"，而不能是例（6b）中的"明年"。比较而言，"忘了"句表示对过去事件的虚拟时，情况较为复杂，可以为肯定式（非典型形式），也可以为否定式（典型形式），这正反两种形式的地位截然不同。下面主要讨论"忘了"引导反事实虚拟表达这一情况。

5.5.1.2 句法特征

1）"忘了"属于主句现象

河洛方言中，当"忘了"作为一个更高级的谓语加在一个从句前面，意思为"对于已存在的事实或状况感到后悔或遗憾"时，以"忘了+S"的形式来表达，此时具有反事实特性。这种用法在普通话中是没有的，因此对于只有普通话语感的人来说难以理解。

"忘了+S"表达反事实语义时，其中的"忘了"属于"主句现象（main clause phenomena）"范畴。主句现象是指一些只能用于主句而不能出现在从属环境中的构式和形态（参看 Hooper & Thompson 1973；Green 1976 等），因此，"忘了"不能进入内嵌（embedding）和从属（subordination）的句法环境，而且其前不能出现任何修饰限制成分。如：

（1a）**忘了**不给你说，还叫你白担心啦。

（1b）*这个就是前儿个我**忘了**的球。

（1c）*他说**忘了**带钱儿。

例（1a）中，"忘了"在主句层面作主要谓语，其后的动词性短语"不给你说"可看作"忘了"的补足语成分（complements）。例（1b）中，"忘了"出现在定语从句中，例（1c）中，"忘了"出现在宾语从句中，这两例中的"忘了"都表达字面义（即叙实义），不具有反事实的特性。

2）"忘了+S"句对主语人称的限制

"忘了+S"反事实虚拟句主要传达了言语主体的一种情感或态度，言语主体通常是"我"，在句法层面上相应地表现为主语是第一人称代

词单数"我",其可以出现在"忘了"之前,也可以出现在"忘了"之后,但在实际交谈中多倾向于省略不出现。如:

(2a) **我忘了**少加点儿黑米,这色儿咋阵圪义嘞。
(2b) **忘了我**少加点儿黑米,这色儿咋阵圪义嘞。
(2c) **忘了**少加点儿黑米,这色儿咋阵圪义嘞。
(3a) 她咋是这嘞,**我忘了**不给她要啦。
(3b) 她咋是这嘞,**忘了我**不给她要啦。
(3c) 她咋是这嘞,**忘了**不给她要啦。

就使用频率而言,c 句 > b 句 > a 句(">"表示高于)。根据实际表达需要,句法主语也可以是第一人称代词复数"咱/咱们"和第二人称代词复数"恁/恁们"①,可以出现在"忘了"之前或之后,但倾向于"忘了"之前,这两种情况下的句法主语均不能省略,否则就会优先解读为"我"。如:

(4a) **忘了**咱们不给他说啦/**忘了**咱不给他说啦,也不会弄成这。
(4b) 咱们**忘了**不给他说啦/咱**忘了**不给他说啦,也不会弄成这。
(5a) **忘了**恁们不给他说啦/**忘了**恁不给他说啦,也不会弄成这。
(5b) 恁们**忘了**不给他说啦/恁**忘了**不给他说啦,也不会弄成这。

总的来说,就反事实虚拟句"忘了+S"而言,"忘了"多出现在句首位置上,无论出现在句首还是句法主语之后,其语义和情态辖域都是整个"忘了"句,属于"主句现象";同时,"忘了"句对句法主语的人称限制非常严格,仅限于第一人称代词"我""咱/咱们"和第二人称代词复数"恁/恁们",没有第三人称代词和普通名词作主语的情况。

5.5.1.3 语义表现

上述可知,"忘了"具有引导反事实语义表达的功能,但它与普通话的反事实标记"要不是"及其变体"若不是/若非"不一样,语法化程度较低,还没有发展成为一个专门标记。"忘了+S"小句中,"S"有否定式与肯定式之分,这两种形式的反事实解读对语境的依赖程度

---

① 河洛方言中,"恁""恁们"都可表第二人称复数,"恁"有亲切色彩,"恁们"较"恁"人数多。第二人称代词单数"你"较难出现于这一表达式中。

不同。

1）忘了+否定式：独立表达反事实语义

"忘了+否定式"更确切的构成模式可以概括为：忘了+不+事件E（有标记词"不"，事件E事实上已经发生），表示对过去确定已经发生的事件E做相反的假设。这种形式的"忘了"小句，由"不"标记反事实语义，因此对语境的依赖性较弱，是"忘了+S"反事实虚拟句的典型形式。如：

（1）甲：那事儿办哩咋样儿啦？

乙：唉，**忘了不寻他了**，还没影儿哩，净耽误事儿。

（2）甲：**忘了不去赶会了**，挤死人啦。

乙：我说你还不听，服气了吧！

例（1）、例（2）中，事件E对应的命题"寻他了""去赶会了"，它们的时体意义都是过去完成，相应的否定词应该是"没有"，因为"没有"一般用于否定已经发生的动作、状态，但是这里却用一般体态的否定词"不"作为虚特征来助成反事实表达；从字面义上看，"不"通常否定的是未然事件，上文5.5.1.1"第一种情况"已经论及"忘记了一个还未曾发生的事件是有悖于常理的"，因此，"忘了+否定式"就必须被迫解读为一种虚拟表达，具有反事实语义。

"忘了"小句之后由于"不"是显性标记，不必依附于其他小句，可以独立成句表达反事实，因此，上述例（1）、例（2）的后续小句均可以省掉，不会影响"忘了+S"反事实语义的表达。如：

（1'）**忘了不寻他了**。

（2'）**忘了不去赶会了**。

值得注意的是，"忘了+否定式"的句末一般都要有语气词"了"（或变体形式"啦"）。此外，"不"之前还常有表示过去的时间词语。如：

（3）**忘了晌午不做恁多饭了**，都不来家吃，剩这一大锅可咋整。

（4）**忘了前个儿不去郑州啦**。

（5）**忘了前晌儿不去地啦**。

上述例子中，"忘了"均位于句首，其后的"晌午""前个儿""前晌儿"为表过去的时间词。由于"忘了+否定式"是"忘了+S"

反事实虚拟句的典型形式，故构成反事实语义成立的条件可以概括为：忘了＋不＋过去事件（以说话时间为参照）＋了，四要素缺一不可。

2) 忘了＋肯定式：不能独立表达反事实语义

"忘了＋肯定式"更确切的构成模式可以概括为：忘了＋事件 E（无标记词，事件 E 事实上未曾发生），表示对过去确定未发生的事件 E 做相反的假设。由于没有反事实标记词，这种"忘了"小句反事实语义的解读对语境的依赖性较强，而且句中一般都有表过去的时间词，位于"忘了"之后，句末常有语气词"了"或变体形式"啦"。如：

(6) **忘了**夜儿黑把作业写完了，阵嗒儿斗_就能耍啦。

(7) **忘了**当初考大学了，阵嗒儿晚儿也能站到人前头。

(8) **忘了**刚才少吃点儿啦，撑死了！

上述例句，"夜儿黑""当初""刚才"均为表过去的时间词。例(6)中，"夜儿黑把作业写完了"的时体特征是一种过去完成，后续小句有表示将来时意义的能愿动词"能"，这种表将来时的"都能耍"，隐含着否定性的现实意义（现在还不能"耍"），这样在逻辑推理上前后小句之间就构成了矛盾，这迫使前一小句解读为虚拟表达；例(7)，同理，后续小句中出现能愿动词"能"，助成前一小句解读为反事实；例(8)，后续小句的既成事实是"撑死了"，言外之意是"吃多了"，以会话含义的形式作为一种结果，迫使前句解读为反事实虚拟语义。

"忘了＋肯定式"表达反事实，往往要从上下文语境中去意会和撮合。特别是当"忘了＋S"小句中没有显性的过去时体标记特征时，反事实语义的表达就会对后续小句有严格的限制，即后续小句必须是带有负面评价义的句子，且语用推理后有"后悔、遗憾"之义，否则"忘了＋S"句表达反事实语义就会受到影响。请看两组例子：

(9a) **忘了**写作业啦，谁知今儿考试全是作业上哩题。

(9b) **忘了/忘**写作业啦，快叫我抄抄。

(10a) **忘了**把书放家啦，拿来一下儿也没用上。

(10b) **忘了/忘**把书放家啦，我得送回去，俺妹后晌儿还要用。

例(9a)、例(10a)，"忘了"小句是反事实虚拟表达；例(9b)、例（10b），"忘了"小句则表示"忘记了做什么事情"，即叙实用法。例（9a），后续小句是以"谁知"开头，此处的"谁知"表示"出乎意料"，等于"不料"①，预示转折，即其后的内容与言者的预期不符；例（10a），后续小句是个否定句，因为否定句违背了叙事的基本句法，具有一种标记性评价力（Labov，1972）。上述两例中涉及的命题"写作业""把书放家"，均未有明确标记"过去时体"的成分，"忘了"小句如果要表达反事实，就要严重依赖带有主观评价义的后续小句，否则听者就会将"忘了"小句优先解码为"忘记做什么事情"，而不是表达反事实。由此可见，缺乏"过去时体"意义的"忘了+肯定式"倾向于客观表达。

5.5.1.4 语用功能

1）表达追悔

河洛方言中，"忘了+S"表示对过去事件的虚拟时，"忘了"引导一个反事实表达："S"所表达的语义与实际情况相反。从某种意义上说，"忘了"相当于一个隐形主观否定词，言者通过使用"忘了"实现了道义情态的表达，即表达一种轻微的责备、后悔、遗憾等负面态度。如：

（1）不会吧，你哭啦？**忘了**不给你开这种玩笑啦，我又不是故意哩。

（2）**忘了**夜儿个咱俩厮跟去逛庙会啦，听说通有意思哩。

例（1）中，"忘了"小句=忘了+不+给你开这种玩笑啦=给你开这种玩笑啦（事实：给你开这种玩笑啦）；例（2）中，"忘了"小句=忘了+咱俩厮跟去逛庙会啦=咱俩没有厮跟去逛庙会（事实：咱俩没有厮跟去逛庙会）。可见，"忘了"相当于一个隐形否定词，使其连接的命题具有反真实性。这种反事实虚拟表达往往有一种额外隐含的情态意义：道义情态。"忘了"之后 S 中的事件 E 一般都在当事人控制能力的范围内，道义情态就体现出来了，如例（1），"忘了"句表达了"本不应该给你开这种玩笑"的意思，这是虚拟义。所隐含的是对言者义务的责备，也包括言者部分后悔或遗憾。这就是说，"忘了"之后的 S 与

---

① 吕叔湘：《现代汉语八百词》（增订本），商务印书馆1999年版，第508页。

事实相反，其他隐含的意思以会话含义的形式作为一种结果。此外，像例（1）这种典型的反事实虚拟句，其中的"不"是对已经发生的事情或既成事实的否定，由于在虚拟的语境中，这种否定又是一种委婉的否定，言者的不满和后悔就不言而喻了。

2）保全面子

从人际功能上看，"忘了+S"反事实虚拟句最重要的功能是表达追悔，这与"忘"本身的语素义有密切的关系。通常情况下，人们忘记了某些事情，往往会给自身带来一些负面影响，如遗忘重要的日程安排或者纪念日等，事后对于所忘记或错过的事情常产生一些惋惜的情绪，这种主观感受与"忘"高频同现，久而久之"忘了"就固化有了"后悔、遗憾"之义。需要注意的是，这种追悔情感一般是轻微的，而不是强烈的。从语言编码角度来看，言者选择使用"忘了+S"句，意在表明他认为当前的结果与当事人的责任关系不大，是因为"忘记了"去执行"S"，才导致了现在的结果或状态，不是有意为之，而是客观的遗忘所致，这样就有"大事化小，小事化了"的功效。"忘了+S"句在一定程度上反映了人们"要面子、爱面子"，即不愿意坦率或大方地承认在自己可控范围内发生的失误，有推脱责任的心理。Brown & Levinson（1987）指出，威胁言者积极面子的言语行为有"言者的道歉、接受批评或恭维、忏悔、承认有罪或有错"。一个"忘了"，责任瞬间就变小了，对当事人积极面子的威胁弱化了。因此，"忘了+S"句是一种降低言者积极面子威胁的委婉表达。

5.5.1.5 河南境内分布使用情况

汉语反事实条件句一般都有强烈的情感倾向：表示庆幸或遗憾（袁毓林，2015）。河洛方言"忘了+S"反事实虚拟句通过会话含义表达追悔或遗憾情绪，这再次印证了汉语反事实虚拟句具有表达话语立场的功能①。我们对河南境内中原官话区和晋语区进行了较为全面的调查②，具体见图5-1。

---

① 英汉反事实表达对比，英语反事实表达重在反事实推理，而汉语反事实表达偏重于话语态度立场的呈现。

② 据《中原官话分区（稿）》（贺巍2005），调查了河南境内中原官话区107个方言点；据《晋语的分区（稿）》（沈明2006），调查了河南境内晋语区19个方言点。

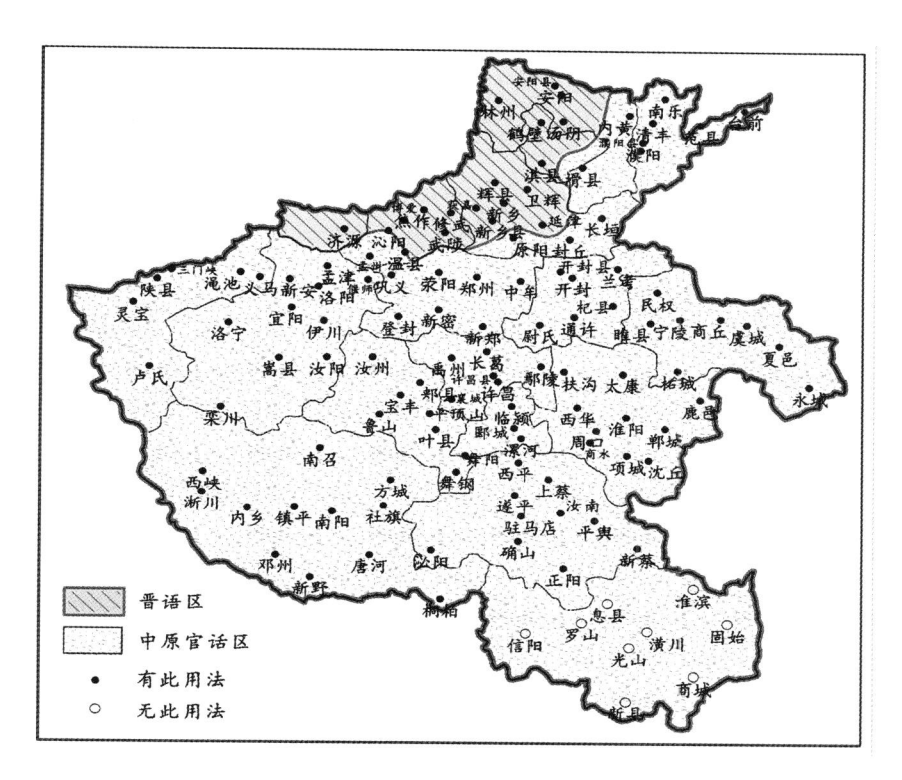

图 5-1　河南境内"忘了+S"反事实虚拟句的地理分布图

方言调查显示,"忘了+S"反事实虚拟句并不为河洛方言所独有,也不为洛嵩片区域所独有,而是河南境内中原官话区 98 个方言点和晋语区全部方言点都使用这种句式①,信阳市、罗山县、息县、淮滨县、光山县、潢川县、固始县、新县、商城县 9 地则使用"晓得+S"句,与江淮官话保持一致。因此,"忘了+S"句是河南境内广泛使用的一种反事实虚拟表达。

5.5.2　其他的反事实虚拟句

5.5.2.1　早知/要知+S

"早知 [tʂə⁴⁴]"用作反事实虚拟标记,表示"当时不知道,事后

---

① 反事实虚拟标记"忘了""忘"在河南境内绝大多数方言点可以自由替换,有些地方只使用"忘",如安阳。

才知道",这种用法应该是从普通话中吸收过来的。"要知"与"早知"用法基本相同,但后者在河洛方言中更常用一些。

"早知/要知"附着在条件小句之前构成反事实条件句(counterfactual conditional)。如:

(1) **早知/要知**你是这人,我斗_就不帮你啦。

(2) **早知/要知**老师上课点名,说啥也不敢逃课。

(3) **早知/要知**这,肯定斗_就通知你啦。

例(1)—例(3)都是"条件——结果"的因果推理(用假的条件推导出假的结果)复句,其中的"早知/要知"不能用"忘了"替换。

有时,"早知/要知"还可以直接附着在结果小句之前构成反事实虚拟表达,可看作是一种紧缩条件句(强星娜,2011)。如:

(4) **早知/要知**我斗_就不去了。

(5) **早知/要知**他斗_就<u>不应给她复婚</u>。

例(4)中,"早知/要知"可用"忘了"替换;例(5)中,"早知/要知"不能用"忘了"替换,这是因为"S"的句法主语是第三人称代词"他",这是"忘了+S"反事实虚拟句所不允许的。可见,"早知/要知"在用法上与"忘了"并不是完全对应的,前者所受的句法限制较小。调查发现,"忘了+S"句中的"忘了"几乎都可以用"早知/要知"替换,反之,则不然。

从字面义来看,"早知/要知"就是"提前知道的话""假如知道"的意思,即"不知道",等同于"忘记了",可见"忘了""早知/要知"用作反事实虚拟标记,它们在语义认知上具有同一性;"忘了"有"我知道,只是我忘了"的意思,因此"忘了"在语用上有"找借口、推脱责任"之嫌,"早知/要知"则没有这种意思。

书词中,没有"早知/要知+S"的用例,但有"早知道/要知道+S"的用例。如:

(6) 老人家,**早知道**你来到,我一早我斗_就逃出城。(《刘公案》)

(7) 半年恁是我表哥,**早知道**是表哥,我还用地里躲上一躲?(《小八义》)

(8) 哎呀,锦大叔,**早知道**看监哩是你干儿,老早我就给你那牌

子亮亮。(《包公奇案》)

（9）恩爷呀，真是不知道太师爷嘞恩人到了呀，可要**早知道**是太师爷嘞恩人到啦，小人哪敢慢怠恩爷呀！(《海公案》)

（10）**早知道**是爷你来到啊，你大驾光临于此，我就该坏了这黑风江的规矩，我把舟船拢岸，叫你登我船上。(《剑侠英雄传》)

方言调查显示，"早知/要知＋S"这一反事实虚拟句在洛嵩片15个县市均有使用。

《歧路灯》中没有这样的句式。

5.5.2.2　不胜/胜＋S

河洛方言中，"不胜"原本是个动词，相当于"比不过、比不上、不如"，如"我学习不胜他"。"不胜＋S"句表示对过去事件的虚拟表达，往往涉及实际情况与假设情况之间的优劣比较，从而表达一种轻微的遗憾或后悔。

"不胜＋S"句，其中"不胜"用在句首，"S"句末一般有"了"。"S"不管是否定式还是肯定式，都可以独立表达反事实语义，但肯定式与否定式，对其有的后续小句有语义上的选择限制。

1）不胜＋否定式

这种"不胜＋S"句，其后若有后续小句，往往是表示主观评价的。如：

（1）**不胜**不放后来那盐啦，又咸啦。

（2）**不胜**你不拿手机啦，白浪费一上午。

（3）**不胜**他们不干啦，阵受罪。

2）不胜＋肯定式

这种"不胜＋S"小句，其后若有后续小句，表示的是用前面假的情况所推导出的假结果。如：

（4）**不胜**我去了，情况可能还会好点儿。

（5）**不胜**早点儿吃啦，也不会放坏。

（6）**不胜**他去啦，事儿也不会闹阵大。

从句法上来看，"不胜＋S"句的主语不受人称和数的限制，可以是第一人称代词（倾向省略），也可以是第二人称代词和第三人称代词。例（2）、例（3）、例（6）中，"不胜"不能用"忘了"替换；例

(1)、例(4)、例(5)中,"不胜"可以用"忘了"替换,但替换后会有细微的语义差别。"不胜"含有[+比较]的语义特征,用作反事实虚拟标记时用来介绍优选项。言者面对事实或已存在的状态,通过与相对立一面的比较,最后认为"S"(与现实情况相反的)才是最优选择项。因此,"不胜"表达反事实语义时,往往有"两者择一"的意味。

"胜+S"句式也可以表达反事实语义,"S"句法主语的人称不受限制,可以是不同的人称代词,也可以是单数或复数。如:

（7）**胜**你去!

（8）**胜**恁们搁家歇!

（9）**胜**我多睡会儿!

（10）**胜**咱们多看会儿书!

（11）**胜**他给你好好儿过!

（12）**胜**他们早点儿去上学!

上述的"胜+S"句,言者的真实意图不是表示比较,而是表达一种话语立场,即表达了对现实状况的不满或气愤。例(7)中,"你去"事实是"你没有去";例(8)中,"恁们搁家歇"事实是"恁们没有搁家歇";例(9)中,"我多睡会儿"事实是"我没有多睡会儿";例(10)中,"咱们多看会儿书"事实是"咱们没有多看会儿书";例(11)中,"他给你好好儿过"事实是"他没有给你好好儿过";例(12)中,"他们早点去上学"事实是"他们没有早点去上学"。

考察《歧路灯》及近代汉语文献,"不胜/胜+S"反事实虚拟句式未见使用,方言调查显示,这种句式在洛嵩片15个县市广泛使用。

5.5.2.3　S+斗_就+好啦

"S+斗+好啦"这种反事实虚拟句中,"斗"是"就"的音变形式,"S"可以是肯定式也可以是否定式,但倾向于后者,"好啦"之前常有强调副词"斗"。由于"好"本身有表褒义评价的语义,因此"S+斗+好啦"句表达反事实语义时,言者肯定或认可S的主观态度鲜明,从而表达对现实情况的一种遗憾情绪。如:

（1）不放糖**斗好啦**,我不好吃甜哩。

（2）不拿手机**斗好啦**,耍了一上午。

（3）我去**斗好啦**,这事儿兴许还有转机。

例（1）—例（3）中，"S+斗+好啦"句都可以变换为"忘了+S"句，如例（1）：不放糖斗好啦→忘了不放糖啦。言者面对已存在的事实或状态，不直接对其进行评价，而是采用反事实虚拟小句"S+斗+好啦"，通过会话含义委婉地表达自己的看法或选择，如例（2），言者不直言"拿手机不好"，而是选择"不拿手机斗好啦"这种高度假设的虚拟形式，表达了对既成事实"拿手机"的否定或不满，"不拿手机"（与现实情况相反）才是"好"的。这表明，"S+斗+好啦"表达反事实语义，也是一种委婉评价，体现了语言的交互主观性。

《歧路灯》中没有"S+斗+好啦"反事实虚拟句式，方言调查显示，这种句式在洛嵩片 15 个县市均有使用。

5.5.2.4 不是+S

"不是"作为反事实虚拟标记，相当于普通话"若不是，要不是"，其后"S"仅为肯定式。如：

（1）哎呀，**不是**相爷提醒，我倒忘记了啊。（《智断神杀案》）

（2）**不是**人多势众，咱寨主斗_就没有命啦。（《呼延庆鞭扫十八国》）

（3）老爷，**不是**跑嘞快，跳那墓坑里，今天哪有我嘞命在？（《刘公案》）

（4）我的妈呀，**不是**我躲嘞快，我嘞命斗_就丢啦。（《呼延庆鞭扫十八国》）

上述例子中，"不是+S"都是条件小句，后续小句表示结果，前后小句之间构成一种因果推理，即用假的条件推导出一种假的结果，均表达了言语主体的一种庆幸。

"不是"经常与 3.3.5.2"时节_{的话}"搭配使用，此时"S"可以是小句、短语、词甚至零形式。如：

（5）**不是**恁大叔捞你时节，你早斗_就不中了啦。（《刘公案》）

（6）我**不是**打牌时节，淋湿啦。（《刘公案》）

（7）我是气嘞太狠啦，**不是**气嘞狠时节，我会骂刘老爷？（《刘公案》）

（8）你不要提她啦，**不是**时节，早给你办来人啦。（《刘公案》）

这 4 例中，"不是+S"小句与后续小句之间也构成一种因果推理，不过所表达的情态意义不同：例（5）、例（6）表达了言语主体的一种庆幸，例（7）、例（8）表达了言语主体的一种后悔或遗憾。

从汉语史来看，"不是"反事实虚拟标记的用法最早见于明代，清代有较多使用，主要表庆幸。如：

（9）银龙说道："**不是**二哥来到，小弟已作泉下人了。"（清《三侠剑》）

（10）高广端来说："**不是**二位大太爷搭救，我这条性命死在贼人之手。"（清《济公全传》）

（11）国王就谢道："**不是**老佛与三位菩萨到此，怎生得明此事也！"（明《西游记》）

（12）知县看了武松这般模样，又见了这个老大锦毛大虫，心中自忖道："**不是**这个汉，怎地打的这个猛虎！"（明《水浒全传》）

《歧路灯》也有较多的这种用例，如：

（13）**不是**听说外甥进了学，连这一刻空儿也没有。（八回）

（14）好奴才，**不是**遇见个师婆卦姑子干娘，还不知喂谁家狗哩。（九十九回）

方言调查显示，"不是+S"反事实虚拟小句在河南境内广泛使用。

5.6 疑问句

河洛方言疑问系统与普通话基本一样，也有是非问、特指问、选择问、正反问四种结构类型。较之普通话，河洛方言疑问句有一些较为明显的地域特色，主要体现在表达形式与表达手段的选择上，如"VP没有/不是"问、"咹"字问等。

下面主要以几种特色疑问句式为切入点，揭示书词所反映的河洛方言疑问句的特点。

5.6.1　VP – Neg?

"VP – Neg"形式的疑问句使用频率较高，主要有"VP没有"问、"VP不是"问和"VP不成"问，这其中的"没有""不是""不成"都已经虚化。

5.6.1.1　VP 没有?

书词中，以"没有"煞尾的问句，具体又可以分为以下三种情况。

1）有 NP + 没有？

这种疑问句式用来询问是否领有或存在，其中的"没有"语义实在，是否定动词，可以位移到"有"之后，构成"有没有 NP"正反问。如：

（1）"特乃无礼！有龙凤大契没有？"

"有！"（王《双锁柜》）

（2）"去。看他身上有伤没有？"

一看身上，"咦，打嘞几处伤啊！"（《刘公案》）

（3）"相公，他长哩有嘴没有？"

"有！鼻子嘴胳膊腿一样儿都不少。"（《回龙传》）

（4）"疼嘞老狠，你有法儿没有？"

"有法儿。"（《损人报》）

（5）"嗯，里边可有个僻静的地方没有？"

"有，上房屋三间，宽敞利落。"（段《破镜记》）

（6）"那先生，我不剥你，你可说说，有什么破法没有？"

"有破法，有破法！"（《海公案》）

（7）"有酒没有啊？"

"诶，有酒，有酒，有酒。"（《包公审木槿》）

例（1）—例（7）中，"有 NP + 没有？"问都可以变换为"有没有 NP？"。有时，"有 NP + 没有"问中的"NP"会成为话题，就有了如下形式：

（8）"还要啥，姐？"

"哎，朱砂、神砂，恁家有没有？"（王《双锁柜》）

2）VP + 没有？

这种疑问句式用来询问是否发生或发生的可能性，其中的"没有"是否定副词，后面可以补出 VP，构成"VP 没有 VP"正反问，因此，该句式可以看作是正反问句的省略形式。如：

（9）"他给我寻一个女婿。"

"你见他没有？"

"我见啦，我还给人家做吃一顿饭。"（《损人报》）

（10）包员外说："儿呀，昨天晚上你可来你妈哩屋，那别人都说你来啦，你来没有？"

"来啦。"(《包公奇案》)

(11) "老伯,我问你,你见俺爹没有?"

"啊,你爹是啥人?"

"俺爹……嗯……是个男人。"(吕《破镜记》)

(12) 王二说:"够哇,够哇,够哇。刚才我进去,给他说那话儿,你听见没有?"

"咦,二哥呀,我可是听见啦,你咋恁会办事儿嘞?"(《损人报》)

(13) 小姐说:"对上没有?"

"对上啦……"(段《破镜记》)

(14) "搜着了没有?"

"呵呵,老爷,前后院都搜遍,没有。"(《丝绒记》)

(15) "许下了不是?买来没有?"

"我上哪买哩?买不来。阵这儿也没钱儿,过完这事儿咯吧。"(王《双锁柜》)

上述例子中,"VP没有"问都可以变换成"VP没有VP"问,因此,听者可以在正与反、是与否两个对立项之间确定一项作为回答。例(9)—例(11)询问是否发生,如例(10)可以回答"来啦",也可以回答"没有来";例(12)—例(15)询问发生的可能性,如例(13),可以回答"对上啦",也可以回答"没有对上"。

3) VP$_{已然}$+没有?

这种疑问句式用来询问是否已经发生或过去曾经发生过,其中"VP"为已然状态,往往有标记词"了""过",句尾"没有"已经语法化,成为一种疑问标志,类似于疑问语气词。这种"VP$_{已然}$+没有"问是普通话所没有的,是河洛方言的特色疑问句式。如:

(16) "你见过刘墉没有?"

大人说:"没有。我就没见过刘墉。"(《刘公案》)

(17) "二哎,他走了没有?"

"人家不走。"(《损人报》)

(18) "娶媳妇啦没有?"

"没有,老穷。"(《滨州会》)

(19) "回来啦没有?"

"那俺大叔……回来啦。"(段《破镜记》)
(20) "丫鬟,死啦没有?"
"咦,多少还有点气儿哩。"(《回杯记》)
(21) "见刘文晋啦没有?"
"见啦。"
"讨账啦没有?"
"讨啦。"(《回龙传》)

例(16)询问是否过去曾发生过,可以回答"没有见过",也可以回答"见过";例(17)—例(21)询问是否已经发生过,如例(19)可以回答"回来啦",也可以回答"没有回来"。上述"VP没有"问句中的"VP"都是已然态,例(16)有经历体标记"过",例(17)—例(21)有完成体标记"了"①。

否定词作为一个句子的语义焦点通常是不能省略的,例(16)—例(21)中,"VP+没有"问句尾的"没有"都可以省略,变成单纯用语调来表达的是非问,其意义完全相同。如:

(16′) 你见过刘墉没有? = 你见过刘墉?
(17′) 他走了没有? = 他走了?
(18′) 娶媳妇儿啦没有? = 娶媳妇儿啦?
(19′) 回来啦没有? = 回来啦?
(20′) 丫鬟,死啦没有? = 丫鬟,死啦?
(21′) 见刘文晋啦没有?/讨账啦没有? = 见刘文晋啦?/讨账啦?

由此可见,上述例子中句尾的"没有"已经虚化,不是否定副词了,而且可以用语气词"吗"替换。从语义功能上看,这类"VP$_{已然}$+没有"问句,与普通话是非问句基本对应,"没有"与"吗"功能相当。黄国营(1986)认为,"'吗'字是从正反问句末表示'反'(否定)的那一部分虚化而来的",我们认可这一看法,语气词"吗"是由否定词"没(有)"虚化而来,"没[mu^{33}]"与"吗"语音相似,且都是双唇音。因此,"VP$_{已然}$+没有"问正处于正反问向是非问演变的中间阶段,具体演变路径如下:

---

① 例(18)、例(19)中"没有"之前的"啦",是"了+啊"的合音。

（22）他去了没有去？→他去了没有？→他去了吗？

（23）他去过没有去过？→他去过没有？→他去过吗？

书词中丰富的"VP_{已然}+没有"问句，为汉语正反问发展成为是非问这一路径（"VP – Neg – VP？"→"VP – Neg？"→"VP 吗？"）提供了证据。需要注意的是，通过上文的分析可知，VP 为已然态的情况下，句尾"没有"才会发生虚化，否定语义才会基本消失，最终语法化为疑问标记。河洛方言中没有语气词煞尾的是非问，这类"VP_{已然}+没有"问句正好填补了这一空缺。

5.6.1.2 VP 不是？

书词中，以"不是"煞尾的问句较为丰富，主要有以下三种类型。

1) 是 NP + 不是？

这种疑问句式用来求证某人、某物或某地，其中的 NP 多为指人名词或人称代词，"不是"语义实在，为判断动词"是"的否定形式，可以位移到"是"之后，构成"是不是 NP"正反问。例如：

（1）"哦，这是刘洪庆家那孩子不是？"

那个说："不会是，那孩子不知道早都死到哪儿啦。"（《滨州会》）

（2）"严白俊家那孩子，是恁女婿不是？"

"就是呀。"（《损人报》）

（3）张二红抬头往上一看："哎，你喊嘟是我不是？"

"不是你，不是你，嗯，是你后边那一个。"（《包公审木槿》）

（4）"丫鬟，是恁姑爹不是？"

"掌鞋哩！不要打岔哟。这个说回来个张，那个说回来个张。"（《回杯记》）

（5）刘青说："道士叔哎，脸儿扭过来，扭过来叫我看看，你是刘墉不是？"

大人说："我不是。"（《刘公案》）

（6）这一个说："哎，先生，给我看看，呃，我是贵人相不是？"

"不行，你长那尖嘴尖腮嘟，不像贵人。"（《海公案》）

上述例子中，句尾的"不是"都可以位移到"是"之后，构成"是不是"正反问，让听者做出肯定或否定的回答，如例（1）可以回答"不是（NP）"，也可以回答"是（NP）"。

2）是 VP + 不是？

这种疑问句式用来求证某种情况或状况，其中的"是"或"不是"可以去掉，不影响语义的表达；"不是"也可以位移到"是"之后，构成"是不是VP"正反问。如：

（7）刘墉说："咋呀，我讹你嘞，是讹你嘞不是？"
"啊，不是不是不是。"（《刘公案》）

（8）"姑娘，你是想俺姑爹哩不是？"
"哼，我不是想他，我是想谁哩？"（《回杯记》）

（9）"军爷，这钱儿是叫我花哩不是？"
"对。"（《丝绒记》）

（10）"中，那叫我问问你，贤妻，恁娘家恁爹是四十八岁中状元啦不是？"
"不错，俺娘家俺爹就是四十八岁中状元啦。"（《回龙传》）

（11）"六十啦，是属驴不是？"
"诶，管家爷，这十二相里没有属驴哩，我是属马的，今年是马年，整整六十啦。"（《海公案》）

例（7）—例（11），句尾"不是"都可以位移到"是"之后，构成"是不是"正反问，让听者做出肯定或否定的回答；句中的"是"可以去掉，变成河洛方言的特色句式"VP + 不是？"问，也可以去掉"不是"，成为单纯依靠语调上扬来表达疑问的是非问。

"是 NP 不是"问和"是 VP 不是"问，都反映了河洛方言正反问的语序，普通话的正反问采用"V 不 V……"，河洛方言正反问往往采取"V……不 V"形式。如：

（12）"咦，"刘大人说，"敢住不敢？"（《刘公案》）

（13）我敢掂着搁大街上走不敢？（《包公奇案》）

3）VP + 不是？

这种疑问句式用来求证某一状况，句尾"不是"已经语法化，成为一种疑问标志，类似于疑问语气词。这种"VP + 不是"问是普通话所没有的，是河洛方言的特色疑问句式。如：

（14）"恁舅，你来啦不是？"
"啊，姐夫，我来啦，我来啦。"（王《双锁柜》）

(15) 杨秀英说话啦，说："呦，相公啊，进城卖鱼哩不是？"
"啊，就是。"(《回龙传》)

(16) "王华，不识字儿不是？"
"咋，不，不识字儿。"(《回龙传》)

(17) "咦，照你这么说，还非得把恁姑爹藏起来不是？"
"对！不藏起来不中！"(《回杯记》)

(18) "送客哩都安排好啦不是？"
"安排好啦。"(《损人报》)

(19) "那些地道口儿，你都知道不是？"
"我可知道，我知道嘞可清楚。"(《刘公案》)

(20) "你看见啦不是？"
"我看见啦。"(《包公审木槿》)

从语用功能上看，上述例子中的"VP 不是？"问，只以求证为唯一目的，不带任何其他的主观情感色彩；从句调上看，都是平调，若省略句尾的"不是"，相当于只采取语调上扬表示疑问的是非问。从结构形式看，"VP"前都可以补出"是"，构成"是 VP 不是"问，这说明"VP 不是"问应该是由"是 VP 不是"问进一步发展而来。不过，"是 VP 不是"问的语义功能单一，仅用于一般性求证，句尾"不是"与其前的"是"相呼应，"VP"是言者的焦点，求证 VP"是"或"不是"；而"VP 不是？"问的语义功能除了一般性求证之外，还有责备性求证。如：

(21) 恁大姨，你又来诓东西哩不是？（王《双锁柜》）

(22) 京郎说："打啥哩？打啥哩？欺负人哩不是？"（段《破镜记》）

(23) 哎，你盟那誓不算事儿了不是？叫我崩你吧？打忽雷我崩你吧？(《回杯记》)

(24) 你别看你这个贫婆，还真给俺上劲儿哩不是？(《全家福》)

(25) 你这老狗想气死我哩不是？丫鬟，把我那拐棍拿来！"(《彩楼记》)

从语用目的来看，上述"VP 不是"问意在表达不满、责备的情绪，在句调上都使用平调，不需要听者做出回答。有时，这种负面情绪

非常强烈,还会使用降调,在书面上表现为使用"!"。如:

(26) 光都成恁嘞啦,<u>没有我嘞一点儿啦不是</u>!(《回杯记》)

"VP+不是"问句与上文5.6.1.1所讨论的"VP$_{已然}$+没有"问句,都是河洛方言高频使用的疑问句式,前者是一种倾向性问句,后者则是一种非倾向性问句。为了更清楚地分辨这两种问句,我们将二者的不同归纳如表5-6。

表5-6　　河洛方言中"VP+不是"问与"VP+没有"问的对比

句式	原型	句法语义特点	语用	语调
VP+没有	VP没有VP	VP为已然,"没有"与"吗"相当	客观询问	升调
VP+不是	是VP不是	VP为已然或未然都可,一般求证类与只依靠上扬语调的是非问类似	一般求证或表达责备	平调或降调

5.6.1.3　VP不成?

书词中,以"不成"煞尾的问句较多,但"VP+不成"不是真正的疑问句,不需要听者做出回答,主要表达了言者的某种主观态度。根据具体功能,分为如下两类。

1)表反问

这类"VP+不成"句相对较多,"不成"前常有"难道"与之相呼应。如:

(1) 爹爹,哪敢瞒哄你这不成?(《滨州会》)

(2) 我都八十多啦,我还能干到一百不成?(《丝绒记》)

(3) 哎,小姐,你太多心了。我还能瞒你不成?(段《破镜记》)

(4) 呀,没这是啥事儿,奴婢欠撒谎不成?(《花厅会》)

(5) 那不要紧,姑娘我从小练武,我还能怕她那梦拳梦足不成?(《丝绒记》)

(6) 张金龙说道:"兄弟,难道说这样就算了不成?"(《包公访太康》)

(7) 白纸黑字儿,难道说没离寸地,你就想变卦这不成?(《回龙传》)

（8）你个丫头，你竟敢犟嘴，你再犟嘴，难道你想吃罚不成？（《花厅会》）

（9）你自己已经招啦，莫非又要反悔？夜深之时，难道你忘了这不成？（《智断神杀案》）

（10）驴啊驴，你咋跑啦半天，立到这个庙门口，难道这庙里边还有啥屈冤不成？（《包公奇案》）

2）表揣测

这类"VP+不成"句相对较少，"不成"前常有"莫非说"与之相呼应。如：

（11）咱两个素不相识，你一啊吧，我咋恁可怜你嘞？咱两个前世该有缘哪不成？（《剑侠英雄传》）

（12）莫非说她已经打听了俺家亲娘嘞下落不成？（《全家福》）

（13）看起来，莫非说她真是我的亲娘来啦不成？（王《金钱记》）

（14）莫非说这个贫婆她当真是哪山嘞妖哪山嘞怪不成？（王《金钱记》）

较之例（11），例（12）—例（14）中"莫非说……不成"句式，揣测语气更为强烈。

需要注意的是，"不成"之前有"难道（说）"与之呼应时，主要表示反问，如上文的例（7）—例（10），也可以表示揣测。如：

（15）难道说老杨是叫鬼罩住灵魂啦不成？（《包公奇案》）

（16）难道说离此不远出了凶杀案情不成，被害之人死哩有屈？（《包公审木槿》）

总的来看，"不成"煞尾的上述两种问句，其中的"不成"已经彻底虚化，去掉之后，不影响句子语义的表达，但是不如原句表达的语气强烈。因此，可以将"不成"看作句尾语气词。

5.6.2 "唵"字问

"唵"的异形字是"俺"，《现代汉语词典》（第7版）对"俺"的释义为"叹，表示疑问：~，东西都收拾好了吗？｜怎么这两天没看到你呀，~？"①。较之普通话，河洛方言的疑问叹词"唉"，使用频率更高，用法更为复杂。

下面结合书词语料对"唉"字问进行描写分析。

5.6.2.1 分布与语义功能

考察发现，疑问叹词"唉"是言者积极主动邀请听者参与交际的互动标记。"唉"在话语中的位置不同，表达的语义也有所不同。书词中，"唉"主要有以下四种分布，其中"疑问句＋唉？"和"非疑问句＋唉？"这两种分布最为常见。

1）独用

"唉"独立作为话轮，表示追问，促使对方再说一遍或做出解释。书词中仅有1例：

（1）左天贵说："中，你姓刘不是？"

"**唉**？"

"你是刘先儿？"

"哎，对对对。"（《刘公案》）

2）唉＋疑问句

"唉"居于话轮之首，后续句是疑问句，这种位置上的"唉"，表示追问，"疑问句"则为具体追问的内容。书词中仅有1例：

（2）"老总，往里相传，你就说今天我来探望俺表妹嘞。"

"**唉**，探望谁呀？"

"俺表妹。"（《刘公案》）

3）疑问句＋唉

书词中这种用例较多，"唉"之前的"疑问句"根据是否有疑，分为以下两种。

A. 真性问＋唉？

这里的"真性问"包括特指问、是非问、选择问、正反问；"唉"表示逼问，相当于将前面疑问句重复一遍，其语用功能是催促对方做出回答或反馈。如：

---

① 中国社会科学院语言研究所词典编辑室编：《现代汉语词典》（第7版），商务印书馆2020年版，第9页。

（3）咦，你这孩子，不能杀，不能放，你说咋办哩？**唉？**（《回杯记》）

（4）贤婿呀，你刚回去，可咋又回来了，**唉？**（《智断神杀案》）

（5）恁家有哩是钱哪，赶快掏钱觅人去找孩子呀，孩子寻到一个没有，**唉？**（《全家福》）

（6）恁姑娘撕拽着不让我走，我哩印玺可能掉在那花厅上啦。你到底见啦没有，**唉？**（《回杯记》）

（7）这些何小能中间，可有身体健壮、容貌俊美、家中又有钱财的人吗，**唉？**（《智断神杀案》）

（8）且住！我来问你，近来这叫花子可有什么异常之处，**唉？**（《智断神杀案》）

（9）俺媳妇咕咕哝哝，她是念经嘞，她还是骂我嘞，**唉？**（《智断神杀案》）

（10）年兄，你花了一百五十两银子，嘶，你没想想，人家十七八岁，嘶，你四十五啦，像一回事儿不像一回事儿？能过日期不能过，**唉？**（王《双锁柜》）

例（3）、例（4）是"特指问，唉？"；例（5）、例（6）是"'VP没有'问，唉？"；例（7）、例（8）是"'可VP'问，唉？"；例（9）是"'还是'选择问，唉？"；例（10）是"'VP不VP'正反问，唉？"。

前文5.6.1.2中谈到"VP不是"问的主要功能是求证，其后的"唉"也表逼问。如：

（11）哦？照你这么说，这妇女碰着他该倒霉啦不是，**唉？**（《回杯记》）

此外，还有"附加问，唉？"这种形式，"唉"表示追问。如：

（12）好，虽说是这样，你也不该给老和尚充恁闺女呀，是不是，**唉？**（《损人报》）

（13）咦，你这<u>一个</u>丫鬟妮子，到底想干啥哩？你给我说清楚点儿，中不中，**唉？**（《回杯记》）

B. 反问句+唉？

"反问句"的本质是否定，其后的"唉"表示反诘，带有反驳的意味。如：

（14）张大人说："丫鬟，这底下会能藏住人，唉？"（《回杯记》）

（15）恁住我嘞店，吃我嘞饭，半月不给钱儿，难道我不该问恁要，唉？（段《破镜记》）

（16）上一回你要是不把书陈丢哩情况下，那银子你会讨不回来，唉？（《回龙传》）

（17）孩子啊，早上饭你不叫恁爹用，这中午饭你不叫恁爹吃，难道说把恁爹饿死才称你心吗，唉？（《回龙传》）

上述例子中的"唉"都有反驳对方的意味，并不是催促对方做出回答或反馈。

4）非疑问句+唉？

这种分布中，"唉"主要有以下三种语义功能。

A. 表示征询

"唉"表示征询义时，商量意味较浓，其语境一般是言者有所主张，有所要求，但尚未确定，用"唉"来征求意见；"唉"之前一般是委婉的祈使句。如：

（18）哎哎哎，客人，住店吧，唉？（《智断神杀案》）

（19）你看金哥，你叫俺送哩，俺就把姜汤给端来啦，你就喂喂他吧，唉？（《回杯记》）

B. 表示求证

"唉"表示求证义时，求取认同的意味较浓，其语境一般是言者发表某种看法或做出某种判断，希望得到对方的支持或同意，然后用"唉"来询问对方的意见。如：

（20）丫鬟，叫我进去哩，唉？（《回杯记》）

（21）不行吧，才涨过去水，大大小小水坑不少啊，唉？（《损人报》）

（22）烧香麦得一斗呀，大斗，可不是那小斗，啊。烧好些香哩，唉？得烧大香，一百二十炷儿。麦少咯，会烧住？（王《双锁柜》）

C. 表示责问

这种语义功能的"唉"，前面的小句往往带有责备的语气，不需要对方做出回答或反馈。如：

(23) 这六年都等啦，这一会儿你掏急啦，唵？（《回杯记》）

(24) 小鳖孙，胁火啥嘞，唵？这你值顾胁火！（《滨州会》）

(25) 你说哩老头儿下不了台，他不打你他打谁，唵？（段《破镜记》）

5.6.2.2 人际意义

上文讨论了"唵"字问的运用较为灵活，不仅可以独立充当话轮，而且可以与疑问句或非疑问句共现于同一话轮中。但是，不管"唵"的分布使用如何，其人际意义始终是不变的，即表达了言者居高临下的态度。如：

（1）秋风，哎哟，你这一个死妮子，叫你上楼给恁姑娘送信儿哩，你去阵长时候，唵？（《回杯记》）

（2）娘，娘啊，你这老婆儿真是中死啦你，唵？你没看我正搁这儿忙着嘞。大清早不搁你那楼上睡，你来我这楼上死哩你，唵？（《全家福》）

（3）白哭啦，哭啥哭？这是你嘞功劳，唵？我叫恁伺候咱爹，伺候咱娘，花啦多少钱？吃啦多少药？耽搁啦多少功夫儿？实指望你给咱爹娘伺候好好嘞，恁俩给他伺候死啦，恁还哭嘞，唵？（《滨州会》）

上述例子中，从"唵"出现的语境可以感知到言者讲话时居高临下的态度。书词中"唵"主要用于身份高的人对身份低的人、年龄大的人对年龄小的人、强势方对弱势方等权势关系中。普通话中，"唵"的使用频率虽然不高，但"唵"也有类似的人际意义，如"'唵'显得有些官腔，常出现在某些官气较足的领导者讲话报告中"①。

5.6.3 X 不 X？

这里主要讨论"X 不 X"（肯定与否定的并列形式）充当谓语构成正反问的情况，"X 不 X"既负载疑问信息，也是疑问焦点，其中"X"可以为动词，也可以为形容词。河洛方言"X 不 X"正反问，当"X"带宾语或双音节"X"不带宾语时，在结构形式的选择上较具特色。

5.6.3.1 "X"带宾语

"X"为动词，带宾语时，构成的正反问形式为"VO 不 VO"形

---

① 邵敬敏：《叹词疑问句语义层面分析》，《语文研究》1989 年第 2 期。

式，河洛方言多使用"VO 不 V"省略形式，极少使用"V 不 VO"省略形式。如：

（1）"你说我敢接他不敢？"
"敢。"（《刘公案》）

（2）"哦，原来如此啊。哑巴，恁家是哪嘞？你能听见不能？"（《剑侠英雄传》）

（3）"二哥，你会画'十'字儿不会？"（《损人报》）

（4）"爹爹呀，那天色不早啦，咋办嘞？咱延黑能到京城不能？"（《包公审木樨》）

（5）嘿嘿……小姑娘，好吃点心不好？（《丝绒记》）

（6）要提起咱府这二位小姐呀，可有来历啦，我问问你，想听不想？（《花厅会》）

（7）"那恁那楼上打夯不打？"
"嘿，不打夯。"（段《破镜记》）

（8）"中，这是一个门儿。可是乡亲们，今天我如果承头啦，大家伙儿都说说，掏钱不掏？"
"掏。"（牛《金钱记》）

（9）能盖儿就说："王华，哎呀，你要老婆子不要？"
小王爷说："老想要，就是没人跟。"（《回龙传》）

例（1）—例（5），是能愿动词带宾语构成的正反问；例（6），是心理动词带宾语构成的正反问，例（7）—例（9），是动作行为动词带宾语构成的正反问。

以上讨论的是"X"为单音动词带宾语的情况，"X"为双音动词带宾语构成正反问时，"X"多为"知道、愿意、认识"等动词。如：

（10）店掌柜，你认识这个小孩不认识呀？（《丝绒记》）

（11）这个姑娘（蒋灵姐）救你啦，你愿意要不愿意？（王《双锁柜》）

（12）就是，事到如今，实不瞒你。你知道白天来那人是谁不知道？（《刘公案》）

（13）咱们大家说说，这个贫婆儿应该帮助不应该？（牛《金钱记》）

连谓结构"V_1V_2"若构成"X 不 X"正反问,使用"V_1V_2 不 V_1"形式。如:

(14) 白玉堂扭头说,二哥,你去比高低不去?(《包公奇案》)

邵敬敏(1994)指出,普通话已出现了"V 不 VO"压过"VO 不 V"的明显趋势。① 河洛方言和北京话都是北方方言,为了了解河洛方言正反问是否也有这一发展趋势,我们对第 3 代到第 6 代艺人书词中出现的"VO 不 V""V 不 VO"这两种形式的正反问进行考察统计,结果见表 5-7。

表 5-7　书词中"VO 不 V"正反问与"V 不 VO"正反问的使用情况

母方言地	艺人	出生年份	书词字数	VO 不 V	V 不 VO
巩义	王周道	1928	442718	17	4
	尚继业	1943	124764	11	0
	杨现立	1950	72034	4	2
	牛会玲	1963	20978	4	0
	李新芬	1965	73696	16	0
	黄金焕	1966	89736	7	2
	王春红	1972	31177	4	2
偃师	段界平	1939	122386	2	0
	李明智	1946	413749	25	7
	李占土	1950	58661	0	3
宜阳	王玉功	1950	50148	1	0
	魏要听	1955	353508	12	5
新安	吕武成	1965	182302	18	4
孟津	张建波	1969	82377	10	2
总计				131	31

---

① 邵敬敏:《现代汉语正反问研究》,载《汉语言文化研究》第四辑,天津人民出版社 1994 年版,第 17 页。

从上表来看，不管是使用的总量还是每个艺人的使用情况，"VO 不 V"正反问在使用数量上始终远超"V 不 VO"正反问，这表明前者一直是河洛方言正反问的主流形式。

5.6.3.2 双音节"X"不带宾语

河洛方言中，双音节"X"不带宾语时主要构成"AB 不 AB"正反问形式，"A 不 AB"这一形式较为鲜见。

1)"X"为双音节动词，如：

（1）"你赔我应当不应当？"

"应当。"（《刘公案》）

（2）"昨晚上王朝给你讲那事儿，你愿意不愿意呀？"

"好！"（《智断神杀案》）

（3）"十大清官你知道不知道？"

"知道。俺可知道，听说过。"（《刘公案》）

（4）"你见到恁爹，你认识不认识？"

"我不认识，俺爹走了三个月才有我啦。"（段《破镜记》）

（5）白玉堂说："把门哩大哥，我想问一个人，不知道你告诉不告诉？"

把门的说："问谁？说！"（《包公奇案》）

（6）老康氏急忙问道："妹子，摔着哪里没有，算事儿不算事儿？"（吕《双锁柜》）

2)"X"为双音节形容词，如：

（7）这个说："你看我中不中？"

那个说："你看我长嘞漂亮不漂亮？"（《刘公案》）

（8）小姐说道："爹爹，这孩子聪明不聪明？"

"聪明啊。"

"可爱不可爱？"

"可爱，可爱。呵呵。"（段《破镜记》）

我们对书词中"AB 不 AB""A 不 AB"这两种形式的正反问进行考察统计，结果见表 5-8。

表 5-8　书词中"AB 不 AB"正反问与"A 不 AB"正反问的使用情况

母方言地	艺人	出生年份	书词字数	AB 不 AB	A 不 AB
巩义	王周道	1928	442718	23	0
	尚继业	1943	124764	6	0
	杨现立	1950	72034	7	0
	牛会玲	1963	20978	0	0
	李新芬	1965	73696	19	0
	黄金焕	1966	89736	5	1
	王春红	1972	31177	0	0
偃师	段界平	1939	122386	9	0
	李明智	1946	413749	32	0
	李占土	1950	58661	0	0
宜阳	王玉功	1950	50148	4	0
	魏要听	1955	353508	13	1
新安	吕武成	1965	182302	17	1
孟津	张建波	1969	82377	5	1
总计				140	4

由上表可知，巩义、偃师、宜阳、新安和孟津 5 地艺人的书词中出现的"AB 不 AB"正反问在数量上占据绝对优势，且绝大多数艺人只使用"AB 不 AB"这一形式。这也表明"AB 不 AB"一直是河洛方言正反问的主要形式。

结　　语

　　普通话和河洛方言存在许多共性，历史上河洛方言自秦汉至元末明初一直是汉语共同语的基础方言，由于河洛方言与汉语共同语之间这种极为亲密的关系，又因语言三要素中语法的变化是最为稳固的，因此，河洛方言语法长期以来一直不被学界所重视，人们潜意识中认为河洛方言语法与普通话差别不大。本书立足于大规模的方言口语语料，对其中的河洛方言语法做了较为深入细致的挖掘描写，主要有以下发现。

　　其一，构词方面，采用重叠构词的词类，主要有名词、状态词、副词、拟声词，这与普通话相同，但是在具体词类的重叠形式和构词数量上又存在着一定差异，如河洛方言独有的 ABB 式重叠副词、河洛方言中 ABB 式状态词的数量丰富，重叠拟声词的形式多种多样。词缀构词较为特色，根据词缀来源不同分为两类：一类是源于分音词前一音节的词缀，是河洛方言独有的构词；另一类是源于词汇词的词缀，其中"子""儿"的构词能力较强，"货""精""气"词缀的地域特色鲜明，"家""间"词缀的用法是对近代汉语的继承和发展。合音构词的基本规律是第一个音节贡献声母和声调，第二个音节贡献韵母，丰富的合音构词体现了河洛方言的简练性。此外，书词中还有大量的使感结构、逆序词、离合词及三音词。

　　其二，实词方面，河洛方言副词、代词、助动词、数词、量词、方位词、叹词等词类，或有独特的成员，如程度副词"通""情"、代词"恁"、助动词"肯""能以"、量词"垡儿"、方位词"外先"、叹词"天爷"，等等；或有用法异于普通话的词，如叹词"咦"在河洛方言中能够表达十多种情感意义，再如助词"肯"，可以表示意愿，也表示高频惯常义。

其三，虚词方面，介词、连词、助词、语气词等词类中有一些用法特殊或地域色彩鲜明的词语，如介词"给"语义功能多达 10 种，连词"带"有三种语用分布，助词"时节"既可以用作现实时间标记也可以用作反事实虚拟标记；助词"起"，标记其前的成分是时间或处所，在"后起""头起""边起"中语素化；语气词"蒙"的核心语义是"求取认同"。

其四，特殊句法结构方面，"V + X + 处所/时间"结构在书词中有五种具体形式，当代河洛方言中仅保留了两种，且有被"V + 处所/时间"所取代的发展趋势；能性述补结构不使用"得"，但有三种特殊的句法语用分布情况；"V + C_1 + C_2"结构中的"C_2（完/清/住）"表完结；"X（哩/嘞）慌"一般表达负面情绪；补语"罢、清、净、成"都有完结义；"V + 将 + 趋向动词"结构，是对近代汉语的传承发展。

其五，特色句式，河洛方言被动式中可以容纳处置式，处置标记一般使用"给"，被动标记一般使用"叫"；"胜"字句、"赶"字句、"给"字句等比较句式地域特色鲜明；"你么"祈使句具有委婉建议和威胁训斥双重功能；河洛方言反事实虚拟语义范畴的表达有系列句式，如"忘了 + S"句、"不胜 + S"句等，都表达了遗憾或后悔的情感；"VP 没有"问与"VP 不是"问地域特色鲜明，句末"没有"与"不是"已经虚化，二者的语用功能完全不同：前者是客观询问，后者是一般求证或责备性求证；"VO 不 V"与"AB 不 AB"一直是河洛方言正反问的主流形式。

本书对书词所反映的特色河洛方言语法进行了较为系统的描写，揭示了河洛方言语法的区域特征。与以往的研究不同，本书主要立足于长篇方言口语语料，从词法和句法两个层面展开描写，但限于时间和精力，有些语法现象的描写和分析还有待于深入研究，如"带"的连词化，有些语法现象还未来得及讨论，如句首成分"没"（没你咋不去哩？），这些问题将在以后的研究中逐渐解决。

参考文献

著作

陈天福:《河南话与普通话词汇语法比较》,河南人民出版社1959年版。
崔应贤:《汉语构词的历史考察与阐释》,新华出版社2019年版。
冯春田:《明清山东方言语法研究》,山东教育出版社2012年版。
冯春田:《近代汉语语法研究》,山东教育出版社2000年版。
洛阳市地方史志办公室整理:《清·乾隆洛阳县志》,中州古籍出版社2014年版。
河南省地方史志办公室编纂:《河南省志》(第十一卷),河南人民出版社1995年版。
贺巍:《获嘉方言研究》,商务印书馆1989年版。
贺巍:《洛阳方言研究》,社会科学文献出版社1993年版。
贺巍编纂:《洛阳方言词典》,江苏教育出版社1996年版。
侯学超编:《现代汉语虚词词典》,北京大学出版社1998年版。
胡伟:《河南滑县方言研究》,中国社会科学出版社2022年版。
蒋绍愚:《"给"字句、"教"字句表被动的来源——兼谈语法化、类推和功能扩展》,《语言学论丛》第二十六辑,商务印书馆2002年版。
李学军:《河南内黄方言研究》,中国社会科学出版社2016年版。
李宗江:《汉语常用词演变研究》,上海教育出版社2018年版。
刘丹青编著:《语法调查研究手册》(第二版),上海教育出版社2017年版。
刘宏、赵祎缺:《河南方言词语考释》,河南人民出版社2012年版。
刘春卉:《河南确山方言两个处置标记"掌"与"叫"的语法化机制考

察》,《汉语史研究集刊》第 11 辑,巴蜀书社 2008 年版。

刘雅兰、孙德平:《伊川方言处置句变异的社会制约因素》,《中国语言战略(2018.2)》,南京大学出版社 2018 年版。

陆俭明、马真:《现代汉语虚词散论》(修订版),语文出版社 1999 年版。

吕叔湘:《中国文法要略》,商务印书馆 1947 年版。

吕叔湘:《近代汉语指代词》,学林出版社 1985 年版。

吕叔湘主编:《现代汉语八百词》(增订本),商务印书馆 1999 年版。

穆亚伟:《辉县方言语法研究》,中国社会科学出版社 2021 年版。

南开大学汉语言文化学院:《汉语言文化研究》第 4 辑,天津人民出版社 1994 年版。

乔全生:《晋方言语法研究》,商务印书馆 2000 年版。

石毓智:《汉语语法》,商务印书馆 2010 年版。

孙立新:《陕西方言漫话》,中国社会出版社 2004 年版。

汪国胜编著:《大冶方言语法研究》,湖北教育出版社 1994 年版。

王东:《河南罗山方言研究》,中国社会科学出版社 2010 年版。

王广庆:《河洛方言诠诂》,中州古籍出版社 1993 年版。

项梦冰:《连城客家话语法研究》,语文出版社 1997 年版。

辛永芬:《浚县方言语法研究》,中华书局 2006 年版。

邢福义:《汉语语法学》,东北师范大学出版社 1996 年版。

邢向东主编:《西北地区汉语方言地理学研究》,商务印书馆 2020 年版。

徐丹:《某些具有[±给与]意义动词的语法化》,《汉语语法化研究》,商务印书馆 2005 年版。

徐浩:《现代汉语 ABB 词及其历史演变》,《语言学论丛》第二十辑,商务印书馆 1998 年版。

徐烈炯、刘丹青:《话题的结构与功能》(增订本),上海教育出版社 2007 年版。

叶祖贵:《固始方言研究》,中国社会科学出版社 2009 年版。

曾光平、张启焕、许留森:《洛阳方言志》,河南人民出版社 1987 年版。

张伯江:《汉语句法的语用属性》,商务印书馆 2022 年版。

张谊生:《现代汉语副词研究》,学林出版社 2000 年版。

赵元任：《汉语口语语法》，商务印书馆1979年版。

中国社会科学院语言研究所、中国社会科学院民族学与人类学研究所、香港城市大学语言资讯科学研究中心：《中国语言地图集》（第2版），商务印书馆2012年版。

中国社会科学院语言研究所词典编辑室编：《现代汉语词典》（第7版），商务印书馆2016年版。

周一民：《北京口语语法》（词法卷），语文出版社1998年版。

周祖谟：《宋代汴洛语音考》，《问学集》（下），中华书局1966年版。

朱德熙：《语法讲义》，商务印书馆1982年版。

宗守云：《张家口晋语语法研究》，商务印书馆2018年版。

［日］太田辰夫：《中国语历史文法》，蒋绍愚、徐昌华译，北京大学出版社1987年版。

Adele E. Goldberg, *Constructions: A Construction Grammar Approach to Argument Structure*, Chicago/London: The University of Chicago Press, 1995.

Bernd Heine, Ulrike Claudi and Friederike Hünnemeyer, *Grammaticalization: A Conceptual Framework*, Chicago: The University of Chicago Press, 1991.

Penelope Brown and Stephen C. Levinson, *Politeness: Some Universals in Language Usage*, Cambridge: Cambridge University Press, 1987.

Simon C. Dik, *The Theory of Functional Grammar*, Berlin/New York: Mouton De Gruyter, 1997.

William Labov, *Language in the Inner City: Studies in the Black English Vernacular*, Philadelphia: University of Pennsylvania Press, 1973.

期刊、论文

昌雅洁：《河南宜阳方言合音现象研究》，《开封教育学院学报》2017年第6期。

陈安平：《河南方言结构助词"哩"的来源及相关问题》，《宁夏大学学报》（人文社会科学版）2013年第4期。

陈刚：《试论"动－了－趋"式和"动－将－趋"式》，《中国语文》1987年第4期。

陈姗姗《"壳漏"词源辩正》，《中国语文》2021年第2期。

陈卫恒：《洛阳和舞阳方言的 Z 变韵》，《语文研究》2010 年第 4 期。

程相伟、张常耕：《河洛方言古词"廛"古今谈》，《贵州大学学报》（社会科学版）2014 年第 5 期。

程亚恒：《河南上蔡方言的介词"掌"及其语法化》，《华中学术》2020 年第 2 期。

褚福侠：《元曲中词尾"家"的用法》，《齐鲁学刊》2007 年第 1 期。

邓亦佳：《孟州方言程度范畴研究》，硕士学位论文，华中师范大学，2022 年。

范崇峰：《从洛阳方言角度释〈论衡〉词语三则》，《中国语文》2004 年第 2 期。

范崇峰：《〈集韵〉与洛阳方言本字》，《古汉语研究》2006 年第 4 期。

方少鹏：《登封话词汇研究》，硕士学位论文，新疆师范大学，2012 年。

冯春田：《数量结构合音词"俩"、"仨"的几个问题——兼评赵元任先生的"失音"说》，《语言研究》2002 年第 2 期。

龚熙文：《洛阳方言的动词形容词考释》，《洛阳师专学报》1996 年第 4 期。

郭熙：《河南境内中原官话中的"哩"》，《语言研究》2005 年第 3 期。

郭笑：《河南偃师方言处置兼被动标记"叫"——兼论"叫"在汉语方言中的地理分布》，《华中学术》2021 年第 4 期。

郭笑：《洛阳偃师方言前缀"圪"研究》，《齐齐哈尔大学学报》（哲学社会科学版）2022 年第 10 期。

郭笑、姜礼立、唐贤清：《河南洛阳方言的程度副词"血"——兼论程度副词"血"在汉语方言中的地理分布》，《语文研究》2017 年第 2 期。

何亮：《汉语方言［昨天］［今天］［明天］的时间表达系统及其来源》，《中国语文》2017 年第 5 期。

贺巍：《洛阳方言记略》，《方言》1984 年第 4 期。

贺巍：《中原官话分区（稿）》，《方言》2005 年第 2 期。

胡双宝：《山西文水话的自感动词结构"V + 人"》，《中国语文》1984 年第 4 期。

胡伟、甘于恩：《河南滑县方言的五类处置式》，《方言》2015 年第

4期。

黄国营：《"吗"字句用法初探》，《语言研究》1986年第2期。

江蓝生：《"动词＋X＋地点词"句型中介词"的"探源》，《古汉语研究》1994年第4期。

江蓝生：《时间词"时"和"後"的语法化》，《中国语文》2002年第4期。

李进立：《洛阳方言虚词及读音》，《新乡学院学报》2017年第10期。

李新魁：《汉语共同语的形成和发展（下）》，《语文建设》1987年第6期。

李云：《洛阳方言语气副词研究》，硕士学位论文，扬州大学，2020年。

李云：《洛阳方言中的时间副词》，《濮阳职业技术学院学报》2020年第1期。

栗晓南：《渑池方言指示代词研究》，硕士学位论文，华东师范大学，2019年。

刘春卉：《河南确山方言中"给"的语法化机制考察》，《语言科学》2009年第1期。

刘佳佳：《孟州方言重叠式研究》，硕士学位论文，河南大学，2008年。

刘凝馨：《河南商丘方言"就那吧"语用分析》，《商丘职业技术学院学报》2013年第1期。

刘瑞明：《关于词尾"家"的时代和古今关系——与吕叔湘先生等讨论》，《北京社会科学》1988年第4期。

刘永华：《河南上蔡方言的及比句》，《河南大学学报》（社会科学版）2018年第2期。

卢甲文：《汉语里的合音现象和分音现象》，《信阳师范学院学报》（哲学社会科学版）1984年第4期。

鲁冰：《河南方言极性问的语言地理类型学研究》，博士学位论文，山西大学，2017年。

罗昕如：《湘语中的"V人"类自感词》，《湖南师范大学社会科学学报》2006年第5期。

罗自群：《现代汉语方言表示持续意义的"住"》，《中国语文》2005年第2期。

吕丽丽：《新安方言差比句的描写研究》，硕士学位论文，上海财经大学，2020年。

马谊丹：《洛阳方言程度副词研究》，硕士学位论文，华中师范大学，2011年。

马真：《普通话里的程度副词"很、挺、怪、老"》，《汉语学习》1991年第2期。

牛利：《河南郏县方言表音字"圪"及其来源探微》，《湖北第二师范学院学报》2013年第7期。

潘克锋：《洛阳方言中的"A+BB"式形容词特点浅析》，《现代语文》（语言研究版）2013年第7期。

潘晓晶：《洛阳方言中合音词使用的社会语言学考察》，《洛阳师范学院学报》2017年第7期。

彭小琴：《渑池方言古语词考释》，《河南科技大学学报》（社会科学版）2009年第4期。

戚令真：《偃师方言语气词研究》，硕士学位论文，华中科技大学，2006年。

强星娜：《上海话过去虚拟标记"蛮好"——兼论汉语方言过去虚拟表达的类型》，《中国语文》2011年第2期。

任龙波：《洛阳方言的方位和时间后缀》，《河南科技大学学报》（社会科学版）2011年第6期。

邵敬敏：《叹词疑问句语义层面分析》，《语文研究》1989年第2期。

邵敬敏：《"回声问"的形式特点和语用特征分析》，《华东师范大学学报》（哲学社会科学版）1992年第2期。

申盼路：《伊川方言语气副词"高低"的多角度研究》，硕士学位论文，浙江师范大学，2016年。

申延美：《河南叶县方言里的"X气"结构》，《济源职业技术学院学报》2017年第3期。

石丽丹：《"小三角"视角下洛阳方言动词"$V_儿$VX"式研究》，《洛阳理工学院学报》（社会科学版）2016年第5期。

石丽丹：《河南偃师方言副词研究》，硕士学位论文，河北师范大学，2018年。

司罗红：《口语中的前置性话题标记"就"》，《中国语文》2013 年第 6 期。

司罗红：《河南新密方言中的语缀性任指标记"粹"》，《汉语学报》2020 年第 3 期。

苏俊波、余乐：《语气副词"可"的核心语义》，《汉语学报》2018 年第 3 期。

孙红举：《河南鲁山方言的相对程度副词"通"》，《方言》2012 年第 4 期。

孙红举：《中原官话合音现象研究》，博士学位论文，陕西师范大学，2014 年。

田祥胜：《词缀的两个来源：词汇形态化与音节形态化——以回辉话名词前缀的来源为例》，《中国语文》2022 年第 3 期。

汪化云、李倩：《河南固始方言的"可"字句》，《方言》2013 年第 4 期。

王东、罗明月：《河南罗山方言"把+O+V+它"式处置式》，《信阳师范学院学报》（哲学社会科学版）2007 年第 6 期。

王芳、刘丹青：《河南光山方言来自"里"的多功能虚词"的"——共时描写与语义演变分析》，《语言研究》2011 年第 2 期。

王光全、柳英绿：《汉语处所化的机制及其在教学中的应用》，《世界汉语教学》2008 年第 1 期。

王晶：《洛阳方言的叹词研究》，《洛阳理工学院学报》（社会科学版）2010 年第 3 期。

王玲玲：《河南沈丘方言的重叠式》，《周口师范学院学报》2014 年第 4 期。

王素改：《河南濮阳方言中的前置话题标记"都"》，《方言》2012 年第 4 期。

王云路、郭颖：《试说古汉语中的词缀"家"》，《古汉语研究》2005 年第 1 期。

魏梦洋：《河南新密方言中"给"的语法功能和语音形式探源》，《宁夏大学学报》（人文社会科学版）2019 年第 3 期。

魏盼盼：《巩义方言形容词重叠式研究》，硕士学位论文，湖南大学，

2019年。

吴福祥：《再论处置式的来源》，《语言研究》2003年第3期。

辛永芬、李甜甜：《河南巩义（干沟）方言的特殊儿化音变》，《方言》2023年第1期。

邢向东：《陕北晋语沿河方言愿望类虚拟语气的表达手段》，《语文研究》2005年第2期。

徐丹：《关于汉语里"动词+X+地点词"的句型》，《中国语文》1994年第3期。

徐梦晗：《洛阳方言儿缀词修辞功能探析》，《汉字文化》2018年第18期。

徐媛媛：《疑问代词"啥"的用法和来源》，《修辞学习》2006年第6期。

许巧枝：《洛阳方言合音词研究》，《语文学刊》2015年第12期。

薛利丹：《偃师（府店镇）方言语音研究》，硕士学位论文，山东师范大学，2021年。

闫德亮：《罗山方言副词性标记探析》，《中州学刊》2007年第6期。

杨帆：《洛阳方言中的程度副词特点浅析》，《洛阳理工学院学报》（社会科学版）2011年第3期。

杨荣祥：《现代汉语副词次类及其特征描写》，《湛江师范学院学报》1999年第1期。

杨永龙：《词音变化与构式省缩——禁止词"别"的产生路径补说》，《中国语文》2017年第6期。

姚双云：《连词与口语语篇的互动性》，《中国语文》2015年第4期。

叶祖贵：《河南固始方言表处置义的"V头"及"头"的合音来源》，《中国语文》2009年第5期。

叶祖贵：《河南息县方言的先行体标记词"再哩"》，《语言研究集刊》2018年第3期。

尤晓娟：《洛阳方言的程度副词"较起"探析》，《柳州师专学报》2013年第3期。

尤晓娟：《洛阳方言同音字汇（上）》，《洛阳理工学院学报》（社会科学版）2014年第6期。

尤晓娟：《洛阳方言同音字汇（下）》，《洛阳理工学院学报》（社会科学版）2015 年第 2 期。

余义兵：《〈近代汉语词典〉"以里"商诂》，《辞书研究》2018 年第 5 期。

袁健惠：《汉语史中"V 于/在 L"和"VL"结构的交替演变及其原因》，《语文研究》2017 年第 2 期。

袁毓林：《汉语反事实表达及其思维特点》，《中国社会科学》2015 年第 8 期。

袁毓林：《"忘记"类动词的叙实性漂移及其概念结构基础》，《中国语文》2020 年第 5 期。

张桂宾：《相对程度副词与绝对程度副词》，《华东师范大学学报》（哲学社会科学版）1997 年第 2 期。

张恒君：《河南孟州方言的反事实虚拟句"忘了＋S"》，《汉语学报》2019 年第 2 期。

张辉：《河南唐河方言的"X 讫"》，《汉语学报》2016 年第 1 期。

张辉：《豫西南方言中的"讫"》，《方言》2017 年第 1 期。

张慧丽、潘海华：《动词变韵与事件结构的语法化》，《中国语文》2019 年第 1 期。

张邱林：《河南陕县方言表将然的语气助词"呀"构成的祈使句》，《中国语文》2007 年第 4 期。

张燕：《河南上蔡方言中的"想 VPVP"结构》，《汉字文化》2017 年第 1 期。

张燕：《河南上蔡方言中的可能虚拟表达结构"光 VP"》，《汉字文化》2022 年第 9 期。

张源：《洛阳方言变韵研究》，硕士学位论文，上海师范大学，2021 年。

赵宏因：《万荣话中的语气词"些"》，《语文研究》1996 年第 4 期。

赵江：《洛阳方言中的若干古词语》，《语文研究》2002 年第 3 期。

赵祎缺：《河南玄武方言比喻的固化结构"A/V＋嘞＋给啥样"》，《语文知识》2011 年第 3 期。

赵月朋：《洛阳话浅说》，《"方言与普通话集刊"第二本（北方方言与普通话）》，文字改革出版社 1958 年版。

赵月朋：《洛阳方言中的一些语法现象》，《中国语文》1958 年第 7 月号。

赵月朋：《洛阳方言词汇》，《"方言与普通话集刊"第六本（北方方言与普通话）》，文字改革出版社 1959 年版。

钟兆华：《近代汉语完成态动词的历史沿革》，《语言研究》1995 年第 1 期。

周晓彦：《洛阳方言高量级程度副词的多方位考察》，《襄阳职业技术学院学报》2016 年第 2 期。

周晓彦：《洛阳方言中"嘞"的功能考察》，《南阳理工学院学报》2016 年第 1 期。

朱冠明：《湖北公安方言的几个语法现象》，《方言》2005 年第 3 期。

朱绍侯：《河洛文化与河洛人、客家人》，《文史知识》1994 年第 3 期。

左玉瑢：《河南鹤壁方言的现在和过去进行体》，《方言》2008 年第 3 期。

Comrie, Bernard: Conditionals. A Typology. In Traugott, Elizabeth C., Mulen T. Elizabeth, Snitzer R. Judy and Ferguson A. Charles (eds.). *On Conditionals*, 77 – 99. Cambridge: Cambridge University Press, 1986.

Georgia M. Green. *Main Clause Phenomena in Subordinate Clauses*. Language 52 (2): 382 – 397, 1976.

Hooper, Joan B. and Sandra A. Thompson. *On the Applicability of Root Transformations*. Linguistic Inquiry 4 (4): 465 – 497, 1973.

Jiang Yan and Yuying Wang. Counterfactual Subjunctive Assertions in Shanghai Dialect. In Chin, Andy C., Bit – Chee Kwok and Benjamin K. Tsou (eds.). *Commemorative Essays for Professor Yuen Ren Chao: Father of Modern Chinese Linguistic*, 193 – 201. Taipei: The Crane Publishing, 2016.

Kimball, Daniel R. and Robert A. Bjork. *Influences of intentional and unintentional forgetting on false memories*. Journal of Experimental Psychology: General 131 (1): 116 – 130, 2002.

McCarthy J. and A. Prince. *Generalized alignment*. Yearbook of Morphology: 79 – 154, 1993.

William Labov. *Some principles of linguistic methodology*. Language in Society: 97 – 120, 1972.

Xu, Dan. Reduplication in Languages: A case study of languages of China. In Xu Dan (ed.). *Plurality and classifiers across languages in China*, 43 – 63. Berlin: Mouton De Gruyter, 2012.

跋

　　张恒君的又一本新作《河洛方言语法研究》（以下称《研究》），入选汪国胜先生主编的丛书，想来不久问世。恒君友生的勤奋，不说是天天看在眼里也差不多，因为半夜三更也不怕打扰人地发信息询问特定的学术问题，那是常有的事儿；即便如此，白天见着，仍是精神抖擞、生气十足的样子。在她的身上，才是真正地诠释着什么叫打拼的真实状貌。汪国胜先生的方言研究那是老早就出了名的，那么现时主编这样选题的丛书，实能体现其学术涵养之日趋丰厚，足以为汉语语法学增添绚烂之新成果。

　　曾经有幸忝列张恒君的师辈群体，但于方言研究很少涉足；盛情难却，也就该书稿的学习心得说上些话，愿与作者和即将、未来的读者对话共享。

　　首先是这本书的选题本身得天独厚。

　　河洛文化，在中国数千年的历史长河中具有其他地方所不可取代的中心地位。司马光《过故洛阳城》有云："若问古今兴废事，请君只看洛阳城。"诚哉是言！早期信史，恐怕非孔子的《春秋》莫属。东汉何休作《春秋文谥例》概括其微言大义的体例及旨趣，认为道统定位是"内其国而外诸夏，内诸夏而外夷狄"。所谓"内其国"，即指以河洛作为当时政治文化中心所辖的周边地区。汉语，作为中华民族的共同语，其时已有了以洛阳话为代表的基础方言，即雅言。而孔子作为文化宗师，即具有了自觉维护其民族语言文化的理念。《论语·述而》载："子所雅言，诗、书、执礼，皆雅言也。"到达两汉，进而发展成为扬雄于《方言》中所称述的"通语、凡语"。其后，即便怎样的社会动荡转换，河洛语言的影响却很少受到影响，甚至反倒愈来愈加强。北魏孝文帝要求的是："今欲断北语，一从正音。"（《魏书》卷二十一上）与此同时，衣冠南渡的士人们却讲究的仍是"洛阳读书音"。这种情况似乎始终不曾动摇。明清之交的冯班在曲论著作《钝吟杂录》中说："洛下为天下之中，南北音词，于此取正。"众所周知，语言与社会相互之间有着最为密切的依存关系、共变关系。河洛地区地处南方和北方的交界处，东西走向，又位于东京汴梁与西安之间，优越的地理位置自然成为历朝历代京都的首选之区；其语言也会借助这种优势自然传承。古人曾有"词为诗之余，曲又为词之余"之说。那么，曲之余之后该如何解说？虽然我们不能简单地附会为某种单一的文学艺术形式，但有一点却可以认可的：语言的传承却是始终不曾中断过，且是以多种多样的种类走向民间，并为人民群众所喜闻乐见。当然，我们现今所处正为新旧交替的大变革时代，汉语正在以全新的面貌走向现代化、走向世界，在历史上有着长久生命力的词语无可回避地存在着去留的抉择。作为一个过来人，我小时候生活在农村，还清晰地记得当时逗弄小孩儿，往往采取一些适合他们智力的小游戏，像"打凹凹"（轻轻拍打小孩儿的嘴，大人一边"哇——"发出声响，小儿也会学着发同样的音，这时候孩儿发音就成了有节奏的"哇哇"声），"打光光"（即拍手，大人拍，小孩儿学），"打能能"（逗引幼儿做短暂站立的动作）等。这样富有生活情趣的小细节，现时带幼儿已很少使用，年轻一代于是不知所以。事实上，这在近代汉语比较早的时间里边即曾使用。如元曲四大家之一的郑德辉，他的《伊尹耕莘》第一折中人物言语："好个小厮儿！不要哭，与员外做儿，你是有福的。员外，我着他打个能能。"再看同时期朝鲜学习汉语的教科书《朴通事》中的人物对话："孩子腕搭儿腕搭儿把那手来提的高着，打光光，打凹凹。这孩子亭亭的麼？""恰学立的，腰儿软，休弄他。"这类词语何去何从，自有社会选择；但它们作为历史的影踪，仍有其文化的价值。《研究》记录了这样的大量词语。我作为亲历者自然有亲切之感；也深深地感觉到，作为一种语言文化资源，实有抢救之必要。特别是作者处于河洛桑梓之地，也有自己的切身感受；作为语言学领域的学人，有实在的使命感。主客观相结合，真正易于实现逻辑与历史的统一。

　　再则就是作者独具慧眼，描写与阐释都给予读者以清朗、厚实、细腻的好印象。

清朗主要体现在内容的选取上面。客观地讲，每一种方言本身都是自成系统的；但与此同时，每一个方言又都隶属于共同语的大系统。这样就有一个定位问题：每一种方言的研究都穷尽式地展示自身系统，并不为过，阅读其书得其全貌；但，这种确认本身必然就会与其他方言之间产生交叉联系，这样材料上的重复现象不可避免。还有就是，之前研究河洛方言的人并少见，甚至有些学者还属于广义河洛方言圈里的权威性学者，如贺巍，累累硕果也大都体现在该课题的研究上。更大范围的，如崔灿，辉县人，为广义的河内区域，也以方言研究著称。《研究》在视界眼光上并不着意于完整体系的建造，而是着力于怎样体现其特色上下功夫。行文里边虽没明说，但字里行间所努力的，是怎样反映出有代表性的且能够呈现其构词上和句法上的鲜明处。如果说前贤时彦重在语音系统的构建，咱们就另辟蹊径，侧重于其薄弱环节进行深入的探索；如果说他人著述中已经有所论述，但不够周详，咱们就浓墨重彩给予反映。所以，作为一本著作，且是有着重要地域环境及其历史价值的方言语法研究，分量字数似乎并不多么厚重，但我们在观览书稿的时候却不感到乏味，关键就是作者有着明确的意识：注意与其他方言状貌的区别，与已有成果的分界，故新意迭出，读起来也兴味盎然。

厚实主要体现在所使用的方法上面。据我所知，恒君应该属于邢福义先生的再传弟子。于是觉得《研究》有些内容的论述确实在落实邢先生的研究方法上面真正的是深契于心。众所周知的是汉语语言学界的人们都知道邢先生提出了"两个三角"，大三角是"普、方、古"。研究汉语方言，难得的是怎样将这三个方面都有机地融为一体，没有大眼光，没有宽胸怀，与此同时又将对对象的认识落到实处，描写到位，下学上达，两者浑然一体，谈何容易？但《研究》一书有些地方出彩正在于此。有过一定写作经验的人都知道，写书既容易又不容易，厚厚的一大本书，无一处无来历，无一处不出彩，绝对是不可能的；然而就那么数处扎实厚重，让作者读者能够取得共识，前者欣慰，后者也觉得读有所值，也就不枉付出了！我们觉得第四章"句法结构"4.1"V+X+处所/时间"结构的内容就是如此。汉语的述补结构本来就是一个老大难：迄今为止有关该结构为什么出现的时间最晚，怎样判断该结构的语义特征？我们觉得，《研究》或许提供了一个新视角。在大多数人们的心目中，语言一如空气阳光，取之不尽如之不竭。即便是平日里交流吟唱，大家也觉得再自然不过的事儿，很少还有再考究的必要。如京剧《苏三起解》里的唱词，一经中央电视台多次播放，人们多习焉不察，没什么觉得不妥："苏三离了洪洞县，将身来在大街前。"但是，如果静下心来考究一番，我们平时说话有这样的说法吗？就不免有点疑惑了。《研究》告诉我们：这样的表达方式其实是古已有之，如《敦煌变文集新书》里边的唱词："至七月七夕，西王母头戴七盆花，驾云母之车，来在殿上。""西王母将桃五枚，来在殿上奉帝：帝食桃，手把其核如不弃之。"只是到了明代，人们似乎对这种结构有点难以捉摸，颇经历些颠倒。一时不知道如何处置，如："那妇人一手推开酒盏，一直跑下楼来，走到在胡梯上发话道：'既是你聪明伶俐，恰不道长嫂为母。……自是老娘晦气了，偏撞着这许多鸟事！'"（《金瓶梅》）"不想小肚子一阵疼，滚将上来，一块儿蹲到在地上。"（《喻世明言》下）"即邀到里边，又道：'我房里腌腌臜臜，到在新房里坐罢。'"（《今古奇观》）"你其时不来家做主人，到在那里去了？"（《二刻拍案惊奇》下）到了现代汉语，才趋于相对稳定罢了。这其实为人们提供了一个宏阔的思路与方法：所有的具体现象，都是历史长河中的一种再现，历史的追溯与共时的参照，即可将特定的事实现象给予确切的定位并及其考量的解释：没有特定的事实现象没有来由，特定的事实现象都有类似的东西提供可资互补的推证。

细腻主要体现在具体事实的处理上面。细心的读者或许都会找到自己心仪的具体细节内容。我们这里要说的一点是：《研究》告知人们，她的河洛方言语法研究，是一个尚在进行中的大课题。也正像我们前边所提到的，河洛方言作为数千年的汉民族的基础方言，它积累厚重，元曲之后，虽不能说由河洛说唱书词所继承，但其正面的积极的价值意义是毋庸置疑的。但，与此同时又不能不说，近代以来西风东渐的结果，东西方语言文化的再审视也是一个不容回避的重要课题。对于中国主体的民众来说，也有一个对自己思想文化的反思过程。汉语口语与书面的割裂，对于今天的语言学者来说也是一个全新的话题。民众口头上说的词语与书面的记录配不拢的现象,即有音无字,或字义相悖现象,迄今仍是一个不得不面临的课题。比如《研究》里边的记录:"这个人年纪不大,脸枯搐嘞赛过豆腐干子,嗯,在那桩橛上边锁捆。"(《剑侠英雄传》)"我一脸枯搐皮,你长了一脸白毛羽儿,见了面,你也认不出我,我也认不出你,万一认错了,怎么办啊?"(吕《破镜记》)对于该词语的记述及语义认定,《研究》虽没有展开辨析,但简介的话语里边释义还是相当准确的,即"枯搐"都表示"皱"。但,需要注意的是,因为作者是语言文字工作者,自然也是这方面的有心人,所选用的字词也确实合乎形义间的吻合。谨慎的作家应该说也会谨慎地处理,如严歌苓《第九个寡妇》中描写人物说:"没人懂得'严肃'就是不叫他们笑,他们照样指着史老舅的茶壶盖儿头、苦楚脸儿、倒八字眉笑。"话又说回来了,一旦作家们稍一放松,或许就成了问题。如:"(崔得富)满脸苦楚纹,开口第一句就是'感谢毛主席,感谢党!'"(白桦《街头"内参"》)这里本来是反映特定人物喜悦心情的,因为汉字具有表意性,结果形成了形义之间的反差,形式与内容之间给搞拧了。所以,《研究》从另外一个侧面告诉人们的是:现时非遗工作尚有许多具体的工作要做,于此,语言文字工作者需要做更多的扎实的现实工作。

　　当然,现时我看到的书稿恐怕还是未完成稿。寄一点期望的是,也是书稿中所提到的,侯宝林、郭全宝说的相声《相声与方言》,里边概括的一句话为"河南人说话最简练"。艺术家凭借的是感觉,时过境迁半个世纪,可惜的是,作为从事语言研究的人员似乎并没有将这种认定从专业的角度给予明确的论述。当然,作为一部专业性的著作,着眼的肯定是专业特点,我们也不能苛求不属于专题问题的书刊来解决这一问题。但,非专业的艺术工作者都比较敏锐地注意到了不同方言间的功能表象,为什么我们的专业研究人员这样迟滞?如若有专业的书籍完整系统地回答了这一问题,相信侯大师地下有知也是非常欣慰的。还有一点儿就是,或许是更难一点儿的语言现象,文化,或许是语言的传承性也好,迟滞性也好,构词,显然有着两极特征:最快又是最慢。共变是指一般词汇,最慢是指基本词汇。有些历史滞重得好久不变,有些却又是瞬息即逝。如韩愈《饮城南道边古墓》诗:"偶上城南土骨堆,共倾春酒三五杯。""土骨堆",到现在河南人言说起来嘴巴仍非常溜。"堆"

和"骨堆",其实是一回事儿,但最简与最繁,似乎在现时河南话里边共存。这里边有没有规律的东西?我作为一个老河南,想弄懂,可惜时日不多,寄希望于年轻的一代。

崔应贤

2023 年 5 月 15 日

后　　记

　　几番疫情终远去，三载披沙始到今。本书是在博士后出站报告的基础上，经过长达三年的修改才最终完稿。这三年也恰好是中国抗疫的三年，书稿的修改工作断断续续，时常被其他一些琐事打断，这一过程实属艰辛和不易，但终于盼到了定稿之日，也迎来春暖花开。回头望去，我没有虚度光阴，始终自律，心无遗憾。

　　师恩牢记圆旧梦，桂子花开谱新篇。2017年2月，很偶然也很幸运，在我博士毕业5年之后，也正值我学术瓶颈期的时候，有机会到心仪已久的华中师范大学语言所做博士后，这让我非常高兴和激动。感谢导师姚双云教授，他不遗余力地为我争取，才使我获得这一宝贵的深造机会，也正是这一机缘打开了我学术上僵持很久的迟钝状态。在华师学习的这两年，姚老师给予了我重要的指导和帮助，小到论文及项目书的写作修改，大到治学的方法及科研思路的训练，他的"头脑风暴"给我留下了深刻的印象，一年来课题组的学术讨论使我受益匪浅。姚老师对科研永远充满激情的工作态度深深地影响了我，也将深深影响我今后的学术生涯。

　　上下求索路漫漫，初心不忘永前行。从入门语言学伊始，我就想着有一天能为家乡做点什么，《河洛方言语法研究》是我的初心，也是兑现。本书是在"河洛大鼓书词的方言语法研究""河洛大鼓书词整理及其句法研究"两个河南省哲学社会科学规划项目的基础上完成的，"河洛方言语法"这一选题的确定是汪国胜教授给予了我巨大的信心。去华师之前，我的学术训练及所做的零碎研究都是现代汉语方向的，刚到语言所的上半年，我有幸聆听了汪老师的方言学，这门课程为我打开了一扇大门，方言研究将成为我今后很长时间努力的方向。感谢汪老师，他平易近人的待人态度和雷厉风行的做事风格,让我非常欣赏,感谢他在华师为我学习和生活提供的便利,也非常感动他在我出站之后时常关心我的学术成长,给予了我多次重要的指导和帮助。语言所是一个温暖的地方,它虽然只有一层楼的面积,但是让多少学子满载而归。每当我从所里的资料室出来看到邢老师的名言"抬头是山,路在脚下",我就会觉得充满了动力。所里的老师不仅学识渊博、治学严谨,而且和蔼可亲。匡鹏飞老师、谢晓明老师、苏俊波老师、罗进军老师、沈威老师等,我从你们的课堂上和课堂下收获了很多,尤其是匡老师、谢老师、苏老师在我出站之后还给予了很多帮助和指导,在此一并感谢。此外,我还聆听了文学院刘云教授的中文信息处理和学术论文写作等课程,以及徐杰教授在武汉大学的系列讲座,也曾当面向这两位老师请教一些问题,他们热情地为我指点迷津,让我非常感动。在站期间,我最常去的是所里的资料室,这里的学习环境无可挑剔,欧阳老师、肖老师为我提供了诸多学习和工作上的便利,在此也向你们表示感谢。

回首向来萧瑟处,一点一滴总关情。一路走来一路成长,我的硕士生导师崔应贤教授始终为我提供及时的帮助和指导,博士生导师周一民教授经常打电话关心我的工作和生活,正是两位导师的牵挂和帮助,才有了今天的我,这也将成为我永远前进的动力。河南师范大学文学院的领导及汉语教研室的同事为我分担了教学任务,感谢你们。特别感谢我的大学老师丁永祥教授,正是他引导我关注河南方言、关注中原文化,为我田野调查和收集资料提供了诸多帮助;也特别感谢同事褚俊海老师,每次当我觉得"山重水复疑无路"时,与他一起讨论学术问题,总能收获"柳暗花明又一村"的激动。卢烈红教授、何洪峰教授、汪国胜教授、匡鹏飞教授、谢晓明教授、苏俊波教授、姚双云教授,感谢你们参加我的博士后出站答辩会,你们提出的建设性意见我已经在书稿中一一落实和完善。特别感谢卢老师为我的学术成长给予了多次帮助和指导,也特别感谢何老师,当我忐忑地问"从现代汉语跨越到方言,能不能胜任",他非常肯定地说"只是研究材料的变化",他的鼓励也是我完成书稿的动力之一。在书稿修改完善的过程中,研究生张艺航同学多次帮我校对文字、核对文献,她任劳任怨,总是认真、及时地反馈给我,让我非常感动;感谢研究生秦玉婕、张慧娟两位同学对书稿语料的整理和校对付出的大量心血和汗水，感谢研究生刘怡华、崔添怡同学参与了书稿的校对工作，感谢本科生傅佩文同学参与了本书例句的最后核定。最后感谢所有接受洛嵩片方言调查的好心人，感谢你们对方言保护的支持，同时也特别感谢中国社会科学出版社的张林主任对本书出版的鼎力相助。

2020 到 2023 年，是不平凡的三年，书稿能够顺利完成，感谢全家人对我的鼎力支持，爸爸、妈妈、姐姐、婆婆，你们牺牲了自己的宝贵时间帮我照顾孩子，感谢两个宝贝元元和豆豆，你们的乖巧和听话，为我腾出许多写作时间，这让我感到无比的安心。最后，感谢我的爱人，你永远是我坚强的后盾，有了你默默的付出，才有了今天的我们。

张恒君
2023 年 5 月于绿营花园

《汉语方言语法研究丛书》书目

安陆方言语法研究
安阳方言语法研究
长阳方言语法研究
崇阳方言语法研究
大冶方言语法研究
丹江方言语法研究
高安方言语法研究
河洛方言语法研究
衡阳方言语法研究
辉县方言语法研究
吉安方言语法研究
浚县方言语法研究
罗田方言语法研究
宁波方言语法研究
武汉方言语法研究
宿松方言语法研究
汉语方言持续体比较研究
汉语方言完成体比较研究
汉语方言差比句比较研究
汉语方言物量词比较研究
汉语方言被动范畴比较研究
汉语方言处置范畴比较研究
汉语方言否定范畴比较研究
汉语方言可能范畴比较研究
汉语方言小称范畴比较研究
汉语方言疑问范畴比较研究

石城方言语法研究
山西方言语法研究
固始方言语法研究
海盐方言语法研究
临夏方言语法研究
祁门方言语法研究
宁都方言语法研究
上高方言语法研究
襄阳方言语法研究
苏皖方言处置式比较研究